中国历史文化名村
中国传统村落

杨湾村志

《杨湾村志》编纂委员会 编

杨维忠 主编

苏州大学出版社

图书在版编目(CIP)数据

杨湾村志/杨维忠主编;《杨湾村志》编纂委员会编.—苏州:苏州大学出版社,2017.7
(中国历史文化名村)
ISBN 978-7-5672-2176-5

Ⅰ.①杨⋯ Ⅱ.①杨⋯ ②杨⋯ Ⅲ.①乡村—文化史—苏州 Ⅳ.①K295.35

中国版本图书馆CIP数据核字(2017)第170805号

书　　名:	杨湾村志
编　　者:	《杨湾村志》编纂委员会
主　　编:	杨维忠
责任编辑:	倪浩文
出版发行:	苏州大学出版社
	(苏州市十梓街1号　215006)
印　　刷:	苏州市立达印务有限公司
开　　本:	787 mm×1 092 mm　1/16
印　　张:	23.75
插　　页:	28
字　　数:	492千字
版　　次:	2017年7月第1版
印　　次:	2017年7月第1次印刷
书　　号:	ISBN 978-7-5672-2176-5
定　　价:	168.00元

苏州大学版图书若有印装错误,本社负责调换
苏州大学出版社营销部　电话:0512-65225020
苏州大学出版社网址　http://www.sudapress.com

【杨湾风光】

■杨湾鸟瞰

■杨湾春色

■杨湾夏荷

■杨湾金秋

■杨湾冬雪

■岭下杨梅园

■西巷青蛙村

杨湾名人

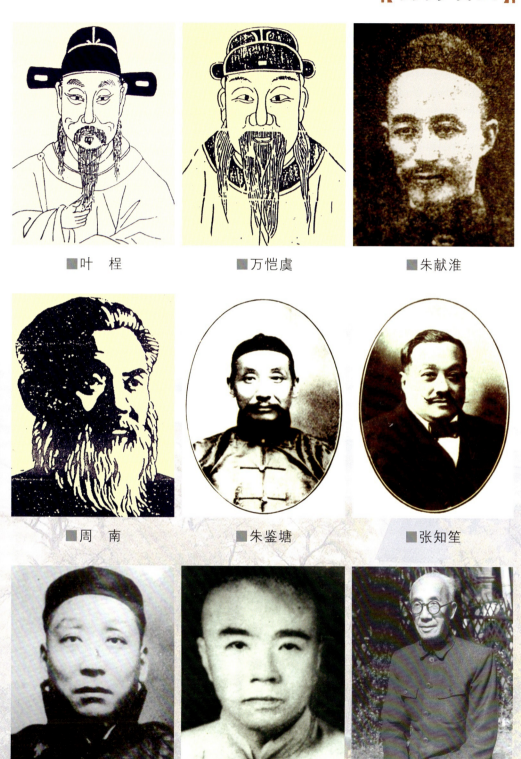

■ 叶 桯　　■ 万恺虞　　■ 朱献淮

■ 周 南　　■ 朱鉴塘　　■ 张知笙

■ 王宪臣　　■ 徐子星　　■ 陆澹安

■张九荫　　■刘　鸣　　■朱润生

■朱穰丞　　■徐蔚霖　　■左起：王韫之、王季凤、王季彦三姐妹

■朱可尚　　■王光华　　■宋吟樵

杨湾家谱

吴中叶氏族谱

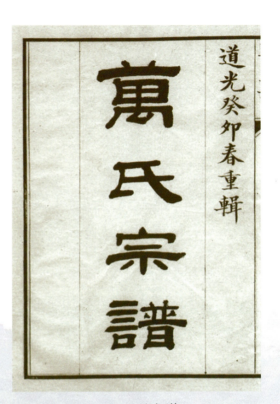
万氏宗谱

橘社金氏家谱

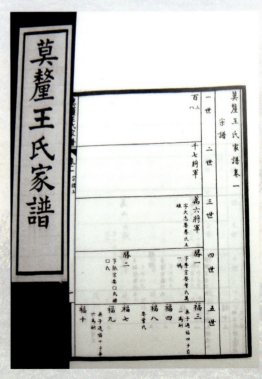
莫釐王氏家谱

■ 东山张氏家谱　　　　　　　　　　　■ 洞庭周氏支谱

洞庭徐氏宗谱序

宗夷深鄭旗志氏族以國為
氏者二百三十省三而徐氏居
其一徐為虞臣伯翳苗裔嬴
姓受封於徐歷夏殷周及穆
天子之時僭王誕修行仁義
諸侯賓於庭者三十六國昌
黎韓子所謂惟道之躭以國
昌仁者如彀傳至章禹為吳
所滅子孫散處大江南北咸以

■ 洞庭徐氏宗谱

杨湾古树

■罗汉松　　　　　　　　　　■古　柏

■榆　树　　　　　　　　　　■弯背树

■古 榉　　　　　　　　■古银杏

■古 樟　　　　　　　　■古 榆

【杨湾古迹】

■长圻嘴吴国瞭望台

■长圻瞭望哨

■西巷古井

■灵源泉

■震泽底定桥及义井

■阴　亭

■古　巷

■月溪桥

■广利桥

■香花桥

■民国时期菜场

■民国时期医院

■民国时期水龙间

《杨湾古建》

■ 轩辕宫

■ 古更楼

■明善堂门楼

■明善堂彩绘

■怀荫堂斜撑

■怀荫堂楼厅

■崇本堂

■杨湾老街

■ 古　道

■ 承志堂

杨湾金石碑刻

■ 碧螺峰

■ 碧螺春晓

■ 览胜石

■ 小云台

■东山农业公司

■清《重修坪磐官路记》

■ 明《洞庭两山赋》　　　　■ 明《东西两山图》

明《重建震泽底定桥记》

■ 清《席氏支祠布告碑》　　■ 民国《保存鼋山记》

【杨湾书法篆刻】

■ 金中浩书法作品

■ 陆康书法作品

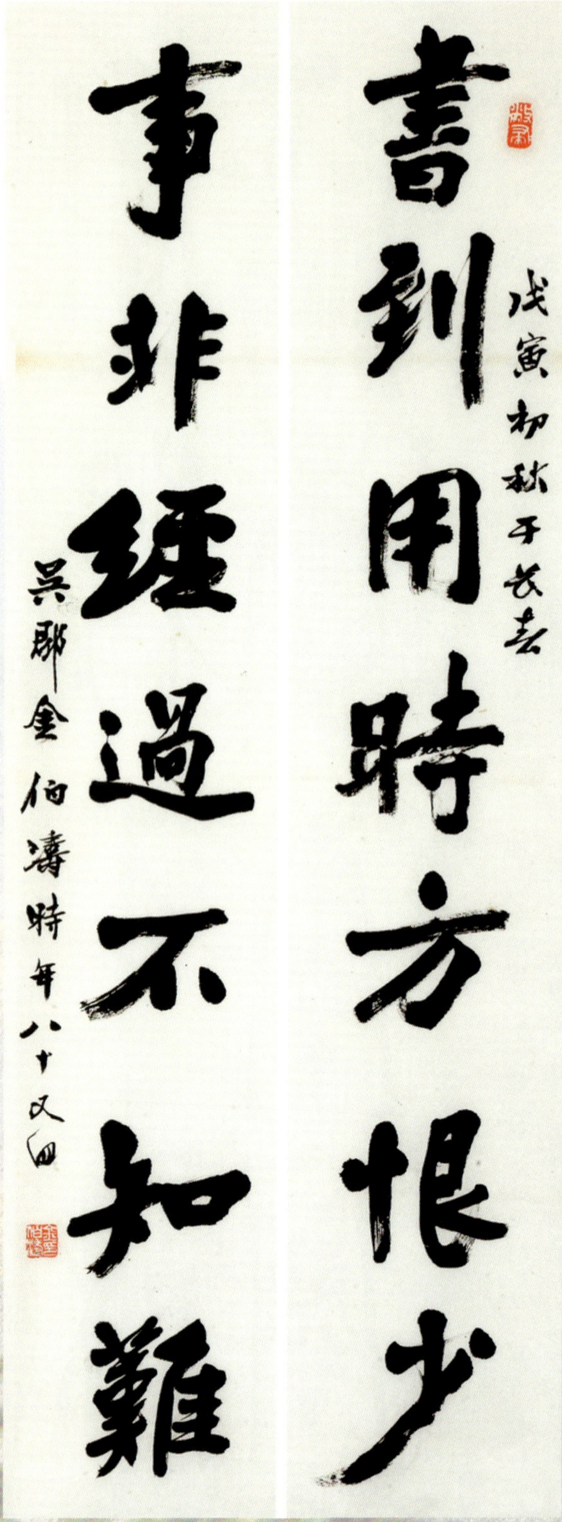

書到用時方恨少

事非經過不知難

戊寅初秋于長安

吳聯 金伯濤時年八十又四

君問歸期未有期 巴山夜雨漲

秋池 何當共翦西窗燭 卻話巴

山夜雨時

賈生 夜雨寄北

宋吟樵時年七十于怡東

■ 金伯濤书法作品 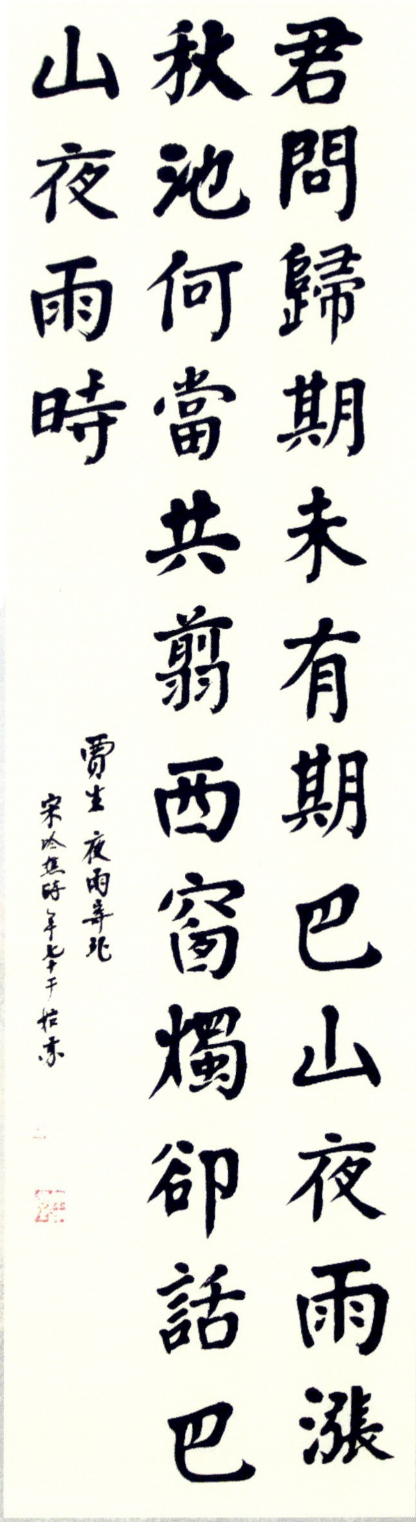　　　　　■ 宋吟樵书法作品

無庸三絕繼家聲遠躋文壇久
享名輯得舊聞成縹帙綴來碑
玉補瓊英優游甘作業由隱獪
介寧隨俗支爭八豔休歙君矍
鑠期頤定卜酒同傾

■陆澹安书法作品

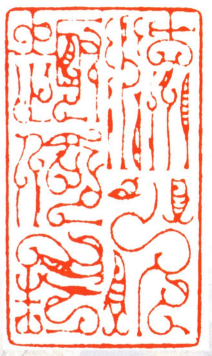

■宋咏篆刻作品（流水趣何长）

■宋祖惠篆刻作品（物华天宝）

【杨湾风情】

■采蚕茧（1975年摄）

■收菜籽

■采茶

■采枇杷

■拣枣子

■磨藕粉

■采莲蓬

■挑杨梅

■运橘子

■吊银杏

■开栗子

■摘莼菜

杨湾风俗

■ 出台阁

■ 抬猛将

■ 搬 碗

■ 晒勾篮

■ 洗 衣

■ 发 袋

■立夏卖小狗

■老灶头

■学炒茶

■狗头帽

■点地香

■看出会

【杨湾土特产】

■ 碧螺春茶

■ 白沙枇杷

■ 乌紫杨梅

■ 白　果

■ 石　榴

■ 板　栗

■ 柿　子

■ 太湖三白之银鱼

■ 太湖三白之白虾

■ 太湖三白之白鱼

■ 太湖蟹

杨湾新农村建设

■寺前自行车公园车道

■西巷栖居

■苏州东山精密制造股份有限公司

■咖啡馆

■幼山小学

■卫生院

■信用社

■杨湾村 2016 年新一届党总支委员选举产生

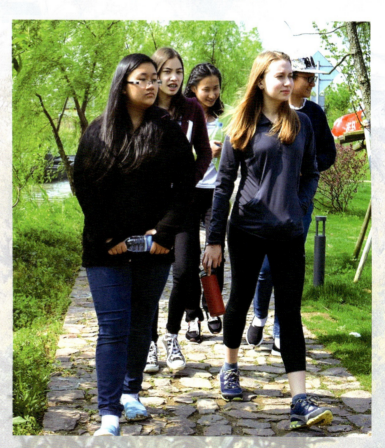

■外宾游览

杨湾历任领导

杨湾村党总支历届书记

朱伯龙

任职时间 2003—2012

陆雄文

任职时间 2012—2016

杨湾村党支部历届书记

宣根大

任职时间 1961—1970

陆祖发

任职时间 1971—1973

周祖玉

任职时间 1973—1983

陆祖发

任职时间 1984—1995

李介生

任职时间 1995—1997

秦荣芳

任职时间 1997—2009

陆雄文

任职时间 2009—2012

朱新巧

任职时间 2013—2015

上湾村党支部历届书记

汤永福	朱孝根	袁富林	朱绪新
任职时间 1956—1966	任职时间 1967—1977	任职时间 1978—1991	任职时间 1991—1996

朱伯龙	孙培兴	叶春喜
任职时间 1996—2003	任职时间 2003—2013	任职时间 2013—2015

屯湾村党支部历届书记

金补根	张巧根	朱奎荣	徐仁忠
任职时间 1961—1977	任职时间 1978—1990	任职时间 1991—1993	任职时间 1993—1995

徐树荣	王寿良	张茂兴	王美峰
任职时间 1995—2000	任职时间 2000—2003	任职时间 2003—2013	任职时间 2013—2015

《杨湾村志》编纂

■ 2017年2月15日《杨湾村志》终审

■《杨湾村志》编委会合影

目 录

序一	1
序二	3
凡例	5
概述	1
大事记	3

第一章　地理建置 ………………………………………………… 25
　　第一节　地理 …………………………………………………… 26
　　第二节　建置区划 ……………………………………………… 29
　　第三节　自然村 ………………………………………………… 31

第二章　人口 ……………………………………………………… 57
　　第一节　人口总量 ……………………………………………… 58
　　第二节　人口变动 ……………………………………………… 63
　　第三节　人口构成 ……………………………………………… 65
　　第四节　人口控制 ……………………………………………… 71

第三章　南迁大族 ………………………………………………… 73
　　第一节　周氏 …………………………………………………… 74
　　第二节　万氏 …………………………………………………… 75
　　第三节　徐氏 …………………………………………………… 76
　　第四节　张氏 …………………………………………………… 78
　　第五节　叶氏 …………………………………………………… 81
　　第六节　王氏 …………………………………………………… 83
　　第七节　朱氏 …………………………………………………… 86
　　第八节　其他氏族 ……………………………………………… 87

第四章　古建筑 …………………………………………………… 89
　　第一节　全国重点文保单位 …………………………………… 90
　　第二节　市文保、控保建筑 …………………………………… 93
　　第三节　其他古民居 …………………………………………… 96

　　　　第四节　公共设施、商铺 …………………………………… 102

第五章　古迹遗存 …………………………………………………… 107
　　　　第一节　历史遗址 …………………………………………… 108
　　　　第二节　宫庵庙祠 …………………………………………… 110
　　　　第三节　河港桥梁 …………………………………………… 115
　　　　第四节　泉井峰石 …………………………………………… 117
　　　　第五节　园林古木 …………………………………………… 120
　　　　第六节　碑刻墓葬 …………………………………………… 124

第六章　古村保护 …………………………………………………… 131
　　　　第一节　保护规划 …………………………………………… 132
　　　　第二节　古建筑维修 ………………………………………… 148
　　　　第三节　历史街区 …………………………………………… 149
　　　　第四节　非遗传承 …………………………………………… 151

第七章　经济 ………………………………………………………… 155
　　　　第一节　农村生产关系变革和经济体制改革 ……………… 156
　　　　第二节　生产管理 …………………………………………… 163
　　　　第三节　农副业 ……………………………………………… 168
　　　　第四节　工业 ………………………………………………… 175
　　　　第五节　商贸 ………………………………………………… 179

第八章　旅游 ………………………………………………………… 181
　　　　第一节　旅游资源 …………………………………………… 182
　　　　第二节　旅游项目 …………………………………………… 185
　　　　第三节　游览线路 …………………………………………… 186
　　　　第四节　旅游服务 …………………………………………… 187
　　　　第五节　影视外景点 ………………………………………… 190

第九章　土特产 ……………………………………………………… 193
　　　　第一节　碧螺春 ……………………………………………… 194
　　　　第二节　花果 ………………………………………………… 196
　　　　第三节　水产 ………………………………………………… 201
　　　　第四节　时蔬 ………………………………………………… 204
　　　　第五节　其他传统特产 ……………………………………… 207

第十章　基层组织 …………………………………………………… 213
　　　　第一节　村党组织 …………………………………………… 214
　　　　第二节　村行政组织 ………………………………………… 221

第三节　村群团组织……229

第十一章　新农村建设……233
第一节　总体规划……234
第二节　基础设施……236
第三节　公共服务……242
第四节　文体设施……243
第五节　环境保护……244

第十二章　社会 家庭 学校……249
第一节　社会保障……250
第二节　文明新风……253
第三节　家庭……258
第四节　学校……259

第十三章　习俗语言……265
第一节　习俗……266
第二节　方谚……272
第三节　歌谣……278

第十四章　人物……285
第一节　人物名录……286
第二节　传略……293
第三节　名人与杨湾……309
第四节　大专院校毕业生……314

第十五章　诗文著述……319
第一节　著述……320
第二节　文选……322
第三节　诗选……345

第十六章　志余……355
第一节　掌故杂记……356
第二节　传说轶闻……363

编纂始末……370

序 一

悉闻《杨湾村志》即将出版，甚感欣慰！江苏全省共10个国家命名的历史文化名村，东山就有3个。《陆巷村志》已于前年出版，现又一部名村志的出版，是东山文化建设中的一件盛事。一部村志是一个村的近代历史缩影，凝聚了当地村民的文化思想精髓，记录了一地乡村小社会的发展与变迁，在"根植吴文化，建设新吴中"的征程中，它的出版对传承东山民风民俗精髓，提升地方文化软实力有其积极而深远的意义。

杨湾是中国历史文化名村，亦是中国传统村落。在《太湖备考》记载中，杨湾是太湖半岛繁华集中的三个中心之一。杨湾村历史上出过进士、举人近20名，宋元时出过宰相、尚书、太守，明清时方志上记载的作家诗人达50多名。近现代又出将军2名、全国体坛冠军2名和30多名正副教授。在现存的60多幢明清建筑中，光全国文保单位就有轩辕宫、明善堂、怀荫堂等3处。除明清建筑外，还有演武墩、铜鼓山、长圩嘴、屯兵湾等吴越春秋的古迹。东山四大千年古树，一半在杨湾村。物华天宝，人灵地杰，民风淳朴，这样的古村落很值得一写。

党的十一届三中全会以来，杨湾村发生了翻天覆地的变化。全村干部群众发扬艰苦奋斗、团结拼搏、求真务实、勇于创新的精神，使杨湾古村获得了新生。不仅保护好了杨湾的历史文化遗存和青山绿水，更与时俱进地发展了杨湾村的经济。尤其是在近年开展的美丽乡村建设中，村容村貌不断完善，村民生活年年提高，文旅事业也迈开了新的步伐。杨湾村先后获得了"中国历史文化名村""中国传统古村落""江苏省美丽乡村示范点""江苏省最具魅力休闲乡村""江苏省乡村旅游创新项目先进集体""江苏省档案二星级单位"等众多荣誉。还有"两岸文创产业合作实验示范基地"，是用村民闲置房屋建立的民房合作社，与台湾"文创"结合办成的"青蛙村"更是远近闻名。这是杨湾村干群在上级党委、政府的关怀支持下努力进取的成果，值得载入志书。

2015年年底，在东山镇制订的"十三五"规划中，就计划安排撰写杨湾、三山、渡桥三部村志,《杨湾村志》的出版,必定会对其他两部村志的编纂出版工作产生积极的推动作用,如期完成好东山镇五年规划中的这一地方村志文创产业任务。

《杨湾村志》编纂出版,是在中共东山镇杨湾村委员会、杨湾村民委员会的领导和支持下,由东山当地知名作家杨维忠老师亲自执笔,并聘请村里的老同志参与编写,历时一年半,共同完成的。期间,我因工作需要,曾在杨湾村挂钩、蹲点过几年时间,有缘与老师们和乡亲们取经讨教,共商构思村志的章节,今日该书出版,并为其作序,深感荣幸。在此,谨向辛勤笔耕的全体编纂人员,向悉心指导的评审专家,向所有为志书编纂做出贡献的社会各界人士致以衷心的感谢。

《杨湾村志》纵述历史,横陈现状,是一部包罗万象的村级百科全书,其内涵极为丰富。在"山水苏州,人文吴中"的绿色发展进程中,希望通过倡导地方镇志、村志的修编,通过这部村志的出版,能让大家深入地走进东山,走进杨湾村民之家,感受一村的历史变迁和当地的人文情怀。

祝愿《杨湾村志》的出版,给杨湾古村的经济社会发展带来新的机遇,相信杨湾村的人民一定会创造出更加美好的明天。

吴耀风

中共苏州市吴中区委统战部常务副部长

2016年12月22日

序 二

经过许多同志的努力，中国历史文化名村《杨湾村志》付梓，这是苏州大市出版的第二部全国级历史文化名村志，可与2014年出版的《陆巷村志》媲美。它的出版是东山历史上的一件盛事，更是杨湾人民建设家乡，建设社会主义物质文明、精神文明的丰硕成果。值此可喜可贺之际，谨向潜心修志的工作人员和为修志做出精心指导的上级领导专家致以衷心的谢意。

杨湾古村的历史极为悠久，可追溯到吴越春秋，尤其是南宋初期，中原一大批护驾南迁的文臣武将途经太湖，因爱东山西南部的山水之胜，遂定居杨湾沿湖一带，始建李湾、南堡、毛园等小村落，后人口逐渐东迁，形成杨湾、大浜、上湾、张巷、石桥等自然村。明初起，杨湾周、叶、王、万诸大族，或为政，或经商，或从文，或行医，又继续东移，形成了东山古镇。杨湾古村地灵人杰，名人辈出，被誉为"南宋遗泽八百年，太湖风月三千顷"。村中古街、古道、古井、古宅及古牌坊星罗棋布，现保存较为完整的明清建筑有数十幢之多，仅全国文保单位就有轩辕宫、明善堂、怀荫堂等3处。

杨湾行政村是2003年11月由原杨湾村、上湾村和屯湾村合并而成，所辖区面积11.86平方公里，共有12个自然村，26个村民小组，1135户，3673人。中华人民共和国建立前的杨湾村虽然名门望族多，但广大劳动人民大多过着贫困的日子，兵连祸灾、百业凋敝，这是昔日杨湾村的真实写照。中华人民共和国建立后，杨湾村人民在中国共产党的领导下，奋发图强，艰苦创业，迈步走上了社会主义康庄大道。党的十一届三中全会后，杨湾古村更是气象万新、百业兴旺，面貌日新月异。尤其是进入21世纪以后，村党总支、村委会大手笔抓改革开放，抓经济发展，抓新农村建设，使杨湾的村容村貌及居民生活发生了翻天覆地的变化，如今的杨湾村可谓是农业稳、工业旺、旅游业兴，村民生活安定富足。

盛世修志，功在千秋。《杨湾村志》是一部一个村的百科全书，它为人们全面了解杨湾的过去，规划未来提供了一部正确的、科学的村情资料，为广大群众，特别是在青少年中开展热爱祖国、热爱家乡教育提供了生动的乡土教材，也为保护中国历史文化名村，特别是让广大游客了解杨湾，海内外客商投资杨湾提供了一份咨询书。总之，《杨湾村志》是一部认识杨湾、熟悉杨湾、保护与建设杨湾不可多得的资料书、工具书、村情书，必将长久地发挥其作用。

在《杨湾村志》的编纂过程中，编者坚持辩证唯物主义和历史唯物主义的观点，力求将翔实的历史素材、丰富的思想内涵、浓厚的时代气息、鲜明的地方特色和较高的科学价值融为一体，且能贯通古今，横涉百科，资料翔实，归属得当。

《杨湾村志》的编纂出版，是在苏州市方志办、吴中区方志办和东山镇党委、政府指导及大力帮助下完成的。志书写作历时2年，形成了30多万字的文字稿，又经过不断考证、修改与补充，精益求精，形成了一本翔实、科学而完整的村志，也给杨湾村子孙后代留下了一笔宝贵的精神财富。

东山镇杨湾村党总支书记
2016年12月20日

凡 例

一、本志以中国特色社会主义理论为指导，遵循辩证唯物主义和历史唯物主义的原则，全面反映杨湾村的自然、经济、社会等的历史和现实。

二、本志上限起自吴越春秋，下限讫于2015年12月31日。有些章节溯源寻古，追溯到事物发端。大事记、照片下限至2016年12月31日。

三、本志记载的地域范围，为2015年底杨湾行政村辖区，包括杨湾、上湾、屯湾及所属太湖岛屿。历史上杨湾、上湾、屯湾三村境域时有增减，亦如实记载。

四、本志根据杨湾村的特色，对古村落、古建筑、南宋氏族、历史人物、风景名胜旅游及名优特产、新农村建设等内容做了提前或升格处理。

五、本志采用章、节、目结构，横列门类，纵以叙述，辅以图表照片。大事记以编年体为主。

六、本志所载人物以杨湾及祖籍杨湾并有重要业绩者为主。遵循生不立传，健在者简述与简表录之。

七、本志资料选录有关文献史料、档案，均经核实，为节省篇幅不再一一注明出处。部分史料采自口碑，亦经反复核准后整理入篇。

八、本志纪年方法，中华人民共和国成立前用朝代年号，括注公元年份。中华人民共和国成立后用公元年份。

九、本志计量单位原则上采用国家法定公制。历史上的计量单位名称，按当时记载，部分地方标注其换算值。

概 述

杨湾村（上湾、屯湾）位于东山镇的西南面，南临太湖，北连陆巷，东接槎湾，西靠白浮门，遥望三山岛，所辖区域面积11.86平方公里。2003年11月由原杨湾、上湾、屯湾3个行政村合并而成，共有12个自然村，设26个村民小组，1135户，3673人。2015年全村经济总收入11907万元，人均纯收入30385元。

杨湾为东周遗泽，南宋古村，历史极为悠久。屯湾村始于吴越春秋，村名就因吴国屯兵而得名；长圻嘴为吴越之边界，两国争霸的军事前哨阵地；演武墩、铜鼓山、白浮门是吴国水陆两军操练之地。杨湾、上湾村始于南宋初年，始名阳湾，即向阳之湖湾，后更名杨湾。明初分上、下杨湾村，王鏊明弘治《震泽编》中即有上杨湾及下杨湾村名之记载。2013年杨湾村被列为第二批"中国传统村落"；2014年3月，杨湾古村被国务院命名为第六批"中国历史文化名村"。

杨湾村距镇中心8.5公里，水陆交通便利。环山公路绕村而过，湖岸线长达5公里，朝东北可通过陆巷、尚锦、岱松等村直通湖滨大道；往东南可经槎湾、金湾、星光等村衔接苏东公路。水路交通可经太湖通往苏、沪、宁等大中城市以及湖州、杭州、宜兴等地。

杨湾村依山临湖，山水景色兼备，四季气候宜人；土壤肥沃，物殷丰富。历史上就形成了以山区茶果为主，蚕桑、太湖捕捞为辅的农业结构。素有"一年十八熟，四季花果香"之美誉。所产白沙枇杷、乌紫杨梅、洞庭红橘、太湖莼菜及"太湖三宝"（银鱼、白鱼、梅鲚）久负盛名。

杨湾是明清"钻天洞庭"商贾集团的故里，因而文化遗存众多。在9公顷核心保护区中，有古街、古商铺、古民居、古寺庙、古更楼、古桥、古井等古建筑57处，面积29638平方米，其中轩辕宫、明善堂、怀荫堂被列为全国文保单位。拍摄过《渔光曲》《一江春水向东流》《橘子红了》《画魂》《胡雪岩》等在全国有很大影响的电影和电视剧。

改革开放初期，杨湾村经济基础较为薄弱，尤其是20世纪90年代初，橘子价格下跌，村民收入锐减。后村里大力发 中心、农贸市场、果品销售市场、停车场等一批惠民工程相继竣工，同时，完成"国家一村一品示范村"，"全国十大精品杨梅——小叶细蒂"、西巷杨梅基地建设，跨入苏州市、江苏省社会主义建设新农村行列。

杨湾村自然生态环境良好，"环保优先"已成为杨湾人发展经济的共识。尤其是2014年起启动苏州市"三星级康居村"和"美丽乡村建设"工程后，村里坚持经济发展首先服从于环境保护，努力建设生态文明，环保工作取得良好成绩，先后获得江苏省卫生村、江苏省生态村、江苏省最具魅力休闲乡村的荣誉称号。

如今，庙山之麓，太湖之畔，杨湾村人正在探寻一条农果、养殖、旅游、民企同步进取的经济发展之路，努力建成一个生态环境优美、经济结构合理、乡村文化繁荣、人与自然和谐相处的现代化新农村。

大事记

周

约周景王二十三年，吴王僚五年（前522）

伍子胥自楚奔吴，助吴伐越，在东山杨湾筑烽火台，又名演武墩，瞭望越国军队动向，杨湾成为吴国军事要塞。

南北朝

梁天监元年（502）

碧螺峰下建灵源寺，寺毁于"文化大革命"。遗存树龄1500多年罗汉松一株及灵源泉、照潭等古迹。2006年重建灵源寺，至2015年已建弥陀殿（头山门）和四大金刚殿。

梁天监二年（503）

长圻东岭建能仁寺，现已废，存香花桥、泗州池等遗迹。

唐

贞观二年（628）

杨湾建胥王庙，后更名显灵庙、灵顺宫、轩辕宫等。2006年轩辕宫被列为全国文物保护单位。

宋

北宋初年（960~968）

刑部侍郎叶逵在东山杨湾碧螺峰下筑别业，为叶姓居山之始。叶逵卒归葬浙江湖州。其裔孙散居江、浙、皖、沪，被尊为吴中叶氏始祖。

淳化年间（990~994）

叶逵次子，淳化进士叶元辅定居后山杨湾鸡笼山南，称"南叶"一世祖。

政和三年（1113）

东山划属湖州之乌程，杨湾属浙江乌程县。

建炎年间（1127~1130）

河南汴梁周氏迁居杨湾，建周家浜，又名大浜村。

河南汴梁徐氏迁居杨湾屯湾，后又迁居澄湾（陈湾）与湖沙之地。

张瑞从太湖三山之厥山迁居杨湾张巷村，后裔孙散居杨湾、大浜村。

和州判官万虞恺从河南开封迁居杨湾北，筑张巷村，明时又迁往前山叶巷村，分成前后两支张姓。

汴梁居氏迁居上杨湾，筑居巷村。

朱希贞迁居杨湾张巷。据张巷《陆氏宗祠碑记》载："吴洞庭陆氏先扬土沛国，赐姓曰朱。自先祖希贞公从宋南渡卜居于此。"

绍兴元年（1131）

叶梦得次子，浙江临安太守叶程，定居杨湾石桥碧螺峰下（又名铁拐峰），被尊为东山叶氏始祖。

绍兴二年（1132）

春，大饥，斗米值千钱。冬大寒，太湖冰冻，东、西山米舟不到，前后山居民受困。

绍兴年间（1131～1162）

莫厘王氏有一支裔孙从后山王巷迁居杨湾石桥村。

绍定五年（1232）

里人朱安宗在后山杨湾石桥村建震泽底定桥，又称石桥，今保存完好。

元

天历二年（1329）

冬，大雪，太湖冰冻数尺，人履冰而行，后山杨湾等地柑橘悉数冻死。

至正二年（1342）

太湖忽起大风，湖水涌入沿湖民居，俗称"湖翻"，后山杨湾等村果林尽淹。

至正八年（1348）

杨湾澄湾村人叶宁至淮北经商，贩运布帛、蓝靛、木材等商品，获利甚丰，数年后成为杨湾大户，为"钻天洞庭"商人集团早期代表人物之一。

至正十一年（1351）

河南偃师名士王鹏（字九万），避乱隐居洞庭东山石桥村，居灵源寺设馆授徒，并终老猴山宅。

至正十六年（1356）

张士诚居平江，改称隆平，分兵攻湖州，用太湖为饷道，在杨湾之长圻村屯兵。

至正二十三年（1363）

杨湾南叶人叶德新被吴王张士诚招至苏州，晋为中书省右丞，与黄敬夫、蔡彦文同掌大周朝事，民谣曰："张王作事业，专靠黄、蔡、叶（叶德新），一朝西风起，干瘪！"朱元璋攻陷平江（苏州）城，张士诚兵败被俘，大周朝灭亡。杨湾人叶德新"因民之怒，并及德新兄弟子侄之仕周者，皆被磔于市"。

至正二十五年（1365）

杨湾人叶颢中浙江乡试举人，署和靖书院山长，为东山科考中举第一人。

明

洪武二年（1369）

朱元璋在长江边筑应天城，经韩国公李善长推荐，精于土木之技的杨湾人张宁任建造皇城的总督。朱元璋颁御旨，令张白衣督领工役。

洪武五年（1372）

杨湾南叶人叶德闻被朝廷授任布政使之职。德闻随父叶宁在淮北经商，因事被押送大理寺。朱元璋亲审其案，见德闻"身材魁梧，声音高亮，极为喜爱。开脱其罪，授以陕西左布政使，颁诏掌理秦赋"。八年（1375），陕西凤翔地方官茂先，走南京诬告德闻受贿之事，于是"朝廷震怒，将德闻拿解进京，下大理寺，罪论腰斩"。

永乐元年（1403）

石桥村叶廉考取癸未科举人，官江西广信府上饶知县。

景泰五年（1454）

春，东山隔冬大雪未断，积雪丈余，太湖冰冻，禽兽、草木大多冻死。后山杨湾一带灾情尤烈。

天顺元年（1457）

莫厘王氏九世王琜（字以润），迁居杨湾石桥村，并被举为万石长。凡乡邦曲直是非之事，悉听其公断。

成化二十三年（1487）

沈周、唐寅、祝允明至杨湾石桥村参加"壑舟雅集"。是年石桥村隐士王鏊筑"壑舟"于野，竣工之日，仲弟王鏊为之作《壑舟记》，沈周、蒋藻绘《壑舟图》，唐寅、祝允明等作诗《壑舟图咏》。

弘治十六年（1503）

文徵明、徐祯卿游东山灵源寺、能仁寺，作诗纪之。是年，先是徐祯卿游洞庭西山，作纪游诗八首示徵明，徵明和之。后两人相约游东山，合刻洞庭唱和诸诗为《太湖新录》，文徵明作《游洞庭东山诗序》。

冬，大雪，积四五尺，东山橘林冻害严重，杨湾橘树尽毁，王鏊作《橘荒叹》，有："前年与今年，山中天大雪"，"就中柑与橘，立死无孑遗"之句。

嘉靖元年（1522）

杨湾周兴，字明富，高寿被朝廷赐以冠带，封为"寿翁"，故自号"寿恩"。八年后病故，鹤龄九十三岁。

浙江菱湖人孙桃溪行医至东山，定居杨湾石桥村（谱称方里村），斋孙世承祖业，后又经商发迹，成为杨湾望族，孙桃溪被尊为东山孙氏始祖。

嘉靖三年（1524）

苏州府衙在吴县二十八都十三图社，杨湾村西巷骑龙殿庙前立"申明乡约碑"一块，现尚存。

嘉靖三十三年（1554）

倭寇入太湖，东山立八寨，杨湾长圻设营寨，团结乡勇，自相守御，称长圻寨。

嘉靖三十四年（1555）

陈（澄）湾猎户殷训，受命在蓟山上扎兵营抗敌，大败倭寇，清《太湖备考》

有载，荞山抗倭遗址尚存。

嘉靖四十年（1561）

春、夏连雨，大水，高淳坝决，五堰之水下注，太湖溢，东山沿湖被淹，杨湾浜场水深尺余。

万历十五年（1587）

海瑞卒，在金陵城开设酒肆的杨湾人朱良佑首投百金治丧，并治装扶棺，送清官海瑞归葬于海南。

万历二十八年（1600）

杨湾村陆万里考中庚子科举人，官知南雍县。

崇祯元年（1628）

张巷商人万澕，字中宇，号养浩，热心社会公益，为乡人救济解难，被苏州府衙举为乡饮嘉宾。

崇祯年间（1628~1644）

杨湾人姚钰寿一百岁，是东山历史上有记载的第一个百岁老人。

清

顺治四年（1647）

石桥村叶申考取丁亥科进士，历官广西道御史、湖广兵备道、刑部侍郎。

顺治九年（1652）

杨湾村张延基考中进士，官山东蓬莱、四川石泉知县，颇具政绩。

杨湾大浜村周而淳考中进士，历官户部主事、广西清吏司员外郎、顺天府乡试同考官。

顺治十一年（1654）

屯湾村邹儒考取甲午科举人，授浙江严州遂安县教谕。

康熙六年（1667）

"江左三大家"之一的诗人吴伟业，登石桥缥缈楼，凭吊朱必抡与朱氏女乐班，并题诗壁上，追忆早时女乐演剧事。

康熙九年（1670）

杨湾村周道泰考取庚戌科进士，官户部主事。

康熙二十二年（1683）

太湖冰冻月余，人履冰行，可从长圻行至三山岛。

康熙三十八年（1699）

四月初四日，康熙南巡至东山，幸临席启寓东园，屯湾人邹弘志进贡莼菜并采莼图与诗。

杨湾石桥村叶张绥考取己卯科举人，官上海华亭县学。

乾隆二十一年（1756）
大疫，东山米腾贵，杨湾民剥榆树皮为食。

乾隆二十七年（1762）
石桥村叶介明考取壬午科举人，官内阁中书。

乾隆四十年（1775）
三至八月，不雨，太湖龟裂，杨湾东太湖畔有似"龙骨"一具横陈湖底，头角皆备。

乾隆五十二年（1787）
石桥朱氏、叶氏等重修震泽底定桥，并在桥坪磐筑官路，镌《重修坪磐官路记》于壁间。

嘉庆三年（1798）
杨湾村张熏考取戊午科举人，官安徽来安教谕。

嘉庆十五年（1810）
石桥村叶本礼考取庚午科举人，授国子监学正。

嘉庆二十四年（1819）
杨湾湖沙人徐学巽（春帆）等人动议捐资修葺虾蟹岭山道。

道光二年（1822）
在杨湾箕家山建净云庵，进士甘肃会宁山丹县知县郑长篆撰碑记。

道光五年（1825）
杨湾湖沙村徐春帆和叶长福在后山石桥设义渡，并置大船，捐养船工，不取渡资，便利东西两山居民交往。道光七年，徐春帆又捐资2万，购置义田824亩，资助仰云书屋办学。

道光十年（1830）
疏浚雕鹗河，地方资力有限，湖沙商人徐学巽（春帆）独任不足之数。

咸丰十年（1860）
四月，浙江巡抚王有龄奏请将洞庭山（包括西山）改隶浙江，划属湖州，杨湾为江浙两省之边界。

咸丰十一年（1861）
二月初，太平军在洞庭东山设东珊县，辖洞庭东、西两山，杨湾隶属东珊县。

同治二年（1863）
十月末，太平军撤离东山，清廷恢复太湖厅治，杨湾归属苏州府。

同治九年（1870）
朝廷赠以杨湾湖沙村人徐春帆"善人"旌表，表彰其为地方公益事业所作之贡献。

光绪五年（1879）
杨湾村周邦翰考取乙卯科顺天举人，官江西广信府兴安知县、九江同知及饶州知府。

宣统元年（1909）

杨湾村人周南和胞弟周斌、胞妹周凤霞追随孙中山、投身辛亥革命，加入同盟会。周南任威武军副司令，策动上海独立。

宣统三年（1911）

秋，大水遭灾。冬，雪后东山地震，杨湾有震感。

民 国

民国元年（1912）

1月，废太湖厅，设洞庭县，时东山归洞庭县，杨湾隶属之。7月，撤归并吴县。

3月24日，洞庭东山旅沪同乡会在上海成立，杨湾、石桥、湖沙等村有50多位沪商人参加。

11月，东山分设前后山两乡，后山乡议事会机关设于杨湾石桥村，前山设于叶巷北相公庙。

民国2年（1913）

秋，县立碧螺小学在杨湾石桥村开学。

民国4年（1915）

春，后山乡杨湾、屯湾、陆巷等村，迎神赛会发生械斗，酿成人命并损坏多间民房。

民国9年（1920）

湖沙村旅沪商人朱献淮所著《洞庭东山物产考》一书出版，里人严家炽、杨湾名士张知笙为之序。

民国10年（1921）

6月，洞庭东、西山为太湖中大小鼋山归属问题发生诉讼，经杨湾人张知笙等旅沪同乡会人士力争，大小鼋山归属东山。

秋，县立钟秀女子小学和私立鉴塘小学分别在积谷仓与杨湾明善堂开学。

民国14年（1925）

7月，旅沪同乡会主办，屯湾青年朱穰丞和严庆澍任主笔的《莫里沪报》半月刊在沪出版。至1926年11月停刊，共发行34期。

民国16年（1927）

7月，国民党吴县县党部第七区党部在东山成立，前山为一分部，后山为三分部（分部设于杨湾），二分部在西山。

民国18年（1929）

改东山为吴县第十七区，下设5镇38乡239闾1157邻。杨湾属十七区。

春，后山登善医院在杨湾张巷村开业，设有门诊部、药房和病房区三部。

6月25日至7月5日，民国总理李根源至东山访古，寓所居于杨湾居廷扬家。

民国19年（1930）

11月1日，东山最早开通的长途电话——东山与苏州长途电话开通。东山电话机两只：一在前山区公所（今东山中学），一在后山杨湾张巷登善医院。

民国20年（1931）

秋，屯湾青年朱穰丞赴法勤工俭学，在法国巴黎参加法国共产党，继转入中国共产党，曾任中共旅欧支部书记及国际反帝同盟负责人，主编《救国时报》《反帝》等革命刊物。

民国21年（1932）

张巷粹修堂古建筑传人张积圖、张芳清父子（明初监筑南京城的张宁裔孙），主持设计与营造启园四面厅（镜湖厅）、复廊、假山等园林工程。

民国23年（1934）

6月，江苏省民政厅核准吴县划分为13个区，东山为第12区。11月，东山区设4镇6乡。杨湾石桥村设乡镇局。

8月，杨湾沪地商人朱献淮等发起在屯湾虎山筹建东山农业股份有限公司，专营种植林、竹、果、蔬及养殖禽畜，后因抗战事发未果，今屯湾山麓石上尚留有"东山农业公司"6个大字。

民国25年（1936）

国民政府江苏省长颁赠给杨湾商人张知笙一块"履信蹈仁"匾额，表彰他为社会慈善事业作出的贡献。

湖沙村上海棉纱商人徐介启（字子星），鉴于原东山席家花园（现名启园）主人席启荪经商失败，把准备购买一百亩香港地皮之款购买该花园，更名为启园。前主人席启荪，后主人徐介启，两人名字中均有一个"启"字，故名启园。

民国26年（1937）

8月13日，淞沪会战爆发，旅沪东山难民，由湖沙商人徐春帆负责的东山旅沪同乡会组织分批遣返故乡，前后安全遣返至东山约4000人。

10月，苏州图书馆一批善本，宋、元、明三朝古籍和清代精本，装成8大箱，藏于杨湾鉴塘小学朱家祠堂，后又将书分散藏于鉴塘小学教员家中，1945年抗战胜利后，运回苏州图书馆。

民国27年（1938）

日军侵占东山，治安无保障，劫案频起，山人四处逃离、躲藏。张巷登善医院因兵乱停办。

民国29年（1940）

夏，东山霍乱盛行，民众死者不少。旅沪同乡会购办痧药水100打，分寄前后山施送。张巷登善医院复业开诊，免费为贫患者就诊。

民国32年（1943）

朱巷私立厘峰小学并入杨湾碧螺小学，聘朱厚荪为校长。

民国33年（1944）

湖沙村旅沪地商人徐子星、徐蔚霖回乡，以"寿亲义庄"名义，向后山各村送医送药。

民国35年（1946）

1月30日晚8时许，石桥村七保五甲村民张兴隆、叶福生家突遭盗匪七八人，持长短枪械，撞开大门，强行入屋抢劫。抢去金耳环及首饰等物，得手后向太湖方向遁去，临行还鸣枪两声示威。

10月14日，杨湾至苏州班轮在航途中，两次遭太湖强盗抢劫。

民国36年（1947）

6月19日，旅沪同乡会派人来东山，在杨湾鉴塘小学（明善堂）大礼堂首次放映《水之清洁》《电气原理》《美国农民生活》等彩色科教影片，约2000人观看，为东山放映电影之始。

民国37年（1948）

10月，东山被抽壮丁291名，杨湾、蒋含、文佫等后山被抽壮丁120名，其中杨湾乡48名。

12月26日，杨湾鉴塘小学开办后山民众教育班，共两班。一班开在王舍村树滋堂，一班开在北望村，每天上课6至8小时。另在王舍还设有儿童班，课本均有鉴塘教师捐赠。

中华人民共和国

1949年

10月1日，中华人民共和国成立，杨湾人民欢庆解放。

1950年

张巷粹修堂古建筑传人张芳清，负责修缮轩辕宫梁架。

1951年

东山供销合作社在杨湾建立供销站。

1952年

8月6日，时任北京新华社军事组记者的杨湾人刘鸣，赴朝鲜战地采访，不幸牺牲在上甘岭坑道中，年仅28岁。

1954年

9月1日，太湖渔民第一所小学——震泽县渔民子弟学校在东山杨湾乡石桥村灵源寺开学。

杨湾崇本堂人张国权，在苏州创办"苏州天利味精厂"，成功生产出苏州第一代"虎丘牌九九味精"。

1956年

3月，东山撤区并乡，设东山镇和杨湾、渡桥、后山3个乡。

7月26日，杨湾乡虹光三社蚕茧丰收，8张蚕种平均每张采茧43斤3两，卖到一等价钿，每担（100斤）101.5元，打破了春茧的最高价格。

9月5日，杨湾乡虹光一社建办高小班夜校，学员80多人，其中小队会计以上的干部有48人。学员白天劳动，夜里读书，生产学习两不误。

10月18日，东山轩辕宫正殿、紫金庵罗汉塑像被列为江苏省文物保护单位。

1957年

1月29日，杨湾乡虹光三社经过10天的奋战，在西朗坞种植栗子树200多亩，在鱼池埂上栽种桑苗200多亩，完成了上级下达的绿化任务。

5月21日，杨湾乡虹光一社光荣青年队全面完成积肥任务，72亩晚稻田积草河泥5万多担（每担100斤），折算白河泥，每亩积肥1380担，基本实现担肥斤粮。

10月26日，杨湾乡虹光二社建立托儿所与托儿组，每个所看护20个小孩，每个组看护8至12个小孩。

12月12日，杨湾乡各农业社积极参加国家储蓄，社员存款额26996元，社员杨胜林当年全家分配到1000多元，还清历年积欠的贷款250多元外，其余全部存入银行。

1958年

7月1日，和平（包括杨湾村）、绿化、庆丰3个农业合作社合并为地方国营和平花果场。

7月5日，震泽县第一个畜牧场——杨湾乡虹光二社畜牧场在后山白浮门建办。畜牧场占地100多亩，饲养家禽家畜14000多头（只）。

10月，撤和平花果场（包括杨湾片），前后山两个公社，合并为洞庭人民公社，下设管区，原生产大、小队改为营、连建制。

1959年

1月18日，杨湾乡10个生产队被震泽县表彰为先进生产队，分别是：虹光三社杨湾一队、六队、十队，虹光一社王勤富队、刘长生队、朱锦鹤队，虹光二社5队。

7月6日，新中国成立后元代建筑轩辕宫第二次修缮完工。轩辕宫因年久失修，屋面、墙壁损坏严重，尤其是梁架已经倾斜，江苏省文化部门及时拨款修复。全体工匠共同努力，仅用了几个月的时间，使之恢复了原貌。

秋，大旱，东山63天未下雨，河水干涸，杨湾片所属后山果树受灾严重。

1962年

3月，贯彻中共中央文件精神，改公社一级核算制为公社、大队、生产队三级核算制。撤管区和营、连建制，恢复大、小生产队。农民重划自留地，复名杨湾大队。

1963年

杨湾石桥村人，时任新疆体校女篮队长、新疆体育大队副大队长孙近芳（女），在全国篮球甲级队比赛中获全国冠军。

1966年

9月,东山"破四旧"开始,首破金植之家,继而波及市镇、农村,杨湾轩辕宫、灵源寺、刘公堂神像尽毁。

1967年

秋,严重干旱,山区受灾,后山(杨湾片)各大队果树干死60%。东太湖几乎干涸,可从东山步行至吴江。

1969年

3月,洞庭公社、东山镇合并为洞庭人民公社革命委员会,杨湾村并入洞庭公社革委会领导。

冬,围筑东、西大包圩,杨湾片所属各村均派劳动力参加。

1970年

1月1日,环山公路从后山至杨湾全线通车,杨湾轩辕宫、明清古街、环山公路辟为旅游景点。

4月12日晚,风、雷、雪俱来,后山(杨湾片)果树受灾严重。

1971年

王鏊《洞庭两山赋碑》与文徵明《东西两山图碑》,从岱松刘氏传经堂移藏至杨湾汤斌庙中保存,砌于壁间。

1975年

3月,洞庭公社在杨湾茧站分期分批举办党员、干部读书班。

11月,洞庭公社在屯湾村创办知青农场。

1976年

8月,暴雨成灾,农田被浸,后山(杨湾片)大批果树被风吹折或刮倒。

11月,杨湾、上湾、屯湾三村全部通电。

1977年

1月,大雪纷飞,连下10余次大雪,严寒,太湖局部冰冻,后山杨湾、含山、战斗、卫东等大队橘树遭冻受损严重。

9月,台风袭击,狂风暴风成灾,后山太湖防堤决口,杨湾片大小果树淹死上万株。

1979年

7月1日,杨湾华侨公墓开业,后改称吴县东山华侨公墓,现为东山华侨公墓一区。

12月,新筑后山公路接通东杨公路(东山至杨湾),东山环山公路全面通车,杨湾群众出行方便。

1980年

5月下旬,南京地理研究所水体农业试验站在杨湾油车港水域进行试验,建立水生植物基地。

7月1日，经江苏省人民政府批准，洞庭公社革命委员会更名为东山公社革命委员会，杨湾大队革委会更名为杨湾大队委员会。

9月，东山相继遭大风暴雨袭击，湖水破圩，淹田1000余亩，鱼池200余只，桑地100多亩，果树浸水30余亩，杨湾村受灾严重。

11月，为方便游客至轩辕宫、明善堂和杨湾明清一条街游览，杨湾大队党支部因陋就简，在小镇上新办了一所"便民旅社"，仅2只房间，10只铺位，还设立了寄存汽车过夜服务，受到游人好评。

1981年

5月6日，日本金陵食品合资会会长岸本清和营业部长野田宏一行4人，参观访问了太湖莼菜主产地——东山屯湾大队。访问期间，客人们观看采摘莼菜现场。

1982年

2月，东山镇山区果林逐步推行生产承包责任制，杨湾片各大队全面启动，半年中果林全部承包到户。

3月，杨湾明善堂、怀荫堂、熙庆堂及前山绍德堂、瑞霭堂、凝德堂、诸公井亭、春在楼、楠木厅及石雕艺术品等被列为江苏省文物保护单位。

4月24日，原孙中山先生秘书王一亭的骨灰安葬在杨湾华侨公墓一区。

1983年

5月，太湖风景区建设委员会召开第二次会议，确定太湖风景区13个，吴县有东山、木渎、西山等景区，杨湾为东山景区的重要景点。

8月，按县村级体制改革工作意见，东山设30个行政村，建村党支部、村民委员会和村经济合作社，设立303个村民小组，撤销生产队。杨湾、上湾、屯湾等大队均更名为行政村。

1984年

4月，中国科学院外籍院士，1957年世界诺贝尔物理奖获得者杨振宁父母杨武之、罗孟华的骨灰，安葬在杨湾华侨公墓一区。

1985年

11月，前外交部部长乔冠华的骨灰，由其妻章含之护送到杨湾东山华侨公墓安葬。

1986年

2月，杨湾电影院落成，丰富了杨湾群众的业余文化生活。

5月，杨湾村上湾小学学生丁国芳、绿化小学学生潘永伟，分别荣获全国少先队好队长"大雁奖"和"小老虎奖"。

1987年

7月28日，7号台风过境，风力11级，太湖水位陡涨至4.15米，前后山（包括杨湾片)鱼池、橘林严重受淹。杨湾、白沙、含山村橘园大部被淹。

8月,中国著名画家陶冷月的骨灰安葬在杨湾华侨公墓。

1988年

6月,苏州旅港人士朱恩馀捐款15万元,在杨湾湖沙里原湖沙小学基础上兴建幼山小学,校舍24间,670平方米。

10月1日,杨湾轩辕宫、明善堂重修后对外开放。

1989年

4月,东山籍台胞徐锦镛(祖籍杨湾湖沙村)返三山扫墓,告别时捐人民币1万元,资助三山小学。

11月19日,中国美术家协会理事,中国美术家协会上海分会主席,著名画家王个簃的骨灰安葬在杨湾华侨公墓一区。

11月20～29日,苏州电视台到东山拍摄东山风光片《碧水青山总是情》。12月20日,在该台《漫步天堂》节目中播出。杨湾村拍摄了部分外景。

1990年

4月9日,杨湾江苏省文物保护单位熙庆堂倒坍。木料被户主拆去,其中有价值的画梁3根,由东山文保所收藏。

5月,上海电视台到东山拍摄专题片《姑苏东山美》,由上海电视台著名节目主持人叶惠贤执导,杨湾村摄入部分镜头。

8月25日,桂林、西安、杭州、苏州等4个旅游城市市长座谈会一行80人,赴东山风景区考察,参观了明善堂、紫金庵、雕花大楼等景点,并游览了后山太湖风光。

11月19日,著名女画家陆小曼安葬在杨湾华侨公墓一区。

1991年

3月12日,港胞朱恩馀偕夫人参观由他捐款120万元建造的东山杨湾幼山小学、新潦小学主体工程和实验小学教育楼,并为实验小学扩建工程再次捐款20万元,捐赠图书8000册。

7月,时任辽宁省军区副政委的杨湾石桥村叶肇宏被中央军委授予少将军衔。1994年被中央军委授予"胜利功勋"荣誉章一枚。

9月10日,杨湾张巷村东山实验小学教师张洪鸣获"全国优秀教师"称号。

1992年

12月,东山镇完成东、西大圩(含杨湾片)白沙等地块石挡浪墙2508米。

1994年

6月27日,凌晨3时36分,东山镇遭受龙卷风和暴雨袭击,1小时内降雨量达62毫米,杨湾村大量果树被吹断树枝或刮倒,部分鱼池水淹过堤,塘鱼外逃,损失严重。

7月2～9日,中央电视台至东山拍摄《天堂中的天堂——苏州东山镇》专题片,并在中央台《神州风采》栏目中播放，杨湾村轩辕宫等古建筑被摄入片中。

1995 年

8 月，美国任劳动保护用品公司董事长的湖沙人（后迁居三山岛）徐惠诚当选为美国南帕沙迪市市长，为美国第一位华人市长。

10 月，杨湾晋锡堂人朱延钊，晋升为上海市公安局文化保卫总队总队长、党委书记（正局级）。

1996 年

8 月，东山镇对全长 14.7 公里的环山公路进行拓宽，同年 10 月竣工，总投入 300 万元，杨湾村境内公路全部浇筑黑色路面。

11 月，环山公路建造 10 座石桥梁，总投入 120 万元，杨湾石桥、张巷等均筑新桥梁。

1997 年

6 月，中国著名美籍物理学家诺贝尔奖获得者李政道夫人秦惠䇹的骨灰，安葬在杨湾华侨公墓万隆墓区。

12 月，东山镇乡镇工业实行产权制度改革，镇、村 100 多家乡镇企业全面推行股份制、股份合作制、拍卖制、租赁制等多种形式的工业经济体制，杨湾村多家村办企业产权制度随之进行改革。

1998 年

9 月 12 日，由南京电影制片厂和江苏电视台等单位联合摄制的故事片《草房子》在杨湾村拍摄外景。

1999 年

4 月 24 日，东山镇人民政府下发〔1999〕第 15 号文件《关于禁止私卖私买、私自拆除古代建筑的通知》，杨湾村贯彻执行，使境内古建筑得到有效保护。

时任海军后勤部副部长的石桥人韩季忠，被中央军委授予少将军衔。

2000 年

1 月 9 日，江苏省创建文明风景旅游区工作现场会在东山召开，参观了轩辕宫、明善堂等景点。

11 月 15 日，东山镇成立筹建开发灵源寺景区委员会，启动重建千年古刹灵源寺的规划工程。

2001 年

3 月 1 日，吴县市撤市设区，成立吴中区、相城区，东山镇隶属苏州市吴中区，杨湾村属之。

8 月 20 日，中央电视台十套《回顾》栏目播放纪录片《守住古籍》，介绍抗战中杨湾鉴塘小学周知莘等护书人员历尽艰险，用生命守住苏州图书馆藏在杨湾村的一大批宋元孤本的故事。

2003年

8月，著名出版家、原上海市出版局党组书记、副局长、中国大百科全书出版社上海分社社长汤季宏骨灰安葬于杨湾华侨公墓一区。

11月，东山30个行政村合并成12个行政村，杨湾、上湾、屯湾三个行政村合并成杨湾行政村。

12月，镇投入资金600万元，完成12公里环山公路自来水管道铺设工程，前后山农村全部通水，杨湾村为其中之一。

2006年

5月27日，轩辕宫正殿、紫金庵、春在楼与古民居凝德堂、明善堂、怀荫堂等古建筑，被国务院批准为第六批全国重点文物保护单位。

8月22日，环山公路500路全线开通，以陆巷村为中心分两条线路行驶，一条走东线，从陆巷经岱松、启园至镇区，另一条走西线，从陆巷经杨湾、紫金路至镇区，沿途共设25个站点。

10月，苏州著名作家陆文夫的骨灰安葬在杨湾华侨公墓三区。

2007年

1月31日，《杨湾古村落保护规划》通过江苏省和苏州市专家论证。

10月27日，杨湾幼山小学竣工举行揭牌仪式，香港实业家朱恩馀与镇党委书记陆月根为学校揭牌。学校占地10.3亩，建筑面积2700平方米，总投资600多万元。

2008年

2月1日，东山出现暴雪天气，后山杨湾等村道路积雪深达30厘米，超历史纪录。

3月12日，东山杨湾灵源农产品专业合作社成立，并由该合作社牵头，17家茶叶专业企业成立合作联社。

2009年

4月2日，吴中区委书记金海龙率区委办、农办、财政局、国土局等部门负责人，赴杨湾村开展实地调查，进行"三走进三服务活动"。

6月5日，经（苏府复〔2009〕82号）批复，东山杨湾、三山岛、翁巷三个古村落保护与建设规划批准实施。

7月10日，根据苏州市政府〔2009〕129号文件公布，杨湾张巷村80号纯德堂、129号久大堂等清代建筑被列为苏州市第六批文保单位。

2010年

2月28日，东山镇召开全体党员大会，表彰28个镇先进集体和29个先进个人，杨湾精密制造股份有限公司获东山2009年度第二届"东兴杯"奖。

4月9日，苏州东山（杨湾）精密制造股份有限公司首次发行的A股成功上市，成为吴中区第一家成功上市的民营企业。

2011年

1月，东山景区全长26.6公里的新环山公路全面竣工通车，其中杨湾片境内新增公路4.6公里。新公路集交通、防洪、观光于一体。

6月13日，吴中区政府副区长冯建荣一行赴杨湾村，走访张金生、倪仲庆、朱卫红等3户困难家庭，了解他们的生活情况，并送上了慰问金和慰问品。

6月22日，吴中区区长金洁至东山开展《推进吴中沿太湖地区科学发展策略研究》课题调研，实地察看杨湾村杨梅园、长圻码头、杨湾游客中心、东山精密二期等重点项目建设进程。

2012年

2月22日，苏州市政协副主席金海龙与吴中区文体局、旅游局、古村落公司主要负责人赴东山杨湾村，专题调研古村落保护工作，实地看了怀荫堂、崇本堂、明善堂、轩辕宫等多处古建筑。

4月12日，陆雄文任东山镇杨湾村党总支书记。

5月9日，吴中区政府副区长冯建荣率区政府办、旅游局、农林局等负责人，赴杨湾村开展"三访三促"活动。

6月8日，精密制造有限公司二期投产，总投资5亿元，占地100亩，建筑面积54000平方米，主要生产LED、背光源等新能源产品。

7月2日，东山镇召开农村农保工作会议，要求各村实现农保置换城保，完成全覆盖，与苏州市接轨，杨湾村随之全面展开工作及落实。

7月26日，东山镇召开创建国家5A级旅游景区推进会，杨湾村景点全面启动创建工作。

9月6日，杨湾村委会及全体党员干部捐款人民币20万元，资助新建东山实验小学。

11月13日，杨湾村召开灵源寺道路建设工作会议，开始该地段的道路建设。

11月21日，东山镇在杨湾召开太湖风景名胜区"杨湾老街环境整治设计方案"专家论证会，苏州市文物局、园林绿化管理局、吴中区发改局、规划局、国土局、环保局、文管办、消防大队、旅游局、古村落公司和东山镇政府有关部门参加了会议。

11月29日，吴中区副区长冯建荣一行到杨湾村调研。

11月，杨湾村启动西巷村村社环境整治项目。

12月31日，东山镇第二届环岛徒步健身活动成功举办，镇机关全体中层以上干部、各村两委班子成员及部分苏州市民450多人，从岱心湾大桥出发，沿环山公路西行，经过杨湾村，达终点站东山新镇区，全长26.2公里。

2013年

1月22日，副区长冯建荣及区委农办、规划局、文联等部门负责人赴杨湾村调研。

1月24日,吴中区委常委、纪委书记叶新至杨湾村,走访严久峰与施惠民等6户困难家庭,送上慰问金和慰问品。

2月23日,东山镇举行"感动东山"年度人物颁奖活动,东山精密制造股份有限公司创始人(杨湾人)袁富根等8位道德模范受到大会表彰。

3月8日,吴中区各界妇女"健康美丽"徒步行在东山镇举行,各界妇女500多人参加活动,全程16公里,终点到达杨湾村长圻嘴。

4月12日,全国农村改革实验区工作交流会与会代表130多人赴东山,专程考察了杨湾西巷自然村环境整治工作。

4月25日,江苏省旅游局袁丁副局长赴东山镇考察,参观杨湾明善堂、轩辕宫、怀荫堂等古建筑。

6月19日,全国历史文化名镇名村专家组赴东山考察,专家组一行先后考察轩辕宫、明善堂、怀荫堂等全国文保单位。

6月20日,杨湾村被苏州市政府批准确定为苏州市美丽乡村示范点。

8月10日,杨湾村党总支召开全村党员大会,换届选举新一届党总支领导班子,陆雄文当选党总支书记。

8月14日,第二批中国传统村落名录公示结束,杨湾村、翁巷村、三山村榜上有名。

8月21日,吴中区委副书记周云祥、区政府副区长冯建荣等至东山,调研指导美丽乡村建设,实地踏看杨湾西巷板块的自然生态和人居环境。

8月29日,吴中区委常委、宣传部长乐江及区文体局、太湖旅游集团成员调研杨湾古村落。

8月,杨湾村被列入第三批"江苏最具魅力休闲乡村",成为太湖休闲旅游的重要场所。

9月11日,江苏省农村村庄环境整治工作现场推进会在东山召开,省住建厅副厅长刘大威、党组成员杨洪海和省村庄整治办各工作组组长,考察杨湾西巷村。

9月16日,吴中区委副书记周云祥、副区长冯建荣及区文体局、规划局、太旅集团等领导,调研杨湾自行车公园。

10月14日,吴中区委常委、常务副区长许振华及文体局长唐峥嵘赴杨湾,考察古村落保护与建设情况。

10月22日,江苏省政府副省长许津荣率省环保厅、旅游局领导一行视察东山镇,实地考察杨湾西巷村美丽村庄建设情况,重点检查了西巷村污水设施建设与运营情况。

11月9日,杨湾召开第十届村委换届选举大会,产生新一届村委会领导班子。

11月30日,"美在吴中,美在太湖"生态文明评弹巡演至东山演出,苏州评弹团多位艺术家至杨湾村演出。

12月5日,东山镇在杨湾灵源寺召开新建规划座谈会,苏州市园林局、吴中区宗教局、规划局、国土局、文管会、佛教协会等单位负责人及南京栖霞寺住持隆相大法师等参加会议。

2014年

1月22日,杨湾自行车公园建设方案,通过江苏省住建厅与太湖管理办等上级部门论证,开始动工。

2月10日,区政府副区长冯建荣及农办等领导至杨湾,调研杨湾村经济发展工作。

2月,杨湾村被吴中区委、区人民政府评为"2013年度美丽镇村及村庄整治先进单位"。

2月,杨湾村荣获东山镇党委、镇政府颁发的2013年第六届"东兴杯"东山经济发展奖。

2月,陆雄文被东山镇党委、镇政府评为2013年度"东山镇经济和社会发展先进个人"。

3月3日,苏州市委农办主任顾杰及区委农办主任包勤康至杨湾,调研村合作经济发展。

3月4日,区政协主席薛明仁一行赴杨湾,调研长圻自行车建设项目。

3月9日,国家住房建设部和文物局公布第六批中国历史文化名镇(村),杨湾村和三山村榜上有名。

3月,杨湾村开展党的群众路线教育实践活动,全体党员受到深刻教育。

4月16日,苏州市委副书记陈振一在吴中区委、区政府领导陪同下,实地察看杨湾西巷自然村和杨湾古街改造提升情况。

4月22日,苏州市副市长王鸿声一行至杨湾村,调研古村落、自行车公园及西巷美丽村庄建设。

5月23日,江苏省政府副秘书长、省住建厅副厅长周游一在苏州市、区领导陪同下,赴东山杨湾、陆巷村考察美丽乡村建设情况。

6月24日,苏州市体育局局长鲍东东一行考察杨湾自行车公园项目。

8月28日,江苏省委副书记、苏州市委书记石泰峰在吴中区委、区政府领导陪同下,调研东山城乡一体化发展工作,视察杨湾西巷自然村和三山村。

9月19日,内蒙古巴彦淖市乌拉特后旗考察团一行38人,赴杨湾西巷自然村参观学习。

10月29日,全国文保单位明善堂启动修缮工程。

11月20日,江苏省住建厅副厅长张监一行领导与专家,以及苏州市规划局、住建局,吴中区文体局、规划局、住建局等领导与专家至杨湾,论证杨湾历史文化名村保护规划。

12月4日,吴中区副区长冯建荣与区委农办包勤康一行调研杨湾村。

12月，杨湾村被江苏省档案局评为"2014年度江苏省档案二星级单位"。

12月，杨湾村成立苏州市首家农村"农房专业合作社"。

2015年

2月，杨湾村共青团支部被吴中区团委评为"2014年度共青团苏州市吴中区先进团支部"。

2月，杨湾村被苏州市委、市人民政府评为"2014年度集体经济发展先进单位"。

4月10日，《人民日报》刊登记者王伟健《这里的蛙声能卖钱》一文，介绍杨湾西巷村良好的自然生态环境。

4月22日，广东省东莞市政府副秘书长李志东一行赴东山考察，实地参观杨湾西巷栖居青蛙生态村、长圻青年旅行社，现场听取有关情况介绍。

4月，苏州市文广新局局长陈嵘一行赴杨湾村，签订薄弱村帮扶协议。

5月，朱迎春获"吴中区最美好青年"称号。

5月10日，江苏省委书记罗志军视察杨湾西巷村。

6月27日，杨湾村召开股份合作社股权改革村民代表大会。

9月27日，中国海峡两岸关系协会会长陈德铭视察杨湾。

10月，杨湾村被江苏省旅游局评为"2015年度江苏省乡村旅游创新项目先进集体"。

11月，杨湾村被两岸企业家分会命名为"两岸文创产业合作实验示范基地"。

11月，苏州市委农办、文广新局、江苏有线、东山镇等部门与杨湾村签订"智慧杨湾"项目建设协议。

12月23日，杨湾社区股份合作社第一届第一次社员代表大会在杨湾召开。

12月，杨湾村被苏州市科学技术协会评为"2015年度苏州市科普示范村"。

12月，杨湾村被苏州市委农村工作办公室、市政府农村工作办公室评为"苏州市市政二星级农村合作社"。

12月，杨湾村制定杨湾"十三五规划"建设发展目标。

2016年

1月12日，《杨湾村志》编纂工作启动，杨湾村委、古村管理办公室邀请吴中区档案局有关方志专家，召开《杨湾村志》纲目论证会。

1月23日，吴中区文联组织多名书法家，冒着-8℃的严寒天气，踏雪来到杨湾村，开展"春联颂和谐，情系杨湾村"文化惠民系列活动，送上刚出版的全套《吴中文库》书籍。

2月，杨湾村获东山镇党委、镇政府颁发的2015年度第八届"东兴杯"奖杯3只。

3月，杨湾村被苏州市委、市人民政府评为"2015年度苏州市城乡一体化改革发展先进单位"。

4月27日,苏州市政协副主席曹新平一行,在市政府副市长俞杏楠及市委农办、国土局、住建局、文广新局、旅游局等单位主要负责人陪同下,赴东山调研古村落保护利用工作,调研组一行先后视察调研了杨湾古村。

4月29日下午,苏州市文广新局局长陈嵘、副局长徐红霞、江苏有线苏州分公司总经理吴国良、区文体局局长唐峥嵘一行赴杨湾村调研"智慧杨湾"项目进展。该项目2015年11月签订建设协议以来,项目进展顺利,于2016年7月正式上线运行。

5月13日,村里出资4万元,请全村293名65—70周岁的老人赴临湖镇参观江苏省第九届园艺博览会。

5月21日,杨湾古村改造第一期工程开工,投入资金4000万元,率先对杨湾、大浜等古巷古弄进行改造,当年12月份完成。

6月6日上午,中国人民解放军海军后勤部副部长韩季忠(少将),回故乡石桥村探亲期间,专程到杨湾村修志办公室,提供了大量珍贵资料。

6月14日,吴中区文联组织5位书法家至杨湾西巷村,书写明清诗人吟杨湾的古诗多首。

6月23日,江苏省政府研究室副主任刘惟蓝一行,在市政府研究室副主任毛文元、区政府副区长沈伟民陪同下,赴东山杨湾、陆巷古村调研考察新型小城镇建设和古村落保护工作。

6月24日,杨湾村召开文化工作座谈会,举行《东山莫厘峰·杨梅卷》首发仪式。苏州大学出版社社长张建初、原苏州文管会主任王仁宇、同济大学国家历史文化名城中心主编顾鉴明等出席会议。到会人员共捐赠有苏州、东山特色的书籍200多本。

6月27日,苏州市第十五届人大常委会第二十九次会议,通过了关于《苏州市东山镇杨湾历史文化名村(保护)规划》的决议。28日《苏州日报》《城市商报》进行刊登。

7月17日入伏后,天气持续高温,山区无雨,旱情极为严重。31日,村里新建的3座山区灌溉泵全部启动,18名青年日夜轮班管理,帮助果农抗灾保果,直至9月5日,杨湾村解除旱情,山区抗旱结束,历时近50天。

7月20日上午,苏州市政府副市长王鸿声率市旅游局、体育局、文广新局、文旅集团等部门负责人,赴东山专题调研文旅产业融合发展工作,视察杨湾自行车公园、西巷民宿二期、西巷茶楼等景点。

7月26日,杨湾村2016年夏季抗洪排涝结束,历时26天。汛期中,8日水位最高4.87米,杨湾闸口水位一度高达5米(太湖警戒水位3.8米,1998年最高4.92米)。杨湾村成立抗洪排涝队,负责抗洪巡查的2300米大堤无一处裂口。用去防洪挡浪布1400米、麻袋600只。开动机泵(柴油机)10台,排涝时间2096小时;电泵(电动泵)4台,抽水588小时。

8月9日,吴中区评弹团来杨湾村演出,7位艺术家表演了《爱心接力暖吴中》《守岛寻梦》等5个节目,用艺术形式,介绍吴中区道德模范的感人事迹。

8月11日下午,吴中区委书记金洁一行,赴东山调研集体经济发展情况,实地视察了杨湾村陆杨古道修复、双湾村古周巷开发建设和新潦村苏州农院东山分校建设进展情况。

8月19日上午,苏州市人社局局长程华国一行赴东山镇开展"三访三促"活动,期间走访慰问杨湾村2户困难家庭,并送上了慰问金。

8月29日,杨湾村"醉美杨湾"网开通上线,向国内外介绍古村杨湾的悠久历史、风土人情、经济文化和旅游景观。

9月8日下午,东山镇召开欢送新兵大会,杨湾村有3名青年光荣入伍:杨湾村徐张伟,19岁,大专文化(陆军);屯湾村胡晨曦,20岁,中专毕业(陆军);上湾村朱鑫,21岁,大专文化(空军)。

9月10日,杨湾村党总支召开全体党员大会,选举新一届党总支,与会议党员96人,选举叶春喜、朱迎春、朱瑛、吴永强、陆雄文、周敏刚、黄美峰7人为党总支委员(按姓氏笔画为序),选举陆雄文为党总支书记,黄美峰、吴永强为副书记。

9月19~22日,杨湾村进行为期4天的血吸虫病预防检查。按区、镇二级防疫站通知,杨湾村60至65岁,500多名老年村民接受血吸虫病免费检查,没有发现一名血吸虫病患者。

10月15日,国家旅游总局副局长杜江,在江苏省旅游局局长秦景安和苏州市副市长王鸿声陪同下,到杨湾西巷村调研。

10月16日,苏州大学附属理想眼科医院下乡行医,5名眼科大夫至杨湾社区服务中心,为100多位老年人检查了眼睛。

10月25日,吴中区农办领导走访杨湾贫困户,并送上了慰问品。

10月27日,吴中区规划局领导至杨湾村指导古村改造一期工程。

11月18日,杨湾村12名村干部,在党总支委员周敏刚的带领下,至东山人民医院献血站献血,村干部黄官宝献血300毫升。

11月19日,杨湾村第11届村委会换届选举,选举村委会干部7人。村主任黄美峰,副主任朱迎春。委员:朱新巧、黄官宝、殷灵峰、石仁芳、徐吉。

12月8日上午,木渎多都爱家有限公司董事长黄鸣(杨湾澄湾村人)带领公司员工,至杨湾村捐赠残疾人轮椅9辆。

8日下午,杨湾村全体村民选举区、镇人大代表,唐峥嵘、袁永刚当选区十八届人大代表。唐峥嵘、陆雄文、黄美峰、石仁芳、葛建国5人当选东山镇第九届人大代表。

12月20日,杨湾步行街竣工使用。该工程5月20日开工,历时7个月,总投资 500 多万元。长 400 米，宽 8 米，全用老花岗石铺筑。入口处建有一高大牌楼，正面书：杨湾古村；背面书：天清地和；两侧联：恭敬搏节退让，康乐和亲安平。沿杨湾港筑有路亭、水榭、曲廊。

第一章 地理建置

第一节 地理

杨湾村，最早名阳湾，意为向阳之湖湾。南宋建炎初年，最早迁居此湾的汝南周氏，易地来山，见山坞中树木茂盛，木易为杨，更名为杨湾。

唐贞观二年（628），杨湾区域内建胥王庙（轩辕宫前身）时，庙宇周边还大多为山林。南宋初期，宋室南迁，中原大批官宦世家、仕商豪绅以及平民百姓随之南渡，其中有相当一部分氏族选择在杨湾、陆巷等区域定居。杨湾由人口稀少的蛮荒之地逐渐发展成热闹的村落。至南宋绍定年间（1228~1233），后山杨湾、张巷、石桥、陆巷、槎湾等村庄相继形成，道路相连，屋宇栉比，已形成如今杨湾古村落的雏形。黄河流域是华夏文明的主要发源地，大量中原移民南迁太湖地区，带来了先进的生产技术与经商理念，至元代，在杨湾村周边已经出现了一定规模的商业设置，如"钻天洞庭"商人集团外出经商的杨湾码头、商品交易的杨湾浜场及商行、钱庄等。

杨湾地处东山镇西部山区，距镇区中心8.5公里。整个村域西南临湖，其中南面可望吴江，西面可眺三山岛，北接朱巷，东连槎湾村。与周边山水整体格局呈"扶山、扼水"之势，村落处于山脉中间山坞地带，整体呈东偏南45°狭长布局，山体于村落南北两侧呈对称布局，村落居中"扶山而坐"。两侧之山虽不是很高，但犹如一南一北两条出水蛟龙，整体呈"双龙戏珠"之状。此外，村落距湖岸数百米，使其减少了洪水和匪患的骚扰，利于生产与生活。前后有杨湾港、周家港、张巷港、石桥港等几条水道直通太湖，古时就为东山西南部的重要商埠和水运码头，又造成"扼水"之势。

杨湾行政村区域由原杨湾、上湾、屯湾3个村合并组成。杨湾行政村区域总面积11.86平方公里，其中杨湾村为2.5平方公里，上湾村为4.36平方公里，屯湾村为5平方公里。杨湾村南临太湖，北接陆巷，东连槎湾，西靠湖沙。有1个小镇：杨湾小镇；2个自然村：杨湾、大浜。村东为簣家山（俗称庙山），西为旺沙山，坐落在两山山坞口的太湖边。东西最大距离1176米，南北最大距离885米。上湾村有1个小镇：石桥镇；3个自然村：上湾、张巷、石桥。坐落在簣家山、张巷山与旺沙山的中部。南接杨湾村，北连陆巷村，东临鸡笼山，西靠旺沙山。东西最大距离2390米，南北最大距离944米。屯湾村有7个自然村：湖沙、澄湾、屯湾、黄家垫、寺前、湾里、西巷，呈马蹄形散居在杨湾西部长圻一带临湖的山坞中。南临具区港，北靠长圻山脉，东连杨湾村，西濒太湖。东西最大距离3033米，南北最大距离961米。

杨湾村地处长江下游南岸的太湖之畔，居北温带海洋性气候区，邻近海洋，地理适中，四季分明，气候温和，雨水充沛，光照较足，气候条件比较优越。

第一章　地理建置

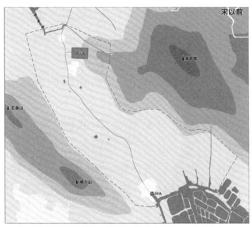
唐贞观二年（628）建成胥王庙（轩辕宫前身），推测杨湾仅在胥王庙及码头周边有少量人口居住。

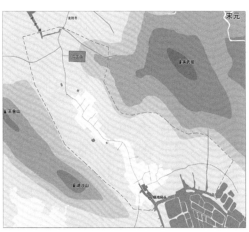
南宋时期，中原大量世家官宦、仕商豪绅以及平民百姓南迁，选择在东山择地筑屋，此时杨湾村庄规模迅速扩大。宋元时期，杨湾村庄基本成形，并在码头周边出现一定规模的商业。

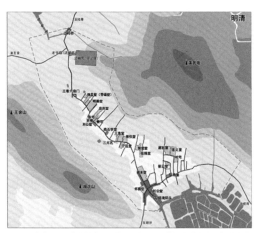
明清时期，洞庭商帮发迹，东山商人纷纷回故乡修屋建宅，杨湾亦出现了大量豪宅大院。此外，地理位置独特、贸易活动兴旺，促使杨湾码头周边及古街两侧当铺、杂货铺、客栈、书场云集，热闹非凡，成为当时东山西南片区的商业中心。

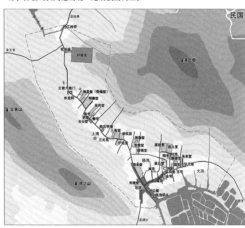
民国时期，杨湾成为杨湾镇公所所在地，商业进一步发展。此外，杨湾特殊的地理位置使之成为人们避难的场所，村庄规模不断扩张。

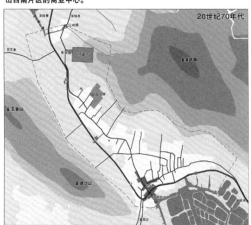
20世纪70年代，环山公路建成通车，交通区位瞬间发生变化，杨湾村庄从沿古街发展演变为沿环山公路发展，古街两侧的商业也逐步向外迁移至环山公路两侧，码头货运功能逐步退化。

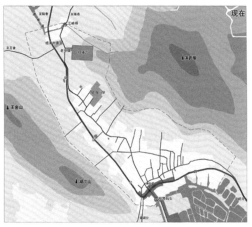
20世纪80年代至今，环山公路南侧与西侧成为村庄新增宅基地的主要区域，古街两侧商业功能衰退，环山公路两侧商业增多，并逐步向南部环岛公路延伸。

图 1-1　杨湾村空间形态演变图

水位变化受太湖水位制约，年最高平均水位3.6米（吴淞高程），最低平均水位为2.77米；最高月平均水位为4.96米（1999年7月），最低平均水位为2.44米；历史最高水位为5.08米，最低水位为2.26米。地表水平均为12—13米。渗水层一般初见于1米。深层地下水很丰富，水质良好，是工业和民用的理想水源。

境内低山丘陵绵延起伏，山脉分为两支：从南到北为箕家山、演武墩、铁拐峰、碧螺峰、桯公墩、鸡笼山；从东至西为旺沙山、小云台、蔡家山、老虎山、蜈蚣岭、东岭山、北望山、张公山、长圻山。山坡均较平缓微陡，最高处海拔200米，最低处海拔40米，地势由山脉沿山脚延伸至山坞、山湾。其山谷从南至北依次有南山坞、陈旺坞、马寅皇坞、南园坞、屯湾坞、澄湾坞。从南到北依次有周家浜、破河桥、六扇门巷、张巷里、青桥头、坊里、上巷、下巷、严家巷等主要古村；从东至西依次为湖沙、西头岭、大墙门头、南堡、李湾、牛角尖、白浮头、毛园、长圻嘴等主要古村。山下分布着冲积平原，山麓为平原和滨湖滩地。

新中国成立前，村内陆路出行以山道为主，尤其是前后山之间古道较多。村境内最著名的道路，即形成于元明之际的陆杨古道，从南面杨湾入口，蜿蜒往北，绕山而行，直通山坞中的陆巷，全长5公里，宽2米，路面全部用山石与小青砖侧铺筑成。其次杨湾村境内有杨湾古道、周家浜路、浜场东街、浜场西街、东天乐巷、陆家巷、花柳巷及箕家山岭、演武墩路等；上湾村境内有上湾古道、张巷岭、破河路、牌楼港路、上巷、下巷、鸡龙山路、灵源寺岭等。屯湾村境内有湖沙岭、西头岭、骑龙殿路、寺前岭、湾里路等。

1976年4月，东山后山环湖公路全线通车，路线自岱松经尚锦、白沙、含山至上湾再连通东杨公路（杨湾至东山）。杨湾村中部轩辕宫西另辟小公路连通湖沙村。后山环湖公路筑成后，杨湾汽车可从前后山两个方向通至镇上，村民出行从原来的山道改为以公路出行为主。2010年东山环湖公路进行拓宽与延伸，新修筑拓宽的环湖公路，一直扩展到杨湾村的长圻嘴湖滨。这一段新筑的公路在杨湾村境内新增4.6公里，直通屯湾长圻西巷、寺前、湾里等自然村，且集交通、防洪、观光于一体，方便了杨湾偏僻的长圻村山区群众出行。

杨湾村境内顺山势溪涧流向太湖的河流自南至北有：杨湾村境内港道2条：杨湾港长2000米，从杨湾浜场直通渡水港流向入太湖。周家浜港（又名石牌港）长1300米，从大浜村浜场直通太湖。上湾村境内有港道3条：石桥港长150米，从石桥村北流入湖。牌楼港（又名张巷港）长120米，从张巷村西流入太湖。木桥港长200米，从上湾村西流入太湖。屯湾村临水而居，西港、寺前、湾里、黄家埕、澄湾、屯湾、湖沙等自然村南面村口均临渡水港，有9条小涧溪从村中南流入湖：东巷港长150米、西巷港长150米、湾里港长200米、西头浜港、金家港、石牌港、马家港、澄湾港、湖沙港，这些小港小河是村民生产和生活交通运输的主要河道。

主要山丘有 7 座：白豸岭高 200 米，碧螺峰高 120 米，铁拐峰高 120 米，演武墩高 130 米，饭石峰高 61.86 米，格思山（南望山）高 60 米，长圻山高 40 米。地形以山地类型为主，由泥盆系石英砂岩组成，岩浆以浅棕、紫灰及灰白色石英砂岩为主，夹杂色粉砂岩、泥质粉砂岩及薄层泥岩。山顶成背状长条形，山地坡度一般在 20°—30° 之间，上部可达 30°，山脚在 15° 左右。坡形上凹下凸，在山麓与平原过渡处有明显坡折。山体 200 米以上，土质贫瘠，土壤为石质薄黄土，是以马尾松为主的针叶树和其他杂树的混合林；山坡和山坞多为果园黄土，是果树的主要种植区，北望滨湖较低的平原是园田小粉土泥层，主要种植水稻、小麦、蔬菜等作物。部分低洼地区为鱼塘，以养殖鱼蟹为主。

第二节　建置区划

周敬王六年，吴王阖闾元年（前 514），杨湾属吴国军事要地，伍子胥在村东侧山岭筑演武墩（又名烽火台），瞭望越国军事动向及操练军队，山下有兵士聚居，为杨湾村早期雏形。

秦始皇二十五年（前 221）置吴县，杨湾为吴县辖地。

汉初袭秦制，杨湾随东山属东吴；晋属吴之吴郡；南北朝时杨湾村辟为佛教圣地，建有灵源寺、能仁寺等规模较大的寺庙。

北宋初年，刑部侍郎叶逵筑别业于杨湾灵源寺南碧螺峰下，被尊为吴中叶氏始祖。

南宋建炎年间，北方人口大量南迁，定居于东山后山沿湖一带，有叶、王、张、徐、朱、陆、万、居、毛等中原氏族迁居杨湾沿湖区域，杨湾村随之兴盛。随东山属浙西路湖州乌程县，始有杨湾村名。元袭宋制，杨湾仍属浙西路湖州乌程县，大量人员出湖经商，形成"钻天洞庭"商人集团。洪武五年（1372）随东山从乌程划归为吴县。

明代县以下设乡，乡以下为都、图、村。明初东山设置 5 个都，从第 26 都至 30 都，杨湾属 28 都震泽乡。明弘治十八年（1505）刻印的《震泽编》载：东洞庭山莫厘最高……又南为杨湾，杨湾之西为毛园，为王舍、为南望、北望、长圻诸山。

清初，延续明代旧制。康熙年间，东山划为 3 个乡，5 个都，统 42 个图。雍正末年，建太湖水利同知署，并由原驻吴江同里移至吴县洞庭东山（包括西山，相当于县级）。清中期，县辖都图制进一步细化。乾隆年间刻印的《太湖备考》载：二十八都，震泽乡，统十九图，在东山。地名：石桥、坊里、张巷、上杨湾、毛园、王舍、北望、寺前、下堡、南望、李湾、长圻……二十九都，蔡仙乡，统二十图，在东山。地名：澄湾、白浮头、湖沙、下杨湾、黄家嘴、查湾……这些都图古村大多在如今杨湾行政村区域内。咸丰十年（1860），杨湾随东山一度隶属浙江湖州府。

民国时期，废清制，撤太湖厅，归属吴县。东山分置东前山、东后山2乡，时杨湾属东后山乡。民国18年（1929），划吴县为第十七区，全区设5镇，38乡，239闾，1157邻。5镇为西街镇、中街镇、东街镇、渡桥镇、杨湾镇。在38个乡中，杨湾村内有：杨湾乡、文恪乡、湖沙乡、石桥乡、蒋湾乡、王舍乡等7个乡。其时，杨湾属杨湾乡，上湾属石桥乡，屯湾属湖沙乡。民国22年（1933）并区，东山又划归为吴县第十二区，区以下设4个镇6个乡：即东街镇、西街镇、渡桥镇、杨湾镇；6个乡为席周乡、武山乡、新潦乡、钮王乡、蒋舍乡、王石乡。其时，杨湾属杨湾镇，上湾、屯湾属王石乡。

抗战胜利初期，维持原状。民国35年（1946）东山区与横泾区合并，原10个乡镇并为3镇3乡，即前山镇、渡桥镇、杨湾镇；新潦乡、席周乡、文恪乡（明代王鏊卒后赠文恪，以此名乡），杨湾属杨湾镇，上湾与屯湾属文恪乡。民国37年（1948）东山区与西山区合并，改为洞庭区，由6个乡、镇合并成1个东山镇，1个后山乡，其中保甲也相应并扩，划为12个保，160个甲。其时，杨湾、上湾、屯湾均属后山乡。

1949年，建立新中国，东山隶属苏南行政公署太湖行政办事处，置区政府，废保甲制，区以下为乡（镇），下置村、组，全区划为1镇8乡：东山镇，湖湾乡、渡桥乡、新潦乡、镇西乡、涧桥乡、杨湾乡、后山乡、三山乡，杨湾为后山乡政府所在地。

1953年5月，苏南行政公署太湖行政办事处改建为震泽县人民政府，下辖东山、西山以及湖中区等3个区，县政府设在东山，杨湾属第一区（东山区），区政府设在杨湾。1957年撤区并乡，合并成后山、渡桥2个乡和1个东山镇，其时，杨湾属后山乡和平二社，屯湾属后山乡和平三社，上湾属杨湾乡虹光一社（北望与上湾合为一社）。

1958年，东山前后山乡镇合并成两个公社：前山包括东山镇在内，建立东山人民公社；后山包括杨湾乡在内，成立洞庭人民公社，公社所在地设在杨湾镇。1959年初，前后山又并为一体，建立"政社合一"的洞庭人民公社，公社下辖的高级农业生产合作社及其属下的组，改为"营""连"建置。全社共30个营，231个连，共设5个管区，虹光一社（杨湾与槎湾合并）为2营1连，虹光二社（上湾）为2营2连，虹光三社（屯湾）为2营3连。

1959年撤震泽县建置，与吴县合并，洞庭人民公社归属吴县。

1961年撤管区和营连，改30个营为公社直属的30个生产大队，231个连改为小队（或称生产队），杨湾改为杨湾大队，上湾改为虹光一大队，屯湾改为虹光二大队。

1968年，公社、市镇由人武部代管，建立革命委员会（简称"革委会"），其下大队建立革命委员会，所属生产队建立革命领导小组。杨湾改为杨湾大队革委会，虹光一大队改为虹光一大队革委会，虹光二大队改为虹光二大队革委会。

1981年，撤东山公社革命委员会，成立东山公社管理委员会，大小队组织相应撤销革委会和革命领导小组，杨湾大队革委会改为杨湾大队，虹光一大队革委会更名为上湾大队，虹光二大队革委会更名为屯湾大队。

1983年，实行政社分设，恢复乡村行政建制，同时建立东山乡人民政府，乡以下设村民委员会及村民小组，取代生产大队和生产队，杨湾大队改为杨湾村村民委员会，上湾大队改为上湾村村民委员会，屯湾大队改为屯湾村村民委员会。1985年属东山镇。

2003年11月，杨湾、上湾、屯湾三村合并成杨湾行政村。

第三节　自然村

一、杨湾

古名下杨湾，位于东山镇西部簧家山（俗称庙山）与旺沙山之间，东接大浜村，西连湖沙，南临杨湾港，北靠上湾，是杨湾集镇与原杨湾行政村的所在地。该村有杨湾第1、2两个村民小组，139户，413人，247个劳动力。第1村民小组以陆、殷姓为主，占总人口的70%；第2村民小组以顾、席、殷姓为主，占村人口的70%以上。

南宋中期形成村庄，南宋末年已有杨湾村名。清雍正《莫厘王氏家谱》载："六世，真二，生于南宋绍定年间，娶杨湾朱氏。"明代王鏊弘治十八年（1505）所撰《震泽编》载："震泽乡：碧螺峰、杨湾、毛园、胡（湖）沙、长圻。"明中期杨湾村已在地方志书上有名。清乾隆《太湖备考·都图》亦载"二十八都，震泽乡，在东山。统石桥、坊里、张巷、上杨湾、石（寺）前、李湾、长圻"等十九图。民国年间，杨湾先后编入吴县东后山乡、吴县第十二区杨湾乡、东山区杨湾乡、洞庭区后山乡所属保甲。

新中国成立后杨湾初属后山乡杨湾初级社，1956年属后山乡杨湾高级社。1958年属洞庭人民公社2营1连，1961年更为杨湾大队第一、二生产队，1968年改为杨湾大队革命委员会第一、二革命生产领导小组，1981年更为杨湾大队第一、二生产队，1983年又更为杨湾村村民委员会第一、二村民小组，2003年11月隶属于杨湾村村民委员会。

历史悠久，名胜古迹众多。村内有全国重点文保单位怀荫堂、省级文保单位熙庆堂，苏州市控保建筑崇本堂等一大批明清建筑，以及古码头、圈门、浜场、古街、古巷、古井等数十处古迹，尤其是杨湾小集镇极具特色。

杨湾小镇在杨湾自然村中心，南起古码头，北至崇本堂，东接大浜头，西止怀荫堂，十字形古街中有23条巷弄，面积达4292.7平方米。街上有各种商铺、酒肆、茶楼等30多家，从明代起就是东山镇乃至周边西山、三山、吴江、浙地的经济文化重地。

杨湾村依山临湖，沿山坡地较多，历史上主要种植茶果，生产茶叶、枇杷、杨梅、桃子、橘子、银杏、柿子、石榴等果品，以及种桑养蚕（1980年以后桑地全部更种其他果木）；沿湖鱼塘、沼泽，主要养鱼与种植太湖莼菜。明清时村人出湖经商者为多，在"钻天洞庭"商人集团中占一定比例。近现代杨湾村许多人在上海银行、钱庄做事，因而在东山富甲一方。20世纪80年代初，村里办起多家队（村）办企业，村民务工收占年收入的30%左右。2000年以后，民营企业在城乡遍地开花，村民自办企业与外出打工的收入成为主要收入。

二、大浜

古名周家浜，位于杨湾镇东端，簣家山（俗称庙山）西山坡，东接槎湾村，西连杨湾村，南临大浜港，北靠簣家山西坡，是杨湾小集镇的一部分。该村隶属杨湾行政村，有杨湾第三、四两个村民小组，109户，352人，211个劳动力。大浜自然村以周、徐姓为主，占总人口的80%以上。

南宋中期形成村庄，最早为中原南迁的汝南周氏。据周克豫清嘉庆五年（1800）所修《周氏家谱》记载：宋室南渡时，周敦颐的第三个儿子周焘之后，周望，曾任江浙宣抚司驻守平江，建炎初年护驾南下。周望有四个儿子，其三、四两子就隐居在东山。宗谱世系图载：伯四，字芝山，杨湾周氏世祖。芝山公定居杨湾后，始以家耕为务，后亦农亦商，家业渐盛。他在从事农耕的基础上，利用杨湾的天然山溪拓宽开挖河道，并在东西两崖筑砌石堤，辟建河埠，形成一处村庄，就是后来的周家河头，又称大浜村。

明清时大浜一直隶属于杨湾村。清乾隆年间，"二十八都，震泽乡，统十九图，自然村有上杨湾、下杨湾"之分，大浜村属下杨湾。民国年间，大浜随杨湾村先后编入吴县东后山乡、吴县第十二区杨湾乡、东山区杨湾乡、洞庭区后山乡等。

新中国成立初属后山乡杨湾初级社，1956年属后山乡杨湾高级社。1958年属洞庭人民公社2营3连，1961年更为杨湾大队第三、四生产队，1968年改为杨湾大队革命委员会第三、四革命生产领导小组，1981年更为杨湾大队第三、四生产队，1983年又更为杨湾村村民委员会第三、四村民小组，2003年11月隶属于杨湾村村民委员会。

村内保存有大批明清古宅及古巷、古井、古木等历史遗存。古建筑有：周氏遂祖堂、张氏仁俭堂、朱氏务本堂、周氏宏远堂、杨氏康德堂、陆氏怡德堂、姜氏景云堂等古宅，以及王氏竹园坊、吴氏豆腐坊、金氏卤菜店、周记粮店、中药铺、棺材店、铁匠铺、客栈等一大批百年老店。大浜村地处山坞口，古巷古弄是该村的一大特色，现保存较为完整的明清砖石古巷，从西至东依次有10多条明清巷弄。此外，村内在羊尾巴巷，遂祖堂西面，有一株树龄350年的古银杏树，属苏州市吴中区农业局挂牌保护的一级古木。村东端与槎湾村交界处有一株树龄约500年、高20米、生长茂盛、树冠达250平方米的古香樟树，属东山镇古木"五大金刚"树之一（余为灵源寺罗汉松、西巷古柏、殿前古紫藤、吴巷山古银杏）。

大浜村南临河埠，北靠山坡，一方水土养一方人，同杨湾村一样，历史上主要以种果、栽桑、养鱼为主。明清时村人出湖经商者比杨湾村更多些，尤其清末上海辟为商埠后，在沪商人相互提携举荐，村里年轻人大多在上海银行钱庄做事，因而家庭均较为殷富，村中多名宅大院。新中国成立后，大浜村主要靠农业为务，20世纪80年代初，村里也办起队（村）办企业，但所占比例不大。2000年以后，村里年轻人大多读书成才，在上海、苏州等大中城市工作及购房定居，村里传统农业生产均由上了年纪的老一辈经营。

三、上湾

古名上杨湾，位于杨湾镇北面的山坞中，南接杨湾，北连张巷，东临箕家山，西靠旺沙山。该自然村是原上湾行政村所在地，有上湾第七、八、九三个村民小组，119户，350人，210个劳动力。村中以居、朱、姚姓为主。2013年后为杨湾行政村所在地。

南宋中期形成村庄，最早定居的为中原南迁的朱氏和居氏。据上湾清道光五年（1825）沈珑所撰《陆家宗祠碑记》载："吴洞庭陆氏先扬土沛国，赐姓朱。自先祖朱希公从宋南渡大军南下，卜居于洞庭东山，五传至伯纯公。长女赘陆宗显公……朱之易姓为陆自此始矣，前后绵延六百余年载，近山称为望族。"上湾居氏亦为南宋迁山，民国18年（1929）李根源所撰《吴郡西山访古记》中有："二十五日，自杨湾赴湖沙山……归途至湖沙山后，谒居氏南渡迁山始祖墓，返石桥寓所。"

清康熙年间翁澍刻印的《具区志》载："二十八都在东山，统十五图，属震泽乡，户二千六百五十二，人口一万四千零五十。"杨湾村在其内，当时尚无上下杨湾村之分。到了乾隆年间，《太湖备考·地名》中载：二十八都，震泽乡，统十九图，地名有：上杨湾。二十九都，蔡仙乡，统二十图，地名有下杨湾。民国年间，上杨湾先后编入吴县东后山乡、吴县第十二区杨湾乡、东山区文悋乡、洞庭区后山乡等。

新中国成立初属后山乡虹光一初级社，1956年属后山乡虹光一高级社。1958年属洞庭人民公社2营1连，1961年更为上湾大队第七、八、九生产队，1968年改为上湾大队革命委员会第七、八、九革命生产领导小组，1981年更为上湾大队第七、八、九生产队，1983年又更为上湾村村民委员会第七、八、九村民小组，2003年11月隶属于杨湾村村民委员会。

上湾是东山明清建筑保存最多的自然村之一，且古宅档次居东山之首，有全国文保单位2处：轩辕宫正殿、明善堂。明、清建筑多达20多处，有晋锡堂、安庆堂、崇仪堂、三善堂、敦爱堂、葆锡堂等。在这些古宅中，还保存有古村颇具特色的清代学堂、救火水龙间、古更楼、古店铺、刘公堂等古建筑。众多的古道、古弄、古木是该自然村的又一大亮点。小青砖侧铺的陆杨古道从村中经过，长达250米。从北至南的古巷有12条古巷。在古道居姓敦爱堂与三善堂宅前，各有一株树龄350年的古银杏树，冠高30米，生长茂盛，属苏州市吴中区农业局挂牌保护的一级古木。村子中部的燕石小学遗址，明清时作过衙门监狱与尼姑堂，宅后的明代古井尼姑井保存完好。

明善堂原名鉴塘小学，民国初年上湾沪地著名商人朱鉴塘捐宅建办，抗战期间，省立苏州图书馆的一批善本、宋、元、明三朝古籍和清代精本，装成8大箱，藏于杨湾鉴塘小学朱家祠堂，后又将书分散藏于杨湾村民家中，1945年抗战胜利后，这批国宝级的古籍完好无缺运回苏州图书馆。2011年10月，中央电视台10套节目摄制组，至明善堂拍摄纪录片《守卫古籍》，并于2012年8月21日在央视10套《回顾》栏目中播放。

上湾村三面靠山，历史上主要以载种花果为主。明清时年轻人多"出山"经商者，清末民初时在上海业金融之人较多，明善堂朱鉴塘、朱霭堂、朱馥棠三兄弟为典型代表人物。老大朱鉴塘弱冠即赴沪，跟同乡习府绸业，继集股在上海创办府绸业，注册"单鹿""双鹿"商标，声名远播海外，年销售额达700万金，被公推为上海出口公会会长。老二朱霭堂，早岁至沪经商，始做伙计，后为经理，靠艰苦的自学，熟谙英、法文字，先后任过外商开利、百司、基大、礼和、永兴等洋行的买办。老三朱馥棠，自幼至沪经商，经营府绸与地产业，亦极有成就，乃慷慨解囊，助办鉴塘义务小学。

新中国成立后，上湾村民主要靠农业为务。20世纪80年代初，村里也办起队（村）办企业，但所占比例不大。2000年以后，村里年轻人大多读书成才，至东山镇及附近城乡工作及购房定居，村里传统农业生产均由上了年纪的老一辈经营。

四、张巷

又名张巷里，20世纪50年代，一度更名光荣村。位于轩辕宫北端张巷岭下，南接上湾，北连石桥，东临太湖（现环山公路），西靠张巷岭。该村原属上湾行政村（现统属杨湾行政村），有上湾第三、四、五、六四个村民小组，146户，471人，282个劳动力。张巷自然村以张、朱姓为主，占总人口的70%以上。

南宋中期形成村庄，最早为中原迁山的张氏和万氏。据张巷《张氏家谱》记载，清河张氏原居河南开封，南宋建炎初年随宋室南迁，全族人迁徙至东山后山杨湾附近定居。南渡仓促离行时,还不忘携带老祖宗遗骨,将北方先人的遗骸装了18只骨殖甏带来,葬在石屋岭接近俞坞的山坡,即张氏寿坟山,其村因北方张氏捷足先登,又繁衍成族而称张巷。而万氏稍晚于张氏,万履占清同治十年(1871)编纂及刻印的《洞庭东山万氏宗谱》载:"宋末靖康之乱,和州州判万虞恺,携二子扈驾南下,避地江左,泛具区,涉东洞庭山,美其地而定居东山张巷,遂为东山万氏始祖。"约明中期,万姓因外出经商方便而迁往前山,在东街建东、西万巷。

明王鏊《震泽编》后山地名中张巷属杨湾村,清康熙翁澍《具区志》东后山地名中已有张巷村。清乾隆《太湖备考》载:"二十八都,震泽乡,统十九图,地名:张巷、上杨湾、毛园……"民国年间,张巷村随上杨湾先后编入吴县东后山乡、吴县第十二区杨湾乡、东山区文恪乡、洞庭区后山乡等。

新中国成立初属后山乡虹光一初级社,1956年属后山乡虹光一高级社。1958年属洞庭人民公社2营1连,1961年更为上湾大队第三、四、五、六生产队,1968年改为上湾大队革命委员会第三、四、五、六革命生产领导小组,1981年更为上湾大队第三、四、五、六生产队,1983年又更为上湾村村民委员会第三、四、五、六村民小组,2003年11月隶属于杨湾村村民委员会。

村内历史遗存丰富,保存较为完整的明清建筑有:张氏久大堂、保和堂、九如堂、朱氏纯德堂、孙氏集庆堂东西楼、陆氏明志堂、明德堂等古宅。在古村北端还保存有民国初年旅沪同乡会开设的登善医院,以及三间头病房。古巷、古弄有:青桥头、张巷里、刘公场、元宝石、高井巷、牛屎弄、破河桥、广利桥、久大路等。

历史上张巷村名人辈出,较有名的有明代粹修堂张宁,明洪武二年(1369)朱元璋在长江边筑应天城,经韩国公李善长推荐,精于土木之技的杨湾张巷工匠张宁当上了建造皇城的总督。朱元璋乃颁御旨,令张白衣督领工役。清末沪地富商张知笙,曾任仁大、森和诸钱庄经理及江苏银行理事,并为上海钱业公会、汉冶萍矿、招商局董事及上海总商会议员、商会公断处处长等职。张氏富而好义,热心社会公益,民国25年(1936),江苏省省长颁赠给张知笙的"履信蹈仁"匾额,表彰他为社会作出的贡献。明志堂陆澹安是一位集评话、评弹、曲作和侦探小说于一身的戏曲理论家,被誉为中国侦探小说第一人,20世纪二三十年代,他改编出版的侦探电影小说《李飞探案》曾风靡全国,是新中国成立初期中华书局出版的两部著名文艺工具书《小说词语汇释》《戏曲词语汇释》的作者。

张巷村旧时有出客人与庄家人之分,出客人主要在上海、苏州等大中城市经商,而庄家人主要以种果、栽桑、养鱼为生。新中国成立后,张巷村农业收入主要靠种植花果。2000年以后,村里青壮年大多至前山或城里经商与务工,传统的农业收入比重逐年减少。20世纪80年代初,村里也办起队(村)办企业,其最初建办的铁箱厂,后来发展成东山精密股份有限公司,2010年4月9日,苏州东山（杨湾）精密制造股份有限公司首次发行的 A 股成功上市，成为吴中区第一家成功上市的民营企业。

五、石桥

顾名思义，因村中有古桥震泽底定桥而得名。该村位于著名的碧螺峰下，鸡笼山西。东靠灵源寺，西临太湖（现环山公路），南接张巷，北连朱巷，原属上湾行政村（现归杨湾行政村），有上湾第一、二、十三个村民小组，99 户，315 人，191 个劳动力。石桥自然村以叶、朱、王姓为主，占总人口的 80% 以上。

该村的历史可追溯到北宋初期，刑部侍郎叶逵娶乌程（今浙江湖州）羊氏为妻，遂迁湖州。因事常到洞庭东山，嘉其山水，筑别业于杨湾碧螺峰下。叶逵六传至梦得，曾历官翰林学士、观文殿大学士、户部与吏部尚书、建康留守、崇信军节度使等职，积极参与了抗击金兵的决策和指挥。致仕后筑宅东山，还捐出住宅和田地，在朱巷建造了吴中叶氏宗祠——逵公祠。次子叶槿，字叔轸，南宋高宗时任中奉大夫，历官秀州、永州、临安（今浙江杭州）、苏州等地太守，卒葬东山杨湾碧螺峰下，被尊为东山叶氏始祖，现石桥村民以叶姓居多。

南宋中期，石桥村已具规模。现保存于震泽底定桥北堍，明成化乙巳（1485）朱济民撰并书的《震泽底定桥记碑》载："震泽底定桥建于山之碧螺峰下，人亦皆曰石桥，始祖朱安宗建于南宋绍定间，桥之南地丈许，凿义井以利居民日汲；桥之北地一方，用砖砌曰坪磐，以便乡之吉凶迎送。"清乾隆年间，天雨骤降，水漫石栅砖泛，后裔朱济民谐万石长叶以元等各施己资，买地营料，命工修缮落成。

元初，莫厘王氏一支裔孙迁居石桥村。王氏始迁祖千七将军南宋建炎初护驾迁东山，始定居后山王巷。千七将军八世孙王逵，字惟道（即王鏊的祖父），在村中首倡读书明理，被乡人举为万石长。王逵生三子，次子王琛，字以润，成化元年（1465），江南一带百日无雨，稻粮颗粒无收，王琛散财赈灾，救济乡人，活者甚众，被举为乡邦耆老，即万石长。后王琛在石桥头筑宅定居，成为石桥王氏始祖。在明清两代，石桥村王氏出了 28 个知府、知县、县丞、巡检等中下层官员。也许是他们从小生活在太湖地区的原因，王琛裔孙从政后，大多是治理水患的基层官员，有 8 名知府、县令在组织指挥黄河及河北永定河抢险中以身殉职。清同治六年（1867）八月二十八日，河南祥河县境内黄河水暴涨，同知王仁福指挥万人抢险，连续七昼夜不离堤，最后被洪水卷走，被朝廷封为祥符县"河神"，百姓建庙祭祀。

石桥村境内的名胜古迹与人文景观多达 20 多处，有南北朝时梁天监年间所建的灵源寺遗址，内保存有一株树龄 1400 多年的古罗汉松与一口灵源泉古井。村后白豸岭铁拐峰上的槿公墩，是南宋临安太守叶槿之墓，保存完好。东山历史上第一名举人，元代浙江和靖书院山长叶颙的故居——归休宅，其遗址尚存。灵源寺后碧螺峰上有明大学士王鏊所书"碧螺峰"摩崖，半山坡有民国总理李根源所书摩崖"碧螺春晓"。村中南宋朱氏所筑"震泽底定桥",历800多年风雨仍保存完好,桥旁清乾隆五十二年(1787)重修石桥时所掘的"义井",村人仍在汲水日用。村中的上巷、下巷、圈门弄、元宝石、平盘里、张家巷、石子场与仁启堂、承志堂、碧山堂、景德堂,是历史上有影响的遗存。

历史上,石桥村还发生过几件在苏州乃至全国有影响的事件。明成化丁未(1487)冬,王琪之子王鏊曾在石桥筑"壑舟"居室,该宅园竣工之日,举办"壑舟"雅集,仲兄王鏊为之作《壑舟记》,沈周、蒋春洲为之绘《壑舟图》,唐寅、祝允明等一大批吴中名流及吴宽、费宏、杨廷和等朝贵作"壑舟图咏"诗,后王鏊把诗画结为一集,名《壑舟图咏》,在吴文化宝库中留下了一笔珍贵的文化遗产。明崇祯年间,朱安宗裔孙必抡在石桥头筑缥缈楼,创办家庭"东山女乐班",选紫云等女姬十二人,教其歌舞,组成女乐,他与吴中诸名士在楼上张乐演剧,诗酒酬答,为吴中早期梨园之一。康熙初年,长兴剧盗赤脚张三在太湖地区打家劫舍,为害一方,而官府畏之如虎,任其逍遥。在苏州巡抚辕门任事的朱允恭,回到石桥家中,访得张三其党,好言说之邀其赴宴。越宿,在缥缈楼备陈女妓,遣勇士混杂优伶中。酒酣,即席擒之,钉其手足,驰解抚辕正法。此事《中国通史》有载。

近现代,石桥村也名人辈出:孙广榛、吉孚,民国时上海著名绸缎商人。王俊臣,名仁森,上海美商花旗银行买办,著名房地产商人。当代名彦有:辽宁省军区副政委(少将)叶肇宏、解放军海军后勤部副部长(少将)韩季忠、新疆体校女篮队长,1963年在全国篮球甲级队比赛中获全国冠军的孙近芳、上海同济大学教授、博士生导师王季卿、上海著名漫画家王益生等。

明《震泽编》中:石桥村属震泽乡。清康熙《具区志》中,石桥村属震泽乡二十八都。民国年间,石桥村随上杨湾先后编入吴县东后山乡、吴县第十二区杨湾乡、东山区王石乡、洞庭区后山乡等。

新中国成立初属后山乡虹光一初级社,1956年属后山乡虹光一高级社。1958年属洞庭人民公社2营1连,1961年更为上湾大队第一、二生产队,1968年改为上湾大队革命委员会第一、二革命生产领导小组,1981年更为上湾大队第一、二生产队,1983年又更为上湾村村民委员会第一、二、十村民小组,2003年11月隶属于杨湾村村民委员会。

位于石桥浜场北面的中区小菜场,又名石桥菜场,建于民国18年(1929),保存有完整的门头和南北两进菜棚。门头略带西式风格。高4.25米,宽2.65米,全部为青砖清水勾缝扁砌。左右两只清水砖墩直砌至门楼顶端,中间顶部为观音兜封顶。下圆拱门内膛高2.7米,中间字额为五块铁铸小方砖,上书"中区小菜场"五字,右侧为"十八年仲秋"一行小字,左侧落款:江洲施政书。字额上端塑有一朵牡丹花,顶端观音兜上亦塑有一枝花卉。菜棚南北两进,中有过道。前、后进均面阔三间,进深6檩,冷摊瓦,圆作梁,较为简易。在2008年全国第三次文物普查中,据苏州市文保部门的专家说,这可能已是苏州市所保存的最后一座民国小菜场了,弥足珍贵。

六、湖沙

古称胡沙,位于杨湾村西小云台下。东连杨湾,西接澄湾,南临渡水港,北靠陈家岭。原隶属屯湾行政村(现统属杨湾行政村),有屯湾第一、二、三3个生产队。该自然村有3个村民小组,106户,348人,209个劳动力。第一村民小组以叶姓为主,第二村民小组以黎姓为多,第三村民小组以徐、杨为主。

该村悠久,南宋中期即已形成村庄。据清嘉庆五年(1800)徐文荣编纂《洞庭徐氏家谱》记载:"始祖宋建炎间扈驾南渡,自汴梁卜居洞庭东山之李湾,数传至宗麟,始修家谱,有名可稽。"李湾是湖沙山附近的一座小山湾,现已无人居住,村人大多并入湖沙村中。明清时湖沙村已具一定的规模,《震泽编》《具区志》《太湖备考》《乡志类稿》等吴县、东山地方志的都图地名中均有记载,现保存于村中清代《重修湖沙村大街碑记》载:"吾湖沙村大街,自先祖允正公创修以来,迄今百有余载,倾仄已多,坦平非昔,若不急图修砌,行将尽变崎岖。故敢布告同人,共襄善举,协力铺砖,整新而复旧……清嘉庆二年冬月吉日。"

明清时湖沙村不仅官道整洁,且屋宇恢宏,民国时村中建有徐姓所建的目辉堂、敦睦堂、宝仁堂、志仁堂、经余堂、济怀堂、顺养堂等古宅,现部分旧屋尚存。村中古巷、古地名有:井弄巷、杨家潭路、东屈河头、小云台、蚂蚁潭、湖沙浜等。村东湖沙山上,有清初诗人金砺"小云台"摩崖石刻。清乾隆年间举人席玕《小云台晚眺》诗咏:"烟屯平楚千村晚,月浸澄波万顷寒。值得云台振衣客,丹青并入画图看。"

湖沙山上还筑有前外交部部长乔冠华的两个墓。一个在湖沙山下的东山华侨公墓一公区老墓区,1985年乔冠华夫人章含之安葬。墓地仅16平方米,墓穴中央一块前高后低的黑色大理石上,镌刻着"乔冠华同志之墓"7个3寸见方的楷书,下方刻着一行取自南宋爱国诗人文天祥"人生自古谁无死,留取丹心照汗青"之名句。另一个建在离老坟约一百米远的小云台,墓地35平方米,墓碑左上方是乔冠华和龚澎夫妇紧挨着的一张瓷照,龚澎在前,乔冠华在后,为年轻时所照。照片下面竖刻着两行小字:"天生丽质双飞燕,千里姻缘革命牵。"

湖沙村朱献淮祖孙三代在近现代有一定的影响:朱献淮,名琛,著名旅沪实业家。民国时在沪开设恒兴顺、公信泰等丝栈,推销国产丝经于海外,事业兴盛,曾任上海行业协会会长,并著有《洞庭东山物产考》和《洞庭东山地理形势赋额人口说》。其中《物产考》是介绍近代太湖流域东西山土特产的唯一专业志书,颇有参考价值。其子朱穰丞,名成湘,为中国早期戏剧导演,1921年在沪组织辛酉剧社,袁牧之、罗鸣凤、沈颂芳、潘汉年、夏衍等在辛酉剧社活动过。1930年赴法勤工俭学,1933年去苏联,在莫斯科国际革命戏剧同盟工作。1938年4

月 18 日，被苏联内务部以"莫须有"的间谍罪逮捕，判刑八年，1943 年 1 月 17 日死于西伯利亚劳改营地。1989 年 1 月 16 日苏联最高苏维埃发布命令，恢复其名誉。

朱穰丞夫人王季凤受丈夫影响，年轻时就从事参加社会革命活动，支持丈夫赴法勤工俭学，并将在上海南市区的寓所提供给中共中央华中局直接领导的"学委"作为秘密机关，当年学会负责人吴学谦一段时间就吃住就朱家。为便于开展工作，经党组织批准，曾与王季凤以母子相称。长女朱可常，1938 年在上海复旦大学加入中共地下党，新中国成立后曾任上海虹口区区委书记、上海歌剧院党总支书记兼副院长、上海市群众文化工作委员会副主任等职。次子朱承坚（参加革命后改名王光华），1940 年在省立上海中学加入中共地下党，年仅 16 岁。曾任铁道科学院研究员、局长，北方大学兼职教授，是享受国务院特殊津贴的铁道运输专家。三子朱承中，1944 年 16 岁时在上海育英中学参加中共地下党，是水电部水利水电建设总局教授级高级工程师，曾任副局长、水利部南水北调规划办公室主任等职。

明《震泽编》地名中称胡沙村，属震泽乡。清康熙《具区志》中，更名湖沙村，属震泽乡二十八都。民国年间，湖沙村先后编入吴县东后山乡、吴县第十二区杨湾乡、东山区王石乡、洞庭区后山乡等。

新中国成立初属后山乡虹光二初级社，1956 年属后山乡虹光二高级社。1958 年属洞庭人民公社 2 营 2 连，1961 年更为屯湾大队第一、二、三生产队，1968 年改为屯湾大队革命委员会第一、二、三革命生产领导小组，1981 年更为屯湾大队第一、二、三生产队，1983 年又更为屯湾村村民委员会第二、三村民小组，2003 年 11 月隶属于杨湾村村民委员会。

历史上，湖沙村人以外出经商为主。新中国成立后，以农业生产为主要收入。20 世纪 80 年代初，村里也办起队（村）办企业，农工业兼营。1983 年农村联产承包后，靠经营果林为主。2000 年后发展民营企业，年轻人大多外出创业与务工，农工收入各占一半。

七、澄湾

又名陈湾，位于杨湾西蔡家山下。东连湖沙，西接屯湾，南临渡水港，北靠小云台。原隶属屯湾行政村，为屯湾第 4 生产队，2003 年随屯湾村并入杨湾村。该自然村有 41 户，149 人，111 个劳动力。村中以叶、黄、邵姓为主。

澄湾村原名李湾。清乾隆年间刻印的《太湖备考》载："二十九都，统图十五，属蔡仙乡，地名：澄湾、屯湾、白浮头……"历史上，南叶居住在澄湾村。北宋末年，刑部侍郎（相等于现司法部副部长）叶逵在杨湾碧螺峰下筑有别业，生三子：长元颖，回归处州；次元辅，居杨湾山嘴南，为南叶一世祖；季元参，居杨湾山嘴北，为北叶一世祖。东山南叶在元末明初出过苏州有影响的叶德新、叶德闻兄弟。清《太湖备考》载：叶德新，字维章，东山陈（澄）湾人。少知书而多心计。元至正十三年（1353）张士诚起兵反元，十六年，攻下平江（今苏州）称王，闻人言德新有才，遂招致与谋帷幄，委掌财赋。嗣后，晋德新为中书省右丞。由于用法甚严，遂集众怨。元璋起兵灭周，因民之怒，并及德新兄弟子侄之仕者，皆被杀于市。叶德闻，字斯道，德新从弟。元至正年间从父叶宁经商淮上，因兵乱不得归，遂定居淮上。后因事被逮解进京，朱太祖亲审。见德闻身材魁梧，声音高亮，极为喜爱，并开脱其罪授以陕西布政使，使理秦赋。德闻未去陕西任职前，曾返澄湾筑昼锦堂，有蔡蒙者以诗为贺。未几受祸，昼锦堂被废，仅存蔡诗颂其盛。

依山临湖，临山地名有：老虎山、蔡家山、杨家园、西头岭，临湖地名有：棉花滩、石芦场、西浜嘴、东浜嘴、皇冠潭、牛角尖等。村内古巷、古地名有：金家弄、银杏埂、观音堂路及监毛场、大墙门头、老虎园、园门里、豪头等。在西头岭道旁有一棵鸳鸯古银杏树，树龄350年。雌雄两株，雄株高20多米，树围250厘米；雌株高20米，树围粗150厘米。

民国年间，屯湾村先后编入吴县东后山乡、吴县第十二区杨湾乡、东山区杨湾乡、洞庭区后山乡等。

新中国成立初属后山乡虹光二初级社，1956年属后山乡虹光二高级社。1958年属洞庭人民公社2营2连，1961年更为屯湾大队第四生产队，1968年改为屯湾大队革命委员会第四革命生产领导小组，1981年更为屯湾大队第四生产队，1983年又更为屯湾村村民委员会第四村民小组，2003年11月隶属于杨湾村村民委员会。

澄湾村叶氏元末就经商淮上，家道殷富，裔孙大多受到过良好的教育，有人曾参与了张士诚政权，明初又有人成为洪武朝的上层官员，但高处不胜寒，不久即合族受祸，满门被诛，故村中现仍有监杀场（讹称监毛场）、大坟堂或新坟场等老地名。从此，澄（陈）湾叶氏一蹶不振，世代以农耕为生。1983年农村联产承包后，村里一部分劳动力从传统土地上解放出来，农工商兼营。2000年后，村民主要收入靠果林和外出务工为主。

八、屯湾

屯湾村，又名莼湾，位于格思山和饭石峰麓的濒湖处，村前浅滩辽阔，是太湖莼菜的主要产地。村以采摘莼菜得名，因"莼"与"屯"音近，遂称屯湾。又一说，吴越春秋时，屯湾村居吴越交界之地，吴国常屯兵于此，故名屯湾。该村西连黄家埂，东接澄湾，南临渡水港、环山公路，北靠老虎山。原为屯湾行政村的在地，有屯湾第五、六、七、八四个生产队，2003年并入杨湾村行政村。自然村有127户，473人，284个劳动力。第五村民小组以马、谢姓为主；第六村民小组以宋、倪姓为多；第七村民小组以张姓为主；第八村民小组以诸姓为多。

村中山岭、港河有：老虎山、庙前山、朱家坟山及金家浜、康家浜、朱家浜、马家浜、青石潭；主要古巷古弄有：柴港巷、银杏路、沙朴里、马家场、倪家路等。百年古木多是屯湾村的一大特色，在村西马家场有银杏树4株，1株树龄近500年，3株树龄在200年以上。古沙朴树2株，1株在村东倪家老宅前，树龄200年，高20米，长势茂盛，树冠覆盖面积达50平方米。另1株在马家场金面菩萨庙前，树龄约200年，树冠较低矮而茂盛，犹如一树桩盆景置于路旁。

屯湾村南面原为太湖，近处多浅滩沼泽，明末清初时村人就栽种采摘太湖莼菜。据清康熙《七十二峰足徵集》记载：清康熙三十八年（1699）四月，康熙南巡淮甸，途经太湖东山，屯湾人邹弘志将家中所种莼菜四缸，所作《贡莼诗》20首和家藏之《采莼图》进献，康熙收下莼菜，命送北京畅春苑，御览后发还邹氏世守之宝《采莼图》，而《贡莼诗》则着书馆检校备阅，均载入四朝诗选中。邹弘志因献莼有功，叙授山西岳阳县知县，人称"莼菜官"。邹弘志居官返里，赋莼诗一首："绿蓑青笠雨蒙蒙，万顷烟波一棹通。为是春深樱笋外，别饶风味在吴中。"以示不忘莼菜世家之风。

清乾隆《太湖备考》载，屯湾村，属二十九都蔡仙乡。民国17年（1928）该村编入吴县东后山乡。23年（1934）改东山为吴县第十二区，屯湾属杨湾乡。37年（1948），入洞庭区后山乡。新中国成立初属后山乡虹光二初级社，1956年属后山乡虹光二高级社。1958年属洞庭人民公社二营二连，1961年更为屯湾大队第五、六、七、八四个生产队，1968年改为屯湾大队革命委员会第五、六、七、八四个革命生产领导小组，1981年更为屯湾大队第五、六、七、八四个生产队，1983年又更为屯湾村村民委员会第五、六、七、八四村民小组，2003年11月隶属于杨湾村村民委员会。

历史上村人以种植花果为主，兼内塘养鱼，亦多外出经商者。新中国成立后仍以传统的农果鱼生产为主，1983年后到乡镇企业务工人数增多，2000年后农果收成与经商务工收入基本持平。

九、黄家埕

黄家埕村，又名黄家站，位于蜈蚣岭下。东连屯湾村，西接白浮门，南临渡水港、环山公路，北靠蜈蚣岭、雄磺矾石。原隶属屯湾行政村，为屯湾第9生产队，2003年随屯湾村并入杨湾行政村。该自然村有53户，176人，106个劳动力。村中以黄、金、施姓为主。

黄家埕村建在半山坡上，地势险要，含天埕之意。在明清吴县与东山方志地名中，均无黄家埕之村名，但《太湖备考·人物》中，记载有多位黄家埕人。黄训，字季行，明代东山黄家埕人。正德九年（1514）进士，兵科给事中。在其初任兵科要职时，"有武弁馈送千金，被拒却"。正德九年秋，黄训患病，数月前送礼之武弁，复携千金至病榻前，想以探病之名贿赂黄训，待其病好后在兵部通关节。黄训厉责道:"吾将死,岂以相污耶?"来人没趣地走了。是年黄训卒于京师,年仅33岁。黄兆熊,字伯徽,明代浙江於潜县县令。

村内古迹有:蜈蚣岭与雄磺矾。据传明代时村后山岭上的蜈蚣精常在山溪中拉尿,村里人喝了都得了一种怪病,后来当朝宰相王鏊返乡省亲,游览长圻岭,书"雄磺矾"三字,并镌刻在蜈蚣岭山崖上,镇住了蜈蚣精,从此村中太平无事。村口的白浮门是具区港入太湖口,也是从西太湖进入东山的水上关隘,明清时有水军把守。民国诗人玄丁《白浮门》诗曰:"一棹长圻水几湾,白浮门外见西山。予怀渺渺孤帆远,回首峰峦隐约见。"

民国17年(1928),该村编入吴县东后山乡。23年(1934)属杨湾乡。37年(1948),入洞庭区后山乡。新中国成立初属后山乡虹光二初级社,1956年属后山乡虹光二高级社。1958年属洞庭人民公社二营二连,1961年更为屯湾大队第九生产队,1968年改为屯湾大队革命委员会第九革命生产领导小组,1981年更为屯湾大队第九生产队,1983年又更为屯湾村村民委员会第九村民小组,2003年11月隶属于杨湾村村民委员会。

村中以种植花果为主,兼内塘养鱼。1983年后到乡镇企业务工人数增多,2000年后农果收成与经商务工收入基本持平。

十、寺前

寺前村,明清方志上称石前,因村东山岭上有明代大学士王鏊所书"览胜石"摩崖石刻而得名。后又因该村北岭有梁代古庙能仁寺,村子在寺庙前而更名寺前。东临览胜石,西至西巷村,南临太湖(长圻环山公路),北接湾里村。原隶属屯湾行政村,为屯湾第十生产队,2003年随屯湾村并入杨湾行政村。该自然村有49户,168人,105个劳动力。村中以金、徐、姜姓为主。

历史上寺前、湾里、西巷合称长圻,寺前村在长圻岭最东边。长圻地势险要,历来为兵家必争之地,明清时官府在此设有重兵。村后的能仁寺为南北朝时的古迹,是东山历史上最早建造的寺庙之一,明弘治《震泽编》《苏州府志》《吴县志》及清《具区志》《太湖备考》等所有方志上均有记载。《震泽编》载:"长圻之东岭曰能仁寺,梁天监二年(503)僧道适开山。寺有泗州塔池。池甚浅,大旱不涸。旧传有塔影倒悬。"据说清康熙时泗州城陷入洪泽湖,泗州池胜迹淹灭。现古寺遗址仍存香花桥、泗州池、览胜石及神秘的古代地道。

此外,村中及村子周边古道、古迹还有:蜈蚣岭、翁家山、大树楼、桃宁里、角界山、小树楼、水界桥路、门头山、王界池、水界弄、长潭等。村西刘公堂前,有一株树龄200年,树干高30米的古榆树,枝叶茂盛,整棵树冠覆盖达面积30平方米。村中部有5棵古银杏树,树龄均在200年左右,古朴而壮观。

明代属震泽乡。清中期属二十九都蔡仙乡。民国年间,先后编入吴县东后山乡、吴县第十二区杨湾镇、洞庭区后山乡等。新中国成立初属后山乡虹光二初级社,1956年属后山乡虹光二高级社。1958年属洞庭人民公社2营2连,1961年更为屯湾大队第十生产队,1968年改为屯湾大队革命委员会第十革命生产领导小组,1981年更为屯湾大队第十生产队,1983年又更为屯湾村村民委员会第十村民小组,2003年11月隶属于杨湾行政村。

村中以种植茶叶和花果为主。1983年起到乡镇企业务工人数增多,2000年后村民农工商兼营。2014年始能仁寺寺前恢复古道、古桥、古亭及开辟长圻自行车公园,旅游业逐渐兴起。

十一、湾里

湾里村,因位于太湖湾而得名。东连寺前村,西接西巷村,南临太湖(长圻公路),北靠东岭山。全村30户,112人,68个劳动力。该自然村原属屯湾行政村第十一村民小组,2003年并入杨湾行政村。村中以张、王姓为主。

湾里村在长圻湾中。长圻村历史悠久,风光秀丽而壮观,清初诗人吴庄有诗曰:"长圻龙所接三山,泽厥绵延一望间。烟水漾中分聚落,居然蓬岛在人寰。"湾里村历史可追溯到明代以前,据民国6年(1917)张武镛纂修的《东山张氏族谱》记载:唐代后期,有睢阳公张巡后裔从水道至太湖,隐居吴中厥山(东山三山岛附近一岛)。明初有瑞十三始迁东山。瑞十三之子毕盛生四子:思明、思聪、思恭、思敬,后思聪迁长圻为寺前村,名张氏寺前派;思恭迁长圻湾里村,名湾里派。

湾里地处长圻中部,村中古地名有:东岭路、摆渡港、上潭、下潭、上井、甜瓜井、下沿井、张家潭等。周边有东岭山、张家山、长岭、寺前路等。在村西部,有一株树龄200年,树干高25米的古银杏树,附近还有三棵树龄150年以上的古银杏树。20世纪70年代,湾里村出了一位先进人物王如声,其事迹刊登在1979年11月17日《新华日报》的《在生产队长中发展党员》一文上:湾里生产队长王树声,1950年任互助组长,1958年任生产队长,从27岁干到今年57岁,队里发生了深刻的变化。他入党后说,我想入党想了三十年,头发白了,年纪大了,现在实现了,我还要为四化建设作贡献。

明代属震泽乡。清中期属二十九都蔡仙乡。民国年间,先后编入吴县东后山乡、吴县第十二区杨湾镇、洞庭区后山乡等。新中国成立初属后山乡虹光二初级社,1956年属后山乡虹光二高级社。1958年属洞庭人民公社2营2连,1961年更为屯湾大队第十一生产队,1968年改为屯湾大队革命委员会第十一革命生产领导小组,1981年更为屯湾大队第十一生产队,1983年又更为屯湾村村民委员会第十一村民小组,2003年11月隶属于杨湾村村民委员会。

村中以种植花果为主,兼内塘养鱼。1983年起到乡镇企业务工人数增多,2000年后村民农工商兼营,务工、经商收入占全村经济总收入的50%以上。

十二、西巷

西巷村,俗称青蛙村。位于杨湾西南山区岭下杨梅园内,南临太湖(长圻环山公路),北靠骑龙殿,东连湾里村,西至张公山。是长圻也是东山最西面的村子,故名西巷,全村29户,183人,122个劳动力。该自然村原属屯湾行政村第12村民小组,2003年并入杨湾村行政村。村中以许、李、姜、周姓为主。

著名画家亚明《长圻夏夜》诗曰:"长圻落日三山黑,太湖波涛万顷白。蛙声千里唱不绝,夏风拂动东吴月。"这是诗人对长圻西巷村的赞颂。早在明代蔡昇所辑的《太湖志》地名中,就有长圻之古地名。圻,古为边界之意。该村是春秋时吴越两国的边界,也是吴国的军事前哨阵地。在洞庭山明清方志《震泽编》《具区志》《七十二峰足徵集》《林屋民风》《太湖备考》《太湖备考续编》等古籍中,均有长圻地名的记载及诗歌。西巷又是长圻的前哨村,早在明代以前就形成村庄。

村后的骑龙殿和神龙潭,以及殿后的千年古柏是东山著名古迹之一。据《太湖备考·杂记》载:明嘉靖年间的一年除夕,东山一批在金陵城商贾之人,想念家中妻小,但路远水隔回不了家乡,聚在一起长吁短叹。内有一名叫许骑龙的长圻商人编了一条草龙,令众人骑上。草龙腾空而起,耳边风声呼呼,待大家睁开眼睛,已到了西巷家门口。后人在村后建庙祭祀许氏,称骑龙殿,把庙前的山潭称神龙潭,意即草龙遁入太湖之水潭。此外,西巷村还有云盘岭、小梅园、西长圻坞、西巷港、叶家巷、骑龙殿路等古地名;还有明代燕诒堂、马家古井、沈家潭、太阳河、月亮潭、顾氏井及多株百年古银杏树等景观;村子周边有南堡、李湾、张家嘴、野猫洞等古村落遗址。

西巷村自然生态系统保护良好,2013年专家们在村中发现了数十种蛙类,尤其是发现了多种属国家珍稀品种的金线蛙,2014年杨湾村同台湾太御团队合作,将文化创意融入乡村环境保护与改造中,构建中国美丽乡村。从西巷村的蛙声开始,利用该村良好的生态系统,着力打造"两栖小镇",即青蛙村。利用村民闲置农房,注册了"苏州市农房农业专业合作社",将青蛙元素巧妙融入古村改造中,至2015年年底,已开办了"西巷栖居""青蛙池塘咖啡馆""西巷茶楼"等民宿旅游项目。

明代属震泽乡。清中期属二十九都蔡仙乡。民国年间,先后编入吴县东后山乡、吴县第十二区杨湾镇、洞庭区后山乡等。新中国成立初属后山乡虹光二初级社,1956年属后山乡虹光二高级社。1958年属洞庭人民公社2营2连,1961年更为屯湾大队第12生产队,1968年改为屯湾大队革命委员会第12革命生产领导小组,1981年更为屯湾大队第12生产队,1983年又更为屯湾村村民委员会第12村民小组,2003年11月隶属于杨湾村村民委员会。

村中以种植花果为主,1983年起到乡镇企业务工人数增多,2000年后村里农工商兼营,务工、经商收入比例增大。2014年后建成"青蛙村",开始发展旅游业。

附：杨湾自然村现状及村民住宅分布图

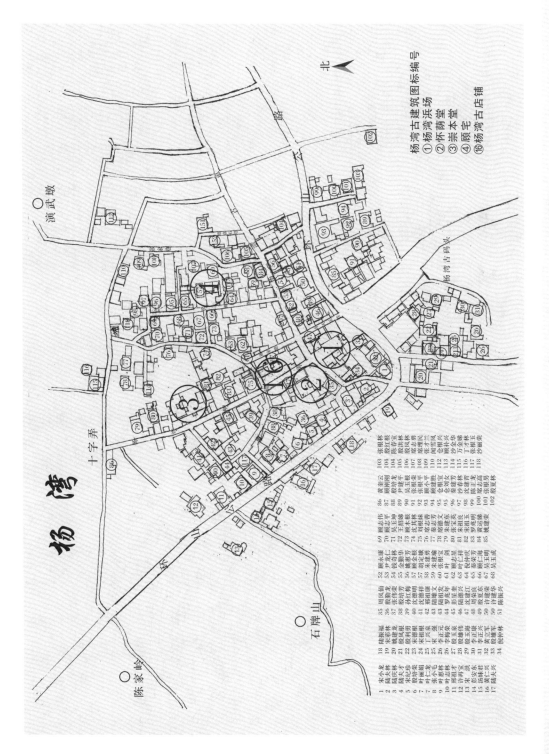

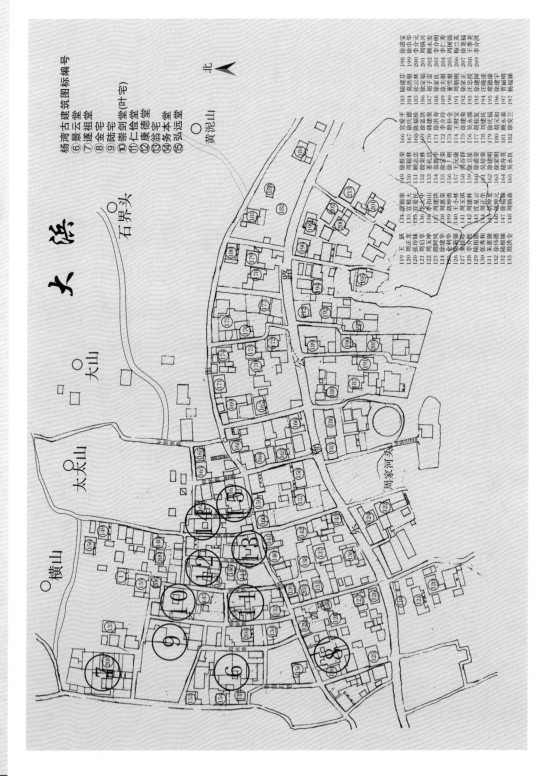

第一章 地理建置

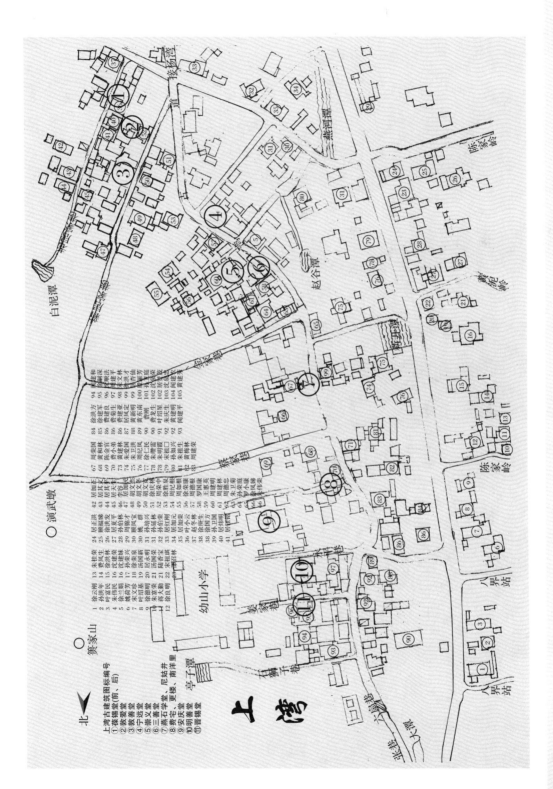

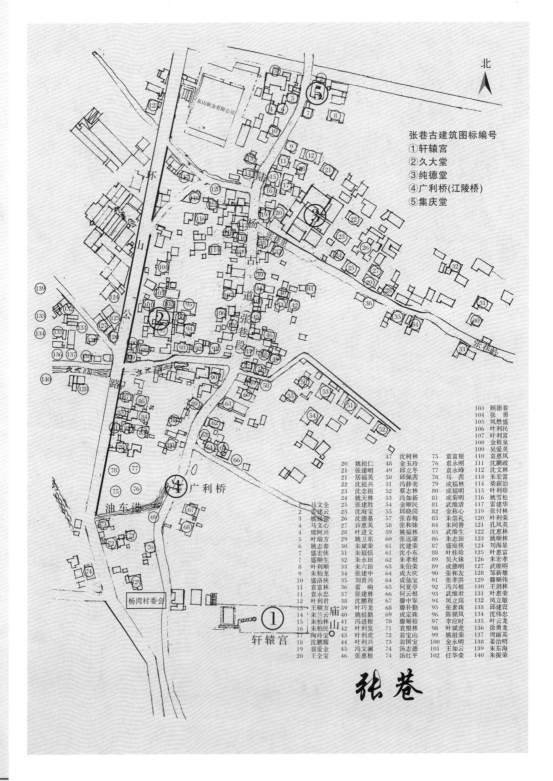

第一章 地理建置

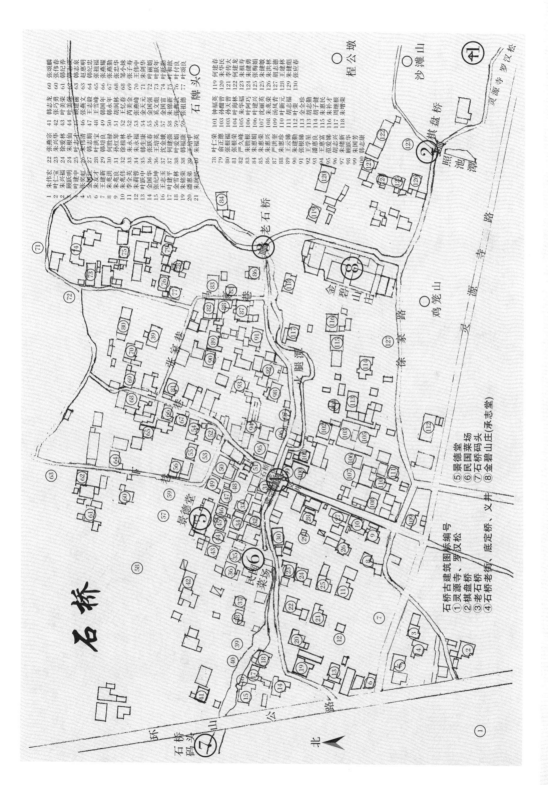

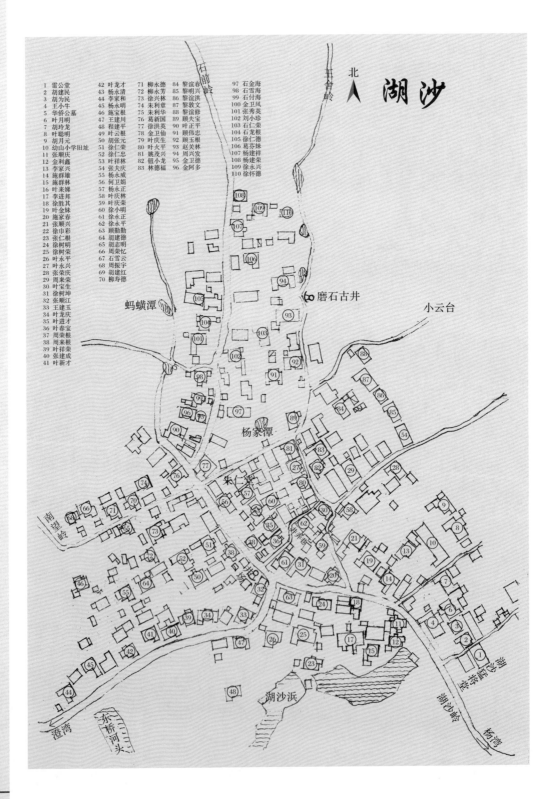

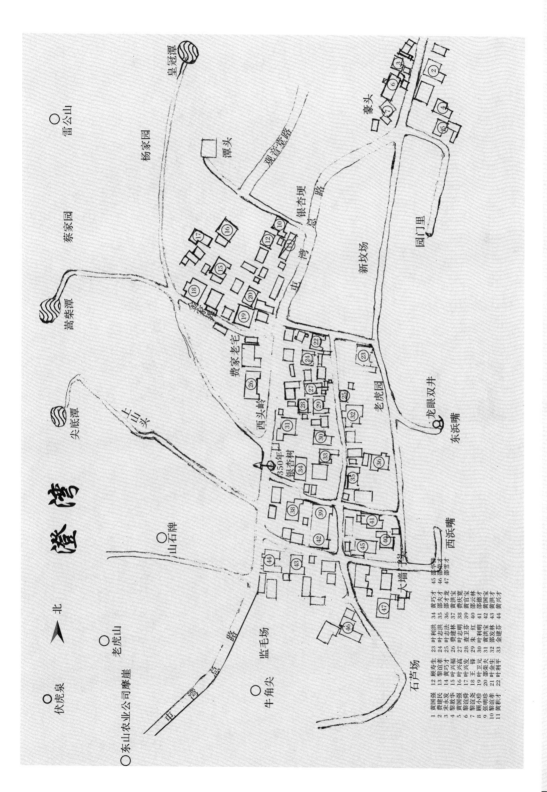

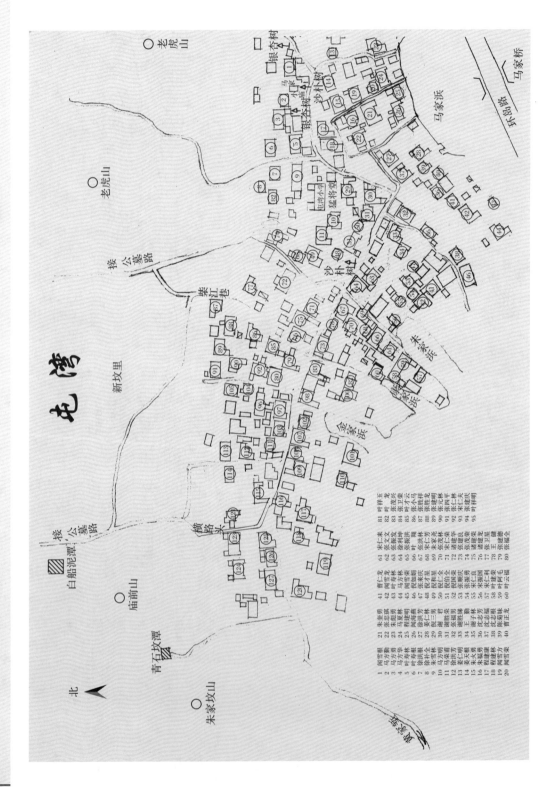

第一章 地理建置

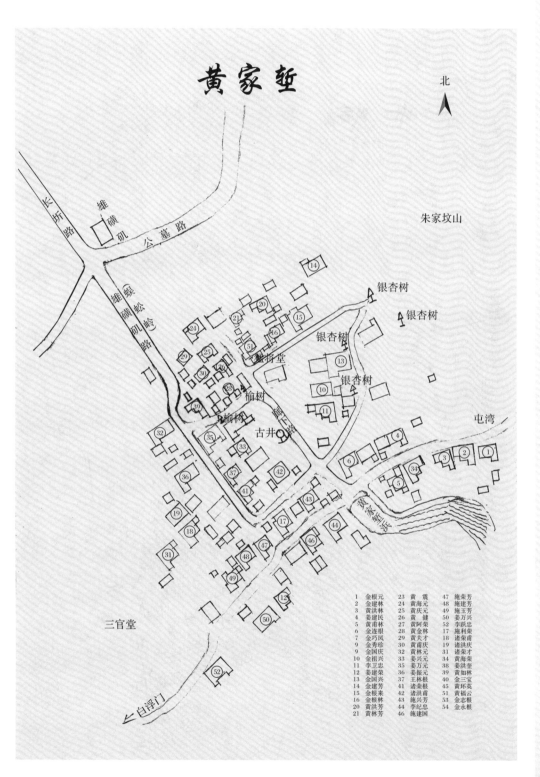

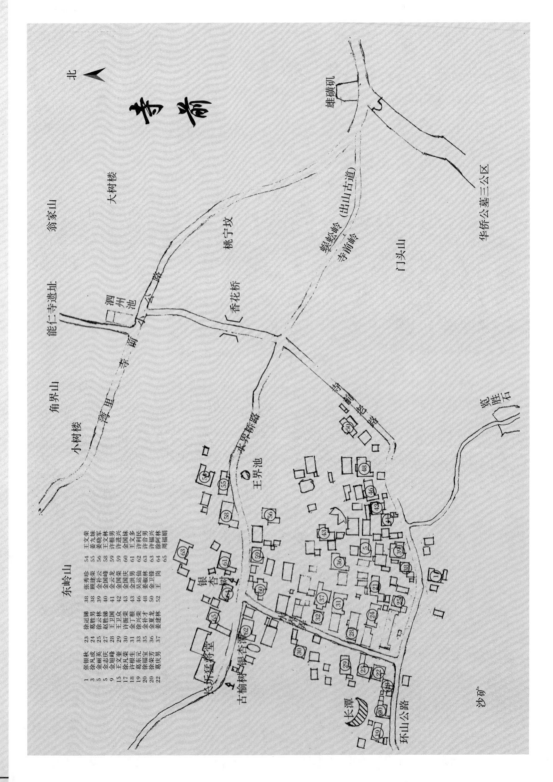

第一章 地理建置

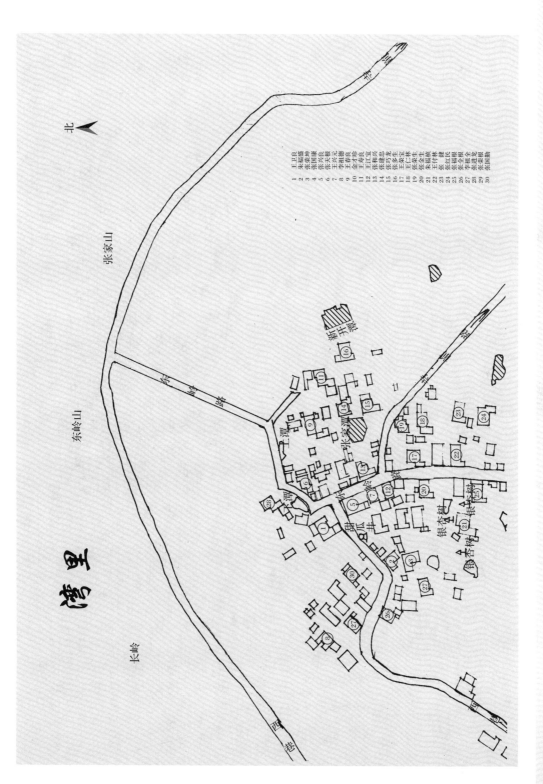

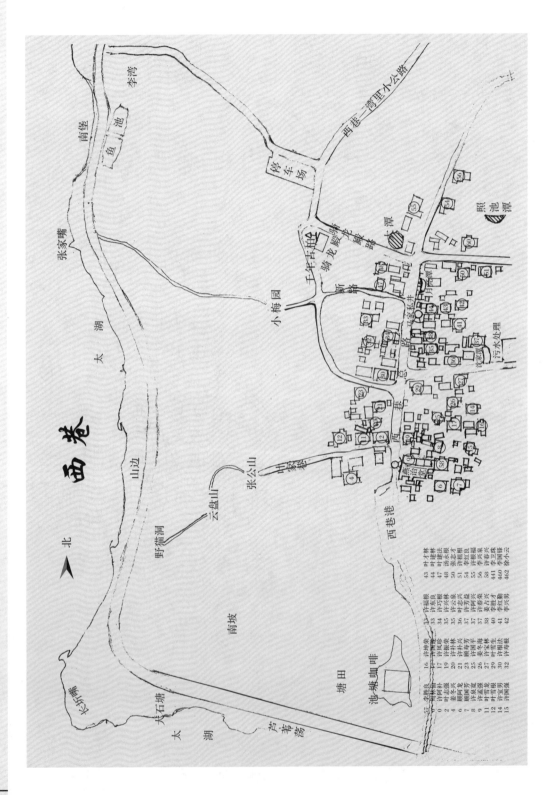

第二章 人口

杨湾地处东山西南部，依山临湖，水路交通便利，其氏族大多来自中原，在元明时期就有一定规模的人口，并已形成村庄，在东山历史上最早的方志《震泽编》（明蔡昇、王鏊著，弘治十八年刻印）中，现属杨湾行政村的地名已载有石桥、坊里、张巷、杨湾、澄湾、屯湾、白浮头、湖沙、毛园、下堡、李湾、长圻等13个。因一般明清县乡方志对户籍人口的记载只统计到乡镇，尚无对图（村）的记载，故清代前杨湾村的户籍人口无法反映。新中国成立前后，杨湾的户籍人口资料记载也不尽详细，故为较正确反映人口基本情况，本章从1958年开始。

第一节　人口总量

一、新中国成立前户籍人口

宋庆历七年（1047）苏舜钦《水月寺记》载：洞庭地占三乡，户率三千。所谓三乡者：姑苏、洞庭、长寿也。

《震泽编》载：东山区二，都五（自二十六都至三十都），里五十二半，户7359，人43754。无具体区、都、里（村）的户籍人口记载。

清康熙二十八年（1689）成书的《具区志·都图、户口、田赋》载：东山8325户，43342人。遵礼乡、震泽乡、蔡仙乡、洞庭乡五乡，杨湾属震泽乡。时二十八都统图十五，属震泽乡，2652户，14015人，无杨湾较为详细户籍人口记载。

清乾隆三十年（1765）刻印的《太湖备考·都图（附地名）》载：东山自二十六都至三十都，统六十一图，分别属遵礼乡、震泽乡、蔡仙乡。现杨湾石桥、张巷、上杨湾、石（寺）前等自然村属二十八都震泽乡；澄湾、屯湾、湖沙、下杨湾等自然村属二十九都蔡仙乡，亦无都图户籍人口记载。

民国32年（1943）刻印的《乡志类稿·东山镇保甲户口调查表》载：杨湾乡户籍12保，128甲，1354户，4176人，其中男2015人，女2161人。空户外出经商、做工或帮佣570人，其中男421人，女149人。《乡志类稿》中所统计的杨湾乡户籍人口，当时应包括现属陆巷行政村的朱巷、大湖头等自然村。

二、1958年后户籍人口

表2-1　　　　　　　　　　1958~2015年杨湾户籍人口表

年　份	村（大队）名	户数	人口（人）	男（人）	女（人）
1958	虹光三大队	287	1217	598	619
	虹光一大队	383	1398	663	735
	虹光二大队	260	910	442	468
1959	虹光三大队	283	1198	525	673
	虹光一大队	383	1259	629	630
	虹光二大队	251	920	422	498
1960	虹光三大队	289	1212	540	672
	虹光一大队	383	1398	635	763
	虹光二大队	260	910	422	488
1961	杨湾大队	214	807	381	426
	虹光一大队	266	1398	629	769
	虹光二大队	260	910	422	488
1964	杨湾大队	214	806	386	420
	虹光一大队	267	968	466	502
	虹光二大队	280	1163	582	581
1969	杨湾大队	213	863	432	431
	虹光一大队	282	1078	522	556
	虹光二大队	313	1349	693	656
1970	杨湾大队	215	879	448	431
	虹光一大队	259	1123	539	584
	虹光二大队	327	1405	722	683
1975	杨湾大队	206	902	441	461
	上湾大队	246	1212	592	620
	屯湾大队	330	1518	742	776
1982	杨湾大队	210	736	357	379
	上湾大队	346	1247	611	636
	屯湾大队	370	1487	728	759
1985	杨湾大队	210	746	361	385
	上湾大队	345	1263	617	646
	屯湾大队	368	1487	729	758

续表

年份	村（大队）名	户数	人口（人）	男（人）	女（人）
1989	杨湾大队	210	783	379	404
1989	上湾大队	376	1280	659	621
1989	屯湾大队	433	1574	773	801
1990	杨湾大队	235	775	373	402
1990	上湾大队	376	1269	621	648
1990	屯湾大队	433	1592	784	808
1994	杨湾大队	244	776	375	401
1994	上湾大队	381	1301	637	664
1994	屯湾大队	455	1612	794	818
2003	杨湾村	1104	3511	1716	1795
2004	杨湾村	1122	3514	1715	1799
2005	杨湾村	1126	3517	1723	1794
2006	杨湾村	1132	3555	1731	1824
2007	杨湾村	1142	3597	1749	1848
2008	杨湾村	1141	3606	1748	1858
2009	杨湾村	1142	3604	1748	1856
2010	杨湾村	1145	3613	1743	1860
2011	杨湾村	1143	3636	1762	1874
2012	杨湾村	1140	3664	1768	1896
2013	杨湾村	1138	3656	1767	1889
2014	杨湾村	1135	3673	1772	1901
2015	杨湾村	1137	3729	1805	1924

根据上述人口统计数据显示，1958~1960年虹光三大队（杨湾、槎湾）3年内减少5人；虹光一大队3年内人口持平；虹光二大队3年内人口持平。1961~1969年，杨湾大队9年增加56人（主要含杨湾镇区部分非农业人口，纯农业人口实为减少）；虹光一大队9年内减少320人；虹光二大队9年内增加439人（因生产小队重新划分归属之故，所以各大队人口有较大增减）。1970~1975年，杨湾大队6年内增加23人；上湾大队6年内增加89人；屯湾大队6年内增加115人。1982~1990年，杨湾大队（杨湾村）9年内增加39人；上湾大队（上湾村）9年内增加22人；屯湾大队（屯湾村）9年内增加105人。1991~2000年，杨湾大队（杨湾村）10年内减少9人；上湾大队（上湾村）10年内减少56人；屯湾大队（屯湾村）10年内减少19人。2006~2015年，杨湾

村（2003年上湾、屯湾并入）10年内增加174人。

新中国成立后，杨湾村、上湾村、屯湾村经全国第六次人口普查，资料显示，两村人口性别比例各有不同，其中女性均略高于男性。

表2-2　　　　　杨湾村（含杨湾大队）全国五次人口普查情况表

普查年次	总户数（户）	登记总人口				
		男（人）	比率（%）	女（人）	比率（%）	合计（人）
1953年第1次普查	尚未查阅到资料					
1964年第2次普查	214	386	47.8	420	52.1	806
1982年第3次普查	210	354	49	369	51	723
1990年第4次普查	235	364	44.6	411	55.4	775
2000年第5次普查	244	351	46.0	417	54.0	768

表2-3　　　　　杨湾村（杨湾大队）1971~2002年人口统计表

年份	户数	人数	年份	户数	人数	年份	户数	人数
1971	204	887	1982	210	736	1993	241	778
1972	209	881	1983	210	743	1994	244	776
1973	208	897	1984	210	740	1995	247	764
1974	208	896	1985	210	746	1996	247	768
1975	206	902	1986	210	758	1997	247	768
1976	203	892	1987	210	759	1998	249	777
1977	208	911	1988	210	769	1999	249	700
1978	209	892	1989	210	783	2000	244	768
1979	208	910	1990	235	775	2001	243	764
1980	127	721	1991	238	777	2002	243	762
1981	210	723	1992	240	777			

表2-4　　　　　上湾村（红光一大队、上湾大队）全国五次人口普查情况表

普查年次	总户数（户）	登记总人口				
		男（人）	比率（%）	女（人）	比率（%）	合计（人）
1953年第1次普查	尚未查阅到资料					
1964年第2次普查	267	466	48.1	503	51.9	969
1982年第3次普查	346	619	49.7	628	50.3	1247
1990年第4次普查	384	641	49.1	667	50.9	1308
2000年第5次普查	388	612	49.2	630	50.8	1242

表 2-5　　　　上湾村（红光一大队、上湾大队）1971~2002 年人口一览表

年份	户数	人数	年份	户数	人数	年份	户数	人数
1971	259	1149	1982	346	1247	1993	384	1308
1972	257	1156	1983	346	1250	1994	381	1301
1973	253	1181	1984	345	1249	1995	382	1284
1974	250	1184	1985	346	1263	1996	380	1270
1975	246	1216	1986	342	1290	1997	396	1264
1976	244	1242	1987	362	1305	1998	393	1256
1977	243	1252	1988	368	1299	1999	386	1241
1978	241	1265	1989	367	1280	2000	388	1242
1979	229	1253	1990	376	1269	2001	392	1226
1980	213	1218	1991	381	1298	2002	392	1206
1981	213	1220	1992	382	1303			

表 2-6　　　　屯湾村（红光二大队、屯湾大队）全国五次人口普查情况表

普查年次	总户数（户）	登记总人口				
		男（人）	比率（%）	女（人）	比率（%）	合计（人）
1953 年第 1 次普查		尚未查阅到资料				
1964 年第 2 次普查	280	582	50	581	50	1163
1982 年第 3 次普查	370	725	48.3	762	51.7	1487
1990 年第 4 次普查	433	791	49.7	801	50.3	1592
2000 年第 5 次普查	436	765	48.6	808	51.4	1573

表 2-7　　　　屯湾村（红光二大队、屯湾大队）1971~2002 年人口统计

年份	户数	人数	年份	户数	人数	年份	户数	人数
1971	327	1416	1982	370	1487	1993	442	1597
1972	327	1416	1983	368	1487	1994	455	1612
1973	327	1434	1984	367	1478	1995	457	1606
1974	329	1432	1985	367	1487	1996	459	1594
1975	330	1518	1986	420	1510	1997	459	1594
1976	330	1559	1987	417	1536	1998	463	1583
1977	330	1575	1988	417	1552	1999	461	1573
1978	330	1556	1989	433	1574	2000	463	1573
1979	370	1482	1990	433	1592	2001	460	1568
1980	329	1441	1991	436	1592	2002	460	1566
1981	369	1463	1992	438	1590			

表 2-8 杨湾村全国第六次人口普查情况表

普查年次	总户数（户）	登记总人口				
		男（人）	比率（%）	女（人）	比率（%）	合计（人）
2010	1145	1774	49.2	1830	50.8	3604

表 2-9 杨湾村（上湾、屯湾）2004~2015年人口统计一览表

年份	户数	人数	年份	户数	人数
2004	1122	3514	2010	1145	3613
2005	1126	3517	2011	1143	3636
2006	1132	3555	2012	1140	3664
2007	1142	3597	2013	1138	3656
2008	1141	3606	2014	1135	3673
2009	1142	3604	2015	1137	3729

第二节　人口变动

一、自然增减

1964年，杨湾大队214户，806人，当年出生19人，死亡3人，自然增长16人；虹光一大队267户，968人，当年出生21人，死亡6人，自然增长15人；虹光二大队280户，1163人，当年出生37人，死亡6人，自然增长31人。

1970年，杨湾大队215户，879人，当年出生25人，死亡6人，自然增长19人；虹光一大队259户，1123人，当年出生34人，死亡7人，自然增长27人；虹光二大队327户，1405人，当年出生49人，死亡8人，自然增长41人。

1985年，杨湾村210户，746人，当年出生13人，死亡5人，自然增长8人；上湾村345户，1263人，当年出生12人，死亡5人，自然增长7人；屯湾村368村户，1487人，当年出生14人，死亡7人，自然增长7人。

1987年，杨湾村210户，759人，当年出生10人，死亡9人，自然增长1人；上湾村362户，1305人，当年出生12人，死亡9人，自然增长3人；屯湾村254户，1010人，当年出生17人，死亡4人，自然增长13人。

1989年，杨湾村210户，783人，当年出生13人，死亡6人，自然增长7人；上湾村376户，1280人，当年出生25人，死亡20人，自然增长5人；屯湾村433户，1574人，当年出生12人，死亡3人，自然增长9人。

1990年，杨湾村235户，775人，当年出生10人，死亡3人，自然增长7人；上湾村376户，1269人，当年出生22人，死亡13人，自然增长9人；屯湾村

433户，1592人，当年出生15人，死亡2人，自然增长13人。

1994年，杨湾村244户，776人，当年出生8人，死亡10人，自然减少2人；上湾村381户，1301人，当年出生16人，死亡11人，自然增长5人；屯湾村455户，1612人，当年出生14人，死亡8人，自然增长6人。

2000年，杨湾村244户，768人，当年出生5人，死亡4人，自然增长1人；上湾村388户，1242人，当年出生15人，死亡8人，自然增长7人；屯湾村463户，1573人，当年出生8人，死亡5人，自然增长3人。

2003年，杨湾村（上湾、屯湾并入）1104户，3511人，当年出生14人，死亡25人，自然减少11人。

2005年，杨湾村1126户，3517人，当年出生15人，死亡27人，自然减少12人。

2010年，杨湾村1145户，3613人，当年出生15人，死亡16人，自然减少1人。

2015年，杨湾村1137户，3729人，当年出生30人，死亡30人，人数无自然增长。

二、人口迁移

镇村区域范围内男女婚嫁称移入移出，镇村内大中学生入学、青年应征及军人退伍、复员及跨区域婚嫁称迁入迁出。

据资料记载，1964年，杨湾大队迁入1人，迁出2人；虹光一大队迁入6人，迁出5人；虹光二大队无人迁入、迁出。

1969年，杨湾大队迁入7人，迁出4人；虹光一大队迁入15人，迁出9人；虹光二大队人迁入48人，无迁出。

1970年，杨湾大队迁入20人，迁出23人；虹光一大队迁入16人，迁出8人；虹光二大队迁入32人，迁出17人。

1974年，杨湾大队迁入5人，迁出3人；移入3人，移出4人；虹光一大队迁入6人，迁出6人，移入12人，移出9人；虹光二大队迁入5人，迁出3人，移入3人，移出3人。

1985年，杨湾村迁入12人（省外迁入1人），迁出21人（迁往省内），移入18人，移出14人；虹光一大队迁入4人（省内迁入3人，省外迁入1人），迁出8人（迁往省内），移入29人，移出26人；虹光二大队迁入5人（省内迁入4人，省外迁入1人），迁出5人（迁往省内），移入8人，移出11人。

1989年，杨湾村迁入16人，迁出9人（迁往省内5人，迁往省外4人），移入13人，移出12人；上湾村迁入12人（省内迁入），迁出5人（迁往省内2人，迁往省外3人），移入30人，移出29人；屯湾村迁入11人（省内迁入），迁出8人（迁往省内），移入32人，移出33人。

1992年，杨湾村迁入8人（省内迁入2人，省外迁入6人），迁出26人（其中迁往省内19人，迁往省外7人），移入26人，移出29人；上湾村迁入9人（省内迁入6人，省外迁入3人），迁出18人（迁往省内13人，迁往省外5人），移入38人，移出40人；屯湾迁入11人（省外迁入8人），迁出44人（迁往省内），移入8人，移出12人。

1994年，杨湾村迁入6人（省外迁入），迁出14人（迁往省内12人，迁往省外2人）；移入6人，移出10人；上湾村迁入5人（省内迁入），迁出19人（迁往省内14人，迁往省外5人）；移入5人，移出14人；屯湾村迁入8人，迁出12人（迁往省内），移入8人，移出4人。

1999年，杨湾村迁入18人（省内迁入2人，省外迁入16人），迁出21人（迁往省外）；上湾村迁入16人（省内迁入5人，省外迁入11人），迁出18人（迁往省内13人，迁往省外5人）；屯湾村无迁入，迁出8人（迁往省外）。

2000年，杨湾村迁入13人（省外迁入8人），迁出8人（迁往省内）；上湾村迁入11人（省内迁入6人，省外迁入5人），迁出16人（迁往省内11人，迁往省外5人）；屯湾村迁入9人（省内迁入2人，省外迁入7人），迁出6人（迁往省内5人，迁往省外1人）。

2003年，杨湾村（上湾、屯湾合并入），迁入24人（省内迁入9人，省外迁入15人）；迁出26人（迁往省内），移入19人，移出22人。

2007年，杨湾村迁入37人（省内迁入12人，省外迁入25人），迁出3人，（迁往省外），移入32人，移出38人。

2010年，杨湾村迁入11人（省内迁入4人，省外迁入7人）；迁出3人（迁往省内1人，迁往省外2人），移入28人，移出33人。

2015年，杨湾村迁入27人（省内迁入20人，省外迁入7人）；迁出13人，（迁往省内5人，迁往省外8人）；移入45人，移出2人。

第三节　人口构成

一、民族

杨湾村98.5%是汉族，2015年底，少数民族有4个：苗族、彝族、壮族、白族，共7人。这些少数民族人口大多是近几年因婚嫁而迁入杨湾村的。其中苗族有2人，彝族1人，壮族1人，白族3人。

二、姓氏

据2015年杨湾村常住户籍姓氏统计，全村共有姓氏143个，100人以上的姓氏有：张、叶、徐、朱、王、周、金、顾、黄、许、李等11个。其中张姓

373人、叶姓311人、徐姓238人、朱姓233人、王姓175人、周姓156人、金姓151人、顾姓108人、黄姓108人、许姓104人、李姓102人。

90人以上相同姓氏有1个，60人以上相同姓氏有2个，50人以上相同姓氏有5个，40人以上相同姓氏有6个，30人以上相同姓氏有3个，20人以上相同姓氏有9个，10人以上相同姓氏有22个，10人以下相同姓氏有42个，单人姓氏有40个。

张姓，主要居住在上湾村2组（石桥村）、屯湾6组、7组（屯湾村）、屯湾11组（湾里村），2015年人口373人。杨湾张氏有两支，一支迁山时间为唐代后期，先定居太湖厥山岛，后迁居长圻村，分寺前派和湾里派；一支为张巷粹修堂张氏，南宋时迁居张巷村。

叶姓，主要居住在上湾1组（石桥村）屯湾1组（湖沙村），2015年人口311人。叶姓为吴中望族，始祖为北宋刑部侍郎叶逵，后叶逵派生出北叶、南叶等十派，其十派又蔓生出数十支小派。

徐姓，主要居住在杨湾村3组、4组（大浜村）、屯湾1组（湖沙村），2015年人口238人。徐氏南宋建炎年间护驾南渡，从汴梁卜居洞庭东山之李湾（现名屯湾），现李湾村已无此姓居住，后迁至湖沙、杨湾、大浜等村。

朱姓，主要居住在上湾1组、10组（石桥村）、上湾7组、8组（上湾村）、屯湾1组、2组（湖沙村），2015年人口233人。杨湾朱姓有三支：其一为石桥头朱氏，南宋迁山；其二为湖沙朱氏，明初迁山，为朱明皇室的一支裔孙；其三为上湾朱氏，明代中期迁山，裔孙多富商。

王姓，主要居住在上湾村1组、2组、10组（石桥村），2015年人口175人。王姓南宋迁山，始居地为陆杨古道上的王巷（现已不可考），元末时有莫厘王氏一支迁居石桥头定居。

周姓，主要居住在杨湾3组、4组（大浜村），2015年人口156人。南宋建炎年间迁山，为平江太守周望之孙，同迁东山有兄弟二人，兄芝山居杨湾，称杨湾周氏，弟效山迁尚锦村周湾，称周湾周氏。

金姓，主要居住在杨湾3组、4组（大浜村）及长圻、寺前、湾里、西巷等村，2015年人口151人。东山金姓有多支，分别为南宋、元末及明初迁山，杨湾支金姓迁山时间为元代初。

顾姓，主要居于杨湾2组（杨湾村），2015年人口108人。顾姓迁山时间在明代中期，始在武山一带，约清初迁居杨湾。

黄姓，主要居于屯湾9组（黄家埕村）与4组（澄湾），2015年人口108人。明代初期从安徽迁山。

许姓，主要居于屯湾12组（西巷村），2015年人口104人。迁山时间不详，但从现西巷村保存的许氏明代燕诒堂，以及嘉靖年间许骑龙在金陵经商的故事与骑龙殿古迹来看，迁山时间应在明中期。

李姓，主要居于屯湾12组（西巷村），2015年人口102人。具体迁山时间不详，但从徐氏家族南宋从汴梁卜居洞庭东山之李湾的记载来看，李姓的迁山应早于南宋。

表2-10　　　　　　　　2015年杨湾村人口姓氏统计表（按姓氏人口数量排列）

姓氏	人数	姓氏	人数	姓氏	人数	姓氏	人数	姓氏	人数
张	373	闻	27	滕	10	茹	3	芦	1
叶	311	邵	26	穆	9	陶	3	鲁	1
徐	238	马	25	曹	8	俞	3	梅	1
朱	233	席	25	柳	8	曾	2	蒙	1
王	175	黎	24	宣	8	戴	2	孟	1
周	156	汤	23	柴	7	凡	2	牟	1
金	151	葛	22	高	7	龚	2	蒲	1
顾	108	严	21	贾	7	洪	2	权	1
黄	108	何	18	林	7	江	2	饶	1
许	104	石	18	彭	7	芮	2	时	1
李	102	程	16	钱	7	魏	2	史	1
沈	94	冯	16	盛	7	奚	2	侍	1
姜	60	袁	16	汪	7	郑	2	苏	1
殷	60	赵	16	蒋	6	庄	2	谭	1
胡	58	成	14	雷	6	白	1	童	1
诸	56	潘	14	钟	6	卜	1	万	1
陆	54	邢	14	宗	6	常	1	卫	1
宋	53	贺	13	凤	5	单	1	夏	1
吴	51	罗	13	唐	5	傅	1	熊	1
陈	47	翁	13	肖	5	郭	1	薛	1
韩	46	谢	13	尹	5	过	1	于	1
居	46	仓	12	任	4	侯	1	余	1
姚	43	秦	12	邹	4	华	1	詹	1
施	41	武	11	查	3	宦	1	章	1
孙	41	蔡	10	董	3	计	1	仲	1
杨	39	丁	10	杜	3	季	1		
刘	33	范	10	贡	3	孔	1		
倪	30	邱	10	梁	3	凌	1		
费	27	沙	10	钮	3	卢	1		

三、年龄

据 2015 年人口年龄统计资料，杨湾村人口年龄 0—9 周岁 197 人（男 99 人，女 98 人），10—19 周岁 213 人（男 106 人，女 107 人），20—29 周岁 441 人（男 215 人，女 226 人），30—39 周岁 470 人（男 206 人，女 264 人），40—49 周岁 620 人（男 321 人，女 299 人），50—59 周岁 754 人（男 373 人，女 381 人），60—69 周岁 534 人（男 260 人，女 274 人），70—79 周岁 292 人（男 132 人，女 160 人），80—89 周岁 109 人（男 48 人，女 61 人），90—99 周岁 20 人（男 3 人，女 17 人）。

根据上述人口年龄统计资料显示，杨湾村内女性寿命普遍高于男性。另外，人口状态正在向儿童人数减少、老年人数增多的趋势发生变化。

2015 年杨湾村 80 周岁以上老年人 100 人，具体名单如下：

表 2-11　　　　　　　　　　2015 年杨湾村 80—89 周岁老人一览表

姓名	性别	出生年月	地址	姓名	性别	出生年	地址
金雪林	男	1926.2	上湾 2 组	叶金生	男	1930.6	上湾 5 组
张仲英	女	1926.3	屯湾 4 组	席阿兴	女	1930.6	上湾 3 组
徐洪兴	男	1926.5	杨湾 4 组	殷云宝	女	1930.6	上湾 5 组
朱惠珍	女	1926.6	上湾 10 组	彭星奎	男	1930.7	杨湾 1 组
陶福宝	女	1926.1	屯湾 5 组	黄惠娥	女	1930.7	杨湾 1 组
孙月华	女	1926.11	上湾 7 组	金根泉	男	1930.8	上湾 5 组
周补云	女	1927.11	屯湾 5 组	金永根	男	1930.9	屯湾 9 组
闻佐清	男	1927.12	上湾 7 组	顾补兴	男	1930.1	上湾 4 组
费培珍	女	1928.2	杨湾 4 组	贾文娟	女	1930.12	上湾 9 组
孙延林	男	1928.4	上湾 8 组	许福宝	女	1931.9	屯湾 12 组
潘丹凤	女	1928.11	屯湾 4 组	张长林	男	1931.1	上湾 5 组
徐福宝	女	1928.12	屯湾 10 组	徐庚生	男	1931.1	上湾 9 组
滕中军	男	1929.3	上湾 6 组	沙金华	男	1931.1	杨湾 2 组
王秀英	女	1929.4	上湾 7 组	沈玉珍	女	1931.1	上湾 5 组
成仙宝	男	1929.7	上湾 6 组	朱根仙	女	1931.1	上湾 10 组
金丽英	女	1929.8	屯湾 10 组	叶才林	男	1931.11	屯湾 12 组
朱丽娟	女	1929.11	杨湾 4 组	顾仁海	男	1931.11	杨湾 2 组
胡定娥	女	1929.12	杨湾 2 组	叶祥成	男	1931.11	屯湾 8 组
许根生	男	1929.12	屯湾 10 组	姜才珍	女	1931.12	上湾 5 组
朱庆生	男	1929.12	上湾 7 组	赵凤玲	女	1931.12	屯湾 6 组

续表

姓名	性别	出生年月	地址	姓名	性别	出生年	地址
王全宝	女	1930.2	上湾4组	徐小云	女	1932.3	屯湾12组
顾寿生	男	1930.2	屯湾4组	金利娟	女	1932.4	屯湾8组
谢子林	男	1930.3	屯湾5组	马巧云	女	1932.5	杨湾2组
胡金仙	女	1930.6	屯湾2组	徐进宝	男	1932.5	杨湾3组
张福珍	女	1930.6	屯湾7组	周凤仙	女	1932.6	杨湾1组
姜洪奎	男	1932.6	屯湾7组	黄运娣	女	1933.1	杨湾1组
秦洪传	男	1932.7	杨湾2组	叶进文	男	1933.12	上湾5组
周巧珍	女	1932.7	杨湾1组	黄兰英	女	1933.12	屯湾4组
黄凤宝	女	1932.8	屯湾4组	李进邦	男	1934.2	屯湾1组
陆云娣	女	1932.1	屯湾12组	陆夫林	男	1934.2	杨湾1组
倪仁全	男	1932.1	屯湾6组	沈仁云	女	1934.2	屯湾8组
叶云根	男	1932.11	屯湾16组	金志根	男	1934.2	杨湾1组
吴法妹	女	1932.11	杨湾1组	许阿补	男	1934.5	屯湾12组
张福全	男	1932.12	屯湾7组	何卫娟	女	1934.8	屯湾1组
盛顺生	男	1932.12	上湾3组	金洪男	男	1934.9	屯湾10组
仓刘女	女	1933.4	杨湾2组	柴红宝	女	1934.9	屯湾4组
王爱金	女	1933.5	屯湾2组	叶仁宝	男	1934.1	上湾1组
张福宝	女	1933.5	屯湾2组	许阿兴	男	1935.1	杨湾2组
杨文秀	女	1933.7	屯湾2组	吴运仙	女	1934.11	屯湾8组
周秀英	女	1933.7	杨湾3组	吴田宝	男	1934.11	屯湾9组
金才珍	女	1933.7	屯湾11组	叶元宝	男	1934.11	屯湾9组
周振宇	男	1933.7	屯湾2组	张祖德	男	1934.12	上湾2组
宣根大	男	1933.7	杨湾3组	程阿菊	女	1934.12	屯湾5组

表2-12　　　　　　　2015年杨湾村90周岁以上老人简表

姓名	性别	出生年月	地址	姓名	性别	出生年月	地址
许惠英	女	1918.5	上湾4组	钟夫宝	女	1922.12	屯湾12组
孙红梅	女	1920.5	杨湾1组	顾秋娣	女	1924.10	上湾7组
金三宝	女	1920.9	屯湾9组	韩桂宝	女	1924.12	屯湾4组
居杏仙	女	1922.5	上湾8组	周秀宝	女	1924.12	上湾4组
戴云宝	女	1922.5	杨湾1组	宗巾宝	男	1924.12	杨湾4组
周惠林	女	1922.6	杨湾3组	叶丽娟	女	1925.9	杨湾1组
杨福娣	女	1922.6	杨湾4组	蒋福英	女	1925.10	杨湾1组

四、文化程度

新中国建立前,杨湾村区域内儿童入学率低,读书子女少,成年人中尤其是女性中半文盲较多。新中国成立初,成年人上夜校,学习文化,参加扫除文盲活动,使半文盲人数逐渐减少。同时,学龄儿童基本入学,具有小学以上文化程度的人数不断增加。1990年普及九年义务制教育后,初高中学历人数大幅度增加。进入21世纪,高校逐年扩大招生,大学生的比例也逐年提高,2014年村中29人考取大专院校。

2015年,杨湾村总人口3487人中,学龄前儿童242人,占6.5%;小学文化程度1279人,占34.4%;初中文化程度1130人,占30.3%;高中文化程度391人,占10.5%;中专文化程度254人,占6.8%;大专文化程度171人,占4.5%;大学文化程度113人,占3%;研究生文化程度10人,博士生1人,半文盲、文盲138人,占3.7%。

五、劳动力

20世纪五六十年代,杨湾(虹光三)大队、虹光一大队、虹光二大队男女劳动力主要集中在农业生产方面,很少涉及其他职业。70年代后期,随着社办企业的兴起和发展,劳动力构成发生了变化。

据统计,1960年,杨湾(虹光三)大队农业总人口1216人,劳动力532人,其中男正劳动力165人,半劳动力73人,辅助劳动力13人;女正劳动力41人,半劳动力208人,辅助劳动力4732人。虹光一大队农业总人口1398人,劳动力458人,其中男正劳动力188人,半劳动力66人,辅助劳动力12人;女正劳动力125人,半劳动力81人,辅助劳动力13人。虹光二大队农业总人口910人,劳动力383人,其中男正劳动力179人,半劳动力38人,辅助劳动力10人;女正劳动力30人,半劳动力111人,辅助劳动力15人。

1970年,杨湾大队215户,总人口879人,整、半劳动力669人,参加社办工业的劳动力2人;虹光一大队259户,总人口1123人,整、半劳动力842人,参加社办工业的劳动力2人;虹光二大队327户,总人口1405人,整、半劳动力983人,参加社办工业的劳动力2人。

1988年,杨湾村210户,总人口769人,劳动力553人,从事农业劳动力499人,从事村办工业的劳动力12人,从事社办工业的劳动力42人;上湾村342户,总人口1290人,劳动力941人,从事农业的劳动力801人,从事建筑、运输、商业的劳动力60人,从事村办工业的劳动力24人,从事社办工业的劳动力56人;屯湾417户,村总人口1552人,劳动力1101人,从事农业的劳动力962人,从事村办工业的劳动力22人,从事社办工业的劳动力117人。

2003年,杨湾村242户,总人口760人,劳动力570人;上湾村389户,总人口1187人，劳动力890人；屯湾村456户，总人口1561人，劳动力1170人。2010年，杨湾村1145户，总人口3613人，从业人员2348人。2015年，杨湾村1137户，3729人，从业人员2423人。

第四节　人口控制

明清至民国时期，由于受传统生育观念影响，杨湾村民早婚、早育、多育现象普遍，夫妻终身生育4—5胎很普遍，有的多达8—9胎，还存在重男轻女的偏见，甚至有溺女婴的陋习。

20世纪50年代中期，在农业合作化高潮中，曾一度出现生育高峰期。

60年代后期，杨湾（虹光三）大队、虹光一大队、虹光二大队按照公社部署，推行计划生育工作，时由大队妇女主任与各生产队妇女队长负责此项工作，并建立计划生育领导小组。

1971年，贯彻国务院和江苏省革命委员会文件精神，发动群众制订晚婚节育计划，重点控制多胎生育。

1980年9月25日，中共中央致全体共产党员、共青团员的公开信发表后，杨湾大队、虹光一大队、虹光二大队全面实施一对夫妇只生育一个孩子的政策，至1990年10月28日《江苏省计划生育条例》颁布，各乡村严格按条例执行，一对夫妻生育一胎，同时也根据特殊情况家庭，照顾生育二孩。

90年代初，杨湾村、上湾村、屯湾村的计划生育工作实施网络管理，1991年村成立计划生育协会，协会会长由村支部书记或村主任担任，副会长由村妇女主任担任，并设秘书长、副秘书长和理事若干人，2015年村计划生育协会有会员380人（男会员190人，女会员190人）。

杨湾村2013年被评为东山镇人口计划生育工作先进集体。

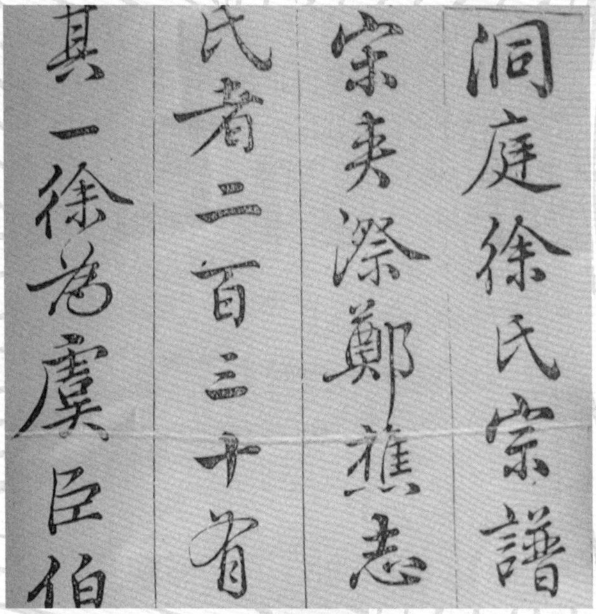

> 洞庭徐氏宗譜
> 宗夷梁鄭禛志
> 氏者三百三十省
> 其一徐為虞臣伯

第三章 南迁大族

北宋末年，金兵南下，烽火四起，北方人口纷纷南下。东山杨湾位于江浙交界处，是南迁大军的经过之地，因其地理位置较为优越（依山临湖，战火难于涉及），成为南渡人群的理想栖居之地。据明清《苏州府志》《吴县志》《太湖备考》等府县方志及东山大族家谱统计，南宋迁居杨湾一带的中原世族有近20家，其中一些家族得到发展，裔孙在科举、文学、商贾等方面取得较大成就。一部分家族明清时撰有家谱，保留有家训、家规等。

第一节　周　氏

周氏于南宋建炎初从北方迁居杨湾，居杨湾大浜村（一名周家浜），世称大浜周氏。据清嘉庆《洞庭周氏世谱》记载：杨湾周氏系出汴梁，是宋名士周敦颐之后。周敦颐，字茂叔，北宋人，任过桂阳令及南昌知府，以廉政清明著称。因疾告退，家居庐山莲花峰下。著有散文名篇《爱莲说》，周姓家族遂以"爱莲"作为堂号，杨湾周氏属爱莲堂分支。南宋初年，周敦颐之孙周望，任江浙宣抚司，驻守平江（今苏州）。高宗南渡经过平江府，周望率军护驾南下。周望幼子定居杨湾，名已不可考。清嘉庆五年（1800）周克豫纂修家谱时，把明初周伯四（字芝山）定为杨湾一世祖。

商贾世家　周伯四定居杨湾后，始以农耕为务，利用天然山溪拓宽河道，在两边用山石砌筑石驳岸，使之成为一处既避风而又便于出行的太湖港湾，即现在的周家河头。明初，芝山四世周滨，字渭臣，赴松江经商，晚年回杨湾筑宅定居。五世维椿与儿子皓亭继祖业，商贾往返于苏松与东山杨湾之间，所到之处都筑有住宅，在木渎建德润堂寓居。五世周昌，字孟文，幼有志操，好读书而勤快，商贾四方，足迹半天下。晚年修屋隐于乡间，邻里推选他为地方执掌粮税，称粮长或里长。周昌在管理粮税时，上不欺官，下不侵民，受乡人称颂。明永乐十年（1412）病逝，落葬时竟有千人送丧。八世周玗，字明富，自幼随兄周璠至外地求学，后弃儒行贾，与弟周珉行商于淮楚，克勤克俭，家业日裕。晚年好行其德，凡杨湾公益善举，他均无私相助，为村中贫者施粥、施棺木等。十三世周滂，号养吾，经商于松江，有年海潮泛溢，无数农田与民房被淹，周滂尽心赈济，家业为之一空。其子时桐、孙与曾，待丧事结束，复去松江从商，家业衰而复振。

官宦门第　杨湾周氏为东山历史上官宦世家之一，明清两代从政为官者多达数十人。考中进士或举人，从科举入仕的有周而淳，字若公，顺治九年（1652）进士，官至户部主事，颇具政迹。周道泰，字通也，康熙九年（1670）进士。周济，字玉汝，康熙二十四年（1685）武科进士，广西右翼镇左营游击。周官,字其人,顺治十四年(1657)举人,上海县学教授。周振绪,字吕匡,康熙三十八年(1699)举人,松江县学教授。周昌际,乾隆六年(1741)举人,内阁中书。周邦翰,字季谦,光绪五年(1879)举人,江西饶州知府。此外,从其他途径入仕的还有周尚质,山东德州知州。周天生,字德裕,陕西宝鸡县知县。

乡间名医 周祖礼,杨湾周氏十七世,清乾隆年间一代名医。母叶氏产后患有哮喘病,母病而家道中落。祖礼从小立志从医,遍阅历代乡邦医书,又善研究医方,总结临床经验,医道日精。他遵父意,治病不论贫富,且还有一套自立的规矩,同是病家,必先诊治贫家患者。理由是贫家小病不求医,求治时一定病重,故必优先。周祖礼在松江从医十年,其医道医德曾盛名于松、常、嘉、湖一带,数千患者经他妙手医治,得到了康复。乾隆年间,文华殿大学士、两江总督高晋曾患疑症,久治不愈,慕名请周祖礼医治,疑症很快治愈,高氏为之题"国士无双"匾额赠予周家。周祖礼儿孙数代均为乡间郎中,且医术高超。杨湾周氏老宅遂祖堂大厅中,如今仍保存着"足以长人"的匾额,意称周郎中医德俱佳,足以为人之楷模。

杨湾周氏现当代名人有:周南,同盟会会员,曾任上海威武军副司令。周斌,同盟会会员,曾任浙江护国军总司令。周凤霞,女,同盟会会员,曾任中国女子参政会会长。周纪伦,上海复旦大学教授。周耀森,上海工业大学教授。周岳,江苏外国语学校教授级高级中学教师、副校长。周伟仁,南京金陵职业大学副校长、副研究员。周佩宝,上海文史馆馆员、书画家。

现村内周姓遗存有:明代周家浜、周家弄。古宅有:明建怀荫堂、敦爱堂,清建遂祖堂、康德堂、祖德堂、遂义堂及民国敦善堂。

第二节 万 氏

万氏于南宋建炎年间迁居杨湾张巷村。据明正德十年(1515)刻印的《洞庭万氏宗谱》载:万氏世居河南开封,宋末靖康之乱,和州州判万虞恺,携二子护驾南下,避地江左,泛具区,涉东洞庭山,美其地而定居后山张巷。二世万仲默种橘数千株以谋生,乡人称为橘园万家。

经商起家 万氏迁居张巷,始以农耕为世,明初始出山商贾。景泰时,十五世万章父亲死后,家无积蓄,客游荆襄,作客20年,资产逐渐饶裕,家业兴隆。万章之子万荣、万格随父服贾,弱冠商谯周、淮阴等地,前后在外35年,家业日隆。万格长子大经,科考不利,随父商贾;大纶之子中宇,少习举子业,科考不利,修计然之计,在嘉定朱家角经营布业,无论大商小贾,均能一视同仁,获得良好声誉。他被举操管商市,掌百万利权,金钱满床头,而不谋一私。大纶次子万浚,幼习举子业,学成而托市为贾,商于谷水,成为该地富商。另一子万润,在楚地从事各种买卖活动,善谈笑,精筹算,经营日盛,后侨居松江青溪。明末,万氏已成为杨湾富户。清初,万氏一支迁前山叶巷,辟东万巷、西万巷及建万氏宗祠,遂分前后山两支万氏。

金融发迹 据《上海钱庄史料》(《上海人民出版社》1959年版)载:洞庭山浪帮近代在上海共开办(包括参股投资)85家钱庄,而由东山万梅峰父子开办或参股开设的钱庄就达10家,占钱庄总数的12%。万梅峰名履占,杨湾万氏二十八世,清道光年间赴沪经商,开始在一家外商洋行任伙计。咸丰年间沪地白呢滞销,商号都怕变成积压货而不愿进购。万梅峰自作主张,代洋号收进了数量甚巨的白呢布,"同事中均认为是冷门货,无人需要",为此,他险些被洋号炒鱿鱼。咸丰十一年(1861)七月,咸丰帝在河北热河病死,举国吊丧,白呢白布一下成为热销货,一时价格暴涨。在上海洋号当伙计,因妄收白呢而将被老板辞退的万梅峰,时来运转,一夜暴富。万梅峰发迹后,倾家投资金融业,父子俩在沪地开办有:宏大、森康、德庆、志庆、庆成、庆祥、庆大、敦人、久源等钱庄。

回报社会 早在明成化间,万氏十八世大纶在楚地经商,"戊子岁大祲,大纶创议作糜,以哺饥者,多所全活"。清乾隆年间,万浚贾于徐州谷水,他积货裕家,又积德裕后。戊申水灾中,他独平值于市乡,活者无数。光绪十二年(1886)洞庭旅沪同乡会发起赈灾捐款,万梅峰首捐5000两白银。光绪二十五年(1899),万梅峰又与同乡叶翰甫各捐500金,在苏州创建东山码头,以便利上海至东山客商旅行。其子万振声,在创建东山会馆时,独捐5000金,用于家乡的桥梁、道路、义庄、医药等公益慈善事业。民国初年(1912),万氏又在东山创办"万氏义庄",置义田,把租金收入用以赡养族中鳏、寡、孤、独等贫者。凡有:霭吉堂、霭庆堂、兰云堂、万家祠堂等明清古宅。

杨湾万氏当代名人有:万绍芬,女,曾任江西省委书记,是新中国第一位女性省委书记。万嗣铨,曾任北京市市长助理、市政协副主席、八届全国政协委员兼第十一届亚洲运动委员会秘书长。万馥香,女,中央音乐学院教授,著名女高音歌唱家,歌剧《江姐》第一代江姐的扮演者。

第三节 徐 氏

徐氏于南宋建炎年间迁居长圻李湾村,现属杨湾屯湾村。清道光《徐氏家谱》载:宋建炎间有徐方景护驾南渡,自汴梁来卜居洞庭东山之李湾。卒葬李湾西,称汴梁坟，后讹叫"田螺坟"。明初始修东山徐氏族谱，因南迁时所携旧谱烧毁，世系无考，列明初隐山公徐宗麟为一世祖。

湖沙建村 李湾地处杨湾长圻太湖边，与三山岛隔湖相望，明初属震泽乡二十八都。后因湖匪不断侵扰，明中期徐氏合族迁至湖沙里重建家园，到清代嘉庆、道光年间，湖沙村已具一定规模。据现村中徐家祠堂内清嘉庆二年（1797）立的《重修湖沙村大街碑记》记载，这时村中街道长200多米，宽2米，原砖石街道有所损坏，族中出资重修加宽，恢复原貌整。当时湖沙村有20余座厅堂，碑载有：树敬堂、修庆堂、敦仁堂、顺裕堂、怀仁堂、宝顺堂、裕德堂、敦睦堂、仁德堂、宏远堂（俗称五园堂）、济怀堂、存养堂、清操堂、肖楼厅堂、来喜堂、萼辉堂、志仁堂、经裕堂等，这些明清大宅大多为徐氏所筑。

钻天洞庭 明初即有徐礼，带着资本，奔波于湖北荆州、襄阳，数年后家业日隆。徐樱则周游于河南湖北之间。清康熙、乾隆年间，洞庭徐氏经商人数更多。徐明珍三兄弟，往返于楚湘之间，同心协力，水陆齐行，又与妻弟家合作经营，家业丰厚。徐联习善管理，从商于衡湘间，行李中喜爱的书籍总是常随，数十年如一日，是个有影响的儒商。徐榜往返于湘汉之间，善作市场调查，分析行情，捕捉商机，经营日饶，住宅也随之隆起。徐伦河从少年时就随父经商于楚地，弱冠起就继承父业，与叔同心协力，海内四方为贾。徐明珠等兄弟数人开始随同亲戚外出从商，熟悉经营本领后独自操业，又能以仁相待，创立诚信，生意越做越大，后来经营至广东、广西，雇当地人开山采石冶金，经八年探索，终得成功，壮岁归里，大起第宅。

热心公益 徐春帆，湖沙徐氏的代表人物，父徐徇经商起家，春帆又承祖业，善于商贾，成为湖沙富室。春帆致富不忘回报社会，以乐善好施闻名乡里。嘉庆二十三年（1818），他捐资与太湖同知罗琦同创仰云书屋，为东山士子肄业之所。次年虾蟛岭（又称二十四弯）山道年久失修，常出险情。他与金宜臻倡导复修竣工。道光五年（1825），东西山间交往日繁，而无固定渡船。他与叶长福择后山石桥设义渡，始以小舟2艘，交替来回，常遇风险。旋改置大船，捐养船工，不取渡资。道光初年，徐春帆还捐田230亩，作为长洲、元和、吴县三邑乡会试之资，并出资兴办恤孤局，收养无依孤儿。七年（1827），他赴北京进谒候选"江南太湖运副"官职，听到家乡公益事业缺资，他已到清江而折回，将准备谒选的2万之资购置义田，捐于仰云书屋办学。东山至苏州雕鹗河道淤塞，道光十年（1830），官府发起疏浚，地方资力不足，工程所缺费用全由徐春帆捐助。后其事迹上奏于朝廷，同治九年（1870），朝廷赠以"善人"旌表徐春帆。

杨湾徐氏当代名人有：徐介灏，年轻时从沪返乡，弃商从教，历任东山湖湾小学、马堤小学校长及东山中心小学教导主任。长子徐伟荣，苏州市政府研究室主任与党组书记，市委党校客座教授。次子徐卫祖，东山实验小学校长，1990

年获全国千名农村优秀体育教师称号。

现村内徐氏遗存有：明建湖沙街、顺养堂、宝仁堂及清建志仁堂、敦睦堂等。

第四节 张 氏

张氏于南宋建炎年间迁居杨湾，聚居于轩辕宫北面，因该村大多为张姓，故称张巷。代有建筑名匠，又名粹修堂张氏。"粹"字意为精华，"修"字义为建造，这是一个祖辈数十代人从事建筑业行业的家族，有继承传统精湛手艺，建造精粹建筑的含意。

据南京理工大学叶经方教授研究考证，粹修堂张氏远祖于两宋之交从中原随宋室南迁，全族人迁徙至东山后山石桥村定居。临行将北方老祖宗的遗骸装了一十八只骨殖甏带来，葬在石屋岭接近俞坞的山坡，即张氏寿坟山，至今已有800多年历史。

代有名匠 明初，张宁曾领役监修京城金陵，被南京史书中誉为"名匠"。清康熙《苏州府志》载："张宁，洞庭东山人，元末游金陵，李韩公善长未贵相与善，及韩公为国元勋，以监修京城荐宁，太祖召见，以白衣领役。宁长于土木，设置有方，太祖雅任用之。一日登城，见工匠毁弃瓦石之不全者，欲诛之。宁叩头曰：'臣以残缺物不宜玷我京城，故特弃置，非群工罪，罪实在臣。'韩公亦以为请，太祖善其对，释之。"1980年南京大学考古专家蒋赞初教授编写的《南京史话·我国古代最大的一座砖城：明代南京城的修建》中记载："建城所需的技术力量，则从全国范围内征调有关工匠来南京参加这一巨大工程。据史书记载，明初时曾征调了二十万工匠参加都城的建筑，其中有无锡名匠陆贤和陆祥兄弟二人，还有吴县东山的名匠张宁。"后张宁卒于领役监修金陵城的任上，葬于金陵城外，明清时张氏后裔常去南京扫墓。

清末民初，张巷张氏出了不少有影响的名匠，现杨湾古村中保存的50多幢古建筑，有不少是粹修堂张氏承建的，较有影响的有民初古建传人张芳清，他秉承家学，精于传统的古式建筑，并能揣摩新意，与民国时期的建筑风格合拍，还能画一手精致的古建图。经他亲手设计营建（把作）及修缮的建筑物，现杨湾及东山有轩辕宫、雕花大楼、启园、石桥王氏承志堂、张巷张氏粹修堂等。

经商从文 明代中期，粹修堂张氏在经商有了厚蓄后，裔孙大多读书从文，出了许多作家与诗人。张本字斯植，生于明弘治七年，少年习有所常，考试常名在高等。乡试时因主考官误以为张木，正好考生中有张木此人，榜上张木冒名中举，张本也不与其争。后弃制艺而从事古文，受到当时名流王鏊、都穆、文徵明等推重，名满吴中。晚年自号忘机野老，又称五湖漫士，著有《五湖漫闻》《五湖漫稿》等著作。张延基，字埂允，清顺治九年（1652）进士，曾任山东蓬莱、四川石泉等知县，因积劳成疾，英年卒于官任。士民哭之，并凑钱遣其棺梓归葬。著述有《东海游草》《燕帆纪事》《蜀吟》等数十部。此外，张氏在历史上所出的作家、诗人还有张佐、张舜平、张震、张士俊、张士芳、张士栋等。清中期曾任四川巴县令的张士栋，所作《长圩探梅》诗云"一白千山失晓青，冰魂雪魄自冥冥。微风小艇清晨出，泛得寒香满洞庭"，成为东山历代咏梅的经典之诗。

三代名商 清咸丰年间，张氏第21世张平甫弃儒就贾，赴沪在同乡潘氏所设绸缎号习商，未几与人合营绸业，大获成功，成为沪地商界翘首，并在故里建造中西合璧的崇本堂。长子张武铺（字知笙），曾任上海仁大、森和诸钱庄经理以及江苏银行理事、钱业公会董事、汉冶萍矿主事等职。因他通晓大义，乐于公益，对社会贡献颇多，清光绪年间，朝廷曾授予他四品衔花翎同知。民国6年（1917），国民政府又授予张知笙七等嘉禾勋章一枚，以示表彰。知笙长子青卿，国子监生，子承父业，在沪习金融，极具成就，为上海长城钱庄总经理。致富后不忘回报家乡，1914年，在上湾村创办县立燕石初级小学，1918年，在大浜村磨盘石巷开办智笙国民学校。

杨湾张氏当代名人有：张万本，沈阳市金融办主任。张万燕，美国纽约西州罗格斯大学教授。张崇伟，上海市粮食局高级工程师。张天熙，安徽安顺供电局党委书记，高级工程师。张洪鸣，江苏省特级教师。

现村内张氏遗存有：清建崇本堂、久大堂、恬澹堂、九如堂，民国建保和堂、仁俭堂及张家祠堂。

附：杨湾张氏《崇本堂家训》

一、孝为百善之首，顺亲为先父母之恩。尊亲扬名，承志克家，菽水承欢亦须遇事承亲，若得门庭之内，怡怡融融和乐。凡事不违亲意，不贻父母忧，顺亲即是孝亲也。

二、兄爱弟，敬睦兄弟，即是顺父母。兄弟间当思一本之谊，怡怡绰绰，叙天伦之乐。谚云："兄弟同心土变金。"家庭兄弟友爱无有不兴旺者。若听妇人之言，伦常乖舛，无有不衰败者，荆枝荣茂，花萼相辉，吾后人宜留意。

三、夫妇为人伦之始，夫唱妇随以和睦为主，夫不可嫌妇族贫而有轻视心，妇不可恃母家富而有傲慢心，夫有不当妇宜婉劝，妇有不是夫须教导，切忌各生疑。所谓和气致祥，乖气致戾也。

四、伯叔为骨月，长亲视卑幼宜存爱护心，子侄见尊长，宜有尊敬礼心。视叔如父，犹子比儿，各尽其道，毋得率忽。

五、朋友列于五伦，择交不可不慎。视友之贤否，为交之益损，并须自顾身分，交友太高，追随莫及；交友太滥，累及自身。君子之交淡如水，小人之交甘似醴，处世之道于交友须看得清楚。

六、妯娌犹兄弟也,最宜同心合意。兄弟如意,间有不睦,暗中宜规劝和好,切勿忌意生嫉妒,谗言唆弄使家不和,即有贫富之分,亦须互相资助。兄弟犹是手足,当思一本之谊,手足有疾,身岂能安故,以和为贵。

七、忠即诚也,凡事诚意待人,即有忠心至公无私,竭己之能力,尽我之职分,为孝亦贵于忠。忠字于身于家于国其致一也。为一身之令德须存之于中心。

八、信为五常之一,为人不可无信,忠信人之根本也。人而无信,何以为人?故君子寡言以成信,固忠以明信。

九、仁义为人之根本,天性也。所谓人之初,性本善也。人有仁心,凡事放开一步,皆可过去。遇事尽我之力以尽其义,天道有知,其后必昌。

十、礼上至朝,下至家,分尊卑,别贵贱,一日不可废者。近焉共和告成,自由平等,礼教日衰,然于乡党家庭间自可各行其是,礼字断不疏忽,否则将何以分尊卑、别上耶?

十一、廉与贪相对也,立志存不贪之心,即为廉,惟利是视,贪得无厌,遇事惟存利己之心,无有不覆败者。清廉贪污惟自择也。

十二、耻乃羞恶之心,关一生之名节,人无羞恶之心,作事将名誉忘却,是为之无耻,则无事不可为矣。能知耻而为人,善莫大焉。

十三、勤则富,惰则穷,大富在天,小富在人。人情莫不喜逸而恶劳,须知好逸,未必得逸,因怠惰而种种困穷将至,欲求不逸而悔之已迟,惟先勤而后逸,方谓真逸。愚拙者由勤而贤智,贫贱者由勤而富贵,故民生在勤。

十四、俭贵中礼,俭宜克己。若俭不中礼为世所讥。俭于化人则近于刻。衣服宜朴而戒奢华,屋宇宜清洁而戒装潢,器物宜坚固而戒奇巧,无用之物少置,浮费之钱宜节是为之俭。

十五、恭庄敬也。并非胁肩谄笑,只须待人以礼,恭敬于人则人亦恭敬之,切勿自尊,反遭轻视,所谓谦谦君子。

十六、忠恕之道大矣。中心为忠,如心为恕。恕前有忠,忠在恕内。古云:推己及人,谓之恕,云将心比心也。人能讲求恕字,仁义即在其中。夫子所谓终身可行在其恕乎。

十七、公则无私,公则生明。天地至公覆载无偏,日月至公照临无遗。公平正直,人所共钦,为人宜一秉至公。

十八、忍是容。德为处世最不可少者。吾家本百忍传家,同居九世,小不忍则乱大谋,垂训昭然。大则治国平天下,小则修身齐家,无不出于忍字也。

十九、让与争相反,唐虞以天下让夷齐,季子以国让,家庭兄弟之间,尤当以让字为主,则永无争竞矣。

二十、和为天下达道,故圣贤有礼之用,和为贵之训。和者内治性情,外应人事,家庭之间更为要著,若夫妻反目,兄弟阋墙易诗所戒。昭然居家以和睦为第一,义无有不兴,发者故以此殿家训之后。

第五节 叶 氏

叶氏于南宋中期定居杨湾,始祖为南宋平江太守叶桯,居于后山碧螺峰下石桥村,后散居于杨湾、湖沙、澄湾等自然村。

石桥叶氏最早可追溯到北宋叶逵,后世称为逵公。叶逵,字造玄,原仕吴越,宋太宗时劝说吴越王钱俶纳土归宗,因功授刑部侍郎。叶逵娶乌程(今浙江湖州)羊氏为妻,遂迁湖州。时东山尚属湖州乌程县,叶逵因事常至太湖东山,嘉其山水秀丽而筑别业在洞庭。叶逵七传至叶梦得,南宋名宦。梦得次子叶桯,字叔轸,南宋时任中奉大夫,历官秀州、永州、临安(今杭州)、苏州太守。居杨湾灵源寺后铁拐峰下,被尊为东山叶氏始祖。叶桯裔孙数代散居于上杨湾、下杨湾、石桥、陈湾、嵩下、蒋湾、白沙、三山、槎湾一带,从元代起逐渐迁居西山、苏城、常熟、同里及汾湖等地。

名宦辈出 历史上,杨湾叶氏名贤辈出。在元、明、清三代出了21名进士和举人,代表人物有元代叶颙;明代叶祚、叶汉、叶宗直与清代叶申、叶长福、叶梦熊等。出七品以上官员50多名,较有影响的有元末举人、张士诚的丞相叶德新、明洪武初年陕西布政使叶德闻、清代兴泉兵备使叶灼棠等。民国时的中将叶枝芳、叶禧年和当代少将叶肇宏等将军都出自杨湾石桥叶氏。

叶颙,字伯昂,祖上以经商发迹,家境殷实。元末中举,任浙江省署和靖书院山长,但他不愿为官,不久即离任而去,明初,朝廷三次诏征叶颙进京为官,可他每次均以年事已高不能胜任为由而回绝而归山。归山后,朝廷又密谕长兴侯,密切注意叶的一举一动,如有反常,立即押至京师问罪。叶德新,字维章,少时知书而多心计,闻名于时。元末张士诚"闻言德新有才,遂招至与谋帷幄,委掌财赋",后为大周朝的中书省右丞。叶德闻,字斯道,从小随父叶宁到淮北一带经商,获利甚丰,成为南叶大户。因事解京廷鞫,明太祖亲审其案,见德闻身材魁梧,声音高亮而喜爱,开脱其罪授以陕西左布政使,使理秦赋。

文士众多 东山历史上出文人最多的家族之一,据统计,从元初以来的600多年间,叶姓出诗人、作家、学者多达120多人。据1993年江苏古籍出版社出版的《江苏艺文志》载,明清两代东山叶姓作家、诗人有叶具瞻、叶杰、叶松、叶树廉、叶奕、叶英、叶咏、叶芳标、叶舫等60多名,其间石桥叶氏占80%以上。文名较大,在吴中乃至全国有一定影响的文士有:叶具瞻,明代江西通州训导,著有《水云稿》30卷。叶杰,明末诗人,著有诗集《湖山漫稿》。叶松,清初著名诗人,具经世之才,著有《叶友梅诗集》7卷。叶树廉,清代藏书家。博学嗜古,藏书数千卷。叶芳标,清代诗人,文学周庄,诗宗汉唐,家素封,藏书万余卷。

同时,历史上杨湾叶氏还出了一批女诗人及女书画家。叶舫,号梅语,清代诗人,性喜梅花,所居之高阜,筑亭其上,环植梅花,匾曰:"梅语"。叶文娴,清代诗女,与梅语亭主人叶舫同宗,屋庐相望,意趣雅合,诗词唱和,女工之暇,涉猎书史,著有《纺余吟》一卷。叶淑贞,自幼性喜书画,精书法、画技日益娴熟,其画生动逼真,画名远扬。后求画者日众,她应接不暇,乃定出画例,凡画一扇,易米三斗,积储年终,将所得悉救济贫困。

明清商贾 明清"钻天洞庭"商帮的重要家族,从元代至民国的数百年间,杨湾叶氏有名的大商贾达百人之多。元末,叶国英经商淮上,成为吴中富室。与朝贵耿炳文等相交,晚年在灵源寺中设私塾,请偃师名士王鹏课其子。明初叶道恒14岁就随其父经商宿迁,在外商贾20多年,成为乡间富户。叶某经商开封,又卖布入陕,获利成倍,贸易三年,累资数千。明正德时,叶良辅在山东临清经商发迹,既赈灾又捐官,资财极为雄厚。明正德五年(1510),叶良辅同挚友大宦官张永密谋,用计诛除了大奸宦刘瑾,此事较为详细地记载在叶氏族谱中。同时期的叶秀林,未成年即泛湘汉,北抵邳徐、齐鲁之地,懋迁有无。经营40年,又将生意交给几个儿子。明末清初人叶成荫,起家商贾,但能周人急难,济人困苦,亲旧有难必及时赞助,好义之声闻于齐鲁。叶懋,结婚仅三个月,即外出为同宗富室做伙计。叶达与其弟在嘉定南翔经商获得成功,成为嘉定富户,现南翔著名园林古漪园即为石桥叶氏清代中期所筑。

清末民初,杨湾叶氏在工商金融业方面,也出了一大批人才。叶扶霄,县庠生,他目睹清政府腐败,弃儒而学工商业,极有成就。历任中国银行副经理、中国大陆银行上海经理,还任上海银钱业公会会长。叶秀纯,早年至沪习绸缎业,后改钱庄业,从学徒升为经理,在上海自办庆大钱庄。

杨湾叶氏当代名人有:叶衍庆,上海市第二医学院教授。叶世泰,北京协和医院教授,我国变态反应学创始人之一。叶公琦,上海市副市长、人大常委会主任。叶衍增,山西医科大学教授,我国著名劳动职业卫生学专家。叶绪华,高级经济师,中国银行总行董事会副秘书长。叶潞渊,上海中国画院一级美术师、著名篆刻家。叶绪寅,海军装备部副政委(正军级)、中国书画家协会常务理事。叶肇宏,辽宁军区副政委、少将。

现村内叶姓遗存有:明熙庆堂、景运堂、上湾叶宅以及清建崇仪堂、民国建安庆堂等。

第六节 王 氏

杨湾石桥王氏是莫厘王氏的一个分支，南宋迁居东山的氏族之一。东山太原王氏有多支，民国年间东山太原王氏后裔王季烈重修家谱时，为使本族王氏同东山其他王氏有所区别，遂以东山莫厘峰冠名，称《莫厘王氏家谱》。

据《莫厘王氏家谱》记载，一世百三、百八，二世千七将军，南宋建炎初护驾迁居太湖洞庭东山，始居后山王巷。七世王彦祥赘于陆巷陆子敬家为婿，与陆素贞生五子，第四子王惟道经商致富，又在族中首创私塾，被村人举为万石长。惟道次子王琭定居石桥村，为石桥王氏始祖。王琭无子，嗣兄王璋次子王鏊为继。陆巷与石桥是莫厘王氏的两处聚居地，因年代久远，王巷原址已不可考，一说在陆巷村旁，一说在石桥村旁，但该古村落在陆杨古道旁无疑。石桥王氏明清两代也名人辈出，尤其是出了多位因治水殉职的知府、知州、知县、巡检等中下层官员。

壑舟雅集 明成化二十三年（1487）冬，王琭嗣子王鏊远游（经商）归里，在石桥头筑"壑舟"，竣工之日，从弟王鏊为之撰《壑舟记》；苏城的沈周、蒋藻为之绘《壑舟图》；吴宽、唐寅、祝允明等一大批吴中名流前往庆贺，作《壑舟图咏》：京城宰辅杨廷和，尚书白钺、涂湉及成化朝状元李旻、费宏等王公贵族都有贺诗相赠，后王鏊结集刻印，曰《壑舟诗集》，成为吴文化中一笔珍贵的非物质文化遗产。

王鏊，字涤之，生平记载不多，家谱说他年轻时在亳州一带经商，晚倦归，隐于石桥，筑"壑舟"。有关"壑舟"究竟是一座园林，还是一处居室，历史上争议较大。王鏊《壑舟记》曰："仲兄涤之既倦游，筑室洞庭之野，穹焉如舟，因曰：是宜名壑舟，属弟鏊记之。"在文中，王鏊对"壑舟"还有一段精辟的解释："壑舟之义，盖取之周庄……吾寄一叶以为命，茫然不知所归……故水以载舟，亦以覆舟。"观沈石田所绘《壑舟图》，画面上，一叶扁舟，怡然自得，藏于岩壑之中，其意境深远。从王鏊之记文及沈周画上看，当年王鏊所筑的壑舟是一处居室。

清乾隆年间，王鏊裔孙王金增购朱氏缥缈楼，重建壑舟园，清内阁学士沈德潜为之作《壑舟园记》，园内有天绘阁、孔安楼、护兰室、云津堂、缥缈楼、得月亭、艺云馆、壑舟堂等建筑。有缥缈晴岚、碧螺拥翠、石公晚照、三山远帆、石桥渔艇、豸岭归樵、双墩出月、弁山积雪等八景，成为吴中清代的一座名园。

治水官吏 石桥王氏在明清两代出了28位知府以下的基层官员，多人在治理黄河、淮河、永定河水患中因公殉职。王申伯，河南上南河同知。遍读河渠治理诸书，熟悉河工抢险之术。嘉庆八年（1803），河南祥符六堡漫溢，水逼省城。王申伯日夜督军抢险，他带病在大汛雨中指挥抢险工程，因公殉职，卒于工地。王仲淮，安徽池州知府，治水专家。道光元年（1821），王仲淮调至马家营口坝，办河堤缺口工程。他雨夜到堤，着雨衣立坝上，指挥抢险。时黄河洪水滚滚从脚下过，不少抢险者见危而退，仲淮则冲在前面，上堤督之，使马营裂口坝很快合龙。八年（1829），王仲淮因治水劳累过度，卒于安徽凤阳治水任上，年仅49岁。清同治六年（1867）八月二十八日，河南祥河县黄河水暴涨，数千人投入抢险筑堤。深夜十一点多钟，大坝突然裂堤，抢险民工尽逃离工地。这时，在现场指挥抢险的祥河县同知王仁福却来不及撤离，被汹涌的洪水所吞没，以身殉职。事后朝廷下旨，对祥河同知王仁福照阵亡将士例议恤，赐祭葬，赐建王仁福专祠，赐号溥佑将军。

三位革命母亲　王叔榛，清末民初石桥村人，上海庆大、庆成、顺康等钱庄经理。叔榛生有季彦、季凤、韫之三个女儿，是中国革命战争年代有影响的光荣母亲。三姐妹的革命大家庭中，有12人参加了中共地下党和新四军，有3人为民族解放事业献出了宝贵的生命，追认为革命烈士。长女王季彦与同乡叶松麟结婚，生有公毅、公琦、公炜、公强、公展及岭华等五子一女。叶家5姐中有3人新中国成立前参加了革命工作，新中国成立后担任了重要领导职务。次子叶公琦任过上海市副市长、市人大主任等职。次女王季凤与湖沙村朱穰丞结婚，生有可常、光华、承中3个儿女，丈夫朱穰丞1930年赴法勤工俭学，先后参加法国共产党和中国共产党，曾任中共旅法党支部书记。朱家3儿女均分别于1938年、1940年、1944年在沪参加中共地下党。三女王韫之与庄祖苓共有六个子女，长子庄德之，1944年参加新四军；次子庄省之，1942年加入抗日部队，1947年在解放战争中牺牲；四子庄就之，1951年参加解放军，1990年转业回地方工作。王韫之还有3子女，都完成了大学学业，毕业后在国防科研和教学工作岗位上作出了贡献。

现村内王氏遗存有：明宏远堂、上湾王宅，清建宁远堂、三善堂、景德堂，民国建承志堂等古宅。家族中保存有《莫厘王氏家谱》一套24册，内有《玉润堂家训》。

附：石桥王氏《玉润堂家训》

一、何谓力学？即尽我之力，以学一业，业成藉以糊口，藉以赡家。学而不力，则所业不精，即无以立身，无以顾家。在家为生食之废人，在国为无业之游民。故人必择业，业必由学，然求学宜重实用，不务虚名。须知读书不求甚解，为学徒腊虚誉，则大误矣。须知读书为求明理，通经所以致用，尚埋头读死书，而不求事其理，满口发空论，而不切于实用，则何益于事乎！在昔科举时代，慕虚荣者，皆使其子弟读书，若读书即足以为业者，然其惟一出路，祇有做官，殊不知误尽苍生者，皆此为求官而读书之人也。今科举废矣，人家子弟大率以大学毕业为荣，且以出洋游学为尚，以胜科举时代矣。然学校所习者，理论多而实践少，苟学校卒业，辄自以为满足，而不复虚心求进步，则能谈空理，而不能做实事，仍一废物而已。须知学无止境，有学校中所得之学问，有职业上所得之学问,有社会上所得之学问,而职业社会上所得之学问,实胜于学校中所得之学问。予之所谓力学,欲汝子孙尽一生之力,以学一业,为职业上能自立之人,为社会上有益于人之人,不必侈言高深学术,但能求其理之至是,学之必归实用,虽赡薪牧羊,能时时存实事求是之心,终有发迹之望,若入学读书,惟求虚名,则与不入学、不读书无异,不可不戒也。

二、何谓持身?即我身之操守与保养是也。《孝经》云:"身体发肤,受之父母,不敢毁伤,孝之始也。"《论语》云:"父母惟其疾之忧。"综上二说,可知持身之道,较力学为尤重。近见富家子弟、青年学士,恣肆放纵以自毁其身,徇非徇欲以自陷其身,不孝不义莫大于如此。世间力作农夫,贫寒子弟,大率身体坚强,疾病甚少,而膏粱富贵之家则相反,故俗有"财多身弱"之谚,非财之即能弱其身也。多财而自逸,则身体日惰,而少锻炼之功矣。多财而自纵,则嗜欲日盛,而多颓丧之事矣。古者洒扫之事,子弟任之,井洗之事,妇女任之,非仅表勤俭之风,亦所以锻炼身体,使之强健也。至于日出而起,日入而息,尤与卫生之道相合。今之富家则不然,仆婢成群,事事不愿躬亲,出必车马,一手一足之劳所不屑为,而惟纵情于声色,劳形于赌博,俾昼作夜,起居无节,欲保身体之长久,其可得乎?余之所谓持身者,愿尔辈力矫此等弊病,斯可矣。

三、何谓承家?非惟继承其家之资产也。《中庸》云:"夫孝者,善继人之志,善述人之事者也。"凡祖宗之遗训,父兄之言行,为之子弟者,皆应守之勿失,始得谓之承家。近人但知能守其资产,或能十倍百倍其资产,即为能承其家,此实为大误。不知资产者,只求足以养生送死,免于饥寒可矣。苟为富不仁,增殖无已,不惟不足以兴家,且因此而毁家。吾东山王氏,世有忠厚王家之称,近世如兰水、兰坡诸公,不吝巨款,设立义庄以赡族人,而汝本生祖父母汉槎公及叶太夫人,自奉甚刻苦,独于善举公益敦宗睦族之事,皆不惜巨资以提倡之,故能荫及子孙。余每见世之富家,攘人之财为己财,夺人之产为己产,此决不能久保。即不出自攘夺,而徒知居积,能聚而不能散,其子孙以财产为可恃,即不事生理,甚或骄奢淫逸,陷于坠落,亦终必败家而已。予以承家望之尔辈者,盖谓资产之外,尚有大者,远者在也。

四、何谓应世?即待人接物是也。人不能离群而独处,则修身齐家之外,尤当知应世之道。尔曹生今之世,万勿以为今之人情,已大异于古,机械变诈,用以应世而有余,殊不知人情物理,古今中外所尽同,我以诚信待人,人亦以诚信待我;我以诈伪欺人,人亦以诈伪欺我。予少时体弱,且早入商肆,读书无多,闻道较晚,所时时在念者,惟母氏叶太夫人之教诲而已。四十年来,艰辛备历,情伪稍明,敢以告尔辈效法。尔辈须知以诚信待人,以正直取友,以谨慎处事,以谦让涉世。近时道德日丧,狡诈百出,尔辈须知酒食征逐之中,决无良友,搭肩谄笑之辈,决非正人,能以直言面规我之过者,方为至交。不轻然诺于人之言,方为可信,欲经营一业,须先虑其失败如何,而后投资。与人交易,务求公平,宁可稍吃小亏，则不致受大损，以上数端，皆应世之要道也。

第七节 朱 氏

朱氏于南宋初期迁居石桥村，称石桥朱氏。据现保存于石桥桥亭壁间明代成化间所立《重建震泽底定桥记》碑记载：震泽底定桥建于山之碧螺峰下，人亦皆曰石桥。始祖朱安宗建于绍定间，桥之南地丈许，凿义井以利居民日汲，桥之北地一方，用砖砌曰坪盘，以便乡人之吉凶迎送。从碑记可以看出，南宋中后期石桥村已具一定规模，朱氏已有一定的财力服务于桑梓。在明清两代，石桥朱氏裔孙亦多有建树。

东山女乐班 据《苏州戏剧志》记载：东山朱氏女乐班，明末太学生吴县朱必抡家庭戏班。朱必抡，字珩璧。生于明万历二十九年（1601），崇祯末年遁迹洞庭东山朱巷（与石桥村接壤），临湖面对缥缈峰，为其宴乐歌舞演剧之所。朱必抡尝选取紫云等女姬十二人，教其歌舞，组成女乐。朱氏时与诸名士在楼中张乐演剧，诗酒酬答，或游湖归舟将至，笛声先闻，诸姬艳妆倚楼迎接，歌声随之不绝于耳。清康熙六年（1667）三月，诗人吴伟业曾登楼凭吊，题诗壁上，追忆早时女乐演剧事。

沪地二富商 历史上朱氏多富商，在明清县乡方志与家谱上记载的大商人有朱安宗、朱良佑、朱济世、朱月屯、朱馥棠等30多人，而清末民初的朱献淮与朱鉴塘是经商的成功人士。朱鉴塘，弱冠即赴沪地，初习府绸业。能审时度势，开创新业。民国初沪上茧绸全销往洋庄，他游说同道，集股在上海创办府绸业，注册"单鹿""双鹿"商标。仅数年，声名远播海外，年销售额600至700万金，其绸庄经营的府绸出口额位于上海外贸前列，被推选为上海出口公会会长。朱献淮，名琛，早年在沪从事商业，经营丝绸，与燕、鲁人交游。继在上海开设恒兴顺、公信泰等丝栈，推销国产丝于海外，并创办益丰搪瓷厂，事业兴盛，为时所重，多次被推选为东山旅沪同乡会会长。

杨湾朱氏当代名人有：朱润生，作家、诗人、摄影家。朱可常，上海歌剧院副院长、上海舞蹈学校党委书记。朱承中，水电部水利水电建设总局教授级高级工程师。朱耀南，兵器工业部教授级高级工程师，享受国务院特殊津贴。朱筱峰，擅唱"老生"的苏剧演员。

现村内朱氏遗存有：朱家巷、明善堂、清建纯德堂、晋锡堂、志仁堂、森玉堂、上湾朱宅，民国建务本堂等。

第八节 其他氏族

南宋南迁杨湾的北方氏族，除上述姓氏外，现有史可查的还有居氏、陆氏、姜氏、金氏、严氏、翁氏等。

居氏，南宋建炎年间迁山，始迁祖居千一，裔孙世代商贾，明中期在杨湾村筑有居巷。现主要居住在上湾3组、4组（上湾村）。村内遗存有：明代居巷、怀远堂及清建放素堂等。

陆氏，南宋初年从河南南阳迁杨湾，始迁祖朱希，先从南渡大军至浙东，后迁居上湾。朱希无子，长女赘陆宗显，生子惟勉，朱姓始易为陆姓。世以经商者为多，亦多文士。现主要居住在杨湾2组（杨湾村）、上湾5组（张巷村）。明清进士、举人有：有陆鸣皋、陆鸣时、陆万里、陆枢、陆艺以及民国著名作家、被誉为中国侦探小说第一人的陆澹安等。村内遗存有：陆家巷与明建明志堂、清建上湾陆宅等。

姜氏，南宋年间迁杨湾，始祖千一公、千二公。据说姜氏原为岳飞部将，岳飞被害后，姜氏离朝隐于东山，并筑玉霏堂（岳飞谐音）以示纪念。村内遗存有：姜家巷、姜家弄与清建仁建堂、景运堂等。

金氏，北宋初迁山，始迁祖金宪，河南南阳人，政和年间出任吴县尉，举家迁洞庭东山，所居席家湖头，因唐柳毅传书故事中有古橘社，遂名橘社金氏，南宋中期迁杨湾。现主要居住在杨湾3组、4组（大浜村），长圻、寺前、湾里、西巷等村也有分布。

严氏，宋高宗南渡时迁山，始祖严万八。《严氏家谱》载，万八在南迁途中被金兵追杀，只身辗转来到洞庭东山，得寺庙僧人相助才落脚定居于石桥白豸岭下。后严氏裔孙分为二处，即陆巷严巷严氏和杨湾石桥严氏。现石桥村有著名的严家巷，另有承启堂、严家老墙门等古建筑。

翁氏，宋高宗南渡时迁山，始迁祖翁德裕。据清光绪七年（1881）翁先声等纂修的《翁氏世谱》载："洞庭翁氏宋高宗南渡时有承勋公、承事公者率族护驾，慕湖山之奇而遂卜居斯焉，震泽有翁氏自两公始。" 杨湾翁氏为白沙翁氏分支，现翁姓主要居于杨湾大浜翁家巷，村内遗存有：明务本堂与清建翁家老宅3幢。

附：家谱

杨湾大族明清时均修有家谱，谱中有"家规""家训"等条目。这些家谱大多在20世纪60年代被毁，仅存部分藏于上海、苏州等图书馆及村民家中。

表 3-1　　　　　　　　　　　杨湾现存家谱一览表

家谱名称	修谱时间	作者及著述方式	卷册数	现藏处
周氏家谱	清嘉庆五年（1800）	周克豫等纂修	10卷	上海图书馆藏
洞庭东山周氏支谱	民国5年（1916）	周邦翰等纂修	2卷	上海图书馆藏
周氏家乘	嘉庆二十二年（1817）	周敬泉纂修	8卷	上海图书馆藏
东山湖沙徐氏家谱	清嘉庆五年（1800）	徐文荣纂修	8卷 首1卷	上海图书馆藏
洞庭翁氏世谱	清光绪七年（1881）	翁先声等纂修	4卷	上海图书馆藏
莫厘王氏家谱	民国26年（1937）	王季烈	24卷	上海图书馆藏 苏州图书馆藏
严氏家谱	清嘉庆十八年（1813）	严世权等纂修	1卷	上海图书馆藏
洞庭东山万氏宗谱	清道光二十三年（1843）	万履成等纂修	8卷 首1卷 末1卷	上海图书馆藏
东山张氏族谱	民国6年（1917）	张武镛纂修	1卷	上海图书馆藏
吴中叶氏族谱	清宣统三年（1911）	叶德辉等纂修	66卷 首1卷 末1卷	上海图书馆藏
大湖头北叶叶氏支谱	清光绪七年（1881）	叶铨辑	2卷	中国社会科学院历史研究所图书馆藏
橘社金氏家谱	清乾隆元年（1736）	金孝坤等纂修	6卷 首1卷	上海图书馆藏
东山孙氏家谱乐安世家	民国6年（1917）	孙广榛等纂修	1卷 刻本	石桥村孙酣曾藏
东山孙氏杭州支谱	2006年	孙绍蒍纂修	1册	东园书屋藏
东山孙氏上海支谱	2013年	俞振中纂修	1册 不分卷	东园书屋藏
杨湾张氏崇本堂支谱	2010年	杨维忠纂修	1册 不分卷	东园书屋藏
屯湾朱月屯世系表	2009年	朱氏纂修	1册 不分卷	东园书屋藏

第四章 古建筑

杨湾古建筑始建于宋代，有下杨湾村的杨湾、大浜、南洋里、天乐巷、居巷，上杨湾村的张巷里、居家巷、石桥头及澄湾、湖沙、寺前、西巷、黄家埭等。由于地处太湖之中，终年风雨对房屋建筑侵蚀很大，历经千年岁月，这些古宅大多不复存在。经2008年第三次全国文物普查统计，现杨湾村保存有古建筑70余处，其中元代建筑1处、明代建筑19处、清代建筑38处、民国建筑21处，建筑面积15111.8平方米。除轩辕宫及少量过街更楼、救火会、医院、商铺外，大多是古民居，内又可分为规模较大的厅堂、较小的民居与公共设置等。其中明善堂、怀荫堂被列为全国重点文物保护单位，崇本堂、纯德堂、久大堂、晋锡堂等4处古民居，被列为苏州市文物保护单位或控制保护建筑。

第一节　全国重点文保单位

轩辕宫正殿　位于杨湾上湾村附近的箐家山嘴，1956年公布为江苏省重点文物保护单位，2006年公布为全国重点文物保护单位。建于元至元四年（1338）。该庙最早名胥王庙，据说为纪念吴国大夫伍子胥而建，古代名士游览轩辕宫后所作的诗歌，大多抒发对伍员的敬仰之情。宋明后，庙名屡变，先后改称为显灵庙、灵顺宫、杨湾庙等。直至20世纪30年代，正殿改祀东岳大帝，纪念汉族始祖黄帝，殿名改称"轩辕宫"。其庙原规模极其宏大，有山门、碧霞元君祠、城隍庙、正殿、火神庙等，现仅保存轩辕宫正殿和城隍庙两处建筑。

历史上轩辕宫经过多次修缮，并颇具传奇色彩。据明崇祯《吴县志》载："庙创于唐贞观二年（628），宋高宗南渡时扈跸官军分道经湖，风涛不可航，祷神立应，为遣官齐金茸治……"在殿中原碧霞元君祠内额枋下题有："鸥夷藏日庙祠随兴，至刘宋元嘉二年乙丑（425）春重建，宋高宗南渡封王再建，元至元四年修，清顺治六年（1649）岁次己丑夏募缘僧崇禄劝众鼎新。"这两处记载均说，轩辕宫始建于唐代，南宋赵构南渡临安时，经过太湖忽遇大风浪，高宗在船头祷告，风浪即停，使之安全到达杭州。后来，高宗封其为胥王庙。另外，在正殿脊枋下，记有："元季里人烂钞翁王万一始创，前明太仆寺席本桢同夫人吴氏……清顺治岁次乙未夏……落成。"以及北面架梁下题字"清顺治乙未岁孟夏吉日，二十八都胥扶土地界里人姜锡藩乐施敬志"，这些是修缮时留下的遗迹。综上所述，可考定现保存的轩辕宫重建于元末，后明、清两代均进行过较大规模的维修。但现内柱础、梭形四金柱，有卷杀的檐柱及大部分梁架、斗栱等结构都是元代遗物。

轩辕宫正殿同苏州观前街玄妙观同时代所建，其"断梁""梭形柱"等建筑风格也与玄妙观相似，故被誉为东山的玄妙观。正殿雄踞山垣，面迎太湖。面宽三间，达13.74米，进深三间，11.48米。殿作单檐歇山式，兽吻脊，屋角反翘，颇为秀丽，系南方庙宇做法。山花板比博风板收进颇深，其内侧的草架柱等，未位于采步金上，檐椽上施塌脚木，以承草架。殿顶出檐甚深，四周立柱，并砌砖墙，前后中间开门，两旁设窗，一如江南寺庙大殿之常态。殿前月台宽阔，北面设踏步，正面有青石栏杆。南面与上山游览通道相连，设有台阶。正门前设台阶四级，两侧置"副子"。

大殿中均用木柱，略作"梭形"，柱头多数有卷杀。金柱柱础为素覆盆式青石，上施扁形木鼓墩，直径与金柱相同。斗拱采用"五铺作双下昂"式，后尾"偷心"，昂下用真"华头子"，座斗四角刻海棠曲线。正殿进深九椽，系"彻上明造"，无天花藻井。自地面至屋脊约高10多米。"月梁""襻间"均完整，明间脊檩、上金檩尚保留彩绘痕迹。明间下金檩用断材，就如虎丘二山门的脊檩，即"断梁"殿的形式，颇具匠心。

1981年，吴县文管会组织南京大学、南京工学院的文物专家至东山，历时36天，对杨湾等古村落进行调查，重点考察省市级文保单位，同地方政府一起制订保护规划。轩辕宫正殿于1956年即公布为江苏省重点文物保护单位，并进行了一次较大规模的修缮。1975年省文化局拨款0.9万元，对殿顶、东南角檐柱、门窗装修、地面等进行修理，重砌了殿后山崖石嵌。并配备专人看管，使这一古建筑得到了比较妥善的保护。1992年省文物部门投入9万元，修缮正殿檐柱、门窗、地面，并全面治理了白蚁。1994年投入4.2万元，进行修补完善。2002年，省文物部门又先后两次拨款，再次对轩辕宫正殿进行维修。2010~2011年，苏州太湖旅游发展集团有限公司投入120多万元，并邀请上海同济大学、东南大学等高校教授及苏州市、吴中区文管部门的专家研究方案，对轩辕宫进行为期2年的落架维修，使之恢复了原貌。

明善堂 位于杨湾上湾村，建于明朝末年，面积570平方米。是清代顺治年间进士张延基的故居。2006年公布为全国重点文保单位。该宅分东西两路建筑，进大门跨过院折东为东部主轴，前有院门二重，其间两侧分立轿厅、花厅和小花园。第二道院门后跨过大院子为大厅，前用砖雕照墙封围，后面左右有厢房，再过一道院门为楼厅遗址。各进建筑多以墙垣隔成院落，故大小天井多达十五个，以解决通风、采光及排水等，有的还点缀一些小型假山和花木，以美化宅院环境。其布局特色：自外而内，先门第，而茶厅、大厅、楼厅，每进房屋均隔以天井。楼厅以后，临界筑墙，后辟园圃。边落则建花厅、书厅，其后建厨房和下房。将军门、上马石气派非凡；因地制宜，依山而建，地形高差较大；外墙上开博风望洞，窗户少且较小。装饰特色：以砖雕、木雕、石雕、彩绘为主，题材多为祈望五福祥瑞的民间传统题材，内容有花卉、鸟兽、人物、戏曲、典故等。建筑装饰又以门楼为重点，外面朴素简洁，内面丰富细致。梁架木雕较少，多集中于构件交角处，梁体本身多为素面，极少雕刻。

仪门上方的砖雕和大院四周屋檐下的清水砖雕，是明善堂的精华。门楼南北两面筑有砖仿木构形式的牌楼,有垂莲柱、枋子、斗拱、飞檐等。南面门上正中匾额刻"笔锭胜天"四字,额四周精雕各种图案,门内两边和回绕院子的墙垣均用磨砖贴面,下置青石镌刻成的须弥座。整座门楼与四周砖雕,其雕法均细腻而有力,刚柔兼之,为明清砖雕中的精品。

大厅面阔三间,前轩后廊。梁柱用料粗大,厅内满铺斜纹形方砖。大厅内有一对名扬千古的抱柱联:"积金积玉不如积书教子,宽田宽地莫若宽厚待人。"体现了主人重教重德的儒商身份。屋架上的斗拱、替木(连机)、轩梁、梁垫、山雾云等均加饰木雕,雕工细巧,构图疏密与刀法深浅得当,加上普施松子纹、包袱、箍头和"七朱八白"等彩绘,使之成为一座集砖雕、石雕、木雕和彩绘并举的艺术厅堂。大厅和住楼相隔的后门楣上,有一长方形青石,上镌刻着一幅浮雕,一獾、一鹿、两鹊,四只小动物像同时受了惊吓,欲飞欲跳,极为逼真。内含"欢(獾)天喜地、喜上眉(梅)梢、双喜(鹊)临门"三句成语,为石雕中的精品。其东路建筑有花厅、佛楼、厢楼、厢房和一些辅助建筑。另外,在明善堂天井和东部小花园内,还长有一株600年树龄的黄杨和两株400年以上树龄的蜡梅与山茶。

明善堂主人叫朱鉴塘,杨湾沪地丝绸商人。约1920年,朱氏见杨湾僻乡文化落后,农家子弟未能受其教育,遂从张氏手中购得明善堂,于1921年在明善堂内创办了私立鉴塘小学,入学者书学费全免。1940年秋,一位日本古董商人,找到了在沪经商的明善堂主人朱鉴塘之子朱润生,软硬兼施,要用2000枚银圆买下明善堂,被严词拒绝。新中国成立后,明善堂一直作为杨湾小学校舍使用。1982年该古宅列为江苏省重点文保单位,1984年杨湾小学搬迁至新学校。1988年,县、镇二级政府投入2.5万元,整修明善堂大厅屋面、边房、围墙,购置明清家具,把该宅辟为旅游景点对游人开放。2006年明善堂公布为全国第六批重点文物保护单位。2014年下半年,苏州太湖旅游发展集团有限公司投入300万元,全面修缮明善堂,其中包括修缮全部屋面,采用压密注浆保守方法修复砖雕门楼,在整幢古宅中增设排水系统,使之常年保持干燥。同时,还搬迁了西侧附房中的2家住户,有利于古宅保护。2015年12月,江苏省文物部门通过对明善堂全面修缮工作的验收。

怀荫堂　位于杨湾村浜场北面,街道西侧。建于明代晚期,为周氏芝山后裔所建。现属吴中区文管会保管房屋,2006年公布为全国重点文物保护单位。其宅建筑风格与严氏安仁里秋官第瑞云楼极为相似,虽规制不大,但房屋布局、结构及梁架均十分紧凑,体现了明代中期的建筑风格。其堂东侧的大厅、花厅及一些附房虽毁,但分布在主轴线上的门楼、住楼和左右对称的厢房保存仍较为完整。

门楼三间,为结构简洁的皮条脊门楼,砖刻朴素无华,规制小而低矮。门楼上边有小巧的照壁。除框柱边饰外,已改为混水做法。照壁下有类似"圭脚"形式的砖雕一条,花纹分为三级,中间一级较长,两端较短,为折枝灵芝花,砖刻线条深而流畅。

楼屋面阔三间，进深七檩，是怀荫堂的精华。通面阔12.35米；明间阔4.45米，次间阔3.95米。通深7米，前廊10.5米，后廊深0.8米，前后金柱间距离5.15米。梁架为抬梁式。明间与次间构一缝，施金柱两根，金柱下有扁鼓形木础，下端柱径32厘米，用材较粗壮，上端有收分，柱头带卷杀，置座斗，并出丁字拱，承托四椽栿。梁肩上，置荷叶墩与大斗，承平梁，架上金檩。平梁之上，又置荷叶墩与一斗三升拱，施连戟，承脊檩，并设有山雾云护脊。整个结构非常稳固。二楼的梁架结构比较简单，用材也较中间两缝为小。各施柱七根，置斗，直接承替木与檩。柱与柱之间，分别有穿插方和扁薄的月梁相襟连。外砌带有砖博风的山墙。楼下一统三间，楼上以板壁隔为三间。槛窗的形式为五抹头豆腐格子隔心的小窗。楼下出檐较深，檐柱上出一斜撑支承挑檐方和檐檩。斜撑的做法较有特色：檐柱中出丁头拱两面起翘，上架饰有麻叶云的耍头，支斜撑木杆，木杆饰海棠曲线，上端置小斗，承麻叶云耍头，再置荷叶墩和一斗三升斗拱，架替木及挑檐枋、檩，整个斜撑制作十分精细。

怀荫堂在20世纪七八十年代，为东山供销社开办的杨湾书场，人居活动客观上也保护了这这座明代古宅，书场停办后，因长期空关，无人维修，房屋逐渐损坏。至2000年，二楼西面山墙部分坍塌，二门顶部青石门楣断裂，整座古宅已成危房。2002年，省政府拨款对怀荫堂进行了保护性修缮，使整体结构保存基本完好，并全面制定了保护措施，划定了保护范围，2006年公布为全国重点文物保护单位。

第二节 市文保、控保建筑

纯德堂 位于杨湾张巷村80号，清代建筑，面积1256平方米，2009年列为苏州市吴中区文物保护单位。据说清代咸丰年间，村里有一朱姓商人在上海洋泾浜摆地推，以卖扇为生，后巧遇几位洋人，负债成交了一笔大生意。谁知英商轮船在太平洋上遇风浪，推迟一个月到沪，朱姓商人忧急而卒。洋人知情后极为内疚，把所得利润全部给了他的家人，其子遂在村里购地建造了这座豪宅。

整座建筑可分为东、中、西三路，间以备弄相通。东路有花厅、书房，中路有轿厅、大厅、住楼，西路有书楼。三路单体建筑四周围以高耸的院墙。前院墙有两道，两道院墙之间有古井一口。轿厅两处山墙顶部设五山屏风墙。面阔三间，进深8米，为内四界前廊形式。内四界扁作抬梁式，边贴穿斗式。大厅面阔三间，进深11.4米，内四界前廊轩后单步形式，内四界扁作抬梁式，边贴穿斗式，脊檩施彩绘。明间后有穿堂，现穿堂已坏。住楼面阔五间带两厢，底楼副檐做法。

二楼构架为内四界前后双步做法，内四界圆抬梁式，边贴穿斗式。住楼前庭院院墙正中设砖雕门楼，字枋内雕"勤俭忍和"。花厅面阔三间，为内四界前廊轩形式，内四界扁作抬梁式，边贴穿斗式。花厅后备弄可通后面书房。书楼面阔三间，9米，进深11.5米，其底楼原为四轩连缀形式，现仅存前半部分。二楼构架为圆作抬梁式。该堂规模宏大，营造精良，是东山地区晚清时期群体居民建筑的代表。

久大堂 又名"九达堂"，位于杨湾张巷村129号，建于清代乾隆年间，面积1310平方米，为上湾张姓祖传住宅，2005年公布为苏州市文物保护单位。

该宅主轴线上有五进建筑，现保存基本完好。屋门前是一条通张巷村的大道，原东西两端建有圈门，现已毁。第一进门屋七间，中间为进出主厅的通道，装有八扇平门。东西两侧各三间，惜西边三间在民初已坍塌。进门屋约两米，建有仪门，左右两扇门上画有尉迟恭、秦叔宝两门神，下置石刻狮子滚绣球等浮雕。门屋七间，屋内置二门，上画门神，这在东山明清建筑中独一无二。大厅，面阔五间，七柱落地，前廊后轩，均为完好。金柱和前后步柱全为仿明木鼓墩，粗看似木墩，实为青石鼓墩，柱子直落方砖上。厅内正梁上绘有明式彩绘，梁架的棹木上，透雕的人物故事极为清晰逼真，为东山古建筑中所少见。前住楼五间带两厢，前有门楼与照墙，可自成一院落。门楼为全部水磨细砖贴面，南面空白无文，内侧面镌"诒谋燕翼"四字。门楼挂落上，左右两旁清水砖雕的佛手（即佛手果），几乎可以乱真。大厅与前住楼中间的院墙上，共有三扇门，中为大门，两侧的小门只有一米宽，且门前各有一座小石桥，三扇门上全用方砖钉贴。宅内隔墙上一大门两小门，门前小石桥，又为久达堂的建筑特色。再过一座门楼，即第四进，为后住楼，建筑规模及格式，与前楼相同。最后第五进是花园，在花园东西两角，分别各建有一座两层楼的小楼，古色古香，十分秀丽，称东西湘妃楼，这是其宅的又一建筑特色。东侧是一条长约百米的备弄，弄西边为天井，东侧布局有厢房、客房及灶间等附房。第宅西面是花厅、书厅和小花园等建筑。久达堂共三路五进建筑，占地约十亩，现保存较为完整的房屋仍有50多间，估计全盛时可达百间。

晋锡堂 位于杨湾上湾村7组，面积480平方米，清中期建筑，朱氏所建，2010年公布为苏州市吴中区控保建筑。

该宅原规模较大，有东、中、西三路建筑，现仅中轴线保存有门厅、圆堂、住楼三进及少量附房。门屋面阔三间，进深五界。明间前开库门作门第，出大门即为陆杨古道。门楼朴素，镶砌有三层青砖磨光门额，额上空白无字。间以天井相隔，天井左右两边瓦砌花窗古色古香，极具特色，为明代花窗风格。大厅面阔三间，进深13.05米，内四界前轩后双步结构。内四界大梁扁作，抬梁式。山界梁背设斗六升牌科，山尖施山雾云。明间前廊柱下设花岗石圆鼓形柱，顶设坐斗，承檐檩。出檐较深，施飞椽，檐下云头挑梓桁做法。大厅东西山墙为马头墙。大厅前门楼有三层清水砖雕，动物及花卉造型极为精致。门楼檐下置六个复式砖雕琵琶撑，上层门额两端各雕有一幅松鼠戏葡萄的图案。中阁雕"星云洽颂"四个大字。西侧镌：清道光二十七（1847）年仲夏穀旦。东端下方镌刻"莱峰三叔父大人命题，侄茂鸿书"及两方砖印章。中额左右两边各有一幅镂空透雕，雕有动物、飞禽及花木等图案。下层中间为一幅凤穿牡丹图，两侧为各两只带叶的寿桃。

住楼面阔三间带前后厢，楼下鹤颈轩形式。底楼前设轩，施弓形椽。二楼构架圆作，穿斗式，较朴素。楼上面南为9扇豆腐格矮窗，左右厢房前各12扇小窗，配明瓦，下置木裙板，极为古朴。楼前亦有三层砖雕门楼一座，砖雕图案简洁朴素，中额有"轮奂增辉"四字，无落款。左侧雕有一盆牡丹花，右侧为一盆荷花。该宅主体建筑保存较为完好，很有特色。

崇本堂 崇本堂位于杨湾村一组，建筑面积1231平方米，2005年公布为苏州市吴中区文物保护单位。清道光年间沪地商人张文甫建，其子张知笙曾任上海仁大、森和诸钱庄经理及江苏银行理事，上海钱业公会、汉冶萍矿、招董局董事，因他通晓大义，乐于公益，对社会贡献颇多，清光绪年间，朝廷曾授予他四品衔花翎。民国6年（1917）国民政府又奉大总统令，授予张知笙七等嘉禾勋章一枚，以示表彰。

该宅原规模宏大，占地3000多平方米，现保存较为完整的西侧围墙有100多米长，且每相隔10多米，就筑有一堵马头墙（风火墙）。整座古宅可分前后两部分，前为老屋，后为新宅，其中新宅部分已公布为市控保建筑。老屋部分现有门屋、住楼、附房、东小楼及更楼。门屋面阔五间，进深6.1米。构架圆作穿斗式。前住楼面阔五间带前后厢房，进深8.8米。前有门楼，上有风火墙，高达10米，四周围以高墙，在其大宅院中又形成一座独立的院落。楼下廊沿轩形式，明、次间前设鹤颈轩。前檐柱子为方形，下设扁方形花岗石质柱础，顶置坐斗承檐檩。前檐出檐较深，施飞椽，檐下云头挑梓桁做法。二楼梁架为内四界前后双步结构。梁架圆作，穿斗式。在前住楼后备弄西侧靠街处，有一座更楼，下为花岗石库门，上筑有一层小阁楼，临街有一排小木窗，从窗口可看到街上全貌，是该宅的一大建筑特色。后住楼规制与前住楼基本相同，只是楼沿的木雕更为精细，可能为后来所增建。

后住楼与后住屋相连处，有长达30多米的东西向备弄，其备弄从西侧石库门入口，然后朝南约10米，再折向东，曲曲弯弯筑成"之"字形伸向花园。在主宅与花园中间有一条宽约2米，用鹅卵石铺筑成各种花纹图案的小弄，弄北建有一座圈门，甚为美观。花房三间带两厢，其东厢房建有船形廊。花园已毁，只是在宅园南面墙边保存有一棵树龄约100多年的紫薇花，为建园时所栽种。该宅在20世纪90年代前，曾先后作过粮站、信用社、废品收购站和东山湖新大队渔业办公室。

第三节 其他古民居

熙庆堂　位于杨湾村古街西侧，建于明代，建筑面积251平方米。该宅门楼南向，较为高宏。砖木结构，哺鸡脊，做法精细。定盘枋和斗盘枋上贴做细方砖，雕刻变体如意头纹，转折均成直角，线条都用直线。枋下的"垂云"，亦为直线如意云纹。中间原有带纪年的门额。门枋中饰"八宝"图案。整个门楼的形制与西山乾嘉年间建造的门楼风格近似。

后住楼为该宅保存的主要建筑。面阔五间，通进深8.50米，楼下前廊深1.80米，明间前施踏步一级。前后金柱间距5.5米，后廊深1.2米，明间后廊设楼梯。楼下各间之中均立墙隔断，楼上明、次间一统三间，单独成室。柱础为青石八角杵头式，次间施扁形木鼓墩，金柱下衬垫方形柱顶石，柱脚包木，呈鼓墩形，用材较粗壮。楼上也施木鼓墩柱础，上端略有收分，柱头有卷杀。

梁架明间左右两缝为抬梁式。金柱上施座斗，丁斗拱承四椽栿并饰有棹木饰件。四椽栿梁背上施单斗只替架上金檩，并承平梁。平梁正中置一斗三升斗拱和连机，架脊檩。梁上不施彩绘，朴素浑厚，两侧则略带"琴面"。脊檩上施金、红、白、蓝诸色彩绘，有牡丹、笔锭胜天图案。前后檐柱与金柱之间，有扁薄隆背的月梁和穿插枋相互襻连。次间和梢间的梁架为穿斗式，七柱到顶，置"单斗只替"承托檩子。楼下明间设门六扇，隔心中为小木组成的"册"字图形。裙板及绦环板上饰类似于门楼上的细直线组成的如意云花纹。楼上梢间以屏门隔断，单独成间。屏门下槛施雕刻，形式类似于"圭脚"，很有特色。

敦爱堂　该宅位于上湾村9组，面积453平方米，建于明后期。现有一路四进建筑。第一进有花厅、书房；第二进大厅，亦称圆堂；第三进为前住楼；第四进为后住楼。花厅面南三间带两厢，内四界前廊建筑形式，前施鹤颈轩。花厅西侧有书房二间，结构紧凑。大厅面阔五间，前后住楼均面阔三间。民国18年（1929）从6月25日至7月5日，李根源至东山访古期间，曾寓居于居氏敦爱堂，李氏《吴郡西山访古记》有载。

景云堂　位于杨湾村3组（大浜村115号）。明代建筑。该堂始建无考，原建筑面积较大，在遗址看有门厅、圆堂、若干间附房，现仅存住楼两幢，约470平方米。前住楼面阔三间带两厢，内四界前廊建筑形式，二楼正贴内四界扁作抬梁式。明间脊檩施彩绘。后进住楼面阔四间带东厢，其西厢已改建。二楼构架为内四架前廊前访形式。从构架形式看属明代建。其宅为姜姓祖传房屋，保存较为完好，损毁率仅20%。

宏远堂　位于杨湾上湾村8组，明代建筑，234平方米，现属王姓所有。原规模宏大，有圆堂、花厅、住楼等，中轴线上有五进建筑，一直沿延伸至山脚，长达百米。现保存门屋、圆二进房屋，大门朝西，面临陆杨古街，大门与古街落差五级石阶。门前原有一座更楼，现已毁。小庭院前有一株树龄350年的古银杏树。门屋面阔三间，沿古街而筑，极为壮观。大厅面阔三间，为内四界前廊形式。内四界扁作抬梁式，边贴穿斗式。两幢建筑均已十分破损，摇摇欲坠，如不及时修缮，这座500多年的房屋将全部坍塌而消失。

燕诒堂 位于杨湾西巷村口，明代建筑，面积250平方米，房屋基本完好，属顾姓祖传遗产。房屋坐北面南，前后两进。门屋朝西，面向西巷港，门前有明代古井。住屋面阔四间带前两厢，进深六界，构架为扁作抬梁式，边贴穿斗式。内四界前廊建筑形式，前施鹤颈轩。门屋左右为双厢房，结构紧凑粗壮，各装有6扇海棠半窗。后住屋前有一座清水砖雕门楼，门额内空白无字，但极为古朴。门屋与仪门之间为天井，用青砖侧铺成长宽20厘米的小方格，内用碎花岗石铺成的菊花形图案，非常典雅，为别处古宅不多见。庭院中有一株树龄300年以及多株近百年的黄杨树。

遂祖堂 位于杨湾村3组，建于清代乾隆年间，面积603平方米，为周氏祖传第宅，现产权属周氏裔孙所有。

该宅大门前有一株高大的银杏树，约200多年树龄，据说属当年建宅时所栽。其宅原规模宏大，现中轴线上仍保存有门厅、大厅、住楼、灶间等四进建筑。西侧还有花厅，东边有附房数间。据门楼上字额旁落款，其宅建于清乾隆三十八年（1773），清代民居住宅建筑风格较浓。门厅南向，面阔三间，置有六扇厚大的屏门，门厅两侧为书房，各有蟹眼天井，植有天竺，小巧幽雅。砖雕门楼，正面镌雕字额为"修德守正"，后面书"承前裕后"。进门楼为大厅，面阔三间，前廊后轩，进深8米，为内四界前廊形式。内四界扁作抬梁式，边贴穿斗式。前置18扇木制落地长窗，细密小方格配以蛎壳，木窗中间还有木雕花卉，古朴而明亮，极为精细。大厅正中，"遂祖堂"匾额高悬，其翻轩两端各有一蟹眼天井，内植蜡梅、天竺。过大厅有一座石库门，有砖雕字额"太和毓瑞"四字。住楼面阔三间，因前无厢房，显得宽敞亮敞。有前、后客厅，东西两面楼梯。住楼上层梁檩上，包袱锦彩绘清晰。后进为灶间，两端各有门，通往东西两座花园，园中遍植四时佳果和名贵花木。

该宅内的五块斋匾很有特色，周家世代行医，据说清代曾入宫作过御医。故进门第一块曰"乡饮宾"，这是告诫子孙要像迎接宾客一样，为乡亲熬制药汤，不忘求医者给周家带来的恩惠。第二块"乐乐乐"匾额挂于书房中，三字虽同形，但含意各不相同，分别是从读书中得到快乐、终身受益；治病救人，乐在其中；演奏乐曲，多才多艺三层意思。还有两块悬挂在大厅左右，一块匾额曰"齿德并尊"，是庆祝周太公八十辰寿时宾客所赠。齿代表年龄，意思为周公德寿高尚，能得到世人的尊敬；另一块字额为"足以长人"，是乡民赠送给老三周郎中的，他是清朝中期的一代名医，曾为一位巡抚夫人治好了疑难绝症，匾上所题是称赞他医德医术俱佳，可为人之楷模。第五块即大厅正中高悬的"遂祖堂"匾额，落款处还有小字数行，解译"遂祖"匾额之意。

崇仪堂 位于杨湾上湾村8组（上湾62号），清代建筑，面积654平方米，房屋完好率达70%，原为叶姓宅第，20世纪70年代，曾办过杨湾农业中学。该宅坐北朝南，沿陆杨古道而筑。保存有单体建筑一路三进，在中轴线上依次有门屋与前后住楼两进。大厅早年已毁，仅存遗址。门屋面阔五间，进深五界，构架为圆作抬梁式。前住楼面阔五间带两厢，二楼构架为内四界前后单步形式。后住楼面阔三间带两厢，楼厅前檐口斜撑精致。楼前清水砖雕门楼一座，结构简朴，中间砖雕字牌"慎德永图"四字，落款"道光甲辰夏日"，该大楼的建造年代应是清光二十四年（1844）。

宁远堂 位于杨湾上湾村8组，清代建筑，234平方米，完好率60%，现为王姓第宅。坐西面东，宅后为陆杨古街。该宅原规模很大，现仅保存后一幢，面阔五间带二厢，内四界大梁扁作抬梁式，边贴穿斗式。通进深8.50米，楼下前廊深1.80米，明间前施踏步一级。前后金柱间距5.5米，后廊深1.2米，明间后廊设楼梯。楼下各间之中均立墙隔断，楼上明、次间一统三间，单独成室。柱础为青石八角杵头式，次间施扁形木鼓墩，金柱下衬垫方形柱顶石，柱脚包木，呈鼓墩形，用材较粗壮。

三善堂 位于杨湾上湾村8组（上湾62号西侧），清代建筑，面积216平方米，房屋完好率仅60%，属东山镇财政所公产。该堂原为清代及民国时慈善设置，以存放棺木为主。现存门屋、圆堂、后住屋一路三进房屋。门屋沿街而建，保存较为完好，大门与街路落差较大，门前置六级青石阶沿。内八字门框，大门高而宽。门屋面阔三间，进深四界，大梁圆作穿斗式构架，圆堂面阔三间，进深六界，为内四界前廊形式。后住楼面阔三间，圆作穿斗式。

志仁堂 位于杨湾湖沙村北端，清代建筑，面积200平方米，房屋即将坍塌，属朱姓祖传遗产。保存住楼一幢，面阔三间带前厢，进深六界，构架为扁作抬梁式，边贴穿斗式。内四界前廊建筑形式，前施鹤颈轩。青石质柱础较大，楼柱粗大，楼厅前门楼简洁古朴，属明代风格。东侧院墙上瓦砌蜂巢形花窗很有特色。

森玉堂 俗称静观楼，位于杨湾石桥村71号，清代建筑，面积160平方米，房屋基本完好。该宅原为叶氏所建，现产权属朱姓。原规模较大。主轴线上有门屋、圆堂、住楼、后宅等建筑，现保存有一幢住楼与前门楼。住楼坐北朝南，面阔三间，楼上进深六界，大梁扁作，抬梁式，边贴穿斗式。楼下进深七界，前副檐深达1米。楼前清水砖雕门楼一座，结构简朴，中间砖雕字牌"修齐永绍"。

景德堂 位于杨湾石桥村25号，清代建筑，面积252平方米，房屋完好率70%，属王姓祖传房屋，现以堆放柴草杂物为主。该宅为清乾隆年间莫厘王氏裔孙王金增与兄奕经、弟奕组购朱氏缥缈楼所建，原规模宏大，宅中建有清代吴中著名的壑舟园，史载园中有天绘阁、孔安楼、护兰室、云津堂、缥缈楼、得月亭、艺云馆、壑舟堂等建筑，还有缥缈晴岚、碧螺拥翠、石公晚照、三山远帆、石桥渔艇、豸岭归樵、双墩出月、弁山积雪等八景。现仅保存门楼一幢，面阔六间，宽68米，进深八界，9米。二楼正贴内四界扁作抬梁式，明间脊檩施彩绘。楼下门间麻石门框巨大，上下石框宽4米，高2.8米，为其他建筑所少见。从房屋构架形式看属明代建，可能为明末朱氏缥缈楼之旧宅。

集庆堂 位于杨湾上湾张巷里（现上湾村99号）。孙氏民国8年（1919）所建。保存有前后住楼及东侧小楼等三进单体建筑。

该宅跨张巷街而筑，有两路建筑。街道东侧为前后住楼；街西侧为小楼及附房。前住楼面阔三间带两厢，进深6檩。门楼简朴，中间字额书"厚德载福"四字。落款：戊午年（1918）冬，汪家玉题。下为细花岗石门框，天井中铺花岗石板。楼下明间前设鹤颈轩，轩梁下置蜂头，轩脊檩设托机。楼厅明间前后步柱下设扁鼓形青石柱础，用料较大。前檐楼窗下雕有花纹，极为精致。屋架为大梁圆作，抬梁式，边贴穿斗式。楼板用料大，每块长约10米，从大楼前檐直通后厢房。上下房间均配洋门，带有明显的西洋风格。后住楼面阔三间带两厢，进深6檩。门楼亦较简洁，中字牌额上空白字。楼下前后檐步柱下设细花岗石扁鼓形柱础，鼓墩上刻有浮雕。大梁圆作，抬梁式，边贴穿斗式。前后楼可走通，形成走马楼。后楼北墙窗洞小，小木窗上钉有方砖，为明式后窗。厢房面阔一间，进深四檩。楼后为猛将堂，现为通往灵源寺公路。

东侧临街筑有小楼一幢，面阔二间，面北而建，歇山做法。门屋一间，朝东开门，屋架依街形做成不规则的斜形。门框上，有一长方泥塑锦卷，中为八挂，左右为两只飞翔的蝙蝠。屋架7檩，梁架圆作，南北抬梁式，东西穿斗式。西边为附房，三间四界屋。山墙做成观音兜式，楼下明间细线砖侧铺成箭翎形。

怀庆堂 位于杨湾上湾村石桥头（现上湾村131号）民国建筑，孙氏祖传第宅。该宅保存有前住屋、后住屋和圆堂前后三进住房。前进住屋门楼朴素，中间方砖字额，内空无一字，入门庭院较大，筑铺花岗石板。前住屋面阔五间带两厢，进深六檩。梁架用料较大，大梁圆作抬梁式，边贴穿斗式。边贴五柱均落在青石柱础上，属清代风格。厢房两间，四界屋，抬梁式，顶筑天花板。后住宅五间带两厢，前门楼朴素，细花岗石门框。屋架进深六檩，梁架圆作，穿斗式。边贴五柱均落在青石柱础上。厢房两间，四界屋，抬梁式。其中东边有一间为门屋，置门，通东边备弄。与前住屋规制相同。圆堂面阔三间，中为庭院。大梁扁作，抬梁式，边贴穿斗式。前后住屋保存完好，圆堂部分损坏。

安庆堂 位于杨湾上湾村7组（上湾85号），南洋里更楼西侧，叶氏民国时期所建筑，保存面积803平方米。该宅原规模宏大，有五进建筑，现老宅南面围墙仍保存有近百米长，且有"安庆堂叶界"与"安庆堂叶界墙外有二尺"的界石。20世纪90年代，该宅主体建筑被房主售于木渎营造严家花园，现仅存前后进住楼两幢，前住楼面阔三间带两厢。二楼构架为内四界后双步做法，内四界圆作抬梁式。后住楼面阔三间带两厢附南侧小楼。内四界圆作抬梁式，用料粗大，底楼现两厢檐口雕以繁缛密集的装饰长花纹。从住楼墙门字牌内所镌刻的"戊辰仲春"看，为民国17年（1928）所建。2015年东山镇文物普查时，该宅完好率达80%，尚属较为完整的清代建筑。

敦善堂　位于杨湾上湾村20号，周姓民国时所建，面积250平方米。该宅坐北面南，现保存有房屋两进，前为住房，后为住楼，住屋面阔五间，进深四界。构架正贴圆作抬梁式，边贴穿斗式。明次稍间前些设天井，四周铺青石条石，东置花坛，结构精巧。住楼面阔三间带两厢，楼下鹤颈轩形式。底楼前设轩，施弓形椽。二楼构架圆作，穿斗式，较朴素。楼上面南设豆腐格矮窗，左右厢房前各12扇小窗，配明瓦，下置木裙板，极为古朴。从单体形式看该宅属民国时期建筑。

仁俭堂　位于杨湾大浜村（杨湾村3组），民国建筑，面积322平方米，房屋保存完好率60%，产权为张姓所有。该宅原规模较大，现仅存住屋一幢。住屋面阔三间带两厢，内四界大梁圆作抬梁式，边贴穿斗式。前置豆腐格落地长窗6扇，镶有明瓦，但已残缺。明间前与两厢间形成天井，塞口墙下设水作墙门。住屋前风火墙高达10米，设花岗石石库门。大厅遗址前有古井一口。从住屋的构架与装折看，应为民国时期的传统民居。

承志堂　又名金碧山庄，位于杨湾上湾石桥村，民国建筑，建筑面积1200平方米，房屋基本完好。原为清末民初沪地大商人王宪臣故居，现房屋产权属钱姓。该宅建在灵源寺西面，坐北面南，前院出入大门西向，大门两侧置铁栏。中轴线上建有前厅、大厅、住楼、住屋四进建筑，东西两侧还建有一部分附房。四进主体建筑的墙壁全部用红、青两色砖块清水勾缝，置观音兜风火墙，山墙窗洞全部西洋式，整座建筑中西合璧，极为壮观。前厅筑有高大的门楼，门楼上部为清水石雕抛方，下部门框为磨光彩石子与水泥混砌。面阔三间，大梁圆作，边贴穿斗式。东西两屋壁间各砌有石碑。大厅面阔三间，进深七界带前后轩廊，轩廊为菱角轩，轩左右有边一扇洞门，通附房和花园。大梁扁作抬梁式，正梁施明式彩绘，边贴穿斗式，置山雾云。主厅正中高达10米，极为壮观。轩廊下装饰有上下两层挂落，置落地长窗。住楼三间，进深五界，梁架圆作。后楼五间，前置矮窗。

承锡堂　位于杨湾大浜村，建筑面积159平方米。吉林省政协常委、书协副主席金中浩故居。保存有住楼与附房等建筑。住楼面阔两间带一厢，附房南有小天井，内有八角青石栏古井一口。杨湾金氏世代在上海经商，民国年间钱庄襄理金伯涛在故乡购地筑宅，为防太湖强盗抢劫，其楼上楼下置密室10多处，以藏财物。其宅面积虽不大，楼上下有明楼暗道，犹如一座迷宫。从其门楼字牌内所镌"丁丑年松泉重建"字铭，知系民国26年（1937）所建。

上湾叶宅　位于杨湾上湾村7组，明代建筑，原为叶姓第宅，建筑面积266

平方米。该宅有门屋、前住楼和后住楼两进单体建筑。门屋沿街而建,面阔五间带两厢,进深六界,为内四界前后廊形式。后厢房面阔二间,圆作抬梁式。住楼面阔三间,东侧带前后厢。二楼构架为内四界前廊后双步做法,内四界扁作抬梁式,边贴穿斗式。门屋与住楼之间有一门楼,花岗石门框,结构简单粗壮,从单体建筑的特点看为明代建筑。该宅20世纪70年代,曾作为江苏师范学院的课堂,损坏率达60%以上,为抢救这座明代建筑,2015年吴中区太湖旅游集团购买后,投资200多万元,进行了全面修缮,现已恢复了原貌。

上湾宋宅 位于杨湾上湾村7组,明代建筑,宋姓第宅,建筑面积180平方米。该宅从遗址看原规模较大,有门屋、大厅、住楼、边房等建筑,现仅存圆堂与厢房。门屋坐北朝南,大门却开在西侧西墙上,估计原大门应在南面,后来修缮时改变。大厅面阔二间带一厢,进深六界,为内四界前后廊形式,圆作抬梁式,边贴穿斗式,其中步梁西侧有一色泽鲜艳的云纹彩绘,极为罕见。圆堂西侧与边房之间有6扇贴锦布的隔板。木柱础,厅柱包裹黑漆锦布。前有6扇雕花落地长窗,豆腐隔配有明瓦。西厢房为六界,进深4米,部分已改建过。整座建筑结构较为低矮且粗壮稳固,非常古朴,属明代建筑无疑,但因长期无人居住,损坏严重,急需全面修缮。

上湾王宅 位于杨湾上湾9组,明代建筑,面积90平方米,房屋完好率60%,为村民王秋娣所有。该宅坐北朝南,东侧院门面临陆杨古街。面阔三开间带西侧厢房,进深六界,圆作抬梁式,边贴穿斗式。立柱贴麻布,正屋左右板壁为明代隔板,木柱础,房屋结构较为低矮紧凑。西厢房四界屋,面积约20平方,属原来的灶间,保存完好的灶头上画有一幅水墨画,画面上一仙桃极为古朴逼真。该宅结构简陋,房屋档次也较低,为一座小型的农舍。

上湾朱宅 位于杨湾上湾村79号,安庆堂前,南洋里北侧。清代建筑,现存约85平方米,原为朱姓故居。该宅现有前后二进住屋。前住屋原应为面阔三间,现存二间,进深五界,为前方廊后四界形式,后四界圆作抬梁式。后进住屋面阔三间带东厢,进深四界。东厢房进深四界。正贴圆作抬梁式,边贴穿斗式。厢房面阔一间,进深3.8米,回顶。前后住屋中间有天井,内有古井一座,青石井栏,八角,井壁为山石。后进住屋后面有一水潭,布置精巧,可能为原宅内的河房。水潭南侧即一座更楼,镌刻"南洋里"三字。2008年全国第三次文物普查时,该古宅完好率仅40%,现一外地商人购买后把房屋落架维修。

上湾黄宅 位于杨湾上湾村7组,刘公堂(又称猛将堂)南侧。清代建筑,保存面积58平方米。该宅原为翁氏所建,后卖于金氏,又售予黄氏。原规模宏大,有东、中、西三路房屋,中轴线上有门厅、大厅、住楼、花园等建筑,现仅存住屋一幢,二坡硬山造,大门花岗石门框,屋顶置纹头脊。住屋面阔二间6.4米,进深七界9米。为内四界前廊后双步形式。构架圆作梁穿斗式。东西山墙均五柱落地,青石柱础。后有小院,内植葡萄一株,西院墙开花窗。在2015年东山镇文物普查中，该宅完好率达80%。

上湾费宅 位于杨湾上湾村7组（上湾79号），明善堂西面。清代建筑，面积115平方米，基本完好。原为姜姓老宅，现产权属费姓。原规模较大，有门屋、厅堂、住楼等建筑，现仅保存有大厅一幢，大门沿街而建，面阔三间，进深七檩，为内四架前廊形式，内四界扁作抬梁式，边贴穿斗式，构架较简洁。明间前设落地门六扇，前有廊轩，宽约1米。廊前为小院，植有花木，较先可能亦为住房。

上湾姚宅 位于杨湾上湾67号，清代建筑，面积200平方米，房屋完好率70%，现产权属姚姓，由张氏长期看护。房屋坐北面南，门屋朝西，面沿陆杨古街。该宅原很有规模，大厅、住楼、花园等建筑，现仅保存前厅与一部分门屋及园墙。住屋面阔三间带两厢，进深五界，构架为圆作抬梁式，边贴穿斗式。内四界前廊建筑形式，前施鹤颈轩。门屋左右为双厢房，结构紧凑粗壮，各装有6扇海棠半窗。住屋前门楼简洁，中层砖雕字牌为"承前启后"四字，无落款年月。左右两侧分别各塑一盆地宝盆和万年青，十分精致。门屋旁园墙上砌有瓦格花窗，古色古香，很有特色。右侧墙壁砌有一尊花岗石雕刻的怪兽，为别处不多见。

上湾居宅 位于杨湾上湾村9组，清代建筑，面积240平方米，为两户居姓所有。房屋基本完好，其完好率95%以上。保存有门屋、前住屋、后住屋三进建筑。圆堂已毁。前住屋五间带两厢，进深六界，构架为大梁扁作抬梁式，边贴穿斗式。内四界前廊建筑形式，前施鹤颈轩。前住屋前镌"少寄情赏"砖雕，甚为古朴，可能为明代遗物。后住屋五间带两厢，进深六界，构架为大梁扁作抬梁式，边贴穿斗式。前为六扇落地海棠花格长窗，十分精致。

上湾陆宅 位于杨湾上湾村14号，民国建筑，现产权为陆氏所有。宅院保存有一路三进单体建筑，分别为大厅、住楼、附房。大厅面阔三间，为内四界前后单步形式，内四界正贴扁作抬梁式，明间后设穿堂。大厅东侧橘园内有古井一口。住楼面阔三间带一个两厢。二楼构架圆作穿斗式。附房一坡屋面，面阔三间，圆作穿斗式。从单体建筑看，为民国时的传统民居。

第四节　公共设施、商铺

燕石小学 位于杨湾上湾村8组，明代建筑，面积155平方米，房屋完好率50%，现产权属朱姓、孙姓所有。燕石学堂，又名吴县县立燕石初级小学，民国24年（1935）村人张知笙发起创办。该宅原规模较大，有先后四进建筑，清初作过地方衙门关押犯人的监狱，清中期又作过尼姑堂，民国初期改办学校，抗战爆发后停办。该宅坐北朝南，面向陆杨古道，面阔三间，前后带轩廊。大梁圆作抬梁式，边贴穿斗式，前为鹤颈轩，根据屋架结构为明代建筑，西厢房后有一口古井，青石井栏索印深凹，甚为古朴。井旁房间曾作过停尸间，即监狱犯人折磨致死后停放处，墙上还有一小洞，又称拖尸洞，其井即为洗尸而掘。

更楼　位于杨湾上湾7组（上湾79号）西侧，清代建筑，15平方米。沿街朝西而建，二坡硬山造，面阔一间，进深2.7米。二楼构架圆作抬梁式，回顶。二楼正面沿街开有一方式小木窗，为更夫守夜探望门前动静所设；二楼背面上下两层木裙板，上层开有一方形大窗洞。更楼底层前立面开圈门，后部敞开，可通小巷，巷子里有青砖侧铺的小道，直通安庆堂。底层北侧有门，可通河房，并镌刻有"南洋里"三字，其结构极为巧妙合理。该更楼东侧原建有多幢民居，旧时为防盗贼、方便更夫敲更所筑。

水龙间　又名洋龙间，位于杨湾上湾村7组，清代建筑，面积30平方米，房屋完好率达80%。大门沿街而筑，门高3.5米，左右设粗壮砖墩，门上方置月圆形门楣，上塑两只凤凰，极为精致逼真。房屋一间，面阔4米，进深6米，内四界大梁圆作抬梁式。左右墙壁上开有窗洞，较窄小，仅为通风。该宅为清末民初村中的消防设置。

登善医院　位于杨湾张巷村，陆杨古道西侧，民国18年（1929）建，房屋面积121平方米。杨湾旅沪商人王宪臣等发起创建。设有门诊部、药房和病房区三部分，为乡人免费医治。民国27年（1938），因抗战事发停业。32年（1943）复业。门诊部、药房已破损，病房区保存完好。

古店铺　位于杨湾村浜场，民国建筑，面积100多平方米。店铺沿街而建，筑于浜场南面与西面转角处，全部木栅板门面，其立面非常漂亮。四坡歇山小瓦屋面。面阔三间带两厢9.5米，进深6.6米。构架为圆作内四界抬梁式。明间上部设阁楼，可贮藏货物，东边次间顶部做菱形天幔，并开有天窗，西侧立面及南立面均设木质栅板。其立面形式看为商铺。从构架看属民国时期的建筑。该店铺因年久失修，屋架于2010年坍塌，现已按原貌全部修复。

药材店　位于杨湾东街，沿街上下二层，建于清代，建筑面积117平方米，药铺、柜台等保存完好。

裁缝店　位于杨湾2组，沿街上下一层，建于清代，建筑面积206平方米，青石阶沿、木栅板保存完好。

剃头店　位于杨湾浜场，沿街一层，建于民国，建筑面积42平方米，店内保持民国风貌，仍正常营业。

豆腐店　位于杨湾大浜村，沿街一层，建于民国，建筑面积154平方米，店内保持民国风貌，正常营业。

茂泰米店　位于杨湾1组，沿街一层，建于清代，建筑面积205平方米，店内保持民国风貌。

表 4-1　　　　　　　　　　　　　　杨湾村现存主要庙、堂一览表

建筑名	年代	原宅主	现　况	自然村
轩辕宫	元代	庙宇	全国重点文保单位。存：正殿。	上湾村
明善堂	明代	张姓	全国重点文保单位。存：大厅、佛楼、厢楼、厢房。	上湾村
怀荫堂	明代	周姓	全国重点文保单位。存：门楼、住楼。	杨湾村
熙庆堂	明代	叶姓	江苏省文保单位。存：门楼、附房。	杨湾村
宏远堂	明代	王姓	存：门屋、圆堂，面积234平方米。	上湾村
敦爱堂	明代	周姓	存：大厅、前住楼、后住楼、花厅、书房，面积453平方米。	上湾村
宁远堂	清代	周姓	存：住屋，面积108平方米。	上湾村
纯德堂	清代	朱姓	苏州市文保单位。存：轿厅、大厅、住楼、花厅、书房、书楼。	上湾村
久大堂	清代	张姓	苏州市文保单位。存：门屋、大厅、前住楼、后住楼、花厅、书厅、花园。	张巷村
崇本堂	清代	张姓	苏州市控保建筑。存：门屋、前住楼、后住楼、东小楼、附房、更楼。	张巷村
晋锡堂	清代	朱姓	苏州市控保建筑。存：门厅、圆堂、住楼、附房，面积480平方米。	上湾村
遂祖堂	清代	周姓	存：门屋、大厅、住屋、住楼，面积603平方米。	杨湾村
康德堂	清代	周姓	存：住屋、大厅、住楼，面积275平方米。	杨湾村
崇仪堂	清代	叶姓	存：门屋、住楼，面积654平方米。	上湾村
三善堂	清代	公产	存：门屋、圆堂，面积216平方米。	上湾村
敦善堂	民国	周姓	存：住屋、住楼，面积250平方米。	上湾村
安庆堂	民国	徐姓	存：门屋、圆堂、前住楼、后住楼，面积803平方米。	上湾村
怡德堂	民国	沈姓	存：门屋、圆堂、前住楼、后住楼、花厅。面积1316平方米。	杨湾村
务本堂	民国	朱姓	存：门屋、圆堂、前住楼、后住楼、花厅，面积985平方米。	杨湾村
仁俭堂	民国	张姓	存：门屋、圆堂、住楼，面积322平方米。	大浜村
集庆堂	民国	孙姓	存：前住楼、后住楼、东小楼，面积352平方米。	张巷村
怀庆堂	民国	孙姓	存：前住屋、后住屋、圆堂，面积320平方米。	石桥村

表 4-2　　　　　　　　　　　　　　杨湾村现存主要古民居一览表

建筑名	年代	原宅主	现　况	自然村
上湾叶宅	明代	叶姓	存：门屋、住屋。面积266平方米。	上湾村
上湾黄宅	明代	黄姓	存：住屋，面积58平方米。	上湾村
上湾费宅	明代	费姓	存：住屋，面积115平方米。	上湾村
上湾王宅	明代	王姓	存：住屋、圆堂，面积234平方米。	上湾村
上湾周宅	明代	周姓	存：前住屋、后住屋，面积200平方米。	上湾村
上湾居宅	明代	居姓	存：门屋、住屋。	上湾村

续表

建筑名	年代	原宅主	现况	自然村
张巷王宅	明代	王姓	存：门屋，100平方米。	张巷村
杨湾刘宅	明代	刘姓	存：门屋、住屋，面积146平方米。	杨湾村
上湾宋宅	明代	宋姓	存：门屋、大厅，面积180平方米。	上湾村
上湾居宅	清代	居姓	存：住屋、圆堂、住楼，面积240平方米。	上湾村
上湾陆宅	清代	陆姓	存：大厅、住楼、附房，面积342平方米。	上湾村
杨湾胡宅	清代	胡姓	存：住屋，面积82平方米。	杨湾村
杨湾周宅	清代	周姓	存：门房、住屋，面积120平方米。	杨湾村
杨湾严宅	清代	严姓	存：住屋，面积30平方米。	杨湾村
杨湾袁宅	清代	袁姓	存：住屋，面积47平方米。	杨湾村
杨湾徐宅	清代	徐姓	存：住楼，面积150平方米。	杨湾村
杨湾席宅	清代	席姓	存：门间、住屋，面积133平方米。	杨湾村
上湾费宅	清代	费姓	存：前间、后住屋，面积115平方米。	上湾村
上湾徐宅	清代	徐姓	存：住楼，面积145平方米。	上湾村
上湾朱宅	清代	朱姓	存：住屋，面积85平方米。	上湾村
上湾顾宅	清代	顾姓	存：住屋，面积102平方米。	上湾村
杨湾殷宅	民国	殷姓	存：门屋、住楼，面积248平方米。	杨湾村
杨湾秦宅	民国	秦姓	存：门屋、店铺，面积474平方米。	杨湾村
杨湾顾宅	民国	顾姓	存：门屋、住屋，面积155平方米。	杨湾村
杨湾金宅	民国	金姓	存：门屋、住屋，面积159平方米。	大浜村
杨湾吴宅	民国	吴姓	存：门屋、圆堂、住楼，面积655平方米。	大浜村
杨湾叶宅	民国	叶姓	存：圆堂、附房，面积255平方米。	大浜村
杨湾翁宅	民国	翁姓	存：门屋、住屋，面积115平方米。	杨湾村

表4-3　　　　　　　　　　杨湾村现存公益设施、商铺一览表

建筑名	年代	原宅主	现况	自然村
刘公堂	清代	公产	存：大厅，面积116平方米。	上湾村
猛将堂	民国	公产	存：大厅，面积120平方米。	杨湾村
燕石小学	明代	张姓	存：门屋、边房，面积155平方米。	上湾村
登善医院	民国	公产	存：病房、药房，面积121平方米。	上湾村
更楼	清代	公产	存：一间，面积15平方米。	上湾村
水龙间	清代	闻姓	存：门间，面积30平方米。	上湾村
药材店	清代	薛姓	存：住楼，面积117平方米。	杨湾村
裁缝店	清代	俞姓	存：住屋、店面，面积206平方米。	杨湾村

续表

建筑名	年代	原宅主	现况	自然村
剃头店	清代	顾姓	存：住屋，面积42平方米。	杨湾村
作坊铺	清代	王姓	存：小楼，面积54平方米。	杨湾村
茂泰米店	清代	张姓	存：住屋、店面，面积205平方米。	杨湾村
豆腐店	民国	吴姓	存：住屋、店铺，面积154平方米。	大浜村
作坊铺	民国	周姓	存：住屋，面积133平方米。	大浜村

第五章 古迹遗存

杨湾村的历史可追溯至2000多年前的吴越春秋，其后北宋刑部侍郎叶逵在杨湾择地筑屋，南宋中原望族又多迁居杨湾，留下了众多的历史遗迹与人文景观，经过千百年的历史风雨，这些古迹大多已不复存在，但仍留有众多的遗存，为杨湾古村所独有。

第一节　历史遗址

演武墩　又名烽火台，俗称阿五墩，东周遗址。为吴越春秋时吴越两国交战时的军事设置，附近有铜鼓山、屯湾、长圻、南望山，均为吴越春秋遗迹。演武墩在杨湾石桥村东南的张巷山上，山高130米，从东至西共有3座古代人力堆成的椭圆形大土墩，面向太湖，即古代越国方向。东墩高1.8米，东西长18米，南北宽10米，面积180平方米；中墩高2米，东西长21米，南北宽10米，面积210平方米；西墩高1.8米，东西长26米，南北宽15米，面积390平方米。演武墩四周有石墙围，其墙厚50厘米，东西长60米，南北宽50米。原石墙高达2米，现大部已坍塌，仅剩约50厘米高的墙基。

长圻山　吴越春秋遗迹，在杨湾最西端，为伸入太湖中的一座小岛，可南望浙江（古时越国），西眺三山。长圻山高仅40米，分布有寺前、湾里、西巷3个古村。吴越春秋时为吴国屯兵之地，故又称屯湾；宋元时是中原移民迁居东山及苏州的驿站，附近有李湾、南堡等消失的南宋古村；明清时是达官贵人与文人雅士的游览胜地。清初东山诗人吴庄《长圻嘴》诗曰："长圻龙气接三山，泽厥绵延一望间。烟水漾中分聚落，居然蓬岛在人寰。"现长圻山上昔日吴国瞭望哨、烽火墩、古堡都已恢复。

铜鼓山　在杨湾长圻港口南侧，吴越春秋练兵遗址。该小岛为湖畔露出水面的岩石墩。墩中空，行走其上，便有"咚咚"之声，如击战鼓。据说春秋时吴国在常在此操练军队，战鼓总是响个不停，将士极为疲乏却无法停下。后来操练收兵了，战鼓还在响，细听是从地下传出来的，因此得名。该小岛南面为茫茫太湖，北面与长圻嘴相连，湖光山色尽收眼底，尤其在风猛浪高之日，波涛汹涌，震撼山岳，摄人心魄，更为壮观。铜鼓点兵是2015年新恢复的一个旅游景点。

泗州池　位于杨湾寺前村能仁寺遗址，为东山历史上著名古迹。据明王鏊《震泽编》载："能仁寺，在杨湾长圻东岭，梁天监二年（503）建，内有泗州塔池，旧传有塔影倒悬池中。"民国18年（1929）李根源《吴郡西山访古记》中载："二十五日，自杨湾赴湖沙，过黄家埕……望白浮山，过东巷、长圻嘴、湾里，折走东岭，至能仁寺，寺废。泗州池水色白味甘。足与天平乳泉比美……"1940年里人许明煦所著《莫厘游志》载：长圻东岭之能仁寺，一名长圻寺，寺后有潭，名泗州塔池,传能倒映泗州之塔。清康熙时泗州沦入洪泽湖,胜迹淹灭。今剩王鏊题书"泗州池"三大字之碑。该池长180厘米,宽120厘米,有9级石阶下至池畔,池水仍清洌甘甜。池北面即原能仁寺大殿甬道,共有30级石阶达殿基。泗州池水四季不涸,现仍为村民生活与生产用水。

鸡笼山 北宋遗址,在石桥村北面灵源寺下,吴中叶氏最早筑别业处。据民国《吴中叶氏家谱》载:北宋刑部侍郎叶逵娶乌程(湖州)羊氏,遂居乌程。筑别业在洞庭东山,乃迁家焉。逵公生三子,长元辅,居山之南,即鸡笼山之南,称南叶。鸡笼山从灵源寺西伸至石桥村,长约百米,山坡上多方形巨石,突兀山上,形如鸡笼而得名。据说山坡上原有一窝金鸡,一天母鸡外出觅食,老鹰来袭,小鸡四散逃离,钻入附近石桥、张巷、上湾等村躲避。后鸡生蛋、蛋孵鸡,所以这些村子自古来就极富足。

长公山 北宋叶氏古遗址,在石桥鸡笼山之北。长公,即叶梦得长子叶栋尊称。清雍正《吴中叶氏族谱》载:石林五子,长子栋居长公山,不知几传而绝。次子㮚居铁拐峰(在白豸岭上),第三子模迁石浦(昆山),第五子无后。金元之乱,时有盗贼入湖杀掠,沿湖居民卒遭其害,长公山居民外迁,至明代山中仅存坍屋、井厕而空无一人,现遗址尚存。

细湖头 北宋遗址,在杨湾港西。清雍正《吴中叶氏族谱》载:"石林公第四子居细湖头。细之言小,此其大概也。"梦得第四子名叶楫,生篑。也许是与兄栋、㮚、模等兄长相比,自感微小,故取名细湖头。族谱又载:水门支旧宅在细湖头,因有水门得名,今另建宅于朱巷。现细湖头地名尚存。

缑山学馆 元代古迹,在灵源寺灵源井旁,元代王鹏授徒处。王鹏,字九万,号缑山,河南偃师县东南(今名缑氏镇)人。元至正年间以世乱避隐洞庭东山,就居灵源寺。一生博洽经史,不愿为官,屡征不起,在东山灵源寺设馆授徒,并终老缑山宅。叶颙《赠缑山先生》诗云:"碧螺峰下灵源寺,草木无多屋半荒。一自先生僦居此,山云川雾尽文章。"

归休斋 叶颙故居,元代遗迹,在石桥头,现遗址尚存。《吴中叶氏族谱》载:"归休斋,在杨湾。元末,叶颙任浙省和靖书院山长。及元亡,乞归隐居石桥,在故居旁筑一室,曰归休斋。"其学有根基,尤称于诗。明洪武朝三次征其进京做官,可他每次均以年事已高,不能胜任为由而回绝。叶颙奉召归山后,筑别室于东山碧螺峰之阳。后朝廷密谕长兴侯,密注叶的一举一动,如有反常,立即押至京师问罪。叶颙为避杀身之祸,终日诗酒佯狂,最后病死于长兴街头,归葬东山碧螺峰麓。

昼锦堂 在澄湾,明初陕西左布政使叶德闻故居。德闻属东山南叶陈(澄)湾派,元末随父商于淮,因事被逮至京,朱太祖亲审而释其过,授陇西布政使,回洞庭澄湾故里筑昼锦堂,屋宇甚壮丽,叶颙为之作记,名士蔡旭有诗记之。未几,德闻蒙冤被杀,合族遭祸,族人星散,昼锦堂被毁,现仅存废墟遗址。

眠云榻 在石桥东白豸岭上,明代遗石。长约2米,宽而平坦,形似睡榻,故得其名。石上原有明王鏊所书"眠云石"三大字,现已模糊不清。清初东山诗人叶松《眠云石》诗云:"传是瑶宫物,移来自六丁。清宵游月姐,暇日守山灵。云影垂如幕,苔纹绣作铭。仙人尝一睡,世唤不能醒。"

石桥菜场门头 又名中区小菜场,民国建筑。民国时后山杨湾村为南区,陆巷村为北区,石桥村位于中间,故称中区。该菜场位于石桥港南端,石桥浜场北面,现上湾村16号至20号之间,保存有门楼及南北两进当时买卖交易的菜棚,该建筑民国18年(1929)建。门头略带西式色彩,全部为青砖清水勾缝扁砌。左右两只清水砖墩直砌至门头顶端,中间顶部为观音兜封顶。下圆拱门内膛高2.7米,中间字额为五块铁铸小方砖,上书"中区小菜场"五字,右侧为"十八年仲秋"一行小字,左侧落款:江洲施政书。

第二节 宫庵庙祠

轩辕宫正殿(参见古建筑)

汤斌庙 又名汤老爷庙,位于杨湾轩辕宫正殿前。建于清代中期,祭祀江苏巡抚汤斌。汤斌,字孔伯,号潜庵,清河南睢州(今睢县)人,顺治九年(1652)进士,官至礼部尚书。死后谥文正,被誉为汤文正公。汤斌巡抚江苏时,为苏州百姓做了许多好事,在东山流传着"折半又折半,一斗变成两升半"的谚语。说的是康熙年间东山遭遇两次大旱灾,汤斌两次向朝廷报奏,要求替百姓减免上交的皇粮,使原来的一斗粮减成了两升半米,而他却被罢官的故事。汤斌病故后,被列入苏州沧浪亭五百名贤祠,东山百姓亦念其恩,在轩辕宫前建汤斌庙以纪念。该庙面向西南,有门屋、前殿与大殿三进建筑,门屋面阔三间,进深四界,上下两层,规制较逊。中间既是庙堂的大门,又是轩辕宫的头山门。门屋上下二层,为其建筑特色,这在东山的古建筑中少有。后殿三间,进深6界。殿基又比前殿基高约一米,三座建筑因山而宜,逐渐向上而建,取步步高口彩。大殿正中塑汤斌神像,左右两旁供奉地藏王菩萨等。庙中保存有文徵明《东西两山图碑》和王鏊的《洞庭两山赋碑》及明青石阴亭等文物。

净云庵 在杨湾簊家山。始建无考。清道光间,寺僧架阁通道,于庵前悬崖辟精舍数楹,抱山面湖,旁多古木,为览胜之处。原规模较大,今大部庙屋已毁,仅存后屋三间僧舍,也岌岌可危,即将倒塌。20世纪80年代,洞庭公社在杨湾开设茧站,收购、烘烤蚕茧,净志庵庙屋大多改建成烘茧房而被拆建。现净志庵壁内保存有一块《净志庵碑记》,清道光二年岁次壬午,赐进士出身前知甘肃会宁山丹县事守朴斋居士郑长篆撰。

杨湾猛将堂 位于杨湾村浜场，坐北面南，面积90平方米，清代建筑。该堂系二坡硬山造，纹头脊，两边山墙面施博风。面阔三间，进深八檩，为内四界前轩形式。内四界正贴扁作抬梁式，边贴穿斗式。前轩顶部已损坏，前立面门窗后期已改为卷帘门。其宅至今已有180多年历史，清道光《苏州府志》载："刘猛将庙有五：一在阊门外江村桥西，一在盘门营内，一在横塘，一在洞庭山杨湾，其在中街路宋仙洲巷者，俗称大猛将堂，即吉祥庵也。"民国李根源著《吴郡西山访古记》中曾有记载，当时名为"刘公庙"。新中国成立后庙堂先后作为生产队仓库和供销社商店。2009年村民捐资5万元，房屋修缮一新，堂内设施齐全，新塑大小猛将2尊，制作匾额悬挂，改名为"上天王"，当年农历十月廿六举行落成典礼。2010年六月廿四东山荷花节庙会，杨湾猛将赏荷花的照片曾登载在《苏州日报》上。

上湾猛将堂 位于上湾村中部，清代建筑，面积120平方米。坐北朝南，面阔四间，进深八界，前置船篷轩。大梁扁作，抬梁式，边贴穿斗式。该庙历史悠久，相传宋时有朝廷敕文，现该敕文悬挂于庙中。庙屋原已破损不堪，2004年村民捐资28555元，修缮庙堂，精塑猛将，并于当年农历九月廿六举行落成典礼，2005年起每年春节举办猛将出巡活动，上至石桥，下到杨湾，全村男女老少200多人参加，还有乐队、腰鼓、秧歌、花篮、大头娃娃等6个文艺表演队参与，场面隆重，气氛活跃。

张巷猛将堂 位于上湾村张巷里，面积60平方米。坐西面东，三间。门前有一株百年榆树，历经风霜，苍老不堪，据当地老人说，该树与猛将堂同岁。为恢复历史遗存，2004年，村民捐资4万元，翻建房屋，装置门面，新塑猛将一尊，名称为"吉祥王"，现庙屋面东沿路，面积约60平方米。近几年春节（初四、初八），举行民俗活动，抬猛将路线南起杨湾，北至山嘴，有100多人参加，还有军乐、腰鼓、花篮、打连厢、大头娃娃、健身舞等文艺表演队走街串巷，热闹非凡。

湖沙猛将堂 又称湖沙刘公堂，位于湖沙村口山坡上，古银杏树北面。清代建筑，坐北朝南，前后两进。前进为门屋、后进为庙堂。庙堂面阔三间，大梁圆作抬梁式，边贴穿斗式。进深七界，前置船篷轩廊，廊檐下设桁间牌科，下置六扇落地长窗。庭院中植有两株桂花树。该庙屋从20世纪80年起，一直作东山华侨公墓办事处使用，后办事处移至他处，庙屋空关，房屋损坏严重。

长圻猛将堂 位于长圻寺前村，旧有猛将堂，在20世纪70年代被拆除建造小学，现庙屋在原址西面，是村民捐资3万元辟地新建，2010年5月19日举行落成典礼，祭祀猛将神。新屋面南三间，约80平方米，名为"上天王"，正门场地前方，一棵百年榉树英姿挺立，为新庙堂增添几分古意。2011年正月初九在长圻至杨湾之间进行出猛将活动。据72岁村民许根男回忆，长圻猛将是旧时后山七尊大猛将之一，民国时期，每年正月初九，后山七尊大猛将在沙岭集中，由长圻猛将领头，经白沙、平岭、天井湾在新庙与前山七尊猛将会合，再经殿泾港、严家坟行至潦里返回，其出猛将场面之大、人数之多，可称旧时东山正月的一大盛事。

屯湾猛将堂 旧有猛将堂规制宏大，庙屋八间雄居山坡，气势不凡，20世纪90年代初期毁于大火。2007年，村民在旧址上建屋一间作为庙堂，并塑猛将神祭祀。2009年扩建为三间，两次翻建花费近4万元，均由村民自发捐款。现庙堂位于原址中部，面南三间，进深六檩，约90平方米，名称为"上天王"。2010年、2011年春节，村民抬着猛将，前有乐队举旗帜先导，后有文艺表演队随后，200多人巡游队伍在环太湖观光大道上行进，吸引了许多外地游客观看。

上湾三官堂 又名三元宫，位于杨湾上湾村8组，清代建筑，20平方米。内供奉三官菩萨泥塑三尊。三官神即玉帝三子，专事人间祸福，有天官赐福、地官赦罪、水官免灾之说。每年上元、中元、下元三官神诞辰之日，村人祭之，香火甚盛。该庙面阔坐西面东，门前即为陆杨古道。正梁圆作，边贴穿斗式，青石提灯础。大门上砖额字牌雕"三元宫"3字，落款1994年。墙角有废弃的方砖3块，为大门砖额，旧时之物，但字迹残损，已无法辨认。

西巷骑龙殿 位于长圻西巷村北山坡，庙后有一株树龄约1000年的古柏树。传明嘉靖年间，西巷村人许骑龙在金陵城内经商，除夕之夜，他用稻草扎了一条草龙，带着一同乡骑上草龙直飞东山，落于村北山坡上，后人在此建庙纪之。该庙坐北朝南，面阔三间，进深六界，庙内供奉观音、猛将菩萨。屋前有一小水潭，旧称神龙潭，据说当年得道飞临东山的神龙即从水潭中遁入太湖。

寺前刘公堂 位于长圻寺前村。寺前，即能仁寺前之村庄。该庙坐北朝南，面阔三间，进深六界，面积90平方米。正堂供奉猛将菩萨。庙前有一块面积约100平方米青砖铺地的门场，极为宽广。该庙原址在"文化大革命"时建成了一座小学，现校屋尚存，近年中村人筹资在校屋前重建。

黄家堑刘公堂 在长圻黄家堑村中山坡上，坐北朝南，面向太湖。面阔三间，进深六界，面积80平方米，房屋结构古朴，属清代建筑。正间供奉小猛将神像。

屯湾金菩萨庙 位于屯湾村西，马家场旁。清代建筑，仅一间，面前门额塑"有求必应"四字。村人传金面菩萨姓金，原为一村坊郎中，医术高超，医德高尚，替贫家治病分文不收，卒后村人立庙祭祀。

湖沙城隍庙 在湖沙村东，坐北朝南，面阔五间带双厢房，大梁扁作抬梁式，边贴穿斗式，供祀城隍菩萨。该庙原已破旧不堪，即将坍塌，2008年村民筹资23万元重建。

湖沙宋襄公庙 位于湖沙村东城隍庙后，面阔三间，进深四界，供祀宋五襄公。据说宋五襄公原为清代一管理渔业的小官，生前有益于渔人，卒后村人建庙祭祀。每年农历二月十二日宋公诞辰之日，附近吴江、昆山、斜塘的养鱼人均前来庙中烧香。

张家祠堂 在长圻寺前村，清道光年间张子循、张瑞卿建。该祠坐北朝南，前后两进，加西侧附房共22间。前屋五间之中三间为祠龛，两旁为休息之所；后屋左为灶屋，右五间改为丙舍。原祠中祀始祖唐代御史中丞张巡，以及自一世祖张省至十七世张景裴等先人。20世纪90年代作过镇农业公司茶场。

附：历史上的寺庙

杨湾历史上寺庙较多，在东山所建古寺庙中，杨湾就有灵源寺、能仁寺、弥勒寺等规模较大的寺庙，经过一千多年的历史风雨，这些古寺大多已不复存在，但留下不少古迹。

灵源寺 又名灵源教寺，居东山九寺十三庵之首，与长圻嘴的能仁寺同建于南北朝时梁代的天监元年（502）。位于后山石桥村碧螺峰下，从现存的遗址看，当年寺庙规模宏大，约占地百亩。灵源寺下有口灵源井，"灵源"寺名之始，据说就源于这口古井名。

灵源寺在宋《吴郡志》、明代《姑苏志》《震泽编》及清时的《苏州府志》《太湖备考》等方志上均有记载。在历史上曾屡毁屡建。据叶承荣清道光二十七年所撰的《重修灵源禅寺碑记》载：灵源寺梁天监元年僧集善建，至元末毁；明永乐十二年僧智昕重建大殿，正统五年僧克勤建天王殿、观音殿；清乾隆年间大殿圮，里人王金增又倡修之。

20世纪40年代末，里人许一凡先生游灵源寺，在其《莫厘游志》中对古寺有过一段描述：寺院门前有"灵源禅寺"四字门额，下署：民国十九年再修，腾冲李根源书。入门见弥勒坦腹作大笑状。旁有对联曰："看一般人时往时来，我笑有因真可笑；这两个字曰名曰利，你忙无甚为谁忙？"旁为哼哈两将，面貌狰狞。天王殿中塑四大金刚，中祀护法神韦陀。左为妙音堂，有民国21年（1932）李根源题"妙音堂"字碑。中塑关羽及两将像，右周仓，左关平。寺庙正中为大圆通殿，民国20年（1931）张一麐书额。右为宿云堂，堂北为可月堂，大学士王鏊题额。

寺内原大殿前天井中尚保存有一株罗汉松，树高20多米，树干直径约2米，须四个成人手拉手才能合抱。树干纹理盘旋而上，宛若龙柱。据专家鉴定，距至今已有1500多年，为梁代遗物。灵源泉位于原山门左侧，为东山旧时十大名泉之一。井水清冽，常年不涸。据说古时石桥村人凡患了眼疾，用灵源井水一洗眼睛，就不红不痛，马上治愈。在寺后半山腰的山崖上，镌刻有"碧螺春晓"四个大字，为民国18年（1929）李根源游览时所书。

在历史上，灵源寺为东山一处著名的佛教旅游胜地，文人墨客游览古寺后留下了许多诗作。最著名的是明代文徵明和徐祯卿于弘治癸亥（1503）十月，两人结伴到东山游览一周，曾夜宿灵源寺，后来还合刻洞庭唱和诗《太湖新录》。

1954年9月，震泽县文教局在灵源寺内建办过渔民子弟小学校，分3个班级，108名学生，12名教职员工。1966年毁。2006年3月22日，重建灵源寺规划设计方案论证会在东山镇政府四楼会议室召开，现已恢复重建头山门一幢。

能仁寺 又名能仁教寺及长圻寺，位于长圻山东麓，是东山历史上最早建造的寺庙之一，明成化《姑苏志》、弘治《震泽编》《苏州府志》《吴县志》及清《具区志》《太湖备考》等所有方志上均有记载。

明王鏊、蔡昇《震泽编》载："长圻之东岭曰能仁寺，梁天监二年（503）僧道适开山。寺有泗州塔池。池甚浅，大旱不涸。旧传有塔影倒悬，今亡矣。"能仁寺规模宏大，从现存庙址看，当年寺庙占据了整个东岭山，有百亩之广。可惜因毁圮较早，历史上详记甚少，大多所记寺名而已。民国18年（1929）李根源《吴郡西山访古记》中，只记有："二十五日，自杨湾赴湖沙，过黄家堑……望白浮山，过东巷、长圻嘴、湾里、折走东岭，至能仁寺，寺废。泗州池水色白味甘。足与天平乳泉比美……"

而在20世纪30年代，里人叶乐天所著《乡志类稿》曰：从北望经下堡、南望，越岭抵西巷村，东南行，达长圻东岭之能仁寺，一名长圻寺，梁天监二年僧道适建。寺左有大钟一口，模糊可认，有"明弘治十年"和"能仁寺"字样。寺后有潭，名泗州塔池，传能倒映泗州之塔。清康熙时泗州沦入洪泽湖，胜迹湮灭。今剩王鏊题书"泗州池"三大字之碑。

在民间，长圻能仁寺有不少传说，更为这座古寺增添了不少神秘色彩。据说能仁寺大殿下有地道，可直通楚之巴陵。清末苏州书坛曾有"岳飞大战十三妹"之评话，其故事就发生在东山能仁寺中。《太湖备考》上有南宋初年岳飞到太湖洞庭山组织民船抗金兵的记载，但能仁寺之战很可能是后人讹传。寺中泗州池直通苏北洪泽湖，明清以来的苏州、吴县方志上几乎都有这么一段神秘的记载，而且均人云亦云，摘录前之方志，但都没有对地道作详细记载。

弥勒寺 又称北望寺，位于长圻北望山。宋范成大《吴郡志》载："弥勒禅院，在吴县西南一百里洞庭东山，乾符年间吴越王建。"其寺原规模很大，占地约50多亩，有西隐堂、芙蓉殿、秋水阁等建筑。今庙屋全毁，仅存白莲池、饭石峰等遗迹。

弥勒寺为东山著名古寺庙之一，明《姑苏志》《震泽编》及清《吴县志》等方志上均有记载。其庙后山冈上有一块巨石，称饭石峰。相传弥勒寺建造时遇到了大灾荒，北望村百姓准备外出逃难。开山禅师德润和尚施法化沙石为米，在山冈上施饭，救活了无数生灵，后来人们就把寺后的山崖称作饭石峰。据说以后每到下雨，山冈上往往得细石如米粒，为开山禅师施饭也。清金友理《太湖备考》在"弥勒寺"条目下曰："按细石如米，山沙之色质也，施饭遗迹，事属附会。"用现代科学的观点来看，沙石变米粒是不可能的，但民间传说寄托了人们一种美好的愿望，或许当年德润和尚普度众生，确在山冈上施过米饭。

弥勒寺靠近能仁寺，两寺有姐妹寺之称，古时慕名前往游览者甚多，留有不少名人诗迹。"明四家"中的文徵明和徐祯卿及明代东山贺泰、吴鼎芳、葛一龙、叶松等名士，均留有游弥勒、能仁寺的诗作。

文昌阁 在湖沙,始建无考。清咸丰十一年(1861)毁。后里人改建以祀土地神,已废。

高真堂 在湖沙里。清康熙间建。旧有高真堂在梁家濑,明正德间已废。今湖沙之高真堂亦废,均无迹可寻。

第三节　河港桥梁

一、河港

周家河 又名大浜,南宋古港,在杨湾东街大浜村,全长1300米。大浜村口筑有的古码头。面南向太湖,东西两侧用山石筑砌石墙,形成一天然的湖湾。南宋初年,周氏随南渡大军从汴梁迁居杨湾后,始以农耕为生,利用箕家山的天然涧溪拓宽河道,并出资在两边用山石砌筑石驳岸,使之成为一处避风而又便于出行的太湖港湾,即后来的周家河头。明清时期后山一带的商人就是从周家浜起程扬帆远行,成为著名"钻天洞庭"商人集团的一部分。

杨湾港 在杨湾浜场南,全长约2000米,原为天然山溪,南宋时北方移民定居阳(杨)湾,进行拓宽延伸到太湖,并在两旁筑石堤,使之成为后山一处水码头。民国《乡志类稿》载:杨湾港计长四里半,为东山通太湖外港,擅沼泽之利,控湖山之险。乾隆以降,随淤滩伸涨,为沿太湖东南诸村,来山通道,亦即湖盗出没之所也。《岳传》载:杨湾为义军杨虎所居山寨,水军出杨湾港,擒部将牛皋,绑于前山古紫藤上,后杨虎归顺岳飞,共抗金兵。

石桥港 在石桥村北,直通太湖,长150米。该港形成于南宋时期,原为天然山溪,后被拓宽利用。南宋绍定年间朱安宗所筑之震泽底定桥(石桥),就横跨在溪港上,故称石桥港。民国《乡志类稿》载:石桥外湖轮船,里人席启荪开办,民国20年始航。有裕丰商轮等,苏山单放来回,一自苏州经木渎出胥口,绕西山而至石桥;一自后山石桥、寒山,直达前山席家湖、渡水桥。1979年环山公路通车后,在村旁设有石桥站,村人出行以陆路为主。

久大港 在上湾张巷村西,直通太湖,长150米。原为村后碧螺峰一天然涧溪。张氏为张巷村南宋迁居的移民,明清时以经商致富,在该港南北两岸筑有久大堂、久如堂、怡瞻堂等多幢明清豪宅,其中久大堂就有房屋五进,近百间,达3000多平方米,据说张巷港就是为建造这些巨宅,运送木料、砖瓦等建筑材料拓宽开挖的。现村旁设有张巷站,村人出行亦以陆路为主,偶有船只从港中出入,港道主要为汛期排洪山溪。

屯湾港 在屯湾村南,直通太湖,长380米。民国东山旧志载:屯湾港计长五里，为后山通湖之港。屯湾吴越春秋时为吴国屯兵之处，该港历史悠久，早在2000多年前就被人工利用，运送士兵、武器及防御外敌进攻。原屯湾港为村民生产与生活资物进出的主要交通水道，2011年东山全长26.6公里的新环山公路全面竣工通车，其中在杨湾境内新增4.6公里。村人出行始以陆路乘车为主。

澄湾港 在澄湾村南，直通太湖，长380米。民国东山旧志载：澄湾港计长五里，为村人出入太湖之水道。昔元末张士诚之大臣德新、明陕西左布政使德闻均出自陈（澄）湾。

此外，杨湾村境内通太湖的港道还有11条：湖沙港380米，南流入太湖。马家港380米，南流入湖。石牌港380米，南流入湖。金家港380米，南流入湖。头浜港380米，南流入湖。西头港380米，南流入湖。湾里港200米，南流入湖。西巷港150米，南流入湖。东巷港150米，汇入湾里港入湖。木桥港200米，西流入湖。牌楼港120米，西流入湖。

二、桥梁

石桥 又名震泽底定桥，俗称石桥，南宋始建。位于上湾石桥村，为东山现存最古老的桥梁。建于南宋绍定年间（1228~1233），明成化乙巳年（1485）和清乾隆丁未年（1787）两次重修。单孔石平桥，长2.82米，宽4.2米。中间桥面石宽0.88米，厚30厘米。桥上筑简陋桥亭一间，四檩，东西落水，檐橼均出檐30厘米。梁圆作，抬梁式。桥壁间保存有古碑两块，桥南古宅墙壁间镶砌《重铺坪磐官路记》碑，桥北立《重建震泽底定桥记》碑。桥面石共5块，其中4块花岗石板，1块青石板。据说始建时全为青石板，清代重修时改为花岗石板。

据朱济民《震泽底定桥记》载：南宋绍定五年（1232），石桥村人朱安宗为方便村人进出，出资在村前山涧上架石桥一座。因太湖古名震泽，大禹治理太湖水患时有"三江既入，震泽底定"之说，其桥名即取禹王治水底定"震泽"之意。而村人习以"石桥"称之。建桥253年后的明成化乙巳（1485），山水陡发，桥之石坪砱俱被大水冲毁，朱氏后裔朱济民发起重修，得村中各姓响应及赞助，桥复旧观。清代乾隆五十二年（1787），该桥岁久垂圮，尤以桥堍坪砱损坏，雨后难以行走。村人又捐钱捐物，再次整修桥身、坪砱，铺筑官路，南至方里，北至牌楼。震泽底定桥历经700多年，如今仍不失旧貌。

香花桥 宋代始建，位于杨湾寺前村，原能仁寺中古迹。该寺庙建于南北朝时的梁天监二年（503），原景观颇多，惜大多已毁。青石拱桥，桥面宽2.2米，长2.1米。桥洞由20块拱形青石板筑成，桥洞高2.1米，宽2.4米，极为古朴。该桥因年代久远已被荒草淹没，2015年杨湾村筹资对千年古寺之古道、古桥、古泉进行全面修复，香花桥得到了有效保护。

月溪桥 俗称棋盘桥，宋代始建。位于灵源寺西侧山溪上，青石平桥，长3米，宽2米，桥面为2块巨大的青石板，其中南面一块石板右侧两端各镌有一朵瑞云，极为古朴。而桥板中间已断裂,下由一根高1.5米的六角形青石柱顶住,俗称"橄榄核填桥脚"。该桥有一典故,古时有一天月夜,灵源寺中的四大金刚闲得发慌,有二人相约出门赏月,走到月溪桥上借着月光下起棋来,中一人输了,生气一跺脚把桥面石踏断了。眼看石桥马上要坍,另一人连忙把嘴里正在嚼的一颗橄榄核朝桥下一扔,橄榄核变成了一根石柱,顶住断桥,千年不坍。如今桥面石上还镌刻有一副30厘米见方的棋盘石。

张巷广利桥 又名江陵桥,明代古桥。位于杨湾上湾张巷陆杨古道上。横式平桥,横跨在古道山涧。桥面用三块长3.3米,宽0.8米的长条形石组成。三块桥面的石质分别为武康石、青石、花岗石。桥两侧有护栏石,系青石质。其中一块栏板石侧面镌刻"大清康熙三十四年时瑞甫重建"字铭。属古道山涧上之便桥。桥式古朴。该桥对研究当地的水文历史有重大意义。

张巷老青桥 明代古桥。位于上湾木桥港中段,环山公路西侧,横式平桥,原横跨木桥港上,现桥港西侧道路已被水泥楼板覆盖而成走路。桥面由两块大青石板筑成,长2.5米,宽1.2米。明清时,该桥是村人出行的主要通道。

张巷青桥 俗称青桥头,清代古桥,在张巷陆杨古道上,横式青石平桥,长2.4米,宽2.5米,由5块石板铺成,其中3块青石板,2块花岗石板,花岗石板可能为后来所补铺。

菜场青桥 在石桥民国中区小菜场门楼前,清代平桥,长2.35米,宽2.15米,由4块青石板铺成,下为山涧,溪水终年流淌。

民国拱桥 在石桥民国中区小菜场东端,水泥拱桥,可能与民国菜场同时所筑。长4.6米,宽2.1米。桥下为小溪,直通太湖,民国初期菜场全盛时,常有对湖西山菜船系之桥下卖菜。

第四节 泉井峰石

一、泉井

灵源泉 梁代古井,在杨湾石桥村灵源寺罗汉松旁。井口直径70厘米,黄石盘筑井壁,井口上部有青石质铜鼓形井栏,外径70厘米、内径38厘米、高48厘米。井栏内壁下部凹进一圈,为别处不多见。灵源泉为东山古代十大名泉之一。据明王鏊《震泽编》载:"碧螺峰下曰灵源泉。世说昔有患目者,濯之辄愈因名。"明葛一龙《灵源泉》诗云:"一源何处来,却向此中出。一饮疲癃去,方知是灵物。梵构自天监,泉名已先立。山僧广上善,世与人人汲。"清程思乐诗亦云:"一脉甘泉自有源,清流曲曲绕山门。蒲牢声里禅心定,好向螺峰同根本。"

灵源照潭 位于灵源寺罗汉松南,呈半月形,长600厘米,宽800厘米,水清冽,终年不涸,原为灵源寺僧生活取水处。潭背面及左右砌有高达数米的石壁,朝西潭正面置青石栏,其中一块青石长350厘米,极为罕见。

石桥义井 在震泽底定桥旁,明代古井。井口直径70厘米,青石盘筑井壁,井口上部有青石质八角形井栏,外径66厘米、内径35厘米、高41厘米,井栏侧面镌刻"义井"两字铭,惜2015年年底井栏被盗。

燕石井 又名尼姑井,位于上湾原燕石小学后,明代古井。井口直径60厘米,青石盘筑井壁,井口上部有青石质八角形井栏索印深凹,甚为古朴。外径60厘米,内径36厘米,高36厘米。燕石小学在清康熙年间作过监狱,井西侧墙上有一小洞,旧为拖尸洞,据说犯人在狱中病亡或被折磨致死后,衙役把尸体从洞中拖出,用井水洗尸后埋葬。

湖沙井 在湖沙村中心,俗称井场头,明代古井。湖沙原有敦睦堂、目辉堂、宝仁堂、济怀堂、经余堂等13座明清古宅,湖沙井为这些古宅的公井。井口直径70厘米,黄石盘筑井壁,井口上部有青石质六角形井栏,外径60厘米,内径48厘米,高40厘米。

湖沙新门场井 位于湖沙村山坡上,摩崖"小云台"下,清代古井。原为宝仁堂里进门,又称新门场井。井口直径70厘米,黄石盘筑井壁,井口上部有花岗石质六角形井栏,外径44厘米,内径30厘米,高40厘米。

顾氏古井 在西巷村口道路中间,燕诒堂西侧。明代古井。井口直径70厘米,黄石盘筑井壁,井口上部有青石质圆形井栏,外径55厘米,内径32厘米,高30厘米。井台为两块分别长140厘米,宽70厘米的青石板,其东边青石板靠近井栏旁有两脚印凸起,踩磨十分光滑。

西巷马家私井 位于西巷村北东侧路边,原马家老宅旁,近处有两山潭,因形如太阳与月亮,俗称太阳潭与月亮潭。明代古井。井口直径70厘米,黄石盘筑井壁,井口上部有青石质上圆下方井栏,较为奇特。井栏上部圆形外径48厘米,内径30厘米,高18厘米;井栏下部方形长70厘米,宽65厘米。井栏上部镌刻有"马家私井"四个大字,无年款。

黄家埪老井 位于长圻黄家埪山涧旁,近代老井,挖掘于20世纪60年代。山石盘筑井壁,井口上部有青石质圆形井栏,外径56厘米,内径42厘米、高34厘米。该村因临近渡水港,村人以饮太湖水为主,其井为现村中唯一保存的一口老井。

承志堂老井 在石桥村承志堂天井中,瓦井,井口直径70厘米,青石盘筑井壁,井口上部有青石质八角形井栏,外径60厘米,内径35厘米,高41厘米。承志堂民国初年王宪臣所建,该井亦属民国老井。

崇本堂老井 在杨湾崇本堂第二幢古宅前天井中,暗井,无井栏。花岗石井台长82厘米,宽52厘米,且同天井中所铺筑的花岗石板混为一体,很难分辨。

山石盘筑井壁,井口盖板长、宽各30厘米,较精致。此供古代老宅中万一发生火警,消防救急用水。

大浜矮井 位于杨湾大浜村,清代古井。青石盘筑井壁,井栏与井台连为一体,故称矮井。井栏为圆形,外径54厘米,内径38厘米,高15厘米,井口直径60厘米,井栏上部索印深凹,甚为古朴。该井与更楼矮井为一对姐妹井,杨湾村自来水未通时,4队村民生活用水主要赖这两口矮井,惜附近更楼矮井被毁。

苟丝弄井 在杨湾村苟丝弄,怀荫堂西,清代古井。黄(山)石筑井壁,圆形花岗石井栏,高40厘米,内径38厘米,外径50厘米。青石井台长宽各140厘米,左右两侧雕有凸形踏脚,以方便村人汲水。

二、峰石

碧螺峰 在石桥灵源寺后张巷山上,北宋古迹。峰高120米,山岭多异石。该峰是江南名茶洞庭碧螺春茶最早的产地,相传为远古时天庭王母娘娘令仙鹤传种处。据清乾隆《太湖备考》载:"东山碧螺峰石壁有野茶数枝,山人朱元正采制,其香异常,名'吓煞人香'。"碧螺峰摩崖朝西仰卧,高1.5米,东西宽2米,南北长2.5米,中镌刻"碧螺峰"三大字,仍清晰,而南侧一方小字已被风化,无法辨认。据民国叶乐天《乡志类稿》载:"碧螺峰,王鏊题,正德八年。见周采清《籁馆词注》。"王鏊《碧螺峰》诗云:"俨双峰兮亭亭,忽雾绕兮云横。冈峦纷兮离合,洞壑黯兮峥嵘。望夫人兮不远,路杳杳兮难征。"崖旁有2002年所筑碧螺亭,亭中匾额为亚明题。

饭石峰 唐代古迹,在杨湾附近北望寺遗址内。北望寺又名弥勒寺,明《姑苏志》载:"弥勒寺,唐乾符间吴越王建。僧德润开山,山冈雨后往往得细石如米,故曰饭石峰。"相传弥勒寺建造时遇到了大灾荒,北望村百姓准备外出逃难。开山禅师德润和尚施法化沙石为米,在山冈上施饭,救活了无数生灵,后来人们就把寺后的山崖称作饭石峰。据说以后每到下雨,山冈上往往得细石如米粒,为开山禅师施饭也。文徵明《游弥勒寺》诗曰:"泗州名在池无塔,饭石师归寺有峰。欲扫南墙留半偈,白云回首愧尘踪。"

览胜石 明摩崖石刻,在杨湾寺前村东岭长圻山能仁寺遗址前。石上镌刻"览胜石"三大字,正书,高四尺,无书刻落款。据民国叶乐天《乡志类稿》载,其摩崖为明正德年间王鏊书。

雄磺矶 摩崖石刻,明代古迹,保存于杨湾寺前村长圻山峰麓蜈蚣岭上。正书,高二尺,明正德年间大学士王鏊题。据传古时岭上蜈蚣精拉尿于山溪中,寺前村人畜喝了有毒的溪水,得了一种怪病,有气无力不能劳动。王鏊告老还乡后到长圻游览,得知岭上蜈蚣精作怪后,遂在石上磨墨,写下了"雄磺矶"三个大字,镇住了蜈蚣精。该摩崖石刻2000年被移至前山雨花胜境内,现长圻山原址摩崖为复制石。

小云台　清代摩崖石刻，在湖沙山上，清人金砺所书。其峰背靠青山，面向太湖，视野开阔，气象万千。旧传湖沙有龙穴，小云台为其龙目，被明代军师刘伯温所破。席珏《小云台晚照》诗云："烟屯平楚千村晚，月浸澄波万顷寒。值得云台振衣客，丹青并入画图看。"2009年，原葬于山下杨湾华侨公墓的前外长乔冠华墓移葬小云台，同前妻龚澎合墓。现小云台乔墓附近已新建了一百多座墓穴，形成一个新的墓区。

可月堂　明额，原保存于灵源寺遗址，现收藏在杨湾安庆堂叶宅内。隶书署疑正书，高四尺四行，明王鏊题。

阴亭　明代青石棺，俗称阴亭。石亭高3.58米，直径2.5米。石亭正面门窗上雕刻有花卉图案，夹樘板上阴刻"叶时敬妻周氏之墓"等字。叶时敬明代杨湾人，祖上经商，家境殷富。据说亭中原储周府小姐香妹尸骨，说她自小与叶时敬订婚，16岁时被地方官选中正德帝妃子，但她宁死不从，在进宫前夕为未婚夫殉情而死。叶倾家中所有雕造了这座特殊的石棺，来安葬爱妻，后叶时敬出家云游四方终其一生。该石棺原埋葬在杨湾轩辕宫旁，20世纪60年代生产队开荒发展橘林，挖出了这座重达数吨的石棺，现保存在轩辕宫汤斌庙内。

碧螺春晓　民国摩崖石刻，保存于碧螺峰下原灵源寺后山崖。民国18年（1929）李根源至吴郡西山访古，五月十九日至二十八日，在东山访古探幽10天，灵源寺碧螺春晓摩崖为他访古时所书。崖石朝南斜卧，长250厘米，宽15厘米。隶书"碧螺春晓"四字，长100厘米，每字长宽各20厘米。左侧镌刻一行小字：民国十八年灵源寺僧宏度请腾冲李根源书。

第五节　园林古木

一、园林

醉石山庄　位于杨湾村与槎湾交界处的箕家山坡上，苏州金石世家蔡廷辉营造。1993年动工，2006年6月18日竣工，历时13年之久。其山庄背靠玉笋峰，西临西太湖，占地近30亩，光石料就用去近15000吨，而用石头叠加起来的小溪，高低水位相差有16米。园中的亭台楼阁，用当地的黄石所搭砌。登亭能坐看漫山红橘，上楼可眺望连天银波。峰峦映窗，泉声入耳，而在清泉流淌的崖壁上，刻有一方近70平方米的大型摩崖石刻：唐寅的《吴门避暑图》，为蔡廷辉亲自镌刻，气势极其雄浑。

附：历史上园林

塈舟园　吴中名园。《苏州府志》《吴县志》均有记载。位于后山石桥村景德堂前,初名"壑舟",清乾隆年间,王金增购朱氏绉缥楼旧址,再与"壑舟"合建成壑舟园,为吴中名流雅集之地。

壑舟始建于明成化丁未(1487),为王鏊仲兄王鏊所建。王鏊,字溁之,号壑舟,高隐不仕,以经商为业,家饶富。晚岁倦游,筑室于洞庭之石桥头,以自号"壑舟"名之,取名居室名"壑舟",含藏舟于壑之意。成园之时,其园为名流雅集之地,极为热闹和风光。仲弟王鏊为之作《壑舟记》,吴中名士沈周、蒋春洲绘《壑舟图》,祝允明、唐寅和状元李旻、大学士杨廷和等十多位钜公与名流作和诗,并结为一集,名《壑舟雅集》,被誉为吴中盛事。

明《苏州府志》载:"壑舟园在洞庭东山,王文恪公仲兄王鏊所筑。鏊隐居不仕,取藏舟于壑之意,以名其园,即为自号。后废,裔孙金增亦组购朱氏之缥缈楼,仍名壑舟,以承先志……"据清乾隆年间内阁学士沈德潜《壑舟园记》载:壑舟园在明末时曾一度为礼部尚书钱谦益所购,吴梅村见而赋诗。继数易其主,后人眉庵(金增)不忍先泽之湮,善贾买而归之,并得朱氏旧宅,与兄槐庭、弟忍庵,商酌扩大之,又增建楼阁,为眺览名胜之所,仍颜曰"壑舟",以承先志也。王氏清乾隆年间重建之壑舟园,有天绘阁、孔安楼、护兰室、云津堂、缥缈楼、得月亭、艺云馆、壑舟堂等建筑。园内有缥缈晴岚、碧螺拥翠、石公晚照、三山远帆、石桥渔艇、豸岭归樵、双墩出月、弁山积雪等八景。

二、古木

灵源寺罗汉松　在杨湾石桥村后灵源寺内,树龄1500多年,高30米,胸围6米,生长良好。苏州吴中区农林局2004年10月挂牌:古树名木保护级别为Ⅰ级。与西巷古柏、吴巷山古银杏、殿前古紫藤同称东山四大"千年活宝"。灵源寺建于南北朝时梁代天监二年(503),据说该罗汉松为集善和尚开山时所植。明文徵明《宿灵源寺》诗中有"高高古松摇日月"之句,说的就是这株古松。20世纪80年代末,古罗汉松根部曾发现白蚁侵蚀,吴中区农林局和东山农林服务中心组织力量及时进行扑杀,并划定保护范围,设置铁栅栏进行保护,使之恢复生机。

西巷古柏　位于屯湾西巷骑龙殿遗址,树龄约1000年。树高20米,胸围4米。屯湾,古名屯兵湾,唐代释文鉴《洞庭记》:"屯兵湾,吴国曾在此屯兵而得名也。"相传明代初年,有批东山人在金陵经商,除夕之夜,大伙思乡心切,均想回家过年。内有一个名许骑龙的人,速编一条草龙,载众人飞到了这株古柏旁,回家过了年。后人感其恩,在古柏树旁建骑龙殿以纪念,现骑龙殿遗址尚存。古柏树原生长良好,2013年起突然大部枝丫死亡,吴中区文物管理部门和村里共同采取紧急措施,全方面进行抢救,现树势有所恢复。

明善堂黄杨　位于上湾明善堂花厅前天井中,树龄600年,树高6米,胸围40厘米,生长良好。在东山民间有"黄杨出屋可防火灾"之说,故旧时大户人家屋后多植黄杨。明善堂建于明代末年,为清初进士张延基的故居,估计该黄杨在明末时所植。

磨盘石银杏树 位于杨湾2队磨盘石。树龄600年，高15米，胸围300厘米。20世纪80年代，其顶部被雷电击中，劈去顶梢，现犹如一巨大的树桩盆景。苏州市吴中区农业局2004年10月挂牌保护，保护级别为Ⅰ级。

净云庵樟树 在杨湾箕家山嘴净云庵庙内，生长茂盛。树龄约500年，高20米，树冠达250平方米。中间主干胸围粗600厘米，旁有4支干，胸围分别在130至150厘米之间，成圆形围住主干，现生长茂盛。

净云庵沙朴树 又名弯背树，位于杨湾箕家山嘴净云庵庙南面旁，树龄约500年。高15米，胸围360厘米，树冠向南倾斜，如一盆巨大的悬崖式盆长在东杨古道高坡上，极为壮观，原是后山杨湾等村通往前山的主要道路，每年后山春节出猛将会及四月里出抬阁，均要从弯背沙朴树杈下经过，据说抬阁装得有多高，该树杈就能升多高，保证人们抬着大猛将与抬阁能从树下通过。惜在2005的夏季强台风中被刮断。

湖沙银杏树 在湖沙村口刘公堂前。树龄500年，顶高30米，胸围粗390厘米。保护级别为Ⅰ级，苏州市吴中区农业局2004年10月挂牌保护。

马家场银杏树 位于屯湾村马家场，树龄约500年，高20米，胸围350厘米。附近还有1株树龄近200年的古银杏树。

明善堂山茶 在明善堂花厅前天井中，树龄360年，株高5米，胸围40厘米，生长茂盛，每至4月，同株开出红、白二色茶花。

灵源寺板栗树 在灵源寺罗汉松近处山坡上，树龄350年，高15米，胸围250厘米。苏州吴中区农林局2004年1月挂牌，古树名木保护级别为Ⅰ级。

施家场银杏树 在杨湾施家场南，原叶氏熙庆堂旁。树龄350年，顶高30米，胸围粗300厘米。保护级别为Ⅰ级，苏州市吴中区农业局2004年10月挂牌保护。

杨湾阿四头地银杏树 位于杨湾演武墩山道旁，周氏遂祖堂西面，树龄350年，高30米，胸围250厘米，保护级别为Ⅰ级，苏州市吴中区农业局2004年10月挂牌保护。

上湾周宅银杏树 在上湾陆杨古街东侧高墩上，周氏敦爱堂前。树龄350年，高25米，胸围粗360厘米。保护级别为Ⅰ级，苏州市吴中区农业局2004年10月挂牌保护。

上湾王宅银杏树 位于上湾陆杨古街东侧高墩上，崇仪堂南侧，原王氏宏运堂废墟围墙内。树龄350年，顶高25米，胸围粗360厘米。保护级别为Ⅰ级，苏州市吴中区农业局2004年10月挂牌保护。

澄湾银杏树 在澄湾村山坡上，雌雄两株，树龄350年。雄株高20多米，树围250厘米；雌株高20米，树围粗150厘米。

湖沙榉树 位于湖沙村东部，城隍庙前。树龄约300年，高10多米，胸围20米，枝干挺拔。

西巷村口银杏树　位于长圻西巷村口，明宅燕诒堂屋南，旁有明代古井。树龄300年，高10米，从根部分长出3株树干。中间一株树围150百米，旁边两株树围分别粗120、110厘米。保护级别为Ⅱ级，杨湾村挂牌保护。

寺前榆树　位于长圻寺前村刘公堂前，树龄200年，树高30米，胸围粗200厘米。生长极为茂盛，整棵树冠覆盖达30平方米。

湾里银杏树　在长圻湾里村西部，树龄200年，树干高25米，树围粗200厘米。附近有三株树龄150年以上的古银杏树。

西巷中部银杏树　在长圻西巷村中部，树龄200年，高15米，树干粗细两株，粗株胸围220厘米，细株胸围150厘米。保护级别为Ⅱ级，杨湾村挂牌保护。

西巷太湖潭银杏树　位于长圻西巷村北太阳潭旁，树龄约200年，高20米，树胸围240厘米。保护级别为Ⅱ级，杨湾村挂牌保护。

黄家埝榉树　在长圻黄家埝村猛将堂西侧，树龄约200年，高15米，胸围1米，因生长在村子里，长势一般。

黄家埝银杏树　位于黄家埝东部，树龄200年，高20米，胸围260厘米。附近还有3株树龄近200年的古银杏树。

屯湾银杏树　在屯湾村西部，树龄200年，高20米，胸围300厘米。附近还有2株树龄近150年的古银杏树。

屯湾沙朴树　在屯湾村东倪家老宅前，树龄200年，高20米，胸围310厘米，长势茂盛，树冠复盖面积达50平方米。原树近处是一片宽阔的空地，现在北面建了一幢楼房，故被锯去一分枝。

马家场沙朴树　位于屯湾村马家场，金面菩萨庙前。树龄约200年，高15米，胸围240厘米，树冠较低矮而茂盛，犹如一树桩盆景置于路旁。

表5-1　　　　　　　　　　杨湾村吴中区农林局保护古木一览表

编号	古木名	挂牌树龄（年）	性质	所在地
144	朴树	500	集体	杨湾村4组净云庵
145	银杏	600	集体	杨湾村磨盘石
146	香樟	500	集体	杨湾村4组净云庵
147	银杏	360	个人所有	杨湾村2组
148	银杏	350	个人所有	杨湾村老街
160	银杏	580	个人所有	上湾1组居家湾
161	银杏	480	个人所有	上湾2组金鱼场
162	罗汉松	1500	国有	上湾村石桥村灵源寺
163	黄杨	600	国有	上湾村明善堂
164	蜡梅	400	国有	上湾村明善堂

续表

编号	古木名	挂牌树龄（年）	性质	所在地
165	山茶	360	国有	上湾村明善堂
171	圆柏	1000	集体所有	屯湾村骑龙殿
172	榉树	300	集体所有	屯湾村寺前刘公堂
173	银杏	200	个人所有	屯湾村寺前
174	榉树	230	集体所有	杨湾村湖沙岭庙前
175	银杏	500	个人所有	屯湾湖沙村刘公堂前

第六节　碑刻墓葬

一、碑井石刻

洞庭两山赋碑　明碑。行书，碑高50厘米，宽212厘米，藏于杨湾轩辕宫下汤斌庙内。正德十三年（1518）五月，大学士王鏊撰并书，为王鏊晚年一篇优秀的代表作品。该赋用词极为洗练，全篇只用了1053个字，包含的内容却十分丰富。该赋由王鏊亲笔书写，后镌刻于碑上，字体行中带草，刚劲秀丽，在布排上也极为讲究，为一件珍贵的书法艺术作品。该碑原在岱松刘氏传经堂壁间，1971年传经堂坍塌，时汤斌庙修缮，被移藏至庙中保存。

东西两山图碑　明碑。高50厘米，宽225厘米，明代画家文徵明作品，藏于杨湾轩辕宫下汤斌庙内。该碑刻为一幅较为写实的山水画，采用国画传统的散点透视的方法进行布景。该碑原在岱松刘氏传经堂壁间，1971年传经堂坍塌，时汤斌庙修缮，被移藏至庙中保存，与王鏊《洞庭两山赋碑》成为姐妹篇。

震泽底定桥记碑　明碑，正书，额题"重建震泽底定桥记"八字正书。碑高160厘米（碑座高23厘米），宽80厘米，19行，行28字。在石桥敬德里前，震泽底定桥北塊。明成化乙巳（1485）朱济民撰并书，西峰李庵镌。

能仁寺天王记碑　明碑，高150厘米，宽80厘米，碑记内容为能仁寺天王殿重建经过，落款：大明弘治二年（1489）岁次己酉。能仁寺，又名长圻寺，建于南北朝梁天监二年（503），是东山历史上最早建造的寺庙之一，明《震泽编》《苏州府志》《吴县志》及清《具区志》《太湖备考》等所有方志上均有记载。该碑原在寺庙中，现保存于村口一村民小院内。

缥缈楼丛帖碑　明碑，保存于杨湾汤斌庙壁间（原在石桥王氏鏊舟园中），朱必抡刻。丛帖书条十石：李怀琳草书《嵇康与山巨源绝交书》三石、黄庭坚行书一石、米芾行书二石、叶国华草书《蜀道难》四石。据李根源《吴郡西山访古记》载：

"今主人王氏云缥缈楼故物朱必抡所刻也。按国华昆山人，万历乙卯举人，官刑部主事，精于诗，工书法，行草八分皆妙。朱氏与李黄米同时钩刻嵌之留屧廊。国华子奕苞学尤冠绝，一时与姜宸英、施闰章、陈维崧、归庄齐名。"

碧霞元君庙碑 明碑，正书，额篆"重修碧霞元君庙碑"八字，高六尺，二十四行，行五十六字，在杨湾灵顺宫（轩辕宫）旁。嘉靖二十一年（1542）五月二十日，邑人叶应奎撰文，里人姚朴书丹，南京礼部儒士里人姚溥篆盖，三山吴世爵刊。

苏州社仓事宜记碑 明碑，正书，额篆"苏州府社仓事宜记"八字，高六尺，二十四行，行二十四字，在杨湾胥王庙（轩辕宫）。知苏州府事广平蔡国熙撰，吴县事本府同知吴宗吉识，明隆庆二年（1568）十月，吴县二十八都区邑庠生叶应奎书，邑庠生杨应科篆，社正卜元泰、社副朱鳌立。

骑龙殿乡约碑 明碑，保存于西巷村骑龙殿庙前，北面有一株树龄约一千年的古柏树。高115厘米，宽52厘米。碑上镌刻：吴县式拾捌都壹拾叁图社"申明乡约碑"，落款：大明嘉靖三年（1524）直隶苏州府告示。

重定吴邑公田记碑 明碑，在杨湾二十九都，万历二十三年（1595）二十八都公庄立。现在灵源寺。

寒山周氏重买祭田碑记 明碑，正书，高六尺，原置于灵源寺壁间，后被移至他处集中保存。"文革"中，此碑文曾刊登于《江苏教育杂志》。

重修石桥坪磐官路碑记 清碑，正书，高45厘米，宽96厘米，现砌于石桥桥堍南侧墙上，此碑详细记载了清乾隆五十二年（1787）重修石桥的过程以及捐资人员名录。

重修灵源寺碑记 清碑，高四尺，十七行，行四十字，在碧螺峰灵源寺遗址。嘉庆二十年（1815）候选太常寺博士、戊午举人叶长福撰，朱福奎书，劝捐王世登、王仲湉、周莲、张亦諟、王鼎伯、潘永銮、徐文增、叶长福、王松伯、王世承、贺其仁、邹源淳立。

净云庵碑记 清碑，正书，高六尺，十五行，行四十八字，在杨湾簣家山净云庵头山门（后改作杨湾茧行）西侧壁间，道光二年（1822）岁次壬午，赐进士出身前知甘肃会宁山丹县事守朴斋居士郑长篆撰，住持比丘传谨立。

净云庵道记 清碑，小楷，正书，书条一石，保存在杨湾簣家山净云庵遗址壁间。道光十九年（1839）己亥夏四月太湖同知钱塘吴廷榕撰并书。

右行祠碑记 清碑，行书，高110厘米，宽70厘米。十七行，行三十六字，道光年间里人杨应科书丹。该碑原在上湾村轩辕宫下六扇门巷路亭中，故又称六扇巷亭碑记，现保存于上湾晋锡堂大门前。

太湖义渡碑记 清碑，正书，高六尺，十二行，行四十字，道光十年（1830）太湖同知刘鸿翱撰，记载与表彰杨湾湖沙商人徐春帆好义之举。

杨湾浜场水龙碑 清碑，保存于杨湾浜场北面，怀荫堂东侧墙上。青石质古碑，碑高41厘米，宽154厘米，上书大清道光十一年，其余字迹较为模糊，此碑是道光年间里中创修杨湾水龙间（俗称救火会）时村人的捐款碑，捐款人以周姓居多。

陆氏宗祠碑记　清碑，正书，高六尺，十六行，行四十二字，详细记载了清道光年间张巷陆氏宗祠的修建过程。该碑原在杨湾张巷陆家宗祠，现保存在张巷恬澹堂东花园内。

杨湾修缮道路记　清碑，正书，书石一条，保存在杨湾箕家山净云庵内。道光二年（1822）十一月，王用昌、陈宝源、吴谦益、周佩青立。

重修湖沙村大街碑记　清碑，正书，高六尺，在杨湾湖沙村，嘉庆二年（1797）冬月吉日立。

太湖理民分府陈谕董事碑　清碑，行书，高110厘米，宽60厘米。光绪六年（1880）二月太湖分府立，表彰湖沙里商人徐学巽捐资设太湖义渡之义举。保存于轩辕宫下橘林石基内，风化严重。

灵源寺寺产石刻碑　清碑，在碧螺峰灵源寺遗址，现置于寺前青石库内。长90厘米，宽50厘米，正书，光绪二十六年（1900）三月初五日，太湖厅同知何希曾书。略云：灵源寺地产原有96亩，自遭兵燹僧众死亡殆尽，所有寺地或被乡民趁僧亡无主之际冒领改户，致多散失，现存地75亩有奇，勒石永保不得盗卖云。

大小鼍山记碑　清碑，保存于上湾轩辕宫门前橘林石嵌中。碑高137厘米，宽68厘米，详细记载了民国年间东洞庭山旅沪同乡会争回大小鼍山的过程。

大小鼍山官府告示碑　官府告示碑高115厘米，宽60厘米。太湖中东、西山交界处的大鼍山与小鼍山，面积270余亩，历史上属东山，民国初年被西山占有，后东山旅沪同乡会打官司争回大小鼍山，勒石立碑以记。在轩辕宫山门前。

王氏家祠碑记　民国碑，保存在杨湾石桥承志堂前宅东屋壁间，共2方，正书，高195厘米，宽66厘米，记述了民国年间王宪臣建筑承志堂的过程。

玉带泉井栏　正书，高二尺八寸，正德九年（1514）王鏊舟置。原在杨湾石桥敬德里，现搬至陆巷紫石街王家祠堂前。

二十八都旌义碑　明碑，共2方，正书，高五尺，字全剥蚀，在轩辕宫。

灵应宫高真堂记碑　清碑，在杨湾湖村沙，叶燮撰并书。

二、墓葬

程公墩　原名程公墩，俗称旗杆坟，在石桥灵源寺西白豸岭铁拐峰上，南宋墓，尚存。清《太湖备考》载："叶桯墓在东山白豸岭下，桯字叔轸，少保叶梦得次子，仕至中奉大夫，与兄栋皆隐东山碧螺峰下，山中人称之曰桯公墩。"清乾隆《苏州府志》载："桯公墩在铁拐峰，乃桯公隐居之所，其地在东洞庭山后山碧螺峰北牛背冈南。"桯公墩朝西面向石桥村，背靠槎湾藏船坞，东西宽12.5米，南北长380米，墩高约2米。后讹称程公墩，现村民均以程公墩称之。

徐宗麟墓　在屯湾李湾山，南宋墓，原占地5亩，现仅存土墩。宗麟字隐山，被尊为徐氏一世祖。

周文流墓　在杨湾西金坞。文流字百川，清初著名商人。原墓占地八亩多，建有享堂、小楼、石桥、照潭，现地面建筑均毁，仅存土墩。

张知笙墓　在石桥灵源寺山坡上。张知笙，杨湾人，清末民初沪地著名商人，曾任仁大、森和诸钱庄经理及江苏银行理事，并为上海钱业公会、汉冶萍矿、招董局董事，上海总商会议员、商会公断处处长。原墓地规模较大，2008年移葬杨湾华侨公墓三区。

乔冠华墓　共有两处。一在湖沙山半山坡（杨湾华侨公墓一区），占地16平方米，1985年夫人章含之筑。墓穴中央一块前高后低的黑色大理石上，镌刻着"乔冠华同志之墓"七个3寸见方的楷书，下方刻着一行取自南宋爱国诗人文天祥的名句："人生自古谁无死，留取丹心照汗青。"因其墓规模太小，又极为普通，虽离墓区大道不远，却少有人光顾，只是每年"清明"前后，章含之从京辗转赶到湖沙山扫墓。如今墓后当年栽种的两棵雪松已长成大树，大理石的墓碑经过岁月的洗礼，字迹显得更加清晰，只是在墓的前方新竖立了一块小石碑，上书：此墓穴已迁至本墓园停车场旁（2009.5.15）。

一在湖沙山顶小云台（杨湾华侨公墓一区），筑于2009年。墓地35平方米，墓中央西洋式的黑色大理石墓碑上，并排镌刻着"乔冠华、龚澎之墓"几个白色大字。墓碑左上方是乔冠华和龚澎夫妇紧挨着的一张瓷照。照片下面竖刻着两行小字"天生丽质双飞燕，千里姻缘革命牵"。墓碑前面平放着一本用银灰色大理石雕刻的书本，打开的书页左页刻着：龚澎 1914—1970；右页刻着：乔冠华 1913—1983。杨湾华侨公墓建办于1980年，2009年乔冠华儿女乔宗淮、乔松选在这里建父亲的新坟，东山人民敬怀乔冠华为党和国家所作出的贡献，筑墓费用全免。

王一亭墓　王一亭，名王震，生于1867年。祖籍浙江吴兴（今浙江湖州），上海青浦人。清末民国时期上海著名书画家、实业家、杰出慈善家、社会活动家与宗教界名士。早年加入同盟会，曾任过孙中山的秘书及中国国民党上海分部部长。上海光复后，历任军政府交通部长、商务总长、中华银行董事。还兼任中国佛教会执行委员兼常委，上海佛学书局董事长，致力于慈善事业。对海派书画艺术的繁荣和对外交流作出过很大贡献。1982年4月24日，王一亭的骨灰安葬在杨湾华侨公墓一区。

杨振宁父母墓　中国科学院外籍院士、1957年世界诺贝尔物理奖获得者杨振宁父母墓，在杨湾华侨公墓一区。杨振宁之父杨武之，安徽合肥人，曾考取美国公费留学，获美国芝加哥大学博士学位。归国后受聘于厦门大学数学系，后又聘于清华大学任教。母亲罗孟华。1984年4月，杨振宁父母骨灰安葬于杨湾华侨公墓一区。

李政道夫人秦惠䇹墓　著名美籍华裔物理学家、1957年世界诺贝尔物理奖获得者李政道夫人秦惠䇹墓，在杨湾华侨公墓万隆墓区。秦惠䇹1928年生于甘肃兰州，毕业于上海复旦大学，1948年在美国堪萨斯州圣玛丽学院读书时，同李政道相识相爱，喜结连理。秦惠䇹是李政道的贤内助，丈夫在科学领域获得的巨大成就有她的很大功劳。秦惠䇹去世后，李政道按夫人的遗嘱，设立了"秦惠䇹李政道中国大学生见习进修基金会"。1997年6月，李政道教授及其家人，赴东山杨湾华侨公墓，安葬了夫人秦惠䇹及李教授的秘书，并举行安葬仪式。

朱幼山墓　在杨湾华侨公墓一区。1981年4月5日，旅港侨胞朱恩馀遵父朱敬文之命至东山安葬祖父朱幼山，顺道考察了湖沙小学，见校舍陈旧，捐款15万元，嘱拆旧房，重建新校舍。新校舍为仿古建筑教育楼1幢，教育活动区建筑及其他设施共24间。当地群众感恩朱敬文、朱恩馀义举，特以朱敬文其父"幼山"之名，将湖沙小学改名为幼山小学。

王个簃墓　王个簃，字启之，生于1897年，江苏省海门市人。曾任中国美术家协会理事，中国美术家协会上海分会副主席、中国书法家协会上海分会副主席、上海市文联委员、上海市文史馆馆员、中国书法家协会名誉理事等。出版有《王个簃画集》《个簃印集》《个簃印旨》。著有《王个簃随想录》《霜茶阁诗集》《王个簃书法集》等。1989年11月19日，王个簃的骨灰安葬在杨湾华侨公墓一区。

陆小曼墓　陆小曼，生于1903年，江苏常州人，近代女画家。师从刘海粟等名家，晚年为上海中国画院专业画师。1965年4月3日病逝于上海华东医院，享年63岁。1990年11月19日，安葬于杨湾华侨公墓一区。

陆文夫墓　生于1928年，江苏泰兴人，著名作家。曾任苏州文联副主席、中国作家协会副主席等。在约50年文学生涯中，他在小说、散文、文艺评论等方面都取得了卓越的成就，《小贩世家》《围墙》《美食家》等优秀作品和《小说门外谈》等文论集深受中外读者的喜爱。2006年10月，陆文夫的骨灰安葬在杨湾华侨公墓三区。

汤季宏墓　汤季宏，生于1916年，东山汤家场人。我国当代著名出版家，原上海市出版局党组书记、副局长，中国大百科全书出版社上海分社社长。2003年骨灰安葬于杨湾华侨公墓一区。

附：历史上的墓葬

南宋

张氏始祖墓　在石屋岭。张氏南宋迁石桥，始迁祖已不可考，南渡时将北方历代老祖宗的遗骸装了18只骨殖甏带来，葬杨湾演武墩东石岭，称张氏寿坟山，遗迹尚存。

居氏始祖墓　在屯湾湖沙山。居氏南宋迁山，在上杨湾筑居巷，始迁祖名已不可考，但湖沙山土墩尚存，曰南宋始祖墓，清明裔孙尚去祭扫。

姜氏始祖墓　在石桥刘公堂原姜家祠堂后簋家山。姜氏南宋迁杨湾,始千祖为千一、千二公,筑姜家巷。明清姜姓多名士,现杨湾姜家巷多古宅。

元

靖和书院山长叶颛墓　在石桥碧螺峰山麓,土堆尚存。叶为东山第一名举人,元浙江靖和书院山长,但其不肯入仕,终日放情诗酒,客死长兴后归葬东山。

隐士叶垫墓　廿八公叶垫之墓在白豸岭程公墓东北百余步,原松柏甚多,明宣德间被不肖之孙纠不法之徒遍盗,现仅剩一孤冢。

叶廉墓　叶氏后巷派橘园始祖叶廉墓在灵源寺鸡笼山南,遗址尚存。

叶才一墓　叶氏上屋杨湾支始祖才一墓在朱巷坞界大松堂下屋,有大松树,亦甚伟。

第六章 古村保护

杨湾古村为原杨湾村委会所在地，由杨湾、大浜、上湾3个自然村组成。2013年9月，杨湾古村被国家住建部、文物局共同授予第七批中国历史文化名村。古村的保护工作始于20世纪90年代末，当时随着镇村工业的兴起及农村生活水平的提高，对古村落的工业性破坏与建设性破坏越来越大，不少有价值的古建筑在推土机的轰鸣声中逐渐消失，杨湾古村因地理位置较为偏僻，加上经济发展缓慢，村人传统观念较强，喜欢居住老宅等诸多原因，至21世纪初，杨湾古村对明清建筑的保护要优于东山他处古村，明清一条街的风貌依然，在古街上仍保存有元、明、清、民国4个时期的建筑，成为江南为数不多的保存完好的一处古村落。

第一节　保护规划

2006年杨湾村就编制完成了"杨湾村社会主义新农村建设总体规划"，2012年又制定了"杨湾古村老街整治设计规划"，并遵照"三星级康居村"建设标准要求，进一步完善基础设施和公共服务设施，美化村庄生态环境，改善村民生产生活质量，打造美丽家园，分重点自然村制定规划并实施。

一、保护工作回顾

从20世纪90年代初开始至今，各级政府对杨湾历史文化名村的保护进行了不懈的努力和探索，市、镇、村各级政府及相关部门先后发文要求加强对杨湾等古村的保护，建立吴县（现吴中区）—东山镇—杨湾村三级管理组织，配备专门管理人员，加强历史遗产保护的宣传与管理。

从1995年东山镇被评为第一批"江苏省历史文化名镇"起，东山镇政府就开始重视对全镇历史文化遗存的系统保护（尤其是对杨湾、陆巷、三山、翁巷等古村落的保护）；2005年6月，杨湾被列入苏州首批控制保护古村落；2006年，东山镇政府组织对杨湾古村内文物古迹全部造册登记，其中文物保护单位和控保建筑全部挂牌保护；2007年9月，编制完成"苏州市东山镇杨湾古村落保护与建设规划"；2012年，杨湾村成立古村保护与发展管理办公室；2013年9月，杨湾被评为第七批"江苏省历史文化名村"；同年，国家住建部、文化部和财政部三部委共同授予杨湾"中国传统村落"称号。2014年3月，杨湾入选第七批"中国历史文化名镇（村）"。

二、相关规划

太湖风景名胜区总体规划（2010）　　该规划将东山景区作为紧靠太湖的六

景之一,含东山古镇、莫厘峰、杨湾古村、陆巷古村、龙头山、铜鼓山、碧螺峰、三山岛8个景群。该规划对杨湾古村景观群提出应重点保护自然山体植被,突出花果成林的景观特色,加强对历史遗迹的保护与恢复,整治村庄环境,完善相应的旅游配套设施,同时,保护与利用相结合,要合理组织水陆旅游线路。

苏州市东山镇总体规划(2007) 在总体规划中,明确指出应保持杨湾古村现存的历史风貌,保护现有古村落所留存的历史信息及非物质文化遗产,保持传统的街巷、河道空间尺度与景观特色。同时要求在保护历史文化遗产的前提下有序更新,改善环境,提高居民生活质量。该规划将杨湾作为重点村落,并在杨湾港与环山翁路交界处规划5.1公顷古村保护及旅游配套用地,设置村民新宅与旅游餐饮、娱乐、交通停车等设施,为周边地区居民和游客服务。

东山历史文化名镇保护规划(2008) 该规划提出保护杨湾古村"鱼骨状"传统街巷格局,拆除各类景观障碍点,恢复原有特色。逐步分期分批改造完善村内的基础设施,使其符合现代生活的要求,见缝插绿,提高环境质量。同时建设明清古街特色商业旅游街,整治古村入口巷门地段,恢复古村各街巷巷门。整治环山公路两侧凌乱无序的建筑,在入口区域建设旅游服务设施等。

三、总体规划

2017年1月,苏州市规划设计研究院给古村制订了《杨湾古村落保护与建设规划》,首次划定杨湾古村落重点保护区和传统风貌协调区,并提出应严格保护历史形成的空间格局和传统风貌,保护构成历史风貌的各个要素(包括建筑、街巷、古井、古树木等),以及具有地方特色的人文景观和民俗风情。根据古村落中部分古建筑已自然坍塌或遭人为损坏甚至拆除的现状,强调核心保护区须根据新的发展情况重新划定,真实、有效地发挥保护的作用。

范围:整个杨湾行政村,包括原杨湾、上湾、屯湾3个行政村,面积约12.4平方公里。重点规划保护范围为杨湾历史文化名村所在自然村及周边需控制区域,包含杨湾、上湾及大浜自然村,面积约50.3公顷。核心保护区域以杨湾浜场为中心,东至大浜村,西至怀荫堂西环山公路;南至杨湾港,北至上湾村轩辕宫,核心保护区面积9公顷。

内容:保护依山而建、扶山扼水的整体格局和历史风貌、保护与名村密切相关的外围自然山体。

保护杨湾港、油车港等历史河道以及亭子潭、曹阁潭等8处历史池塘水潭。

保护市控保单位、2008年第三次全国文物普查新发现文物点、其他优秀传统建筑。其中全国重点文物保护单位3处:轩辕宫正殿、明善堂、怀荫堂;苏州市文保单位2处:纯德堂、久大堂;苏州市控制保护建筑2处:晋锡堂、崇本堂;以及24处三普新发现的文物点和20余处传统风貌建筑。

保护驳岸码头3处、古桥1座,古井15口,巷门6座,古树10余株以及其他历史环境要素。

保护商帮文化以及碧螺春制作技艺、猛将会、民风民俗等非物质文化遗产。

保护历史人物、历史事件、历史名称等重要历史信息

目标：深入挖掘杨湾历史文化名村的历史文化内涵和价值特色，保护村庄历史文化环境的整体性和物质文化遗存的真实性，改善人居环境，彰显村庄风貌特色。利用丰富的历史文化资源，发展有文化内涵、高品质的服务型产业，提升村庄发展活力，促进历史文化保护和经济社会发展相得益彰。

（一）重点文物保护单位

对怀荫堂、明善堂、轩辕宫正殿3处全国重点文物保护单位，严格按照《中华人民共和国文物保护法》予以保护，规定保护范围和建设控制地带、保护要求及措施：

1.文物保护单位贯彻"保护为主，抢救第一，合理利用，加强管理"的方针，在修缮的前提下，鼓励文物古迹的合理利用。所有建筑本体与环境均要按文物保护法的要求进行保护，不允许改变文物的原有状况、面貌及环境。如须进行必要的修缮，应在专家指导下遵循"不改变原状"的原则，做到"修旧存旧"，严格按审核手续进行。保护范围区内现有影响文物原有风貌的建筑物、构筑物必须坚决拆除。增设必要的防火设施，四周必须留出防火通道。对文物保护单位应当尽可能实施原址保护，不得擅自拆除或迁移易地。

2.保护建设控制地带内的传统风貌建筑，加强修复，拆除影响文物保护单位周边环境的建筑物、构筑物。严格控制区域内新、改、扩建项目，建筑性质、形式、高度、体量、饰面材料以及建筑色彩、尺度，古宅修缮必须与文物保护单位历史风貌协调，凡不符合此要求的任何现状建筑，必须加以整治、改造。凡建设项目必须经文物行政主管部门同意，规划行政主管部门严格审批后实施。

3.落实专人定期进行日常保养。实行文物保护登记制度，定期对文物状况进行检查并及时记录在册。实行日志制度，详细记录每日参观人员数量和基本情况。对文物建筑进行详细测绘，建立文献图片档案，作为保护和修缮的文献依据。

（二）苏州市文物保护单位、控制保护建筑

按照《苏州市古建筑保护条例》（2002年10月）第三条，控制保护建筑（以下称控保建筑）"是指尚未公布为文物保护单位的建筑物、构筑物。包括两类：一是建于1911年以前，具有历史、科学、艺术价值的民居、寺庙、祠堂、义庄、会馆、牌坊、桥梁、驳岸、城墙、古井等建筑物、构筑物；二是建于1949年以前，具有重要纪念意义、教育意义的优秀建筑和名人故居。古建筑由文物行政主管部门组织专家鉴定、确认，报市或县级市人民政府核定公布，列为控制保护建筑，并设立保护标志"。

1.保护对象：苏州市文保单位2处：纯德堂、久大堂；市控保建筑2处：崇本堂、晋锡堂（又称锦星堂）。

2. 保护要求及措施：文保与控制保护建筑不得擅自拆除或迁移易地。不得随意改变和破坏原有建筑的布局、结构和装修，除经常性保养维修和抢险加固工程外，不得任意改建、扩建。如须重点修缮与局部复原，以及建造保护性建筑物、构筑物等工程，必须征得文物行政主管部门同意，报规划部门批准后实施。

（三）新发现文物点

在2008年第三次全国文物普查中，杨湾古村新发现的大量明清及民国古民居，也列入了古村保护规划。

1. 保护对象：安庆堂、崇仪堂、遂祖堂等共21处古民居，应保护其外观风貌，根据历史文化价值和完好程度进行针对性的落实保护措施。

2. 保护要求及措施：根据三普新发现文物点的保护要求和措施应按具体情况进行分类，对于保存完好的可提升为控保建筑或文保单位，按照对应等级的保护要求和措施给予保护；对于保存一般的予以登录造册，但不得整体拆除，如须落架大修，必须征得文物行政主管部门批准。

（四）传统建筑

1. **建筑物的改善与整治** 提出保护与整治措施，包括立面修复与整治、增补庭院绿化、体量与色彩控制、内部设施完善，部分建筑结合功能的调整可适当改变内部布局。

2. **民居群落的环境整治** 鼓励村民积极自主参与到环境整治保护工作中，按照一定的整治标准统一进行，包括立面整治、按传统铺砌式样更换地面铺装、庭院空间整治、改造围墙、更新雨篷、店招等。

3. **使用功能调整引导** 沿"十"字古街及部分特色街巷两侧的传统民居，可赋予为旅游服务的新功能，包括零售、餐饮、旅馆等普通商业功能，也可发展与传统产业、时尚文化相结合的文化商业功能，做到保护与利用相结合。

（五）其他物质文化遗存

1. **地形地貌** 保护"扶山、扼水"的山水格局，即保护名村东西两侧自然山体，禁止挖山等破坏山体的行为；保护名村南北杨湾港和油车港两条历史河道的原貌，河道两侧5米范围为河道保护范围；保护河道岸线，维持河、街空间尺度关系，两侧建筑高度不得高于二层；加强河道清污、两侧环境整治工作力度；完善村庄市政配套设施，避免沿河民居生活污水直接向河道排放，保证河道水系清洁畅通。

2. **历史街巷** 保护历史街巷格局，重要街巷恢复传统铺装样式，整治沿街两侧建筑，修复破损界面，加强沿街两侧建设行为的管控。

3. **码头、埠头** 依照传统材料与样式改造杨湾码头，完善旅游配套设施，并依据历史记载，在码头周边复设连廊、方亭、牌坊等建筑，一方面增强景观环境的丰富性，另一方面为游客提供休憩和观景的空间。采取传统材料与样式整治现有10余处河埠头，保护周边环境，打造小型公共空间

4. **历史水潭** 保护村庄内曹阁潭、亭子潭等8处明清水潭与水塘，维持其原

有布局，禁止填埋，定期对水潭、水塘进行清淤、加固驳岸。延续其防洪汇水、市政消防、村民洗涤的传统功能；划定水塘四周5米范围内为水塘控制保护范围。

5. 排水防洪沟渠　保护沿杨湾古街、姜家巷、居家巷等街巷两侧的历史排水防洪沟渠，对部分损坏或堵塞区段进行修复。同时注重活态保护，即在保护传统排水防洪系统本体的同时，重新发挥其排水功能。

6. 古桥　保护上湾古石桥（又称广利桥），保持其古意。如对破损构件进行修复，应采用原材料，按原样式进行。

7. 古井　保护尼姑井、更楼井、苟丝弄井等15处古井及其附属物，整治周边环境卫生，保护水体不受污染。公共水井结合街道开放空间，形成景观节点。私家水井结合庭院空间加以保护整治。

8. 巷门　保护南洋里、居巷、花柳巷及浜场的6座古巷门，加强日常维护，修复破损构件；加强周边环境的整治和建设行为的管控，改造周边不协调建筑。

9. 古树　建立古树名木的分级保护制度；加强古树名木的普查、登记和建档、挂牌工作。严禁任何损害古树名木和损毁保护标志及设施的活动和行为。

10. 其他环境要素的保护　加强对街巷铺装、特色山墙等其他环境要素的保护，修复破损构件，恢复传统风貌特色。

附：苏州市东山镇杨湾古村落保护与建设规划（2007）

第一章　总　则

一、规划背景

1. 杨湾古村落是一座深藏闺中未开放的吴文化遗迹陈列馆、拥有丰富的历史文化遗产瑰宝的珍藏库。由于受自然侵袭再加上人为破坏，古村落已不再有原有的完整性，目前正面临去留存亡的紧要关头。众多的古文化及自然资源亟待保护与整治。

2. 近年来，东山镇政府对保护与开发好全镇古村落做了大量的工作。以陆巷为试点，按照"修旧如旧"的原则实施了杨湾古村落保护整治工作。目前，陆巷保护与整治已初见成效。并已正式对外开放，为东山景区增添了一个重要景点，也为旅游者了解东山、了解吴文化提供了一个平台。但光一个点还不够，东山还有数个古村落资源，保护与整治好这些资源必将能带动东山镇乃至整个太湖的旅游市场。

3. 杨湾古村落座落于东山镇域西南部，依据东山镇总体规划，该区域将是未来旅游格局中的古古村民俗观光区，作为该片两个古村落之一的杨湾古村落必将发挥更大的作用，才能与陆巷古村落形成"双星闪耀"之势，带动该片区旅游业更好得到发展，促进东山镇经济持续发展。

二、村落性质

以自然山体为背景，历史悠久，文化积淀深厚，拥有丰富的明清历史建筑遗存和良好的自然生态环境的古村落。

三、规划目标

1. 保护古村落文化遗产、历史环境与风貌特色，提升古村落历史文化价值，做足古村落这一品牌。

2. 改善古村落环境，增加必要的公共与基础设施，提高村民生活质量；通过将农业与旅游休闲的产业相结合的新的乡村发展模式，来增加村民收入，提高村民居住水平。

3. 建立有效的保护管理机制和必要的技术支撑平台，为全面落实规划内容奠定基础。

四、规划范围

本次规划的具体范围包括杨湾村东至自然山体，西至环山公路以西约100米，北至轩辕宫，南至环山公路约40米（详见古村落保护范围划定），规划总面积46.99公顷，其中，重点保护区面积9.00公顷；村落传统风貌协调区面积37.99平方公里。

第二章 现状概况

一、地理位置

东山杨湾古村位于东山镇政府驻地西南9公里。西面与南面紧靠环山公路，北面与东面则与山体为邻。

二、自然环境

村落大地构造上属于扬子准地台—钱塘褶皱带东部，东山背斜呈45度。

村落广为第四系所覆盖，地下水资源丰富，水质良好。

村落属于北亚热带湿润气候类型。临近海洋，加上太湖小气候的调节作用，四季分明，气候温和、雨水充沛，光照较多，气候条件较优越。常年风向以东南风为主导风向，其次为冬季的西北风。

三、现状资源情况

杨湾古村是一个极富人文景观资源的江南民居村落，依山傍水的独特地理位置以及明代一条街及其两侧的街巷所构成的"鱼骨"状村落格局，数量甚多的明清建筑宅院都是杨湾古村落独具特殊价值的资源优势，这种优势体现在以下几个方面：

1. 杨湾古村落现有国家级文保单位3处，控制保护建筑2处，以及十余处历史建筑，至今村落内大部分建筑保存完好。

2. 古村落完全处于群山环抱之中，与太湖岸相距有数百米之远，使得村落隐在林中，提高了抵御外来灾害的能力。

四、人口与社会生活现状分析

规划范围内现有户数451户，人口1127人，包括杨湾、上湾两个自然村。

村庄内村民主要的经济方式为青壮年子女外出打工，中老年人在家种植果树与水产养殖等，农忙季节青壮年劳力可能回家帮忙；在采茶及采摘果子的黄金时间，村民多雇佣外地劳动力帮助收获。

村庄内现状村民以中年与孩子为主，但缺少娱乐设施，闲时生活较为单调。多数村民拥有自留地，可以解决日常蔬菜需求。

村内电力、电话、有线电视线路已经通达。村南面入口处设有卫生服务站。自来水管道已经铺设好。

没有专门排水、排污管道，一部分村民使用新式抽水马桶，但仍有相当一部分村民在使用老式露天厕所，村民整体生活水平还不高。

第三章 历史文化价值评估

一、枕山面水之村落形态

杨湾古村落背山面水，实乃一风水宝地。环境清静、幽雅、得天独厚，是典型的生态型人居环境。

二、历史悠久、历史遗存比较丰富

现存轩辕宫正殿为元代建筑，明善堂、怀荫堂为明代建筑，2006年一起被确定为全国文物保护单位。控制保护建筑有崇本堂、晋锡堂，此外，村中尚保留有较为完整的传统民居群落和其他一些古迹，与周围自然环境融为一体，形成特有的传统人文环境。

三、建筑古朴，因地制宜

古村落建筑的布局、用材、尺度、风格与周边环境均浑然一体。建筑古朴、自然得趣。斑驳的泥墙风骨犹在。村中是蜿蜒的山坡小路，青砖铺砌的路面，路旁的民宅散漫分布，透出几分优雅和自在，别有韵味。

四、建筑精雕细琢，工艺非凡

古村落古建筑装修考究，门楼砖雕精致，厅堂门窗精雕花饰细腻逼真。

五、资源多样，物产丰富

近些年来，杨湾逐渐形成了有特色的传统产业，以养殖业为主，兼种花果。

第四章 古村发展策略

发展总体策略：保持原有的生活状态，适度发展旅游和文化产业，防止无序和过度开发。

1.对整个古村落进行整体风貌保护。即从宏观上保护古村风貌，允许一部分住宅作内部更新处理或改建，外部改建必须保持原有风貌不变。同时确定古村落重点保护区的范围。

2.充分利用历史建筑。让历史建筑得到永续利用，为现代人服务。但防止过分追求经济效益而带来的生态环境恶化。

3.新建一处新农村建设用地，与住宅与自留果园相互渗透，形成良好的田园风貌景观效果。应季开展以农作物耕种、果蔬采摘等体验性活动为主的田园风情旅游和农业观光旅游。

4.完善基础设施，改善古村环境。疏通古村落水系和明暗沟雨污排水系统；

完善、改进给水系统；加强电力、电讯设备建设；对外围山体继续进行封山育林，保护和改善外围环境。

5. 加强区域合作与景点组合，使杨湾古村成为古村民俗观光区的一部分。

6. 双向互动，形成保护和开发的良性循环。把旅游业作为新的经济增长点来培育和发展，打好、打响旅游品牌，走"保护—开发—利用—发展—保护"的良性循环发展之路。

第五章　保护框架规划

一、保护框架的构成要素

在概括提炼杨湾村风貌特色的基础上，通过加强对村落的自然环境、整体历史文化环境、重点历史地段和单个历史建筑的保护，整体地保护杨湾古村落传统的物质形态和文化内涵。

自然环境要素：指对古村落的自然特征的保护。

人工环境要素：反映对杨湾村以山体为背景，以古村落为核心，对传统民居群落、特色民居以及各类文物点的保护。

二、保护框架结构

杨湾古村落的历史文化和众多文物古迹，是悠久历史的积淀，这些要素反映在空间上为节点、街道、区域三部分以及它们互相之间的有机联系，它们互相影响、互相作用，共同构成完整的保护框架体系。

节点：是指对文物保护单位、控制保护古建筑、历史建筑、巷门、古井、古树、砖雕门楼、古建筑遗址等的保护。

街道：是指对古村风貌的主要场所，结合杨湾古村现状，联系各处文物古迹及传统民居古宅的保护。

区域：是指明善堂为核心的明善堂历史区域、"明代一条街"历史区域范围的保护。

第六章　保护等级与范围

一、古村落的保护

1. 古村落保护范围的划定

按照《苏州市古村保护办法》第二条规定，古村落必须是具备下列条件的农村村民居住和从事各种生产活动的聚居点。

（1）村落形成于1911年以前，传统风貌与格局具有特色，传统街巷及两侧古建筑保存较为完整。

（2）文物古迹比较丰富，有10处以上1911年以前形成的民居、祠堂、寺庙、义庄、会馆、牌坊、桥梁、驳岸、古井、古文化遗址、古墓葬及近现代重要史迹、优秀建筑。

（3）具有传统风貌的河道水系、地貌遗迹、古树名木等。

2. 重点保护区

（1）杨湾古村落内重点保护区域是以"明代一条街"为核心的整体风貌完整的区域，总用地面积为9.82公顷。

（2）保护要求。应严格保护历史形成的空间格局和传统风貌，保护构成历史风貌的各个要素，以及具有地方特色的人文景观和民俗风情。

3.传统风貌协调区范围的划定

（1）范围划定。整个杨湾古村落规划范围内除重点保护区以外的区域。

（2）控制要求。传统风貌协调区内各类建设应严格控制，对须新、改、扩建的建筑，必须在建筑高度、体量、饰面材料以及建筑色彩、尺度、比例上与传统建筑风貌协调，以取得与保护区之间合理的空间过渡。

二、重点文物单位

1.文物保护单位的划定

杨湾古村落保护范围内现有3处国家级重点文物保护单位，即轩辕宫正殿、明善堂、怀荫堂。

2.保护范围

轩辕宫：东至原三茅殿遗址现铁栅处，西至山门前道路西侧。东西距离126米。南至大殿南铁栅栏处北至戏台北围墙外3米处，南北距离52米。

明善堂：东至围墙外道路东侧，西至竹园西侧。东西距离60米。南至大门外道路南侧，北至围墙外1米处。南北距离65米。

怀荫堂：东至围墙外张阿三店，即集体商业店西侧，西至围墙外杨湾供销社作场东侧。东西距离17米。南至围墙外横街北侧，北至后院围墙外小巷南侧。南北距离32米。

第七章　非物质文化遗产保护

一、规划原则和内容

根据确认、尊重和弘扬非物质文化遗产的原则，对享用这些遗产的特殊习俗做法予以尊重，努力确保和支持创造、保养和传承这些遗产，使其在现实社会生活中得到应用与发展。

1.规划原则

（1）原真性，即历史真实性，作为盛行于特殊历史时期被特殊群体所珍视的文化遗产，因其独特的内涵而受到人们的关注和保护。

（2）发展性，由于非物质文化遗产的特殊社会性，必须注重遗产随社会环境条件的变迁而进一步得到发展，确保非物质文化遗产的生命力。

（3）尊重性，保护是为了促进非物质文化遗产的传播，必须加强遗产在社会中的宣传、教育和弘扬。

2.规划内容

（1）民俗文化展示，包括民族节庆时民俗活动展示以及部分民居内祭祖、敬神、祈祷、婚俗等自发性民俗活动的展示。

第六章　古村保护

（2）湖鲜饮食文化，突出家乡口味，主要利用当地水产如莲藕、莼菜等和鱼为原材料，注重不同时令的变化。丰富原有的特色饮食，尤其是已经名闻遐迩的太湖三白等。

（3）传统工艺，恢复部分富有生活情趣的传统工艺店，如雕刻店、古玩店、手工艺品等，制作者可以现场加工，边做边卖。

第八章　用地调整规划

一、用地调整规划目标

根据保护杨湾古村落特色与风貌的原则，通过对现状土地使用的合理调整，科学合理使用土地，从而更好地保护古村落风貌。

二、用地调整规划原则

1. 以保护为前提——即保护杨湾古村落的村落空间形态格局、街巷尺度、历史建筑等历史文化构成要素，延续村落历史文化环境。

2. 以发展为目标——即贯彻历史村落的可持续发展战略，结合新农村建设，增加必要的配套设施，同时改善村民的生活质量和环境品质。

3. 兼顾效益原则——即积极开辟和利用杨湾景观资源，发展旅游事业，大力发展村落经济，实现社会、环境、经济和文化效益协调发展。

三、用地调整规划

1. 结合用地布局的调整，将现有重点保护区中的工业用地调整为商业用地。

2. 将怀荫堂、晋锡堂、崇本堂等原来作为居住使用的文物建筑调整为文物古迹用地。

3. 沿杨湾街两侧恢复一部分商业用地，将明善堂南侧空地规划为商业用地。

4. 保留农贸市场前面的停车场，并扩大规模，以改善旅游带来的交通压力。

第九章　道路系统规划

一、外部交通规划

东山镇环山公路从村落西侧通过，目前杨湾古村落与外界联系全靠环山公路，因此规划在杨湾古村落两个主入口处各设置一个停车场地，禁止大部分车辆进入古村落保护范围。

二、内部交通规划

古村内部交通主要由街巷来组织。规划在保护现有"街道—巷弄"格局的基础上对部分道路进行整治。

杨湾街是一条贯穿整个古村落的主要通道，对其进行局部拓宽，规划作为村内主路，基本宽度维持在3米左右。

保持村落内其他巷弄线型宽度不变，整治巷弄铺地用材以青砖铺砌为主。

三、停车用地

规划共设3处停车场，以便更好地为游客和村落内商家服务。

第十章 建筑的保护与整治

1. 保护——针对文物保护单位、控制保护建筑以及传统风貌建筑中建筑质量和建筑风貌都较好的建筑群。

2. 改善——针对传统风貌建筑。原有建筑结构不动，局部修缮。重点对建筑内部加以调整改造，配备厨卫设备，改善村民生活质量。

3. 整饰——针对与传统风貌有一定冲突的一般建筑，采取外立面整饰、降低层数的措施，使其与传统风貌协调。

4. 保留——针对与传统风貌无冲突的一般建筑。建筑质量较好，予以保留。

5. 更新——针对与传统风貌冲突较大的一般建筑，违章搭建的棚屋、简屋、危屋等，采取拆除的措施。

第十一章 建筑高度控制

一、古村落高度现状

杨湾古村落内绝大多数建筑为一至二层，少量建筑达到三层，基本维持水乡民居屋顶平缓，外观朴实的面貌。

二、古村落高度控制

1. 文物保护单位、控保建筑、主要历史建筑物及重要的街巷两侧的建筑高度，应维持现高。

2. 重要保护区内建筑高度控制为一至二层的坡顶传统建筑，该区域内新建、重建的建筑檐口高度不超过6米，整治类建筑檐口高度控制在现状建筑二层檐口高度。

3. 传统风貌协调区内新建、重建类建筑层数控制在二层，檐口高度不超过9米。保留、整治类建筑层数控制为三层，檐口高度不超过现状建筑的三层檐口高度。

第十二章 人口容量调整与居住模式探讨

一、人口容量控制

基本维持现有居住结构和人口总量，即1200人左右。

结合文控保单位和优秀传统建筑的功能置换，外迁58户，约160人，主要安置于规划范围外村东与村南两处村民安置点。

此外，结合相关建筑功能调整，适当迁入一些手工作坊、传统手工艺以及艺术家工作室等商住户，增加村庄活力。

二、社会生活规划

改善居住条件并鼓励原住民继续居住，鼓励现有传统商业、服务业、手工业店铺继续经营，恢复前店后宅、下店上宅等传统的经营模式。

鼓励原住居民、下岗和退休职工参与到文化旅游相关的商业、服务业中，并通过经营辅导、帮助就业、减免税费、经济补贴等多种途径提高其实际收入水平。

第十三章　空间景观规划

一、街巷空间整治

通过对名村空间格局特征分析及用地布局的调整优化，以"十"字形古街为基本骨架，形成"两带、七节点、十八古巷"的空间结构。

"两带"即"十"字形的两条传统风貌展示带，也是村庄内部商业服务业等公共设施集中的两条带。

"七节点"即打造的七个重要节点空间，包含南北两个入口空间，作为村民活动和游客集散、休憩的空间载体。

"十八古巷"即由古街向外延伸的十八条历史古巷弄。

二、节点空间规划

1. 内部景观节点。利用拆除违章搭建以及部分零星建筑空地，规划街头绿地形式，达到园林化，周边建筑应进行立面整治。

2. 古村门户节点。规划古村落两个入口门户节点。在南入口、西入口两处，对其周边环境进行整治，增加指路牌、果皮箱、公用电话等设施。

第十四章　绿地系统与生态环境规划

一、绿化景观规划

1. 以保护历史风貌和空间尺度为原则，不搞大规模绿化，主要采用小型街头绿地以及庭院绿化的布置方式。

2. 利用街头转角、濒河空地、宅旁空地等公共开放空间形成小型街头绿地，种植单株植物，形成视线吸引点，增加座椅等设施成为游客及居民的休憩场所。

3. 强化庭院绿化，形成景观细部。调动居民的积极性，自发整治庭院空间环境，增加植物、盆栽、座椅、花墙及花窗等，也可沿墙种植攀缘植物，适当点缀垂直绿化。

4. 严格保护登记的古树名木，并按相关要求严格保护。对未列入古树名木的大树、老树和有特色的灌木也应原地保护，10年树龄以上的树木不得砍伐。

二、村民安置与住宅规划

现状总户数约450户，按照总户数5%的分户要求需安置25户。此外，村庄内部因保护和产业结构调整，需要迁出与安置古宅内住户60户。

本次规划需要安置分户和疏解住户83户，按人均规划建设用地125平方米计，共需要新增住宅用地约3.2公顷。

为保护名村整体风貌，将安置住宅地块主要布局于名村规划范围外。其中村东安置地块位于规划范围以东环山公路南侧，面积为2公顷（30亩）；村南安置地块位于规划范围以南杨湾菜场后，面积约0.7公顷（10.5亩）。规划范围内环山公路西侧（核心保护范围外）新增少量住宅用地，面积约0.5公顷（7.5亩）。

新建村民住宅不应超过二层，体量、色彩、样式等须与历史风貌相协调。

第十五章　旅游发展规划

一、旅游项目规划

1. 长圻片区结合东山杨梅观光果园，打造集旅游度假区、采摘体验区、生产种植示范三者于一体的特色观光休闲区。

2. 以西巷、屯湾、湖沙、湖新等村庄为基点，重点发展美丽乡村观光休闲旅游和农家乐、渔家乐体验等。

3. 渡水港以南西大圩区域重点发展现代生态农业，同时结合发展农业体验等相关旅游项目。

4. 利用现有山体茶树与果树种植，向三产延伸，发展休闲采摘体验等旅游项目。

5. 北部沿太湖区域发展万家生态林休闲区，设立红橘保护带，适当布置旅游休闲设施。

二、产业发展规划

1. 第一产业发展规划

保护基本农田资源，保留现状茶园、果林、鱼塘等种养面积。

山林茶果种植区应在现有果品种植的基础上，更新优化品种，加强研发农产品延伸产品。

加快万家生态林内洞庭红橘培育基地的建设，积极发展果品。

重点发展西大圩区域现代生态农业园区，打造集水产养殖、水稻果蔬种植、特优产品培育的综合园区。

2. 第三产业发展规划

通过深入挖掘文化资源建设旅游基地，将自然山体、水体以及传统产业纳入旅游体系，策划体育健身、采摘体验、生态氧吧体验等旅游项目。

做强做优名村旅游产业，重点完善包括餐饮、住宿、游览等功能的旅游接待设施，建设游客服务中心与游客停车场地等旅游配套设施。

完善旅游线路组织，分别打造陆上游线与水上游线，丰富旅游产品，延长游客参与时间。

以西巷、屯湾、湖沙、湖新等自然村庄为基点，以美丽乡村观光休闲旅游和农家乐、渔家乐体验等为发展方向，大力发展乡村旅游。

第十六章　建设整治规划

一、建设控制高度

1. 所有文保单位、控保建筑保护范围内保持原状，维持建筑原高。

2. 三普新发现文物点、传统民居等其他传统建筑维持原高。

3. 核心保护区及向北沿古道延伸至轩辕宫范围内新建、翻建建筑高度控制为一至二层的坡顶建筑，建筑檐口高度限高6.2米，屋脊总高度不超过9米。

二、视廊控制与整治

1. 控制由杨湾码头及村庄入口广场对演武墩、湖沙山的两条景观视廊，整治超高或风貌不协调建筑，保护山体地形地貌与植被，禁止采石或取土。

2. 控制由轩辕广场对演武墩、湖沙山的两条景观视廊，整治超高或风貌不协调建筑，保护山体地形地貌与植被，禁止采石或取土。

3. 内部沿翁家巷、陆家巷、金家巷等多条纵向巷弄形成次要景观视廊，保护"黑瓦白墙夹青山"的景观效果。

三、界面控制与整治

1. 针对杨湾历史文化名村风貌保护要求，严格控制重要街道、巷弄两侧的界面，具体如下：

2. 控制南北向古街（六扇巷—上湾古道—浜场—码头）两侧界面、东西向古街（朱家巷口—浜场）两侧界面，体现"粉墙黛瓦，传统屋脊"等要素。

3. 控制古街两侧重要历史巷弄的界面，对于界面内风貌不协调建筑采取改变立面材料、色彩、装饰等非结构性的整治措施，或采取降层、局部拆除等结构性改造措施。

4. 沿街严禁私自增开店面，对不符合风貌要求的店面进行整改，重要区域店铺均须用木店板、上下木门槛等，严禁使用防盗门、卷帘门、铝合金门窗等。

5. 控制环山公路两侧界面的建筑与村庄整体风貌的协调。

第十七章 市政公用设施规划

一、给水工程规划

规划区内用地主要为居住用地和部分公共设施用地，给水水源取自东山镇自来水厂，给水管线由环山公路给水干管引入。除防灾应急水源外，核心保护范围内不得新建地下水源井。

二、排水工程规划

1. 污水：规划区内污水以居民生活污水及公共设施污水为主，污水总量以总用水量的85%计，计算总污水量约为340立方1日。污水管网分片收集、枝状布置，沿环山公路主污水管汇集进入槎湾动力式污水集中处理。

2. 雨水：按照就近排入水体的原则分散排放。

三、供电工程规划

1. 本区的主要供电电源近期为35千伏东山变电所，远期为规划的110千伏东山变电所。

2. 规划在村庄西北侧设置开闭所及变电所（配电所）一座，在村庄东南侧设置变电所一座。10千伏电源从环山公路引入，低压电力线路沿区内各街巷布置。新建电力线路采用架空和电缆埋地敷设相结合，重要旅游街巷原有的电力架空线逐步改为地埋敷设。

四、通信工程规划

1. 规划区内固定电话标准按50门/百人计，计算固定电话容量约为600门。移动电话按60部/百人计，计算移动电话容量为720门。有线电视终端按60个/百人计，计算有线电视终端总容量为720个。

2. 本区的电话由东山镇区邮电支局负责，根据具体情况设置户外电话交接箱，接入各用户点。有线电视由东山镇广播电视站机房接入，根据用户情况设置有线电视光接点。邮政业务由镇邮电支局负责，区内保留改造现状邮政所，作为村庄邮政服务中心。

3. 严禁在核心保护区内设置移动通信基站，区内通信信号沿环山公路引入，各通信线采用同管道不同井沿各街巷地埋敷设。

五、燃气工程规划

1. 规划近期气源仍采用瓶装液化气，远期逐步改为管道天然气，气源由吴中区天然气管网引入。

2. 由于内部历史街巷多较为狭窄，燃气管管井尽量设置在院落内或临建筑设置，避免设置在重要历史街巷内，减少街巷地下空间的占用。严禁中高压燃气管线穿越核心保护范围，中低压调压站宜采用户内式和箱式。

六、管线综合规划

1. 新建的所有市政管线应全部采用地埋敷设方式，现有的架空管线有条件的应予以入地改造。

2. 采用雨、污分流排水制。雨水充分利用街巷纵坡排放，减少雨水管的埋设。污水管可考虑采用交叉井等方式减少间距及降低埋深。给水管和燃气管尽量设置在院落内或相邻建筑间空地内，以减少对地下空间的占用。

七、环卫设施规划

1. 规划古村范围内不设置垃圾中转站，只设置垃圾收集点。垃圾实行袋装化集中处理，每个点放置两只垃圾桶，沿街设置果壳箱。

2. 规划结合旅游设施、接待服务设施来设置附建式公厕，所有公厕均按不低于二类标准建造，公厕数量应高于一般区域，社会公共厕所和垃圾容器的设置应充分考虑旅游及景观的要求。规划区内共设6座公共厕所。

八、市政小品设计

1. 路灯、果皮箱、垃圾收集箱、消火栓、公厕、指示标牌等应从形式、色彩、风格方面表现村庄特色，做到功能与形式的统一。

2. 保护街巷路面铺装，对场地及绿地周边地区的地面进行重新铺砌，尤其是应该将原有被水泥砂浆覆盖的历史铺装，恢复原有铺装形式，并将缺损之处加以修复。

第十八章 消防及防洪规划

一、消防规划

1. 在修复、整治中应继承、完善风火墙的作用，充分利用建筑的高低和山墙进行防火分隔,防火分隔的面积应控制在 1200 平方米以内;文物保护单位与相邻建筑应进行防火分隔。

2. 沿主要街巷设置消火栓,消火栓保护半径为 50 米,区内街巷主要为消防人员通道,保持全天候畅通,方便消防人员及手推水带车进入。

3. 建立重点保护单位名录,对文物古迹及重要的公共建筑消防安全设施、管理进行实时监控,强化重点保护单位的消防建设。

4. 核心保护区范围内的空旷地段和文保单位、控保单位及其他重要公共建筑区院内设置一定数量的消防备用水池、砂池或砂桶。

5. 重点加强对重要文物古迹周围居民的用火管理;猛将堂等宗教活动的建筑,对点灯、烧纸、焚香的场所和方式应作出具体规划,采取有效的防范措施。

二、防洪规划

1. 根据防洪标准设计规划,按 50 年一遇防洪标准设防。排涝标准为 20 年一遇最大 24 小时降雨不漫溢。

2. 村庄邻近山体,汛期山洪水量较大。建立完善的雨水强排系统,加强雨水泵站的建设及管理,防止内涝;疏浚杨湾港、油车港等河道及河潭,恢复其排水功能。

第十九章 近期实施规划

1. 近期保护整治区域为核心保护区范围,重点整治"十"字古街两侧风貌不协调建筑和整体风貌。

2. 搬迁村内文保单位、控保建筑及其他传统建筑内散居住户,修缮破损构件,恢复历史原貌,植入引导功能。

3. 建设杨湾名村游客服务中心和停车配套设施。

4. 实施村庄南入口即码头、浜场等周边区块的建设,整修杨湾码头,整治周边环境,完善旅游配套设施与标识,提升入口形象。

5. 实施村庄北入口即轩辕宫周边区块的建设,配建停车设施,铺建入口广场,提升整体形象等。

6. 实施对六扇巷、更楼等周边地块的整治,修缮与修复明善堂、晋锡堂、安庆堂等传统建筑,整治环境,将其作为杨湾名村较为集中的传统建筑群向外展示。

第二十章 规划实施措施

一、建章立制,依法加强管理

对古村落严格进行科学管理,加强各职能部门的保护与建设管理工作,成立专门组织指导、协调、监督古村落保护工作。

二、加强古村落文化遗产管理,建立文化遗产保护档案

逐步建立古村落文化遗产保护档案,对古村落实行分级保护,对不同价值的古建筑制定详细的保护档案,分定等级,运用微机进行管理,跟踪其变化情况,及时采取相应的保护措施。

三、建立古村落历史文化展示体系

挖掘、整理并建立以古村落为窗口的文化展示体系,包括建筑文化、商业文化、民俗文化等。

四、建立古村落保护专项基金

建立古村落专项基金,接受各种捐款、集资、管理税费,保证古村落保护的正常运作。各级财政每年安排一定比例的资金。

五、成立民间保护组织和古建筑修缮队伍

成立各级保护协会,由古村落各个产权所有者、管理部门、文化团体和热心古村落保护事业的人士参加,聘请有关专家、学者担任顾问,指导保护和发展。同时培养稳定的技术管理队伍,保证古村落的保护性建设按照规划进行。

六、政府主导、农民参与、构建平台、加强培训

通过多种途径加强对农民素质、道德、能力等方面的培训。通过信息平台的构建,促进旅游服务业健康有序发展。

第二节 古建筑维修

政府出资 从1975年起,省市文保部门对轩辕宫正殿、明善堂、怀荫堂等全国重点文保单位进行了多次修缮,使这些古建筑得到较好的保护。2007年,吴中区文管部门筹资52万元,修复了从杨湾浜场至崇本堂长220米的古街道,面积550平方米。位于上湾村陆杨古道旁的翁宅,是2008年第三次文物普查工作中新发现的一幢明代建筑,但年久失修极为破旧,2015年,苏州太湖旅游发展集团有限公司投入200万元,对住楼、门屋、砖雕门楼等进行落架维修,使其恢复了原貌。2016年1月,苏州吴中区太湖古村旅游发展有限公司,投资3200多万元,对杨湾村内南北长960米的明代陆杨古道,东西长501米的明清古道,加上道旁18条古巷古弄,全部进行修缮,铺上了古色古香的小青砖道,至年底全部竣工。12月20日,杨湾步行街修复竣工使用。该工程5月20日开工,历时7个月,总投资500多万元。长400米,宽8米,全用老花岗石铺筑。入口处建有一高大牌楼,沿杨湾港筑有路亭、水榭、曲廊。

村级筹资 石桥村中震泽底定桥筑于南宋,桥上的古亭建于清乾隆年间,因年久失修,桥亭已岌岌可危,2008年区、村筹资11万元,落架修缮桥亭,更换了2套横梁、4根立柱、5根桁条、100多根椽子,增添砖瓦6000多块(张),使这一已有数百年历史的桥亭恢复原貌。从2014年起,村里筹资337万元,对杨湾、大浜、石桥、张巷等自然村131幢沿陆杨古道的古宅进行立面改造,其中杨湾、大浜村古宅改造建筑面积达151000平方米,有明代怀荫堂、清代崇本堂、

仁俭堂、务本堂及周泰森粮店、永大衣庄、任记面馆、公泰肉铺、王氏义庄等一大批清末民初的店铺。张巷、石桥村古宅改造建筑面积25575平方米，有纯德堂、明德堂、久大堂、怀庆堂、集庆堂、丰盛大楼等一大批明清建筑。同年，村里还投入资金122万元，落架修复了杨湾古街东侧的清代古商铺，有日用品商店、生产资料商店、食品商店等12间民国前的老房屋，建筑面积474平方米。2015年，村委会筹资52万元，对寺前村宋代古石桥——香花桥进行修缮，并在石桥四周修砌驳岸，修复青砖古道，恢复古石亭，使之成为一处观光景点。

从2011年至2015年，杨湾村在保护古村落的同时，结合美丽乡村建设，优化人居环境，6年中修复古道1000平方米，疏浚港道800多米，修复古石驳岸800多米，排设污水管网2200米，新建绿化工程1000多平方米，使杨湾古村落村庄更绿，河流更清，环境更美。

利用民资　张巷村的恬澹堂，为清代早期建筑，原规模宏大，现保存的一幢前住楼，面积335平方米。但因长期无人居住，年久失修而极为破旧。2010年苏州王姓商人购买后，耗资100多万元进行全面修缮，现基本恢复了原貌。承志堂，又名金碧山庄，位于上湾石桥村，民国建筑，建筑面积1905平方米，房屋基本完好。原为清末民初沪地大商人王宪臣故居。新中国成立后，王氏家族大多外迁苏沪等地，该房长期空关，滋生白蚁，成了危房。2006年在村委会的帮助下，上海一钱姓医生购买后对房屋部分进行修缮。2014年又耗资100多万元，全面整修了这幢老宅，成为杨湾古村落的民国代表性建筑。杨湾刘公堂是古村的一处清代宗教建筑，民国李根源《吴郡西山访古记》中有该庙的记载，当时名为"刘公庙"。新中国成立后庙堂先后作为生产队仓库和供销社商店，后来因房屋长期空关而严重破损，2009年村民捐资20多万元，把房屋修缮一新，成为村人节假日的一处活动场所。

第三节　历史街区

杨湾行政村范围总面积12.4平方公里。其历史文化名村所在自然村区域，南起杨湾港，北至轩辕宫，东连大浜村，西临太湖边，面积约50.3公顷（包含杨湾、上湾及大浜自然村），核心面积9公顷。

杨湾历史悠久，文化遗存众多，是全国为数不多，保护完好的明清古村落之一，也是江南地区村级建制中，国保级单位最集中的地方。在9公顷的核心保护区中，拥有轩辕宫、明善堂、怀荫堂等3处全国文保单位及崇本堂、晋锡堂、久大堂、纯德堂等4处苏州市级文保单位。拥有控保建筑57处，境内现保存有29638平方米的明清古建筑群落，形成了1461米的杨湾古街，并以此为中心区域并向左右两侧辐射的历史街区，街区内保存有大量古巷弄、古商铺、古民居、古寺庙、古更楼、古桥、古井等历史遗存。

杨湾古村历史文化街区南起杨湾浜场，北至轩辕宫，全长961米，古建筑64幢，14863.3平方米。其中明代建筑10幢，2613平方米；清代建筑39幢，7489平方米；民国建筑15幢，4761.3平方米。

杨湾古村现存历史街巷18条，自北向南依次为：石狮子墙门、姜家巷、永平巷、南洋里、金家巷、姚家巷、居家巷、居巷、十字弄、东乐天巷、白泥路巷、磨盘石巷、苟丝巷、陆家巷、姜家巷、杨家巷、翁家巷、朱家巷。这些街巷宽度均在2至4米以内，最窄处仅1米左右，总体基本保持"十字古街，鱼骨巷弄"与小青砖侧铺成水纹形、人字形、双钱形、回字形的整体传统风貌。但除浜场周边古街尚算完整以外，其余街巷都有不同程度的街巷界面损坏，包括一些村民历年新建民房、住楼，不同程度改变了街巷空间尺度和格局，2013年杨湾古村被授予第七批中国历史文化名村后，吴中区与东山镇村二级正在有计划地修复，使之恢复原貌。

表6-1　　　　　　　　　　杨湾古街古巷弄一览表

巷弄名称	长度（米）	宽度（米）	面积（平方米）	自然村	路面
杨湾明清街	261	2.2	574	杨湾村	青砖
杨湾浜场	30	20	600	杨湾村	青砖
杨湾浜场西	20	3	60	杨湾村	青砖
杨湾浜场东	30	2.5	75	杨湾村	青砖
杨湾浜场北	40	2	80	杨湾村	砖石
朱家巷	57.6	2.5	144	杨湾村	砖石
翁家巷	57.6	2.5	144	杨湾村	砖石
杨家巷	61	2.5	152.5	杨湾村	砖石
姜家巷	72	2.5	180	杨湾村	砖石
陆家巷	132	2.5	330	杨湾村	砖石
苟丝弄	50	2.5	125	杨湾村	砖石
磨盘石弄北	50	2.5	125	杨湾村	砖石
磨盘石弄南	30	2.1	63	杨湾村	砖石
白泥路巷	141	2.5	352.5	杨湾村	砖石
花柳弄	95	2.5	237.5	杨湾村	砖石
施家场巷	25	2	50	杨湾村	砖石
施家弄	40	2.5	100	杨湾村	砖石

续表

巷弄名称	长度（米）	宽度（米）	面积（平方米）	自然村	路面
东天乐巷	30	1.8	54	杨湾村	砖石
上湾南古道	120	2.5	250	上湾村	砖石
上湾北古道	250	2.2	550	上湾村	砖石
六扇头门巷	150	2.5	375	上湾村	砖石
石狮子墙门	50	1.8	90	上湾村	砖石
上湾姜家弄	90	2	180	上湾村	砖石
永平巷	78	2	156	上湾村	砖石
南洋里	30	2.5	75	上湾村	砖石
金家巷	50	1.7	85	上湾村	砖石等
姚家巷	36	2.2	97.2	上湾村	砖石等
居家巷	128	2.5	320	上湾村	砖石
十字弄	300	2.5	750	上湾、杨湾	砖石等
居巷	70	2.5	175	上湾村	砖石

第四节　非遗传承

杨湾列入区级以上非物质文化遗产保护项目有4项，其中国家级1项：碧螺春炒制技艺，省级1项：东山抬阁，市级1项：猛将会，区级1项：东山婚俗。

一、碧螺春制作技艺（参见"土特产"一章）

2008年6月7日列入国家第二批非物质文化遗产。

二、东山抬阁

2009年6月20日，列入江苏省第二批非物质文化遗产。又称东山"抬戏"，是一种以高空杂技表演为主的古老剧艺，被誉为"流动在大街上的舞台"，已有800多年历史。东山抬阁始于宋代，起源于中原。这种民俗风情被带入太湖地区后，经过元明两代数百年的相互吸收，融合演变，到清初已形成技艺、服饰、表演风格独特的东山抬阁。清朝康熙年间，每年清明前后的"三月会"，前后山及武山72个自然村，村村都装有抬阁过市，各显神通，以预祝来年风调雨顺，蚕花茂盛。

东山抬阁的盛行，据说还同禁赌有关。清代中期，国家较为安定，农村亦连年丰收，生活无忧。于是在农村赌博成风，官府禁了几次效果不大。东山一些有识之士，几经商议，发起了抬阁表演赛事，于是村村精心制作抬阁，逢年过节，在大街上敲锣打鼓，吸引了许多人，赌博之风明显减少，从此抬阁表演一代代传了下来。

东山抬阁均由真人表演，颇具情趣与欣赏价值，所扮演内容均取自群众喜闻乐见的戏剧故事，由8—9岁左右孩童扮演，每只抬阁一般由一男一女2个孩童（亦有3个孩童）扮演。抬阁的制作与扮装极具技巧，先是在其木座上特制一铁杆，高3米。其根生于座子中，上下两节，用榫头衔接。上下铁杆上各吊一小椅，仅容孩童坐下，用整幅布将孩童下半身连椅紧紧包裹，因小铁椅是吊着的，虽被裹紧，但未固定，仍能晃动，不觉呆板。上下孩童面部化妆后，均穿上装有假脚（着靴或戏鞋）的裤子，再穿上戏装，女的还系上彩裙，打扮得与成人相似。下面的铁杆弯曲，从男孩戏衣袖中伸出，贯穿于道具中，衔接上面女孩一只假脚中的铁杆相合榫，在水袖、裙幅等道具的巧妙掩饰下，远视极像一脚踏在道具上，一脚悬空，既惊险，又飘然自若，甚为精彩。

时东山上百只抬阁，只只独具匠心。曹坞村的"十字坡"（即武松打店）、叶巷村的"借茶"、渡水桥的"水漫金山"（演者3人，俗称"三跷翘"）、西坞村的"比武招亲"、殿前的"珍珠塔"、诸公井的"天台遇仙"，只只新奇惊险。还有后山一带（杨湾）的"落金扇""珍珠塔""玉簪记""拾玉镯""昭君出塞""白水滩"与"卖油郎独占花魁女"等抬阁也争奇斗胜。东山百来只抬阁，绝少雷同。

"文革"中抬阁被作为"四旧"扫除，制作抬阁的老艺人也相继去世。1984年东山农村迎来了联产承包的第一个好年景，乡党委书记金桂定同乡贤们商议后，设法征集到了2张新中国成立初出抬阁的老照片，又在晨光村寻觅到了一位80多岁的装抬阁师傅，于同年国庆节时恢复了4只抬阁，后东山抬阁逐渐增多，至2015年东山12个行政村，村村都有抬阁。

据志书记载，1936年苏州开展"六三"禁烟节，东山后山乡创作的"许仙借伞"和东山其他乡"水漫金山""十字坡""借茶"等4只抬阁，参加发苏城的禁烟大游行，轰动了整个苏州城。新中国成立后，尤其是改革开放后，杨湾村制作的抬阁也多次应邀到苏州和东山镇上进行表演。

三、猛将会

2013年6月5日列入苏州市非物质文化遗产。东山民俗风情中，以正月上旬出"猛将会"最为热闹。山人称抬猛将神出巡为"出会"。不仅村村都有猛将堂，甚至有的家庭亦有供奉。全山大小猛将神像旧时有数百尊之多，猛将神出已成东山最大的民间风俗。猛将神在苏州城乡均有供奉，东山供祀尤盛。东山出猛将会已有上千年历史，据清乾隆《太湖备考》记载："灵佑庙（俗称新庙），宋建炎四年（1130）建，祀真武神刘猛将。"历史上刘猛将真有其人，名刘承忠，广东吴川人,元代官都指挥使。曾因督兵捕杀蝗虫而受到百姓爱戴,死后百姓立庙祭祀。东山出猛将会,源于明,盛于清,民国初期达到高潮。据史料记载,东山历史上曾利用猛将会,以及晚上各村在猛将堂前旗杆上高悬塔灯,吓退侵扰的匪寇。如明嘉靖年间的海寇、明末清初的湖寇。民国后匪患不清,村人亦效其法,东山地方得以安宁。

新中国成立后,政府提倡解放思想,破除迷信,移风易俗建设新社会,出猛将被取缔。"文革"中,东山的许多寺庙被拆毁,猛将神像也无法免幸,全部被烧毁或砸烂,猛将堂改作生产队仓库而得以保存。从2000年起,东山开始恢复猛将堂,至2014年年底全镇已恢复猛将堂112座,塑猛将神像120多尊。据2015年统计,杨湾村有猛将堂8座,塑猛将神像8尊。

出猛将会主要在春节期间,盛况空前,全村男女老幼几乎人人参加表演与观看。出会形式主要有如下几种。

贺年 正月初一,各自然村民间敲十番锣鼓,时而家中,时而街上,乐此不疲。接着各村抬着刘猛将画像出巡,谓之"贺年"。族伞高撑,锣鼓震天,威仪极盛。每到一村,定要在村场上环行一周,放一阵鞭炮,俗称"打机差"(或"打机叉")。又去各户新婚之家(称为"送子"),由会首送布娃娃到新屋里,家人以喜钱和年糕回敬。

逛会 年初六,开始出大猛将,称出"大会"。猛将出巡湖滨,称"冲湖嘴"。这天的精彩节目是猛将逛会。各村把猛将堂里猛将抬出来,左右摆动,将木雕或泥塑神像抬着走圈子,边走边左右摇摆晃动,称之为"逛会"。有的直至晃到猛将的身体横过来与地面平行为止。

出潦反 年初八早晨,要敲"日帮锣",又称"现锣",示意晚上要出灯,各村须做好准备。黄昏时,所经各村大多点燃灯笼,依次加入队伍,其时万点红星,锣声震天,十分壮观。相传这是前代人齐心协力,集中出灯以反抗官府压迫或抵抗入侵者而遗留下来的传统习俗。

抢会 年初九举行抢会,这是最热闹的节目。抢会以村为单位,各村选出身强力壮、机智灵活的人员组成队伍参加。这实际上是一项很有意义的民间体育活动。活动是将各村"小猛将"集中在塘子岭坡上,几十个村庄的队伍簇拥着几十尊"小猛将",列成弧形排开,很有秩序。主持抢会的人手擎一面杏黄大旗(俗称"黄大舵")为前导指挥。当旗往中一挥,抢会者立即抬庙椅疾冲下岭,"万头攒动,脚步雷鸣,人声鼎沸,势如潮涌"(《东山镇志》),大家争抢第一。凡争得第一名者,那支队伍喜气洋洋地将会里大猛将像抬着绕前后山巡行一圈,然后把大神像供奉在自己村里,引以为荣。但这项民俗活动安全隐患较大,目前杨湾村及东山尚未恢复。

满算 农历正月十三日,相传为刘猛将诞辰。这一天,各村均在猛将堂或祠庙中燃以巨烛,称为满算。村民敬拜猛将像,烛粗似儿臂,满屋亮堂。正月十五元宵节，立竿于猛将堂前，挂"塔灯"。正月十六日，前后山 14 尊大猛将排列新庙戏台前看戏，又是一番热闹。此后，猛将入暖阁，春节猛将会圆满结束。

四、东山婚俗

2009 年 4 月 15 日列入吴中区第二批非物质文化遗产。东山（杨湾）婚俗隆重吉祥而含意丰富，从男女青年定亲至完婚有一整套过程。定亲时有"授茶""定盘酒""派糖"等礼仪；结婚时有"落桌""碰风""行嫁日""巡抚台""回门"以及"三吹三打""热络""哭嫁""泼水""猜拳"等仪式。尤其是猜拳，双方口中猜出的数字从一至十均极为吉利：一品到、二上坐、三星照、四喜、五经魁、六六顺、七巧来、八仙早、九长寿、十全十美或全福。据说东山拳语（俗称趣名）出自宫廷，所以被称作宫廷拳。

第七章 经 济

第一节　农村生产关系变革和经济体制改革

一、土地私有

新中国成立前，东山及杨湾村农民都是个体生产，土地为私人所有，由于自然灾害及人祸等因素，土地逐步兼并，大部分土地集中在少数人手中，尤其是山坞口土壤较为肥沃宜种花果的坡地，几乎全被少数人控制。广大农民只占少量土地，多数无地、少地的贫雇农只能向大户人家租田耕种和出卖劳力（当长工）以维持生计，生活贫困。封建土地所有制限制了农村农业生产的发展。

二、土地改革

1951年10月，东山后山乡、杨湾乡所属的杨湾、上湾、屯湾等村进行了土地改革，依法没收地主土地、房屋、财产，征收资本家和工商业主在农村占有的土地、房屋及富农、小土地出租者多余土地，分配给无地、少地的贫雇农民，同时也留给地主每人一份土地、房屋，使其在劳动中改造成自食其力的劳动者。整个土地改革在1952年3月结束，大致经过宣传政策、培训干部、斗争大会、登记土地、划分阶级成分、征收没收、分配土地财产、改造基层政权等步骤。

土地改革中，杨湾乡约召开斗争大会9次，斗争地主5人，全村90%以上的群众参加了斗争大会。经过群众评议，上级批准，进行阶级成分划分，评定成分重点划清没收和征收对象。在评定程序上，先定地主，然后评工商业资本家、小土地出租者和富农，最后划定农民阶级内部成分，方法上采取自报、公议、民主评定三档定案，即先由家庭对照申报成分，经农会小组会议讨论并初榜公布，然后经村农民大会讨论并出榜公布，再经乡农民代表大会讨论通过，最后张榜公布。1951年年底开始，向农民发放土地、房产所有证，通过发证，对村里的土地房产进行全面登记，明确产权归属。

三、农业合作化

土地改革后，获得土地的农民生产积极性高涨，但也有部分农民缺少生产资料和劳力资金，发展生产有较大的困难。村党组织号召全体群众组织起来，互相帮助发展生产。1952年下半年，各村以亲邻好友为对象，组成临时性、季节性的伴工互助组，时杨湾乡所属的杨湾、上湾、屯湾等村都组建了伴工互助组，占总农户的90%以上。至1953年冬，东山杨湾、后山、涧桥、三山、镇西、东山、湖湾、渡桥、新潦等9个乡，共建互助组351个，其中杨湾乡建办互助组38个。

随着互助组生产资料的不断扩大，具备了发展初级农业生产合作社的条件。1954年年初，东山前后山试办了和平、杨湾、万荣、晨光、震东等5个初级社。

接着，后山杨湾、和平与前山湖湾、岱松等山区建起了106个初级社。据《震泽县东山区农业合作社规划》记载：1956年春，杨湾乡822户农户只有200户入社，只占总数的28.6%；至当年秋天，杨湾乡已建办初级社13个，入社736户，占总农户的89.5%；1957年杨湾全乡822户农户全部入社，入社率为100%。1959年杨湾乡高级社还吸收24户地主富农参加农业合作社。初、高级合作社经营上实行土地入股，统一经营，生产上采取定质定量，按件定分，短期包工，民主评分记工制，分配上按土地45%、劳动力55%实行土劳分红。

1956年秋，震泽县在水稻、花果、渔业三种地区选择浦庄、后山、渡桥3乡试办高级农业生产合作社，然后在全县推广。1955至1956年，东山全区建起了16个高级社和9个初级社，杨湾乡先后建起的高级社有虹光一社（现上湾村与北望村区域）、虹光二社（现屯湾村区域）、虹光三社（现杨湾村与槎湾区域）。杨湾乡822户农户，100%加入了高级社。高级社通过选举分别建立社务管理委员会和监理委员会。社务管理委员会设农业生产、副业生产、财务管理、文化福利、治安保卫等5个委员或小组；监理委员会设经济、生产、纪律3个监察委员或小组，监察社务管理工作，社务管理人员不参加监理委员会的工作。高级农业生产合作社实行按劳取酬、统一分配、先公后私、少扣多分的分配制度。

四、人民公社

1958年7月，东山、后山两乡分别建立东山人民公社和洞庭人民公社，杨湾乡加入后山洞庭人民公社。同年9月，两社合并为洞庭人民公社。

人民公社把基层政权和集体经济组织合为一体，政社合一，分设公社、大队、生产队三级管理机构，实行"统一经营，分级领导"。原高级社改为生产大队，生产大队设党支部和大队管理委员会，大队实行党支部领导下的分工负责制，大队副书记大多兼任大队长或副大队长，分管有关专项工作。大队在公社统一领导下管理本大队农副工三业生产和社员政治、文化生活及社会福利事务，调解民事纠纷。生产队是实施生产的基本单位，由队长、副队长和会计组成队委会。

公社成立初，地主、富农通过本人申请，上级批准，被吸收为候补社员，社员私有牲畜归集体所有，土地、树木、水利设施、工场仓库等全部归公社所有。实行组织军事化、生产战斗化、生活集体化，大队改为营，生产队改为连，以公社为基本核算单位，社员口粮实行供给制。时洞庭人民公社共设7个营，23个连，84个排，239个班。军事干部1064个：营长8名，副营长13名，营教导员7名。连长23名，副连长46名，指导员22名。排长84名，副排长146名。班长239名，副班长477名。杨湾乡属二营，下设3个连：虹光一大队为1连，虹光二大队为2连，虹光三大队为3连，下设14个排，42个班。

10月，全国农村大办集体食堂，洞庭人民公社也全面办起了公共食堂，实行吃饭不要钱。1958年年底，虹光一大队办食堂10座，虹光二大队办食堂12座，虹光三大队（含槎湾）办食堂11座，提出"放开肚皮吃饱饭"的口号，由此口粮难以控制，加之自然灾害影响，社员吃粮不能保证，1961、1962年村民大多吃不饱肚子，身体缺乏营养，许多人患上浮肿病。

1961年春，贯彻中央《农村人民公社工作条例（草案）》（简称农业六十条）和国民经济以调整为中心的"八字"方针，是年末，贯彻执行中央关于调整农村人民公社基本核算单位的指示，确定公社、大队、生产队"三级所有，队为基础"经济管理制度。之后，生产队成为基本核算单位，贯彻按劳分配原则，实行生产队"劳力、土地、牲畜、大型农具"四固定，恢复社员自留地、饲料地，鼓励社员发展家庭副业。

时虹光一大队设8个生产队，386户，1362人。劳动力458人，辅助劳动力13人。其中南望队115人、岭下队72人、石前队96人、北望队213人、王舍队152人、石桥队222人、光荣队236人、上湾队256人。全大队有土地4236亩，其中耕地810亩（农田、旱地）、果园687亩、桑地229亩、林地417亩、自留地93亩、山地2000亩。虹光二大队设8个生产队，389户，930人。劳动力383人，辅助劳动力35人。其中湖沙队226人、澄湾队72人、长圻队136人、毛期（园）队132人、寺前队104人、屯湾队80人、黄家垱队85人、西巷队95人。全大队有土地8782亩，其中耕地162亩（农田、旱地）、果园507亩、桑地188亩、鱼池287亩、林地580亩、自留地45亩、山地7013亩。虹光三大队设6个生产队，489户，1248人。劳动力532人，辅助劳动力32人。其中一队268人、二队222人、三队195人、四队152人、五队137人、六队274人。全大队有土地4079亩，其中耕地107亩（农田、旱地）、果园875亩、桑地384亩、鱼池665亩、林地300亩、自留地48亩、山地1700亩。

贯彻中央"农业六十条"精神，调整农村人民公社基本核算单位，确定公社、大队、生产队"三级所有，队为基础"经济管理制度后，农村经济发展较快，社员情绪稳定，农业生产开始回升。

1966年，"文化大革命"开始，公社、大队、生产队分别改称为"公社革命委员会""大队革命委员会""生产队革命生产领导小组"。农村普遍开展"农业学大寨"活动，并片面提出"突出政治"与"以粮为纲"等口号。

1976年粉碎"四人帮"反革命集团后，极"左"思潮和搞"穷过渡"的做法得以纠正，农村各业生产显示出生机。

1978年中国共产党十一届三中全会后，农村逐步推行经济体制改革。1983年7月，政社分设，撤销大队、生产队，设立行政村和村民小组，至此，人民公社的组织形式全部解体。

表 7-1　　　　　　　　东山杨湾大队生产队部分任期队长、会计名单

年份	队　列	队　长	会　计
1960	一队（杨湾）	殷兴寿	彭楚荣
	二队（杨湾）	席星泉	丁士林
	三队（大浜）	周巾文	施博民
	四队（大浜）	徐洪兴	吴庆荣
1970	一队（杨湾）	殷兴寿、陆祖发	彭楚荣
	二队（杨湾）	顾顺荣、丁培林	丁士林
	三队（大浜）	周巾文	施博民
	四队（大浜）	徐洪兴	吴庆荣
1980	一队（杨湾）	殷仁海、邢祖才、殷培良	陆惠英
	二队（杨湾）	陆德兴	朱建东
	三队（大浜）	徐法荣	施博民
	四队（大浜）	徐洪兴	王元康

表 7-2　　　　　　　东山虹光一大队、上湾大队部分任期队长、会计名单

年份	队　列	队　长	会　计
1960	一队（石桥）	叶元兴	孙馨宇
	二队（石桥）	徐兴根	张颂其
	三队（张巷）	叶进禄、张明奎	叶荣方
	四队（上湾）	朱荣生	徐胜泉
1970	一队（石桥）	叶洪宝	孙馨宇
	二队（石桥）	张祖福	叶颂其
	三队（张巷）	叶瑞方	叶荣方
	四队（上湾）	胡永根	徐胜泉
1980	一队（石桥）	孙天曾	韩志康
	二队（石桥）	王惠中	张颂其
	三队（张巷）	盛顺生	叶荣方
	四队（张巷）	姚顺林、姚祖勤	沈永兴
	五队（张巷）	蔡志福	冯传根
	六队（张巷）	朱崇礼	翁国宝

续表

年份	队列	队长	会计
1980	七队（上湾）	胡永根	闻佐清
	八队（上湾）	徐洪发	朱缵雷
	九队（上湾）	居加利	胡文杰
	十队（石桥）	朱兆伟	王惠富

表 7-3　　　　东山虹光二大队、屯湾大队部分任期队长、会计名单

年份	队别	队长	会计
1960	一队（湖沙）	张宝林	徐维祖
	二队（湖沙）	杨根兴	胡惠林
	三队（澄湾）	叶裕生	费庆宽
	四队（屯湾）	姜洪男	朱火勇
	五队（屯湾）	倪仁全	宋仁兰
	六队（屯湾）	诸如林	叶吉官
	七队（黄家塍）	王福林	张兰生
	八队（寺前）	顾积生	王寿根
	九队（湾里）	张天根	张巧根
	十队（西巷）	许运生	许阿兴
1970	一队（湖沙）	徐树荣	胡林龙
	二队（湖沙）	杨建祥	胡惠林
	三队（澄湾）	顾寿生	黄积才
	四队（屯湾）	马荣生	朱火勇
	五队（屯湾）	张洪男	薛叔非
	六队（屯湾）	张金林	叶吉官
	七队（黄家塍）	黄如林	张兰生
	八队（寺前）	许根男	王寿根
	九队（湾里）	王如生	张巧根
1980	一队（湖沙）	徐树荣	胡林龙
	二队（湖沙）	林德福	胡惠林
	三队（湖沙）	杨建祥	周兴发
	四队（澄湾）	黄积才	黎济行

续表

年份	队别	队长	会计
1980	五队（屯湾）	朱雪林	朱火勇
	六队（屯湾）	宋仁芳	张振洪
	七队（屯湾）	张吉林	张建德
	八队（屯湾）	诸振玉	金兰荣
	九队（黄家埕）	金连根	施玉芳
	十队（寺前）	王文林	许根男
	十一队（湾里）	王如生	张仁荣
	十二队（西巷）	许阿补	许阿兴

五、家庭联产承包责任制

1983年春，东山农村普遍推行家庭联产承包责任制，农业生产实行"统一经营、分业承包、联产到户、包干分配"的制度。土地实行人口分配、社员上交按国家任务和集体提留数再按责任田分摊，税费包干上交，农业税按耕地总面积分摊到户。对生产资料的处理和使用保管做出明确规定，并以村为单位建立农机、植保、管水等专业组织，实行独立核算，自负盈亏。财产管理建立联队会计岗位责任制，一个会计负责几个生产队的财务资金管理工作，报酬由生产队分担或大队支付。农田基本建设资金来源，一般依靠大队公共积累，用工按劳力分摊到户，劳动报酬作义务工处理。

杨湾、上湾、屯湾等村的果区联产承包责任制，参照农田联产承包方法，采取"分树到户，联产承包"，把各生产队各种果树，参照前三年的结果情况，逐棵估计产量，定产值，折成股数，再把生产队的人数和口粮数折成股数，进行平均分配承包，除上交公积金、公益金、农业税、管理费外，全部果品归承包户，自己采收、自己出售、收入归己。

实施家庭联产承包责任制，调动了农民生产积极性，果品产量大幅度增加。1983年杨湾村销售花果6920担（每担100斤，以下类同），比1982年果品产量4354担，增加2566担；平均每担39.10元，比1982年增加9.1元，共增收23.35万元，每户平均增加1102元，每人增加314元。运销专业户应运而生，1984年杨湾村在枇杷、杨梅、柑橘采收季节里每天有500辆自行车搞运输。家庭联产承包责任制使农村种植专业户不断产生，1987年统计资料显示：杨湾村出现16个果品销售专业户；上湾村产生18个种植专业户；屯湾村地处偏僻山区，市场信息相对较为闭塞，但也出现12个农产品销售专业户。

为稳定完善农村联产承包责任制，1990年8月，杨湾村、上湾村、屯湾村按照东山镇人民政府制定的"关于完善农业生产责任制的意见"，重点完善合同制度，健全承包机制，针对当时生产的发展、户口劳力变化而承包基数未变的情况，造成收入利益上的差距，按照"大稳定，小调整"的原则，采取土地调节、经济调节、就业调节，完善农业生产责任制。杨湾、上湾、屯湾等村均组建班子，加强宣传，制定章程，在试点的基础上，确定调节方案，使村里的农业生产承包责任制更加合理。

调整果茶结构，发展优良品种、品系。20世纪90年代中期，杨湾、上湾、屯湾3行政村进行农村产业结构调整，根据产品物以稀为贵的原则，调整减少柑橘面积，发展杨梅、枇杷、碧螺春茶叶，引进新果品，使花果生产逐步趋向市场化、合理化。2001年1月，杨湾、上湾、屯湾3个村，遵照东山镇人民政府及上级指示精神，西大圩稻田全部实行退田还湖，杨湾片3个村农民彻底告别种田历史。同时，调整原西大圩农田进行了产业结构调整，开挖鱼池全部调整为湖蟹养殖业。

六、农村股份合作制

1996年来，农业生产适度规模经营，至2015年，杨湾村先后组建了杨湾碧螺春茶叶专业合作社、长圻农产品专业合作社、春晓农产品专业合作社、大浜农副产品专业合作社、灵源农产品专业合作社、碧源农副产品专业合作社等6家股份合作社，入股农户892户，占全村总农户1134户的78.6%，年销售农产品总值达1270万元。与此同时，农村联产承包土地开始流转，据《2009年度吴中区农民专业合作（联）社年报》统计：杨湾村26个村民小组，共有1142户，3604人，实际耕地面积1256亩，其中确权耕地面积1241亩，委托集体流转的面积入股土地折合面积1090亩，其中签合同的流转面积823亩，入股的土地面积1256亩，适度规模经营总面积2433亩，其中经济作物面积1034亩，水产养殖面积1399亩。

七、集体资产股份权能改革

2015年12月底，杨湾村完成集体资产股份权能改革，共固化资产1016万元，分配股份3479股，其中基本股3089股（村民户口土地在村），享受股763股（村民土地在村，但户口迁出村及外地嫁来村、迁来村的村民享受半股），实现"量化到人，确权到户，长期稳定"的目标。受益人口3867人，上湾村1369股（人），屯湾村1686股（人），杨湾村812股（人）。

附：杨湾、上湾、屯湾村1983~2015年部分家庭联产承包制联队长名单

杨湾村

1983年：1组：沈德祥，2组：陆德兴，3组：徐家良，4组：吴庆荣。
2000年：1、2组联队：姚建龙，3、4组联队：吴永良。
2015年：1、2组联队：姚建龙，3、4组联队：吴永良。

上湾村

1983年：1、2、10组（石桥自然村）：孙天曾、朱兆伟，3、4、5、6组（张巷自然村）：叶巧龙，7、8、9组（上湾自然村）：陈继良、朱庆生。

2000年：1、2、10组（石桥自然村）：孙天曾、王惠富，3、4、5、6组（张巷自然村）：叶惠根、叶荣芳，7、8、9组（上湾自然村）：朱庆生、胡文杰。

2015年：1、2、10组（石桥自然村）：朱兆宏、孙天曾，3、4、5、6组（张巷自然村）：张惠根、朱宏富，7、8、9组（上湾自然村）：宋祖奇。

屯湾村

1983年：1组：徐树荣，2组：林德福，3组：杨建祥，4组：叶志清，5组：朱雪林，6组：宋仁芳，7组：张茂兴，8组：张金林，9组：金连根，10组：许根男，11组：张和兴，12组：叶雪龙。

2000年：1组：徐仁荣，2组：林德福，3组：杨建祥，4组：黄官宝，5组：倪三男，6组：宋仁芳，7组：张茂兴，8组：张德林，9组：施玉芳，10组：许根男，11组：张和兴，12组：叶雪龙。

2015年：1组：徐仁荣，2组：叶庆生，3组：杨建祥，4组：叶志洪，5组：程建林，6组：宋仁芳，7组：叶云福，8组：张德林，9组：施玉芳，10组：葛建国，11组：汤文斌，12组：李红芳。

第二节　生产管理

一、核算单位

初级农业生产合作社，保留社员生产资料所有权，实行土地入股，大型农具作价归社或合作社租用。实行合作社统一经营、统一核算，按土、劳分配。

高级农业生产合作社，生产资料有偿转为集体所有，由合作社统一经营、统一核算，按劳分配。

人民公社建立后，高级社的生产资料无偿转给公社，在公社范围内实行统一领导、统一计划、统一经营、统一核算、统负盈亏的"一大二公"体制。

1961年10月进行"三级所有，队为基础"的核算制试点。1962年全面实施，确定生产队是人民公社、生产大队、生产队三级集体所有制经济中的基本核算单位。

1980、1981年，公社先后两次调整生产队规模，东山杨湾、上湾、屯湾生产大队规模基本保持原有格局，即杨湾大队2个自然村分为4个生产队，上湾大队按3个自然村分为10个生产队，屯湾大队按7个自然村分为12个生产队。

二、劳动管理

初级农业生产合作社时期，建立生产小组，劳动管理以包干制为主，在生产上实行农副结合，鼓励发展养猪、养羊和种树种菜。据1957年《震泽报》1月1日报道，杨湾初级社69家农户，每户养猪3至4头。1956年下半年初办社时，全社只养猪200头，社出筹资5000元，预借给困难社员购买苗猪，同时划出50多亩空闲地，鼓励社员垦荒种蔬菜、山芋，以解决猪饲料不足的问题，半年中养猪圈存猛增，达到1082头。

高级社时期，生产大队种植业实行"四定三包"超产奖励制度，生产队安排农活，生产小组集中干活，社员劳动按定额记分。高级社的管理普遍实行"一长四员分工负责制"，即社长、会计员、采购员、保管员、饲养员，在社长领导下，由四员分工分专业进行管理。1957年，虹光二社抽出6名社员，在太湖边饲养了1500只鸭子，因管理得当，当年新鸭提早29天下蛋，每天下蛋900只，最大的6只可达一斤。虹光一社女社员叶玉宝、徐裕宝在夏季种田时，她们一早起来拔秧，拔好2.7亩田的秧苗，然后回家烧早饭及照顾小孩，做到生产、家务两不误，为社里当好后备军。这些事迹均刊登在当年2月6日的《震泽报》上。

1958年，为适应生产大跃进需要，人民公社把生产组织和武装组织相结合，劳动力按军队编制，公社建团，大队建营，生产队建连，生产组建排、班，由公社统一指挥调度。至年底，洞庭公社下设7个营、23个连、84个排、239个班。杨湾乡为第2营，下设3个连，虹光一大队为1连、虹光二大队为2连、虹光三大队为3连，共有14排，42个班。

公社军事化组织有严格的劳动、学习和作息制度。为适应劳动力统一指挥和调度的需要，村里普遍建立公共食堂、托儿所和幼儿园。以虹光三大队（现杨湾村）为例，1960年总人口1239人，建有食堂5只，就餐人数1239人，占农户总数的100%。当年食堂蔬菜基地种乌笋2亩、甜菜1.6亩，其他蔬菜2亩。也许当时建办的农村食堂已发生困难，虹光三大队"食堂情况统计表"中还记载：食堂烧柴能供应一个月的有3只，烧柴只能供应10天的有2只。每天2餐有菜供应的有2只，无菜供应或一部分不在食堂就餐的有3只。

1962年实行以生产队为基本核算单位，由生产队对队内劳动力按农事活动需要进行分组作业，生产队对生产小组实行定额管理，对劳动力订立"三基本"制度，即规定每人每户应完成的基本农活，基本劳动和基本工分，提高了社员生产积极性。1962年虹光一大队（现上湾村）的双季稻准备工作做得既快又好，全大队100亩农田深均地8寸，每亩施猪羊肥50担、人粪20担、草河泥100担，并做好了光滑细平的秧板，下谷种5800斤，抽调7名有经验的老农组成"双季稻播种管理队"，受到公社通报表扬。

1966年"文化大革命"初期,推行"突出政治"的大寨式评工记分,即按政治思想好、出勤足、农活质量高、工效快的要求确定标兵和标兵工分,其他社员以标兵为样板,自报互评应得工分。

粉碎"四人帮"后,农村劳动管理恢复"三基本"制度和定额记工、"四定奖惩"责任制(即定人员、定任务、定质量、定报酬、超产奖励、减产赔偿)。1983年推行家庭联产承包制后,农、副、工劳动按业实行合同制管理。

三、分配管理

初级社的农民收益分配,按"劳力报酬应稍高于土地报酬"的规定,实行土、劳按比例分配。

高级社取消土地报酬,实行按劳分配。社员分配一年两次,夏季预分,秋季决算。分配时先交农业税和出售余粮,后归还国家到期贷款和粮食预购定金,再提3%—5%的公积金和公益金,并留够生产资金和0.2%—0.3%的行政管理费。

1958年成立人民公社,取消按劳分配制度,实行供给制和工资制相结合的平均分配方式。"吃饭不要钱"是供给制的主要表现。供给制的基本形式有伙食供给制、粮食供给制、基本粮草供给制和半粮草供给制四种。

1960年实行"人人定量,指标到户,实物到堂(公共食堂),凭票吃饭,节约归己"的管理措施。

"文化大革命"时期,农村经济分配实行纯收入按劳动日计价分配。全年总收入扣去总成本,得纯收入,再将纯收入在国家(税金)、集体(积累)、社员(报酬)三者之间进行分配。社员报酬以可分配总额同总劳动日相除,得劳动日值。劳动者按实际劳动日数计得全年报酬。

1983年,实行家庭联产承包责任制后,原由生产队统一核算分配,改为户、组、队、乡村企业等多种分配形式和多层次的合同结算。结算原则是信守合同,承包兑现,具体做法是核实产量和收支,按"交够国家的(税金等),留足集体的(公积金、公益金、管理费、劳动积累等),余下都是自己的(个人所得或全体村民所得)"原则进行分配。在结算中同时落实村组干部的补贴、扶贫、军烈属优抚以及计划生育等有关政策。

因花果地区果品产量有大、小年之分,大年花果产量较高,小年花果产量减少,故村民收成有高有低,造成分配时增时减。

表7-4　　　　　　　　1978年杨湾大队各生产队劳动日单价表

队别	劳动日单价(元)	队别	劳动日单价(元)
一队	0.49	三队	0.66
二队	0.66	四队	0.90

表 7-5　　　　　　　　　　　　1978 年上湾大队劳动日单价表

队别	劳动日单价（元）	队别	劳动日单价（元）
石桥一队	0.80	张巷三队	0.92
石桥二队	0.65	上湾四队	1.10

表 7-6　　　　　　　　　　　　1978 年屯湾大队劳动日单价表

队别	劳动日单价（元）	队别	劳动日单价（元）	队别	劳动日单价（元）
湖沙一队	0.85	湖沙二队	0.90	湖沙三队	0.88
澄湾队	0.95	屯湾一队	1.05	屯湾二队	0.90
屯湾三队	0.85	屯湾四队	0.80	黄家堃队	0.75
寺前队	1.10	湾里队	0.90	西巷队	0.88

表 7-7　　　　1960~1970 年社员分配水平情况表（时上湾名虹光一大队、屯湾名虹光二大队）

大队	1959年人均水平（元）	1960年			1962年			1970年		
		人均水平（元）	比上年增长（元）	%	人均水平（元）	比上年增长（元）	%	1970年每人水平（元）	比1969年增长（元）	%
杨湾	70	108	38	35	85	-23	27	106	6.7	6
上湾	91	110	19	17	86	-24	28	94	-6.7	7
屯湾	65	115	50	43	108.6	-6.4	6	107.3	-9.1	8

表 7-8　　　　　　　　　　　　1978~1989 年杨湾大队分配表

年份	纯收入（万元）	国家税金（万元）	上交积累（万元）	社员分配	
				金额（万元）	水平（元/人）
1978	11.68	0.26	1.20	10.22	125.00
1979	17.55	0.31	2.63	14.61	199.00
1980	16.70	0.31	1.94	14.44	200.44
1981	23.53	0.31	3.27	19.95	285.43
1982	27.70	0.31	3.70	23.69	326.38
1983	33.59	0.31	1.50	31.78	438.00
1984	45.10	0.31	1.02	43.77	655.00
1985	65.43	0.42	—	59.36	866.00
1986	70.80	0.42	—	70.38	1008.00
1987	84.33	1.64	0.87	81.82	1157.00
1988	84.47	1.64	—	82.83	1155.00
1989	88.24	2.40	—	85.84	1186.00

表 7-9　　　　　　　　　　　　　1978~1989 年上湾大队分配表

年份	纯收入（万元）	国家税金（万元）	上交积累（万元）	社员分配	
				金额（万元）	水平（元/人）
1978	14.71	0.67	1.1	12.94	105.00
1979	25.01	0.68	3.1	21.15	175.00
1980	21.85	0.73	1.6	19.52	160.61
1981	42.67	0.76	5.31	36.59	300.41
1982	30.72	0.75	2.93	27.04	221.45
1983	65.09	0.79	1.8	62.50	549.00
1984	53.92	1.02	0.25	52.65	534.00
1985	117.06	1.07	—	105.83	950.00
1986	100.09	1.07	0.85	98.17	877.00
1987	132.82	2.50	3.12	127.2	1105.00
1988	91.35	2.50	1.25	187.6	828.00
1989	119.3	3.92	—	115.38	1003.00

表 7-10　　　　　　　　　　　　　1978~1989 年屯湾大队分配表

年份	纯收入（万元）	国家税金（万元）	上交积累（万元）	社员分配	
				金额（万元）	水平（元/人）
1978	25.15	1.26	3.32	20.57	140.00
1979	33.46	1.52	5.47	26.50	180.00
1980	29.63	1.54	3.17	24.88	172.07
1981	34.95	1.55	3.98	29.42	204.70
1982	44.05	1.54	5.12	37.37	251.84
1983	60.93	1.54	2.96	56.42	390.00
1984	93.10	1.54	2.04	89.52	646.00
1985	156.83	2.08	—	141.59	1004.00
1986	166.66	2.08	1.07	163.51	1116.00
1987	165.43	3.96	2.10	159.37	1109.00
1988	163.92	3.98	2.30	157.64	1123.00
1989	168.47	5.12	1.80	164.55	1143.00

表 7-11　　　　　　　1994~2002 年杨湾村、上湾村、屯湾村分配表

年份	杨湾村农民人均纯收入（元）	上湾村农民人均纯收入（元）	屯湾村农民人均纯收入（元）
1994	3900	2800	3850
1995	4000	3966	3964
1996	3919	4000	4355
1997	4825	4926	5348
1998	4825	4926	5348
1999	4835	4900	5390
2000	4844	5805	4997
2001	5178	5250	5238
2002	5537	6069	5502

表 7-12　　　　　　　2003~2015 年杨湾村农民人均纯收入表

年份	农民人均收入（元）	年份	农民人均收入（元）
2003	5965	2010	13258
2004	6213	2011	13143
2005	6946	2012	21625
2006	8030	2013	22226
2007	8001	2014	25872
2008	9293	2015	30385
2009	11520		

第三节　农副业

　　杨湾村地形以山区丘陵为主，兼有少量鱼池，平地较少，农副业生产以果树、茶叶和水产为主，粮油生产面积不多，仅限于湖边低洼平地。改革开放以来，随着产业结构调整，重点发展花果、茶叶种植，粮油生产逐年下降，至 1999 年后不再种植水稻，以茶叶、花果及部分内塘养殖为主。

一、花果与茶叶生产

　　杨湾村的果树栽培可追溯到春秋时期。从唐朝开始，洞庭红橘因其色泽红润、

寓意吉祥而作为贡品进献皇上,据说唐太宗李世民每年除夕,均要用洞庭红橘奖赐有功的文臣武将,以示吉祥。宋、元、明、清时期,杨湾地区果树栽种面积有所扩大。至民国期间,果树品种已有柑橘、枇杷、杨梅、梅子、李子、杏子、桃子、柿子、石榴、白果、板栗等近20个品种。新中国成立后,果树品种不断调优,主要花果有洞庭红橘、白沙枇杷、乌紫杨梅,还有梅子、桃子、白果、栗子等品种,花果产量虽有大小年之分,但由于改良品种,科学种植,总产量不断稳步增加。

杨湾、上湾、屯湾等村原是柑橘主产区,改革开放实行市场经济以来,大批浙江、四川、江西等省的优质蜜柑南下,加上江浙沪地区冬季气候转暖,洞庭红橘冬天宜贮藏的优点消失,因而东山洞庭红橘价格和效益大幅度下滑,大多数村民调整种植结构,发展经济效益较好的茶叶、枇杷和杨梅等茶果,原种植橘子的土地被大面积改种碧螺春茶叶、枇杷、杨梅和桃、李等杂果。

为提升杨梅的知名度,实行规模化生产,品牌化经营模式,2012年起,杨湾村在屯湾长圻村建立了江苏省"一村一品"杨梅示范基地。该杨梅基地分布在西巷、寺前、湾里3个自然村内,生态良好,物产丰富,且紧靠环山公路。211家农户,村民745人,总面积2500亩。从2013年年初开始,先后投入资金1800万元,实施美丽家园与果品基地建设工程。以家园、果园、公园三园合一定位,使杨梅基地凸现江南水乡、太湖山村果园风光的基地特色。同时,村还成立了3家专业合作社,即果品专业合作社、劳务专业合作社、农房资产股份合作社,帮助当地村民发展优质果品、拓宽销售渠道和发展乡村生态旅游业。

杨湾村是洞庭碧螺春茶叶的重要产区,最早的产地之一,碧螺春的发源地碧螺峰就在杨湾石桥自然村。碧螺春茶树主要与枇杷、杨梅、桃子、李子、橘子等花果混种,故茶叶有天然的花香果味之特色。新中国成立后较长时间内茶树发展循序渐进,20世纪90年代后,随着市场经济发展,茶叶价格提高,村民种茶积极性高涨,茶树种植面积不断扩大,产量逐年增加,并逐渐产业化,使碧螺春茶生产走上了一条良性循环的特色经营道路。

表7-13 　　　　　　　　　1978~1989年杨湾村花果面积表

单位:亩

年份	花果种类							
	枇杷	杨梅	橘子	梅子	白果	栗子	桃子	其他杂果
1978	40	—	200	4	5	3	5	5
1979	40	—	200	4	5	3	5	5
1980	25	—	270	5	6	2	4	5
1981	25	—	270	5	6	2	4	20
1982	25	—	270	5	6	2	4	—
1983	25	—	270	5	6	2	4	—

续表

年份	花果种类							
	枇杷	杨梅	橘子	梅子	白果	栗子	桃子	其他杂果
1984	25	—	270	5	6	2	3	—
1985	25	—	270	5	6	2	3	—
1986	20	—	275	5	6	1.5	3	—
1987	20	—	275	5	6	1.5	2	—
1988	—	—	295	5	6	1.5	2	—
1989	—	—	295	5	6	1.5	2	—

表7-14　　　　　　　　　1978~1989年上湾村花果面积表

单位：亩

年份	花果种类									
	枇杷	杨梅	橘子	梅子	白果	栗子	桃子	枣子	柿子	其他杂果
1978	10	25	120	5	30	30	10	633	—	633
1979	42	50	300	5	50	45	10	118	5	118
1980	42	50	300	5	50	45	10	118	5	118
1981	30	50	377	5	50	45	15	53	5	53
1982	30	50	377	5	65	45	15	53	4	53
1983	30	50	377	10	65	50	15	53	4	53
1984	30	50	377	10	70	50	15	53	4	53
1985	30	50	380	10	70	50	15	53	4	53
1986	30	50	382	10	70	50	20	53	4	53
1987	30	60	382	10	70	50	20	53	4	53
1988	20	60	400	15	70	50	20	25	—	50
1989	20	60	400	15	70	50	20	25	—	25

表7-15　　　　　　　　　1978~1989年屯湾村花果面积表

单位：亩

年份	花果种类							
	枇杷	杨梅	橘子	梅子	白果	栗子	桃子	其他杂果
1978	27	35	57	14	7	23	10	32
1979	32	35	77	31	15	25	15	7
1980	30	32	64	32.5	15	29.5	22	5
1981	30	52	133	91.5	14.8	39.5	22	5
1982	30	52	143	91.5	14.8	39.5	22	5

续表

年份	花果种类							
	枇杷	杨梅	橘子	梅子	白果	栗子	桃子	其他杂果
1983	30	52	153	91.5	14.8	39.5	22	5
1984	30	52	188	91.5	14.8	39.5	22	5
1985	30	52	188	91.5	14.8	39.5	22	5
1986	30	52	256.8	97.5	23.5	39.5	18	14
1987	30	52	257	92	24	39.5	18	14
1988	30	52	259.8	97.5	24	39.5	18	3
1989	30	52	260	98	23	39	18	11

表7-16　　　　　　　　　　1978~1989年杨湾村花果产量表

单位：担

年份	花果种类							
	枇杷	杨梅	橘子	梅子	白果	栗子	桃子	其他杂果
1978	70	—	667	72	48	7	42	20
1979	126	—	2567	64	37	7	40	—
1980	51.4	—	1154	43.8	50.5	6	42	—
1981	120	—	3932	5	56	5.5	40	—
1982	183	—	4031	49	89	5.5	35	—
1983	20	—	6850	35	15	5	20	—
1984	40	—	4800	37	80	5	20	—
1985	20	—	6000	35	72	5	15	—
1986	20	—	5000	25	70	2	15	—
1987	—	—	8000	20	50	2	15	—
1988	—	—	850	20	60	2	15	—
1989	—	—	4500	20	30	—	—	—

表7-17　　　　　　　　　　1978~1989年上湾村花果产量表

单位：担

年份	花果种类									
	枇杷	杨梅	橘子	梅子	白果	栗子	桃子	枣子	柿子	其他杂果
1978	153	294	1308	28	140	72	90	26	145	345
1979	208	633	5420	34	117	145	77	449	190	677
1980	106	113	1246	20	228	181	119	49	122	351
1981	7.5	779	7921	49	307	118.5	115.5	341	183	667

续表

年份	花果种类									
	枇杷	杨梅	橘子	梅子	白果	栗子	桃子	枣子	柿子	其他杂果
1982	372	167	3190	82	246	214	315	183	49	356
1983	23	417	12000	63.3	144	200	165	300	81	92
1984	170	50	4500	92	320	250	70	312	63	100.8
1985	30	700	12500	80	320	300	130	100	70	200
1986	100	700	9000	96	300	200	100	200	10	200
1987	100	1500	20000	90	190	180	100	252	10	200
1988	100	600	5000	70	500	150	200	300	10	150
1989	70	450	20000	170	190	180	50	200	10	150

表 7-18　　　　　　　　　　1978~1989年屯湾村花果产量表

单位：担

年份	花果种类									
	枇杷	杨梅	橘子	梅子	白果	栗子	桃子	枣子	柿子	其他杂果
1978	400	458	1114	157	85	160	533	4	65	68
1979	479	1374	3062	248	95	317	398	346	53	68
1980	198	101	854	150	276	250	531	5.5	26.5	26
1981	13.5	1270	3036	142	260	133	—	71	33	68.4
1982	917.6	320	2919.5	253	281	392	313	31	10	32.4
1983	33	950	6670	191.5	96.3	119.1	185	22.3	—	28.2
1984	725	130	4650	184.8	377.3	299	250	36	—	24.6
1985	287	903	10650	197	304	240	95	—	—	55
1986	770	1260	9700	351	372	270	300	25	20	80
1987	700	3050	12600	361	200	100	310	—	10	—
1988	206	500	3200	304	386	206	350	50	—	44
1989	350	1000	12000	580	420	500	280	100	40	60

表 7-19　　　　　　　1978~1989年杨湾村、上湾村、屯湾村茶叶面积表

单位：亩

单位	年份											
	1978	1979	1980	1981	1982	1983	1984	1985	1986	1987	1988	1989
杨湾村	6	6	—	6	6	6	6	16	13	10	10	10
上湾村	29	29	29	30	38	38	38	38	35	33	33	30
屯湾村	—	4	4	4	4	4	4	4	4	4	4	2.5

表7-20　　　　　　　　1978~1989年杨湾村、上湾村、屯湾村茶叶产量表

单位：担

单位	年份											
	1978	1979	1980	1981	1982	1983	1984	1985	1986	1987	1988	1989
杨湾村	3.63	3.40	24.25	3.9	17.64	4.6	1.6	1.5	1.5	1.25	0.5	2.60
上湾村	2.9	2.21	1	1.5	2.91	4	2.1	3	3.2	3.2	3.2	2
屯湾村	9.17	8.85	4.18	5.51	4.7	9.7	1.78	2.18	2	1	2.42	1.5

表7-21　　　　　　　　2003年杨湾村、上湾村、屯湾村花果茶叶产量表

单位：担

单位	橘子	杨梅	枇杷	枣子	石榴	桃子	栗子	茶叶
杨湾村	6000	80	600	—	—	10	—	120
上湾村	10000	1080	1400	20	—	10	50	150
屯湾村	8000	2200	2100	20	—	50	240	216

表7-22　　　　　　　　2004~2015年杨湾村花果茶叶产量表

单位：担

年份	橘子	杨梅	枇杷	枣子	石榴	桃子	栗子	茶叶
2004	23600	3960	4100	38	70	70	293	516
2005	21200	4060	4250	41	78	78	296	542
2006	18800	4250	4480	43	76	76	298	553
2007	18100	4470	4590	37	74	74	308	566
2008	17300	4680	4690	36	80	80	288	584
2009	13000	4760	4750	39	82	82	293	573
2010	9800	4880	4810	42	78	78	298	596
2011	7600	4870	4930	43	—	81	296	589
2012	5400	4890	5060	46	—	83	313	586
2013	3800	5000	5300	43	—	85	312	594
2014	2900	4960	5280	44	—	91	310	603
2015	2600	5000	5300	40	—	96	315	610

二、粮油生产

杨湾村粮油生产所占农业生产比重较小，只有沿湖一些荡田平地种植水稻与油菜。20世纪70年代围湖造田，粮油种植面积一度增加，产量提高，后塘圩调整为内塘养殖，水稻、油菜种植面积减少。2000年始，调整产业结构，原有少量湖边滩地经改良后种植花果茶叶，不再种植水稻、油菜。

表 7-23   1978~1989 年杨湾村、上湾村、屯湾村水稻面积表

单位：亩

单位	年份											
	1978	1979	1980	1981	1982	1983	1984	1985	1986	1987	1988	1989
杨湾村	101	101	101	101	101	101.8	101.8	101.8	101.8	101.8	101.8	101.8
上湾村	278	278	278	278	278	277.8	277.7	277.7	277.7	277.7	277.7	277.7
屯湾村	586	586	586	586	586	585.6	585.6	585.6	585.6	585.6	585.6	585.6

表 7-24   1978~1989 年杨湾村、上湾村、屯湾村水稻产量表

单位：万斤

单位	年份											
	1978	1979	1980	1981	1982	1983	1984	1985	1986	1987	1988	1989
杨湾村	23.11	19.57	13.08	13.36	20.76	18.26	20.79	20.80	22.23	24	25.20	24.50
上湾村	38.29	31.07	18.48	22.41	33.96	31	40.1	34.22	34.6	34.19	37	34.3
屯湾村	91.25	85.02	55.39	46.02	73.17	78.5	83.54	87.44	87.38	80.97	88.2	88.5

表 7-25   1978~1989 年杨湾村、上湾村、屯湾村油菜籽产量表

单位：万斤

单位	年份											
	1978	1979	1980	1981	1982	1983	1984	1985	1986	1987	1988	1989
杨湾村	21.94	2.97	1.65	3.99	5.58	3.84	5.79	6.66	5.79	5.46	2.9	5.2
上湾村	4.06	3.92	2.16	3.41	12.06	6.33	6.93	10.61	8.33	7.84	5.20	5.07
屯湾村	3.48	5.75	1.55	3.74	11.42	6.99	7.02	11.14	11.22	8.69	5	4.58

表 7-26   1978~1985 年杨湾村、上湾村、屯湾村蚕茧产量表

单位：担

单位	年份							
	1978	1979	1980	1981	1982	1983	1984	1985
杨湾村	—	62	83.6	77	99.13	82.5	44.64	12.1
上湾村	19.73	21	39	47	18.18	7.4	—	—
屯湾村	100	232	257.4	218	215.24	129.6	63.89	23.4

表 7-27   1978~1989 年杨湾村、屯湾村内塘养殖鱼产量表

单位：担

村	年份											
	1978	1979	1980	1981	1982	1983	1984	1985	1986	1987	1988	1989
杨湾村	189	175	301	171	200	380	440	2000	3000	3000	3400	3400
屯湾村	265	326	367.6	351	400	400	642	1433	2655	2800	4400	4000

表 7-28　　　　　　　1994~2002 年杨湾村、屯湾村农业经济主要指标表

年份	杨湾村			上湾村			屯湾村		
	耕地面积（亩）	农业机械总动力（千瓦）	粮食总产量（吨）	耕地面积（亩）	农业机械总动力（千瓦）	粮食总产量（吨）	耕地面积（亩）	农业机械总动力（千瓦）	粮食总产量（吨）
1994	105	170	150	278	370	258	712	518	561
1995	105	170	153.5	278	370	293	712	530	569.5
1996	—	185	154	281	378	238.5	263	673	571.5
1997	—	884	114	281	489	176	263	1368	422
1998	—	915	118	281	480	180	263	1270	422
2000	—	905	—	281	420	—	263	1115	—
2001	—	864	—	281	365	—	263	1095	—
2002	—	792	—	281	269	—	263	1051	—

表 7-29　　　　　　　2003~2015 年杨湾村农业经济主要指标表

年份	耕地面积（亩）	农业机械总动力（千瓦）	年份	耕地面积（亩）	农业机械总动力（千瓦）
2003	2336	4500	2007	2336	4500
2004	2336	4500	2008	2336	4500
2005	2336	4500	2009	2336	4500
2006	2336	4500	2010	2336	4500

第四节　工　业

　　1978 年以前，上湾、屯湾等大队村落偏僻，交通闭塞，加上果茶等农副产品经济价值较高，这些村几乎无村办企业。1978 年党的十一届三中全会召开后，《人民日报》发表了《光辉灿烂的希望就在这里》的社论，鼓励农村发展社队工业（后改名乡村工业）。1979 年东山环山公路通车后，给杨湾村发展村办工业创造了条件。杨湾、屯湾等大队开始建办村办工业，先后办起了东山上湾钣金厂、东山金属制品厂、苏州新兴电器厂、吴县东吴电控设备厂等多家企业，1981 年工业产值 1150 万元，利润 38 万元。1983 年工业产值 3150 万元，利润 77 万元。20 世纪 90 年代初，受市场因素影响，无论从总量和经济效益均与前些年不可比拟。至 1997 年，完成对村办工企业产权制度改革，多种措施并举，开辟民营工业区，使越来越多的个体民营业主投资置业。时杨湾、上湾、屯湾村的村办工业企业稳

步发展,有6个工企业,年工业产值4764万元,年利润203万元。杨湾村(上湾、屯湾)工业最兴盛时的2006年,有工业企业15个,年工业总产值2.2776亿元,利润总额3375万元。后随着市场经济的发展,尤其是旅游业的兴起,第三产业发展迅速,至2013年杨湾村工业企业9家,个体工商户发展到140个,各类工商业年营业收入11.2570亿元。

一、村(队)办企业

1978年党的十一届三中全会召开后,社队工业异军突起,东山的社办(公社)和队办(大队)工业如雨后春笋,迅速发展起来。到1983年,仅上湾村就有村办企业4家:东山上湾钣金厂、东山金属制品厂、苏州新兴电器厂、吴县东吴电控设备厂。其中一些企业与苏州、上海等地联营,生产的产品有钣金、电机箱壳、不锈钢餐具、电源箱等。1996年,仅上湾村村办工业总产值就达4300万元,利税160万元。其中上湾钣金厂产值1150万元,利税62.6万元。1998年,杨湾村(上湾、屯湾)企业6家,年工业产值5257万元,销售收入4789万元,四项效益618万元,利税196万元。2001年,杨湾村办工企业6家,年工业产值5658万元,销售收入4874万元,四项效益792万元,利税274.2万元。

1996年,杨湾村村办企业1家,上湾村村办企业4家,屯湾村尚无村办企业。杨湾、上湾村办企业概况如下:

表7-30　　　　　　　　　　1996年杨湾村村办企业情况表

厂名	建厂年份	主要设备	主要产品	职工(人)	固定资产(万元)	产值(万元)	销售(万元)	利润(万元)	税金(万元)	效益(万元)
东山杨湾印刷厂	1991	圆盘机	账册	8	0.98	11.80	11.80	1.88	0.83	1.03

表7-31　　　　　　　　　　1996年上湾村村办企业情况表

厂名	建厂年份	主要设备	主要产品	职工(人)	固定资产(万元)	产值(万元)	销售(万元)	利润(万元)	税金(万元)	效益(万元)
东山上湾钣金厂	1981	数控机冲床	钣金	55	34.17	1150.00	595.00	38.50	24.10	38.50
东山金属制品厂	1983	冲床刨床洗床	不锈钢餐具	60	181.44	1750.00	875.00	16.20	28.50	16.12
苏州新兴电器厂	1983	控压机械	电机箱壳	10	6.96	680.00	280.00	12.00	13.31	12.62
吴县东吴电控设备厂	1983	电控机械	电源箱	12	27.03	720.00	350.00	11.50	15.95	11.50

表 7-32　　　　　　　　1997~2001 年杨湾村工业经济主要数据表

年份	工业企业个数	工业总产值（万元）	产品销售收入（万元）	工业四项经济效益（万元）	利税总额（万元）
1997	1	268.00	248.00	43.00	15.00
1998	1	162.00	156.00	32.00	13.00
1999	1	150.00	142.00	28.00	9.50
2001	1	80.00	75.00	14	4.20

表 7-33　　　　　　　　1997~2002 年上湾村工业经济主要数据表

年份	工业企业个数	工业总产值（万元）	产品销售收入（万元）	工业四项经济效益（万元）	利税总额（万元）
1997	5	4496.00	2153.00	557.00	189.00
1998	2	5095.00	4633.00	586.00	183.00
1999	2	5443.00	4698.00	695.00	224.00
2001	3	5578.00	4799.00	778.00	272.00
2002	3	6490.00	5586.00	904.00	351.00

二、民营企业

1997 年，村办企业逐步转制，杨湾、上湾（屯湾无工矿企业）村办企业均转为民营企业。2003 年 11 月，杨湾、上湾、屯湾三村合并成杨湾行政村，村里扶植民营企业，增强招商服务意识，工业发展环境不断改善，工业经济有了进一步提高。

表 7-34　　　　　　　　2003~2005 年杨湾村工业经济主要数据表

年份	工业企业个数	工业总产值（万元）	产品销售收入（万元）	工业四项经济效益（万元）	利税总额（万元）
2003	4	7411.00	6000.00	864.00	364.00
2004	12	9415.00	8604.00	1799.00	923.00
2005	14	15849.00	14188.00	2537.00	1444.00
2006	14	22776.00	21841.00	4726.00	3375.00

表 7-35　　　　　　　　2007~2015 年杨湾村企业经济主要数据表

年份	各类企业个数（个）	个体工商户数（户）	各类企业营业收入（万元）	村级可支配收入（万元）	农村经济总收入（万元）
2007	14	40	28854	49	37396
2008	14	40	35818	67	51598

续表

年份	各类企业个数（个）	个体工商户数（户）	各类企业营业收入（万元）	村级可支配收入（万元）	农村经济总收入（万元）
2009	10	136	49642	81	53397
2010	10	136	53889.	83	78348
2011	10	136	75878	125	82040
2012	10	140	99894	348	102000
2013	9	140	112570	256	104560
2014	6	148	135000	507	139240
2015	11	150	139000	378	144010

　　进入21世纪，随着市场体制的变化，部分企业依靠自身积累和技术进步，规模迅速扩大，成为集体经济主力，其中最为突出的是苏州东山精密制造股份有限公司，简称"东山精密"。该公司建办于1998年，始名东山上湾钣金厂和东山钣金有限责任公司。"东山精密"不仅是杨湾村和东山镇的龙头企业，也是吴中区的重点企业，2010年4月9日，苏州东山精密制造股份有限公司首次发行的A股成功上市，成为吴中区第一家成功上市的民营企业。为此苏州《城市商报》刊登了《东山精密上市再演造富神话"退伍老兵"携子创下70亿资产帝国》的报道。

　　"东山精密"的创始人袁富根是位退伍老兵，1976年他从部队退役后，先后在上湾村办厂任技术员和厂长，并承包村办企业。经过近20年的打拼，袁富根于1998年合资创立东山精密公司的前身——吴县市东山钣金有限责任公司，注册资金50万元，其中袁富根出资30万元，任执行董事兼经理、董事长。东山钣金作为国内较早进入精密制造服务行业的企业，主要面向包括通信设备、新能源、精密机床制造等行业的客户提供服务，产品有精密钣金件、精密铸件和组配产品等，其中精密钣金件是公司的主导产品。

　　由于公司进入的行业前景较好，企业很快取得了快速发展。1999年10月，东山钣金进行了第一次增资，注册资本由原来的50万元增资到300万元。2001年12月，又进行第二次增资，公司注册资本由300万元增资到1000万元。根据中国锻压协会统计，该公司的精密钣金业务2007、2008年连续两年在国内位于同行业第一位，目前为国内最大、综合竞争力最强的专业从事精密钣金制造服务企业之一。2010年4月9日，"东山精密"在深交所中小板发行，成功上市。

第五节 商 贸

明清时期,杨湾、石桥老街两边店铺林立,有钱庄、当铺、米行、鱼行、茶馆、南货店、客栈等。杨湾小镇从明代起就是东山镇乃至周边西山、三山、吴江、浙地的经济贸易重地。据1991年出版的《洞庭东山志》记载,20世纪80年代,杨湾镇上仍有各种商铺、粮站、客栈、酒楼、鱼行、作坊及邮电、金融机构近百家,较有名的有周泰森粮行、永大衣庄、顺泰客栈、吴氏糕团店、金家棺材店、隆兴杂货店、公肉铺、任记面馆、怀荫堂书场以及邮电所、信用社、茧行、铁匠铺、油漆店、木材店、豆腐坊、香烛店、理发店、缝纫店、卤菜馆、中药铺等。除外,小镇上还建有洋龙间(消防单位)、轮船码头、义庄等公益设施与机构。小镇入口处的杨湾猛将堂建于清代中期,供祀元代曾率兵捕杀蝗虫的刘承忠将军,是村人进行宗教活动的场所。

石桥小镇面积580平方米,从南宋末年起就是后山重镇,明清时为杨湾及周边西山、三山、湖州、宜兴等地的经贸区。新中国成立前后,石桥镇商业仍十分繁华,在东西两侧街市上开有荣康粮杂店、和蔼亭面店、延益堂中药铺、丰盛楼饭店、久大银行、中区小菜场以及肉铺、茶馆、剃头店、书场等,其中仅茶馆店,小镇上就有3家。石桥港南塊,筑有轮船码头,称"义渡",直通太湖。清末民初时,每日有一航班渡船通往东前山和西山。石桥小镇北侧还有一座的菜场,名石桥头菜场,又名中区小菜场,保存有门楼及南北两进当时买卖交易的菜棚,该建筑民国18年(1929)建。在全国第三次文物普查中,据苏州市文保部门的专家说,这可能已是苏州市所保存的最后一座民国小菜场了,弥足珍贵。

20世纪50代初,杨湾镇为后山乡政府所在地,1953至1958年间为震泽县后山区政府驻地,小镇上的商贸仍很繁荣,建有信用社营业所、邮电代办所、供销社所属的生产资料门市部、水产购销站和鱼品加工场以及合作商业所属的百货店、饭店、点心店、肉铺、茶馆、理发店等30多家店铺,街上人群熙攘,十分热闹。

进入21世纪后,随着农村经济多元化,杨湾及附近农村年轻人大量出山或进城经商与务工,加上原供销社所属商店转制,杨湾小镇逐渐冷落。2011年,东山景区全长26.6公里的新环山公路全面竣工通车,其中杨湾片境内新增集交通、防洪、观光于一体的新公路4.6公里,为商贸活动创造成了便利条件。2014年3月,杨湾村被列为中国历史文化名村,杨湾一带的旅游业逐渐兴起,商贸业有了新的发展。现杨湾村有个体工商户148家,农家乐饭店、旅馆16家。旅游业发展较快的西巷村,至2015年年底,有西巷咖啡馆、西巷民宿、西巷茶楼及餐馆、饭店等。

第八章 旅游

杨湾是典型的江南古村，苏州市著名的旅游名村。以其独特的地理位置、秀美的湖光山色，以及众多的名胜古迹、人文景观，使人流连忘返。杨湾村为1982年国务院公布的第一批国家重点风景名胜区之一，太湖东山景区的重要景点，是以花果丛林、自然风光、古建筑等组成的旅游胜地。

远在吴越春秋时，杨湾就是吴王及其权贵的游猎娱乐场所。宋、元、明、清的历朝大官僚、大商人、大财主都在杨湾大兴土木，建造了为数众多的厅堂、楼台等豪华建筑，并形成了衣冠礼乐、博彩人文的大邑之风和众多的名胜景观、文物古迹，吸引着历朝文人名士前往览胜。

杨湾自然景观遍及全境，清康熙三十七年（1698），翁澍《具区志》列"东山十景"中，"长圻探梅"居东山第一景，其次为：武峰桃浪、白沙卢橘、蒳山菱荷、翠峰松径、仙峤枫叶、化龙飞泉、寒山落照、菱湖秋月、厘峰积雪等。至乾隆五十年（1785），太湖厅司李程思乐又列"东山八景"，其中长圻探梅、太湖归帆、秋街玩月、蓼溪桑市等景观均在后山。历经200多年的悠久岁月，星移斗转，沧海桑田，东山的自然景观变化很大，有的在人类的活动中消失了，而新的景点又开始呈现出新的生命。

杨湾旅游服务业始于1985年，是年2月由吴县旅游公司、中国人民建设银行上海市第五支行、东山镇、西山乡4家合资组建洞庭旅游开发公司。兴建了陆巷旅游码头、水上饭店，置备客运轮渡2艘、大小游艇8艘；陆上大小各型旅游车辆10辆，备有导游数名。杨湾是东山通往陆巷码头的必经之路，镇村两级在杨湾设车辆管理站，2人常年值班，专门管理过往汽车。

第一节　旅游资源

2000年出版的《东山镇志》定东山旅游景区为：东西街、莫厘峰、紫金庵、龙头山、杨湾古街、石桥古镇、长圻、陆巷、三山等九大风景名胜区，杨湾村占三分之一。随着村级经济和旅游业的发展，2010年起，杨湾村又建设了西巷自然生态景村、寺前自行车公园等景区。

一、杨湾景区

旅游核心区面积9公顷，景区内主要有杨湾古街、演武墩及轩辕宫、明善堂、怀荫堂等3处全国文保建筑；崇本堂、晋锡堂、纯德堂等20多处明清古宅。境内现保存有29638平方米的明清古建筑群落，形成了以1461米的杨湾古街为中心并向左右两侧辐射的历史街区，包含古街、古商铺、古民居、古寺庙、古更楼、古桥、古井等。

杨湾古街 南起杨湾浜场,北至轩辕宫,东接大浜头,西止怀荫堂,全长961米,古建筑64幢,14863.3平方米。十字形古街中有十八条巷弄。从明代起就是东山镇乃至周边西山、三山、吴江、浙地的经济文化重地。(详见第六章第三节"古街风貌")

演武墩 又名烽火台,俗称阿五墩,为吴越春秋交战时的军事设施,也是杨湾境内最古的遗址。演武墩坐落在杨湾村东面的山顶上,从东至西共有3座古代人力堆成的椭圆形大土墩,面积达780多平方米。(详见第五章第一节"历代遗址")

轩辕宫 轩辕宫在古街西北端的簣家山麓。当地人曾呼为"杨湾庙",故又称簣家山为庙山。初祀春秋时吴相伍子胥,亦称"胥王庙"。南宋封伍子胥为"忠武英烈显圣安福王",人们由此称之为"显灵庙"。民国时期,正殿改祀东岳大帝,殿名改为轩辕宫。1956年列为江苏省重点文物保护单位,2006年被国务院列为第六批全国文保单位。(详见第四章第一节"全国重点文保单位")

明善堂 坐落在上湾村。建于明末清初,是一座集砖石雕之大成,建筑艺术极高的民间住宅。1982年定为省级文物保护单位,2006年被国务院列为第六批全国文保单位。保存有东西两进建筑,东轴线上有:大厅、花厅、住楼、书房及左右备弄、厢房;西轴线有:墙门、耳房、客堂、佛堂及花园等。(详见第四章第一节"全国重点文保单位")

怀荫堂 位于杨湾浜场北面,杨湾街西侧。建于明代晚期,保有门厅、住楼两进建筑,2006年公布为全国文保单位(详见第四章第一节"全国重点文保单位")

二、石桥景区

历史氛围浓厚,是古村旅游的重点区域。主要景观有:石桥古镇、灵源寺、碧螺峰、震泽底定桥、民国菜场等,以及罗汉松、灵源泉、棋盘桥、"碧螺春晓"摩崖、清代义井等景观。

石桥古镇 在该自然村中心,南起怀庆堂,北至敬德里,东接严家巷,西止石桥义渡,面积达580平方米。从南宋末年起就是后山重镇,明清时为杨湾及周边西山、三山、湖州、宜兴等地的经贸区。新中国成立前后,石桥镇商业仍十分繁华,在东西两侧街市上开20多家商铺。(详见第六章第三节"古街")

灵源寺 建于南北朝时梁代的天监元年(502),在石桥村后碧螺峰下,寺前有灵源泉,寺因泉得名。该寺原规模宏大,占地百亩,现已恢复原址,寺庙在建造之中。寺内原大殿前天井中还保存有一株罗汉松,树高20多米,树干直径约2米,距今已有1400多年,为梁代遗物。(详见第五章第三节"宫庵庙祠")

碧螺峰 在石桥灵源寺后张巷山上,摩崖朝西仰卧,高1.5米,东西宽2米,南北长2.5米,中镌刻"碧螺峰"三大字,为明代大学士王鏊所书。该山崖是洞庭碧螺春最早的产地,清乾隆《太湖备考》载:"东山碧螺峰石壁,有野茶数枝,山人朱元正采制,其香异常,名'吓煞人香'。"相传为远古时天庭王母娘娘,派仙鹤传种处。崖旁筑有"碧螺亭",始建年代无考,2002年恢复,亭中匾额为著名画家亚明题。崖下有民国老人李根源所书"碧螺春晓"摩崖。

震泽底定桥 又名石桥,在石桥村,为东山现存最古老的桥梁。太湖古名震泽,大禹治理太湖水患时有"三江既入,震泽底定"之说,其桥名即取禹王治水底定"震泽"之意。(详见第五章第三节"河港桥梁")

民国菜场 又名中区小菜场,在石桥浜场北面,现上湾村16号至20号之间,建于民国18年(1929)。民国初后山人口鼎盛,建有三处菜场:陆巷名北区菜场、杨湾称南区菜场、石桥名中区菜场。(详见第五章第一节"历代遗址")

三、长圻景区

吴越春秋古村落,现有寺前、湾里、西巷三个自然村,均依山临湖,属"船坞"形村庄。主要景观有:长圻嘴、铜鼓山、碧云洞、能仁寺遗迹、骑龙殿等,还有著名的"长圻探梅"与"三山远帆"等自然景观。

长圻嘴 在屯湾西南端,是饭石峰、格思山的尾端。山瘦石露,兀立湖滨,了无障蔽,万顷湖波在一览之中。湖中三山、对岸石公,随滚滚烟波若在浮动,风景绮丽,是观赏湖光山色之胜地。古代"三城三圻",为吴王屯戍之地,有"步军屯于城,水军屯于圻"之说。明清以来,长圻嘴为太湖水师操演、试炮之地。

铜鼓山 位于长圻港口之南,是沿湖露出水面的一座礁石墩。南与西大圩、大圩头相连。墩中空,人们脚踏其上,便有"咚咚"之声,如击铜鼓,因此得名。铜鼓山面临太湖,一望无边的西南湖面,尽收眼底,置身其间,使人有襟怀舒畅之感。尤其在风大浪高之日,波涛汹涌,震撼山岳,更为壮观。

寺前村 因村后有南北朝梁天监年间所筑能仁寺而得名。现古寺虽毁,仍有宋代香花桥、元代泗州塔池、明代览胜石等古迹。泗州池水色白味甘,可与天平乳泉比美。旧传水中能倒映泗州之塔,清康熙时泗州城沦入洪泽湖,胜迹湮灭,池旁有王鏊题书"泗州池"三大字之碑。据说能仁寺下有地道,可直通楚之巴陵,清末书坛曾有"岳飞大战十三妹"之评话,其故事就发生在能仁寺中。村后有蜈蚣岭,山上有"雄磺矶"巨石,明代王鏊所书,相传为镇百脚精之石。

青蛙村 西巷又名青蛙村,西巷港两侧的沼泽中有数十种珍贵的金线蛙,"千里蛙声唱不绝,夏风拂动东吴月",自然生态极为良好。村中还有"太阳湖""月亮潭"与古银杏树、古井、古建筑等景观。西巷村中的主要景观有骑龙殿、千年古柏及"龙穴泉"。相传明嘉靖年间,有许骑龙者在金陵从商,除夕编草龙驮村人回西巷村过年,后许骑龙仍骑神龙遁入太湖,不知去向,村人建骑龙殿以祀,并立碑石记其事。

长圻探梅 清代东山"古十景"与"古八景"中著名自然景观,在长圻山上,东山历史上赏梅的佳处,明清诗人长圻咏梅诗多达数十首。明吴怀《长圻探梅》诗曰:"湖上寻梅雪未干,一枝携向画堂看。还吟夜月寻常句,重振春风十二栏。"

清郑元亨《长圻赏梅》诗云:"寺古梅亦老,山空僧自闲。庭前白日静,啼鸟在花间。"清代杨湾诗人张士枋《长圻探梅》诗云:"一白千山失晓青,冰魂雪魄自冥冥。微风小艇清晨出,泛得寒香满洞庭。"

第二节　旅游项目

杨湾围绕名村遗迹、古街古巷、宅第民居、古建艺术、古道义井、古树名木、古风遗俗等历史文化资源,打造集古韵观光、文化体验、休闲度假、运动健体、乡村旅游等主题于一体的旅游休闲目的。杨湾村突破传统的观光旅游模式,积极向体验游及参与游模式转变,将杨湾名村与村域范围内演武墩、烽火台、能仁寺、骑龙殿、石桥古街、灵源古寺等历史文化资源以及西大圩生态农业园、万家生态林、杨梅园、生态茶果园等共同组织游线,组成休闲游、度假游、主题游和自驾游。大致可归纳为"杨湾六大游"。

一、古村古宅游

以杨湾古街为主要游览骨架,明善堂、怀荫堂、崇本堂、遂祖堂等明清建筑遗存为游览核心,南洋里、姜家巷、苟丝弄等巷弄为次要游览线路,向周边纵深扩展,形成古村古宅游。该游线适合各类人群,旅游活动主要有参观游览、民宿体验、特色购物休闲等。

二、寺庙宫祠游

以轩辕宫、杨湾庙为中心,整合杨湾村周边灵源寺、能仁寺、骑龙殿遗存以及各村猛将堂等宗教资源,开发以宗教文化为特色的体验游线。该项目以普通游客及宗教文化人群为主,旅游活动主要有禅修养心、禅茶体验、素斋品茶、登山祭拜等。

三、山村观光游

以西巷美丽乡村为基点,带动寺前、屯湾、澄湾、湖沙等村庄发展,打造美丽乡村观光休闲旅游带。该游线适合各类人群,旅游活动主要有乡村观光和农家乐、渔家乐、茶家乐、果家乐、婚庆乐等体验。

四、果林采摘游

以山区果树林种植区和西大圩生态农业区为主要空间载体,开发农业体验休闲类旅游项目。可春摘碧螺春、夏采枇杷、秋赏洞庭红橘、冬品白煨羊肉。该游览项目主要以年轻人群为主，旅游活动主要有示范种植参观、采摘体验、茶果品尝等。

五、影视基地游

20世纪30年代，上海联合影业公司、昆仑天马电影制片厂，在杨湾港畔拍摄的电影《渔光曲》《一江春水向东流》等场景；近年在晋锡堂、明善堂、轩辕宫下拍摄的《橘子红了》《大清徽商》等影视剧为景观，打造影视基地游。

六、康体健身游

以西巷、寺前、湾里三个村的自行车绿道网、历史遗存的古道古路为主要路径，开发以自行车骑行和康体步行为特色的运动健身游线。目标人群以年轻人群为主，旅游活动主要有自行车运动、背包探险、山水观光等。

第三节 游览线路

游览主要线路分陆上游线和水上游线两大类，陆上游览有名村体验游、环岛自驾游和环村骑行游三种类型，有杨湾线、石桥线、长圻线三条游线。杨湾地处太湖深处，自古以水运为主要交通方式，明清时期更是因水运而兴盛，水上旅游规划以历史水道为路径组织水上游线。水上旅游主要有杨湾港、渡水港、白浮门等游线。

一、陆上游线

杨湾线 古浜场(猛将堂)—怀荫堂—大浜头—杨湾古街—崇本堂—明善堂—晋锡堂—轩辕宫

石桥线 民国小菜场—震泽底定桥（包括清代义井）—月溪桥—灵源寺（包括罗汉松、灵源泉）—碧螺春晓（李根源摩崖）—碧螺峰（王鏊摩崖）—演武墩

长圻线 香花桥—泗州池—古地道—览胜石—明代燕诒堂—明代马家古井—太阳河（月亮潭）—骑龙殿（千年古柏、龙穴）—南堡—李湾—野猫洞

二、水上游线

杨湾古港游 以杨湾码头为起点，沿杨湾港转渡水港，继而连通长圻嘴、铜鼓山、白浮门等吴越遗迹，游览水上历史人文景观。

现代农业生态游 以杨湾码头为起点，沿杨湾港到达现代生态农业园区，并

穿行农业园区内河道,后经渡水港转杨湾港回到杨湾码头,游览湖畔湿地和现代农业生态景观。

第四节 旅游服务

一、旅游机构

东山旅游业服务,始于1974年,首批接待了奥地利旅行参观团。其时旅游设施不完善。因当时旅游者较少,故无接待机构,按旅游对象,临时组织接待。1982年,中国旅行社在东山雕花楼设旅游服务机构。1985年2月,由吴县旅游公司、中国人民建设银行上海市第五支行、东山镇、西山乡合资组建洞庭旅游开发公司,并开辟杨湾旅游专线,在杨湾浜场环山公路旁设车辆管理服务站。

1988年10月1日,杨湾轩辕宫正殿、明善堂修复后对游人开放,工作人员6名,管理办公室设在轩辕宫,游客全年可购票入内参观游览。2006年,轩辕宫正殿、明善堂被国务院批准为第六批全国重点文物保护单位,其知名度进一步提升,常年全国各地游客慕名而来,高峰时一天达数百人游览。现杨湾旅游管理机构:

东山风景管理所杨湾管理站　工作人员6名,办公室设在轩辕宫,主要管理轩辕宫、明善堂等景点,全年对游人开放。属苏州太湖旅游发展集团股份有限公司管理。

苏州杨湾古村文化旅游发展有限公司　成立于2012年,工作人员10名,总经理陆雄文,主要职能为保护管理好古村的现有景点、景观,开发旅游产品,发展杨湾的旅游产业。

苏州杨湾体育休闲运动发展有限公司　成立于2013年,工作人员8名,总经理陆雄文,主要目标为开发杨湾体育健身与休闲度假项目,具体职能是管理经营好含"三线、三区与十八景"的杨湾寺前自行车公园。

苏州杨湾"三品三生"农村建设有限公司　成立于2014年,工作人员10名,总经理陆雄文。"三生"即生态、生产、生活,"三品",即品质、品牌、品位。该公司主要职能是利用生态环境,农业资源、区位优势资源,打造乡村旅游产业,增加村民经济收入。

二、餐饮配套

杨湾的旅游服务业起步虽早(始于1985年),但因地势较为偏僻,村级经济较为薄弱,加上村民经商意识滞后,旅游服务业一直处于20世纪末的停滞状态,仅杨湾街上开有几家规模不大、设备一般的餐饮业外，小镇上几乎没有中高档饭馆和住宿。从2010年起，杨湾村的旅游业逐渐起步，旅游服务业也随之兴起。

半岛农庄 在杨湾寺前村，建筑面积600平方米，供餐饮与住宿。餐位76人，住房14间，床位28只。特色菜有：碧螺虾仁、鲜活呛虾、腌笃鲜、汪牙（昂刺鱼）莼菜汤、碧波拌三虾、红菱鱼片、桂花红芋香鸭、冬笋山鸡片等。

朱家庄饭馆 在杨湾古街，建筑面积400平方米，供餐饮与住宿。餐位120人，住房7间，床位14只。特色菜有：鲜活呛虾、白切羊肉、腌笃鲜、鲫鱼塞肉、汪牙（昂刺鱼）莼菜汤、太湖两鲜等。

长圻山庄 在杨湾湾里村，建筑面积400平方米，供餐饮与住宿。餐位50人，住房12间，床位24只。特色菜有：枸杞蚬肉、碧螺虾仁、荷叶粉蒸肉、板栗烤肉排、田园时蔬等。

圻园农庄 在杨湾湾里村，建筑面积400平方米，供餐饮与住宿。餐位50人，住房11间，床位22只。主要特色菜有：碧螺虾仁、鲜活呛虾、腌笃鲜、碧波拌三虾、红菱鱼片、冬笋鸡片、田园时蔬等。

杨湾饭店 在杨湾古街，建筑面积300平方米，供餐饮，餐位56人，以经营面、馄饨、点心等各类地方小吃为主。

西巷食堂 在西巷村，建筑面积400平方米，供餐饮，餐位100人。

影园面店 在杨湾古街，建筑面积250平方米，供餐饮，餐位24人，以经营面、馄饨、点心等各类地方特色小吃为主。

石桥头农家乐 在杨湾石桥村，建筑面积430平方米，供餐饮与住宿。餐位64人，住房12间，床位24只。主要供应各类中餐。

山清水秀农家乐 在杨湾石桥村，建筑面积500平方米，供餐饮与住宿。餐位56人，住房6间，床位12只。主要供应各类中餐。

码头1号农家乐 在杨湾西巷村，建筑面积450平方米，餐位16人，住房8间，床位16只，可供餐饮与住宿。

苏东庭生物科技有限公司 生产"苏东庭"系列杨梅酒，其酒浓郁、甜蜜、清爽，口感佳，酒色迷人。

西巷茶楼 在西巷村中部，2013年建办，建筑面积200平方米，分上下二层，茶楼上层3间，有1大2小包厢3只，可表演全套碧螺春、龙井、铁观音、黄山毛尖、福建祁红等茶道；楼下2大间，桌旁有书吧、植物观赏室等。整座茶楼可一次性接待50多名游客。另外，茶楼还配有各种特色茶点、饮料供应。茶楼古色古香，四周环境清幽，每逢节假日，吸引大批上海、浙江游客光顾。

西巷咖啡馆 在西巷村口，2013年9月对游人开放。占地面积约500平方米，建筑面积200平方米，有咖啡馆、观景台、蛙池等设施与景观。其中咖啡馆内备有各种特色桌椅、书吧、图书展等。配有制冰机、咖啡机、饮料机等，制成茶点、饮料供应游客。室外观景台搭在池塘水面上，配有多套桌椅，每至黄昏，近湖远山，白雾飘飞；溪畔池中，蛙声一片，观景台上常座无虚席。蛙池中生活着各种蛙类，尤以国家保护的金线蛙为多，其鸣声也格外清亮。该咖啡馆年接待游客在5万人以上。

西巷栖居民宿 在西巷村口，杨湾村与台湾文创集团合资建办，2015年3月竣工开业。占地面积约500平方米，建有6幢住宿楼，房间20多间，达国家五星级标准。该民居引进台湾文创集团新理念，居室外文化园面积达600平方米，四周布置有具东山传统特色的山区果木、渔具及花卉，配有儿童游乐区、绘画馆及烧烤区等。每间住房均备有小型书吧，大多备有具东山地方特色的书籍与图册，供游客住宿时阅读欣赏。

三、自行车公园

自行车公园在杨湾西南面，毗邻三山岛长圻旅游码头，面积5.4平方公里，主要绿色自行车道总长13公里，宽4米；支道总长13公里，宽2米。路面用彩色沥青和彩色透水混凝土两种材料筑成，为供自行车骑行的专用生态景观道。在长圻码头、杨湾、万家生态林等三个入口服务区，为游客提供自行车租赁、停车、洗浴和纪念品销售等服务。该项目被列为2014年苏州市吴中区实事工程之一，第一期工程投入3557万元，于2014年8月始建，于2016年12月竣工。公园内建有服务区一个、驿站2座，为游客提供服务。竣工后可日均接待游客5000人次，年接待游客100万人。

四、停车场

杨湾停车场 在杨湾港北，浜场南，建于2014年，场旁新建公厕1座、垃圾房1座，增垃圾桶30只及配套的绿化工程，可停旅游车辆与村民自用车。

杨湾古村停车场 在杨湾村，建于2014年，占地面积7000平方米。采用科技设备管理，可容大客车30辆、小车300辆。

大浜停车场 在大浜村南环山公路南侧，建于2015年，停车面积500平方米，可停车20辆。场旁建有小游园及较为完善的垃圾、污水处理系统，附近绿化工程达1000平方米，可停旅游车辆、村民日常用车。

上湾停车场 在上湾村西侧，建于2014年，停车面积1000平方米，可停车50辆。场旁新建垃圾房1座，增添垃圾桶25只，以及较为完善的污水处理与绿化工程，可停旅游配套用车及村民用车。

张巷停车场 在张巷村，建于2015年，停车面积500平方米，可停车20辆。场旁建有小游园1座，有配套的绿化工程与污水处理系统。

石桥停车场 在石桥村，建于2015年，停车面积500平方米，可停车20辆。附近新建小游园1座，添置路灯35只，绿化工程达1000平方米。

寺前停车场 在寺前村西侧，建于2015年，停车面积11800平方米，可停车600多辆。附近建有公厕1座与垃圾房1间，增添垃圾桶20只等，有配套的绿化工程与污水处理系统。

澄湾停车场　　在澄湾村环山公路旁，建于2012年，停车面积700平方米。

屯湾停车场　　在屯湾村环山公路旁，建于2012年，停车面积400平方米。

黄家堑停车场　　在黄家堑村环山公路旁，建于2012年，停车面积600平方米。

第五节　影视外景点

杨湾村位于后山太湖边，风光秀丽、名胜古迹众多，早在1934年，上海联合影业公司的著名导演蔡楚生，率队至杨湾拍摄电影《渔光曲》。20世纪80年代起，杨湾境内的轩辕宫、明善堂等古建筑作为旅游景点对外开放后，名声远扬，国内影视界纷纷前来杨湾选景拍摄影视镜头，先后拍摄的电影故事片、纪录片、电视片达数10部。

1934年，上海联合影业公司摄制，由著名导演蔡楚生执导的《渔光曲》在杨湾村拍摄部分镜头，王人美、韩兰根主演。该片原在浙江象山拍景，因剧组演员吃不惯海货而至东山杨湾拍摄。东山是主演韩兰根的外祖母家。演员王人美还与拍戏时的住户叶氏交了朋友，抗战爆发后，王人美不愿与上海日伪当局合作而隐居杨湾半年之久。

1943年，中华电影联合股份有限公司摄制，由导演卜万苍执导的《渔家女》在东山杨湾港拍摄，演员有周璇、顾也鲁、郑玉如、韩兰根等。摄制组原在无锡拍摄外景，拍戏时遭到渔霸捣乱，于是连夜从太湖转到东山，在杨湾港拍摄大部分镜头。

1946年，昆仑天马电影制片公司摄制，由导演蔡楚生、郑君里执导的《一江春水向东流》在杨湾拍摄部分镜头，吴茵、白杨、陶金、上官云珠主演。祖籍东山的吴茵和丈夫郑君里酷爱杨湾风光，影片中有一组镜头：几个日本兵用枪硬逼着一群贩米的老百姓跳进河里。这个镜头就是在杨湾港旁的一条臭水沟里拍摄的。

1953年，《梁山伯与祝英台》是中国第一部彩色电影戏剧片，由上海电影制片厂摄制，曾到杨湾村选拍外景。

1982年3月，由沈寂、阿章编剧，导演高正执导的电影《浦江红侠》在东山杨湾拍摄部分镜头。马晓伟、程之主演。

1982年6月5日，日本东海电视制片厂至东山拍摄纪录片《探寻日本文化源流》，拍摄了杨湾轩辕宫、明善堂等古建筑以及东山的鱼池、桑园与缫丝技艺。

1989年11月20日~29日，苏州电视台到东山拍摄东山风光片《碧水青山总是情》，杨湾古村摄入部分镜头。

1990年5月，上海电视台到东山拍摄专题片《姑苏东山美》，由上海电视台著名节目主持人叶惠贤执导。杨湾摄入部分镜头。

1994年7月，中央电视台至东山拍摄《天堂中的天堂》（苏州东山镇专题片），并在央视《神州风采》栏目中播放，杨湾古村摄入部分镜头。

1996年，北京九歌文化咨询公司摄制，钟源编剧，金韬执导的23集电视连续剧《胡雪岩》，在晋锡堂、安庆堂拍摄大量镜头。陈道明、茹萍、傅艺伟主演。

1998年9月，南京电影制片厂和江苏电视台等单位联合摄制，由徐耿执导的故事片《草房子》在北箭壶岛开拍，在杨湾村拍摄了部分镜头。该片由曹丹、杜源、吴琴琴主演。

2003年3月，反映著名旅法画家潘良玉的电影《画魂》在东山陆巷惠和堂与雕花楼开拍，并在晋锡堂拍摄部分镜头，李嘉欣饰演潘良玉。

2004年，北京电影制片厂至东山杨湾等古村拍摄《缘来就是你》，该片由朱翊执导，刘涛、邱志可、陈司翰主演。同年，电视剧《首富》在杨湾拍摄部分外景，由陆川执导，元亮、罗珊珊、许还山主演。

2005年，在东山拍摄影视剧《大清徽商》，该片由李小龙执导，任泉、金素妍、刘恺威主演。在明善堂拍摄部分镜头。

2005年，苏州广播电视总台制作的八集电视文化系列片《烟波太湖》，在杨湾拍摄了轩辕宫、明善堂等古建筑与长圻嘴的自然风光。

2007年10月，由著名导演李少红执导的电影《橘子红了》在杨湾村轩辕宫旁拍摄了许多镜头，周迅、寇世勋、归亚蕾主演。

2013年8月，电视剧《风吹云动星不动》在杨湾古村拍摄外景，该剧由黄觉、杨恭如、李小璐主演。

2014年10月，电视剧《走出凯旋门》在杨湾古村拍摄外景，该片根据华裔法国作家雷纳《一个中国人在布高涅》小说改编。王志文、何赛飞主演。

第九章 土特产

杨湾村依山傍湖，山水兼备，尤其是湖岸线长达近10公里，花果、水产品均极为丰富，其土特产如名茶、名果、太湖名品，以及有名的工艺制品等，历史悠久，享誉海内外。

经过近一个世纪的社会发展，随着气候、土壤、市场的变化，东山的土特产品也优胜劣汰，向着更经济的方向发展，绝大部分传统的名优特产品被保存下来，其品种、质量、产量都有很大的提高，在农村经济收入中有举足轻重的地位。现杨湾村所产有特色的土特产品可分四大类：茶果类、水产品类、蔬菜类及其他类。

第一节　碧螺春

碧螺春为中国十大名茶之一，因产于太湖洞庭东西山，故又称洞庭碧螺春。2006年东山镇被誉为中国碧螺春之乡。2010年，洞庭山碧螺春茶制作技艺被批准为国家级非物质文化遗产而加以保护，杨湾石桥村为洞庭碧螺春最早的产地。

据清乾隆年间刻印的《太湖备考》记载："东山碧螺峰石壁，有野茶数枝，山人朱元正采制，其香异常，名'吓煞人香'。"据说有年春天，采茶时适逢下雨，茶姑们怕茶叶被雨水淋湿，遂把青茶藏入怀中，嫩芽遇到少女的体温，发出一阵阵奇异的清香，人们惊呼："吓煞人香。"清代举人侍讲学士梁同书《碧螺春》诗曰："此茶自昔知者稀，精气不关火焙足。蛾眉十五采摘时，一抹酥胸蒸绿玉。纤褂不惜春雨干，满盏真成乳花馥。"后清翰林学士王应奎在《柳南随笔》中载：清康熙三十八年（1699），康熙第三次南巡太湖，巡抚宋荦从当地茶师朱元正处购得"吓煞人香"精品茶进贡，康熙以其名不佳，遂以此茶绿如碧，制后蜷曲似螺，又值春天采摘，赐名为"碧螺春"。朱元正为清初东山杨湾人，现当年种茶的"碧螺峰"石壁尚存于杨湾石桥村后山顶上。

洞庭碧螺春从清末起殊荣不绝，清宣统二年（1910）在南洋劝业会上获"优等奖"。民国4年（1915），在巴拿马博览会上得"金质奖章"。1959年被评为中国十大名茶之一。1982年获商业部全国名茶称号。1983年10月，获江苏省优质食品证书。1990年，洞庭山牌碧螺春在全国名茶评比中获全国名茶称号。1997年获得中国绿色食品中心颁发的"绿色食品碧螺春使用证书"。1997年获上海国际茶文化节指定使用名茶证书。2000年上海国际茶文化节在正宗碧螺春产地（东山镇）举办"上海国际茶文化节东山学术研讨会"，东山镇人民政府荣获组织奖。

碧螺春采摘于"春分"至"谷雨"阶段，分别称"分前""明前""雨前"。

春分前采摘的嫩芽,称"分前"碧螺春。一般年份此时气温还较低,茶树还没有长出叶芽,故历史上"分前"茶极少。近年来开春后气温回暖早,茶芽生长快,"分前"茶产量倍增,故近年中多"分前"茶。清明前采摘的茶叶称"明前"碧螺春。一般3月下旬至4月初,日照延长,气温普遍升高,茶芽初展一芽一叶(俗称一旗一枪),长约1.5厘米。嫩芽背面长出人的肉眼看不见的茸毛,制成干茶后会出现一层"白毫"。这时茶的产量与质量均优于"分前"茶,洞庭碧螺春以"明前"茶最佳。清明后气温升高快,加上雨水增多,叶芽生长迅速,此时采制的称"雨前"茶。

碧螺春茶须精拣一芽一叶的茶芯(雀舌)炒制,芽芽过目,一叶不漏。一斤碧螺春茶从采摘到拣剔,需要大量且精心的投入才能完成。炒茶工艺复杂而繁重。由两人搭档进行,上灶炒茶,下灶烧火。须先把铁锅烧红,待锅里冒起缕缕青烟后,才把拣剔好的嫩芽倒入锅中,双手快速在锅中翻动及上下抖松,名杀青,又称扑青。杀青时火候越旺,炒出的碧螺春才能嫩绿如碧。约半小时后,待青叶蒸发掉水分,即进入第二道工序,揉捻。炒茶手用全身力气,在铁锅中把半干的茶叶朝一个方向捻紧,使之成为一根根银针。约15分钟后,开始搓团。上灶师傅从锅中抓起一把把茶针,在手里反复搓,直到细芽变成一颗颗螺蛳状。接着是显毫,该工序技术性极强,全靠炒茶手的眼观与手感技艺来显白毫(即茸毛),上等师傅炒制的碧螺春,干茶起锅时,灶沿上会出现一层白白的"浓霜",白毫越多,品质越佳。每斤碧螺春干茶有五万至六万个嫩芽制成,须经过采摘、拣剔、杀青、揉捻、搓团、抖松、显毫、起锅等八道工序,故碧螺春有工夫茶和工艺茶之称。

一嫩三鲜,即茶芽嫩,颜色鲜、汤色鲜、味道鲜,是洞庭碧螺春茶的品质。而先放开水,后掺入茶叶,嫩芽亦为下沉伸展,清香可口,是碧螺春的特色。数百年形成的碧螺春茶道,其内涵更为丰富,有高山流水、碧螺下海、雪花飞舞、白浪喷珠、凤凰三点头、翠云浮动、春染海底、闻香通关、润喉畅气及提神生津等十道茶艺表演,因而被誉为绿茶之冠。

洞庭山碧螺春茶文化节已举办多年,其中,2004年2月20日,首届茶文化节在吴中区菱湖渚公园举办。2006年3月25日,第二届在东山陆巷举办。2008年3月22日,第三届茶文化节在东山碧螺景区举办。2012年3月31日,第四届茶文化节在碧螺景区举办。2015年3月23日,第五届茶文化节在碧螺景区举办。

据民国9年(1920)《洞庭东山物产考》记载:戊申(1908)东山产茶3250斤,洋2600元,后山杨湾乡占三分之一。1978年,杨湾村(上湾、屯湾)产茶546斤,1989年产茶约390斤,2003年产茶约3900斤,2015年产茶约5200斤。(注:1983年农村联产承包到户后,各项农产品产量无法精确统计,仅为估计。)

第二节 花　果

　　杨湾村的花果栽培历史极为悠久，从唐代起，洞庭红橘因其色泽红艳，富含吉祥之意，已作为贡品进献朝廷御用。据说每年除夕，唐太宗李世民均喜用洞庭红橘赏赐有功的文武大臣。宋、元、明、清时期，各种鲜果种植面积不断扩大，至民国初年，东山果树品种已发展到橘子、枇杷、杨梅、银杏、石榴及桃、梅、李、杏等近20个品种，农谚云"一年十八熟，四季花果香"。新中国成立后，随着种植、管理水平的提高，新品不断引进，20世纪50年代果树品种有60多个，80年代发展到300多个品种和品系。90年代随着果区产品结构的调整，又从国内外引进了早熟、中熟、晚熟水蜜桃系列品种、日本大碑生李、美国布朗李等58个品种，至2010年各种品种品系的花果已达到400多个。

　　历史上，东山还产有一种紫樱桃，明初种植很盛，杨湾一带亦有分布。清《太湖备考》载"佳者名樱珠，出东山丰圻、长圻一带路"。东山紫樱桃有小果紫樱桃、糯樱、大叶总柄、小叶总柄、胡椒总柄等品种。以糯樱品质最佳，味鲜美。在东山有"立夏吃三鲜，樱桃居其一"之习俗。

　　此外，杨湾村所产传统果品还有杏子，品种有金刚拳红杏、米杏、苹果杏、丝车杏等8个品种。以金刚拳杏品质为优，果大形美，肉厚核小，味鲜甜，为初夏佳品，在东山有"梅杏李桃迎夏天"之说。白葡萄形大味甜，大小年差异小。清代杨湾村栽培葡萄极盛，家前屋后都有葡萄棚。除白葡萄外，还有紫葡萄、野葡萄等品种。林檎，又名来禽，俗名花红，是李子的一种，成熟于夏天，现杨湾村仍有零星种植。香橼，清《太湖备考》载："香橼出东西两山，色黄形圆，香气袭人。"品种有秋橼、朱橼等，清宣统二年（1910），年产量135担，售价600银圆。现杨湾一带仍有少量香橼分布。

　　杨湾村位于东山后山太湖边，山地面积较广，为东山最早栽培果品的村落之一。新中国成立前与20世纪50年代初，杨湾村（包括上湾、屯湾）均为东山果品的主产区之一。据中国社会科学院南京中山植物院编著的《太湖洞庭山果树》一书载："1956年洞庭山果树栽培总面积16253亩，东山占62%，主要在后山杨湾乡一带。"1978年杨湾村（上湾、屯湾）果树总面积1095亩，年产量332.8吨。1989年杨湾村（上湾、屯湾）果树总面积1492亩，年产量2067吨。2003年后杨湾、上湾、屯湾三村合并，果区各家各户种植、管理与销售，产量已难以统计。

一、枇杷

　　东山的传统名品，也是杨湾村的名果，栽种历史悠久，明王世懋《学圃杂疏》就有"枇杷出东洞庭者大"的记载。清代早期白沙纪革村的枇杷已负盛名，《太湖备考》上载枇杷出东山之白沙、纪革。"今盛于查湾、俞坞矣。"

杨湾村枇杷有"白沙"与"红沙"两大品系,以"白沙"为主,其品种有白玉、照种、青种、小白沙、早黄白沙、灰种、红毛照种、大种、鸡蛋白、细种、铜皮、葛家坞荸荠种及鸡蛋红、圆种红沙、红沙牛奶种、俞坞红沙、小红沙、浪罐头、鹰爪红沙等近30个品种。照种是东山枇杷的传统优良品种,清末时槎湾贺照山始育而成,故名照种。按品系又可分为短柄照种、长柄照种、鹰爪照种3个品系,其特点是:果形大、果肉厚而洁白,且早熟,在历史上该品种栽种面积占全村90%以上。从20世纪90年代起,东山白玉枇杷问世,其性能抗逆能力强,树势生长旺,果大、早熟、肉白鲜嫩。该新品20世纪90年代槎湾村黄积玉始育,得名白玉,现为杨湾村枇杷的主要品种。2000年后又由高级农艺师章鹤寿从东山村实生枇杷品种选育出了更优的冠玉枇杷,果型大,每只均重50克,最重达70克,味甜润,成熟期较照种早5天,现杨湾村果农中已有一部分栽种。

枇杷大多种植在坞谷向阳的山坡上,高度在50—100米之间,一般低于杨梅而在柑橘之上,并在枇杷园内间植板栗、桃子、石榴、茶树等。具有抗旱耐冻、少病虫害等性能。因隔冬开花,第二年夏果熟,被誉为"秋萌、冬花、春实、夏果,含四时之气"之说。枇杷苗生长很快,一般一年能萌四次芽,栽种三、四年后就能结果。枇杷结果大小年明显,一般小年果实只有大年的三分之一至四分之一。

1978年杨湾村枇杷面积81亩,产枇杷产量31.15吨(杨湾3.5吨、上湾7.65吨、屯湾20吨)。后因柑橘价格不断攀升,枇杷园大量改植橘树,1988年产量减少到15.3吨(上湾5吨、屯湾103吨)。2000年后,果品市场价格发生大幅度变化,柑橘每公斤从原来的2元减至0.25元,而枇杷每市斤涨到近20元以上,最高价达30元。橘子由热转冷,枇杷从冷转热,面积与产量不断回升,2015年枇杷已成为杨湾村内第一大果品体系,年产量150多吨。

二、杨梅

在东山呈半野生状态,百年以上老树很多,从分布情况看,东山原为苍郁的树林,杨梅可能很早就是其中主要树种之一。后来山中人烟增多,树林受到大量砍伐时,杨梅的果实有较大的利用价值而被人为保留下来。杨梅在杨湾村也有大量栽种,但发展远没有枇杷、橘子等经济价值较高的花果快。从2000年起长圻平缓山地大量发展,产量才超过柑橘、银杏、枣子等主果。1978年杨湾村产杨梅37.6吨(其中上湾14.7吨、屯湾22.9吨)。1990年杨梅产量52.5吨(上湾30吨、屯湾22.5吨)。

杨湾村杨梅有15个品种:大叶细蒂、小叶细蒂、乌梅种、石家种、绿荫头、荔枝头、浪荡子、大核头早红、黄泥掌、树叶种、蚂蚁种等。20世纪80年代引进桃红等新品。该村杨梅以大、小叶细蒂为主,占总产量的90%以上。杨梅生长需特殊的自然环境,一般栽种在100米高之上的山丘沙土上,才能结出果实。平地湖滨栽种的杨梅只开花不结果,他处栽种更不会结果。杨梅耐寒耐瘠少病虫害,不需施肥亦能大量结果,2000年后杨梅价格大幅度上升,2010年每市斤10—15元。

杨梅含有丰富的果汁、果糖、果酸,鲜食能生津解渴,且帮助消化。但不宜存放,一般当天采摘当天鲜食最佳。用白酒浸之,则有止泻的疗效。杨梅成熟后色泽乌紫,人见人爱,畅销上海、苏州、无锡等城市。用杨梅制成的果脯、果酒则远销北京等城市。

岭下杨梅园是杨湾村2000年新建的一处果品基地,位于杨湾岭下村,东与环山公路相接,南与太湖、三山岛相望,紧靠环山公路,风景优美,交通便利,有得天独厚的自然条件及区位优势,是发展休闲观光采摘的理想场所。杨梅园建设面积3100亩,基本包括杨湾村杨梅种植主要产区。该杨梅园投入资金3000万元,于2011年启动,三年时间完成整个园区的基础及配套设施建设。2011~2012年已投入资金1300余万元,完成了园内4000米的主干道、8000米的生产道路、6000米的挡坡墙的建设,建有600平方米的果品销售场5座,以及建有600平方米的停车场及蓄水池、山区引水管道等基础设施,大大方便了果农的生产、销售。2012年10月底,杨湾村被评为江苏省首批"一村一品"杨梅示范村。

三、柑橘

据清乾隆年间刻印的《太湖备考》记载:"橘出东西两山,所谓洞庭红是也……古人吟为上品,名播天下,自明及清,屡遭冻毙,补植者少,品亦稍下,所产寥寥。"其中就包括东山杨湾村。东山柑橘历史上统称洞庭红,这是因其橘皮色红艳之故,并以早红、料红为主,他橘次之。中华人民共和国成立前与20世纪50年代初,杨湾村(包括上湾、屯湾)一直为东山柑橘主产区之一。

1978年杨湾村年产柑橘154.4吨,(其中杨湾村33.3吨、上湾村65.4吨、屯湾村55.7吨)。1989年杨湾村柑橘年产量1825吨(其中杨湾村225吨、上湾村1000吨、屯湾村600吨)。从20世纪90年代后期开始,东山柑橘价格大幅度下滑(2015年每市斤红橘仅0.25—0.50元左右),杨湾的柑橘面积大量减少,有着千年传统历史的洞庭红橘,因价格低下而日趋衰落。

历史上主要品种:早红,当地又名大橘子,品种有细皮与粗皮两种,以细皮为优。朱橘,又称朱红橘、衢橘、朱砂橘、大红袍。料红,该橘系朱红的一个分系,其他地方没有栽培,为杨湾一带的特产。现主要品种有:早红、料红、米橘、福橘、青红橘、黄岩早橘、黄岩本地早(又名天台蜜橘)、黄岩乳橘(又名南丰蜜橘)、粗皮黄皮橘(又名潮头蜜橘、卢橘)、圆橙、脐橙、小红橙、代代、柚子、粗皮与细皮香橼、金橘等20多个品种。近年又从外地引进了朋娜、塔罗血橙以及吉田、清家、纽荷尔、白柳等脐橙新品。

从20世纪50年代起,杨湾村柑橘经历了三个不同时期的品种更新换代。第一时期是 50 年代至 80 年代，主要是本地柑橘，最高价格 1986 年每市斤 1 元；第二时期是 80 年代末至 90 年代初，本地品系柑橘亩积逐步减少，浙江无核蜜橘兴起，特别是早熟品种温州蜜柑，1994 年其面积已达橘子种植总面积的三分之一，占柑橘总产量的二分之一。第三个时期是 90 年代后期科技种橘兴起，高接换种技术大量推广，并引进美国脐橙、日本天草等国外柑橘新品，具有本地特色的早红、料红、朱红橘基本上都高接了无核蜜橘。

四、银杏

杨湾村是东山银杏的主要产地，现村中树龄百年以上的银杏树有 50 多株，其中树龄 500 年以上的有 11 株。1978 年全村白果产量 13.65 吨（杨湾 2.4 吨、上湾 7 吨、屯湾 4.25 吨）。1990 年白果产量 32 吨（杨湾 1.5 吨、上湾 9.5 吨、屯湾 21 吨）。2003 年后杨湾、上湾、屯湾三村合并，果区各家各户种植、管理与销售，产量已难以统计。

银杨湾银杏品种较多，其中有一种大佛手白果壳薄，浆足仁满，香中带甜，为最上乘的白果。吃法：可剥壳出肉炒菜，也可捣碎舂汁，常吃白果会使肤色白嫩，可延年益寿。杨湾除大佛手白果外，还产小佛手、洞庭皇、大圆珠、小圆珠，其品质亦佳。

东山早在唐代就开始栽种银杏，清同治、光绪年间有较大发展。现东山是全国著名的优质白果产地，与众不同的是，东山白果树不仅在各种果树中寿命最长，而且在同类白果树中寿命也是最长的。今东山有不少千年以上的古银杏，70—80 年的银杏沿路皆是。其开始挂果的时间也最长，须 30—50 年，因此人称公孙树，即公公种栽，孙子收获。

东山银杏价格原一直低于橘子、枇杷、杨梅等水果，可从 1990 年起，白果价格不断攀升，1996 年每市斤白果可卖到 30 元，是橘子、枇杷价格的好几倍，杨湾银杏大量发展，可 2000 年后白果价格逐渐下滑，2015 年，每市斤白果只卖 10 元左右，甚至白果采收后无人问津。

五、石榴

东山的传统名果，杨湾村的石桥、张巷、屯湾一带有大量分布，现村中百年以上的老树很多。东山石榴栽种始于明代，因其除果实鲜食外，果皮又可作为土布染料及入药，清朝时得以大量发展。据《洞庭东山物产考》载：民国己酉（1909），东山年产石榴 1320 担（每担 100 斤），售价 7400 银圆。品种有寿石榴、万宝石榴等，主要产于杨湾乡后山片。《洞庭山果树》载："洞庭山石榴面积约 800 亩，年产 4740 担，东山最多，75% 以上产于东后山一带。"20 世纪 70 年代柑橘掀起后，石榴栽种面积下降，产量直线下落。1990 年以后，因其产量不高，石榴树被砍伐改种橘树。近年来，城乡私家园林兴起，大量石榴老树被购买移栽他处。

石榴一般农历四、五月开花,色泽鲜艳,旧时东山大户之家园内均种有石榴,寓意多子多孙。寒露后成熟采收,故有"寒露三朝采石榴"的农谚。东山石榴品种很多,有小种、大红种、水晶石榴、老油头、铜皮、虎皮等七八个品种,以水晶石榴为优,果形大,果皮黄白色,带红晕,较薄而光滑,萼筒粗大,因子粒色泽有白水晶、粉红水晶之不同品系。杨湾村栽种以水晶石榴为主,近年来不少果农在老树上高位嫁接引进的日本石榴新品,每只石榴可重1市斤以上,大的可达2市斤左右。

六、梅

俗称梅子。东山植梅历史悠久,清《太湖备考》载:"梅,诸山皆有,东山长圻独盛。"东山梅子品种有开蒂梅、雪梅、白梅、桃梅、苦梅、花梅等多种。其中雪梅宜鲜食,桃梅、苦梅、花梅果大,核小,可加工成话梅。

东山梅树主要分布在杨湾长圻、北望、屯湾与西泾、吴巷山等村。民国元年(1911)产量150担,售价600银圆。1978年杨湾村梅子产量257担(杨湾72担、上湾28担、屯湾157担)。1981年东山从日本引进100株"南高"梅苗,植于龙头山,已长成林,每棵单产可达100斤左右。20世纪90年代初,青梅受国外青睐,加工成咸水梅后销往日本、东南亚地区,促进了梅子的发展,1990年杨湾梅子面积从原来的55亩增加至118亩,产量770担(杨湾20担、上湾170担、屯湾580担)。以后梅子价格不断下滑,大量梅地被柑橘、枇杷所代替,从2003年起梅子种植区基本被淘汰。

七、枣

东山历史上盛产枣子,品种有白蒲枣、马牙枣、秤砣枣、赤枣、水团枣、灵芝枣等六七个品种,以后山一带所产的白蒲枣和三山马牙枣为优。清《太湖备考》载:"枣最佳者名'白露酥',出东山。"此枣至白露熟故名。《本草纲目》作"扑落酥"。杨湾村枣树主要分布在石桥、张巷村一带,现百年老树很多。白蒲枣宜加工成蜜枣,尤其是金丝蜜枣为外贸出口之佳品。

据史料记载,清光绪三十四年(1908),东山产枣子2750担(每担100斤),售价1.1万银圆。1956年东山枣树面积有228亩,年产量2360担,主要产于后山。1978年杨湾村枣子产量30担(其中上湾村26担、屯湾村4担)。后逐年发展增加,1990年300担(上湾村200担、屯湾村100担),20多年来杨湾枣树面积、产量无多大变动。

八、柿

东山柿子品种有牛心柿、铜盆柿、雪柿、扁花柿、油柿等,在杨湾村一带大量种植。其中牛心柿、铜盆柿最为优品。牛心柿因形似牛之心而得名,成熟后红而透明,皮薄核少,汁多味甜。铜盆柿因形似铜盆而得名,果实扁圆而大,橙红色,肉厚味甜。柿树未嫁接而生之果称油柿子,虽熟皮仍青黄,味如香蕉,六月间采生柿,捣烂取其汁,称柿漆,是漆雨伞油纸的原料。民国元年(1911),东山产柿1140担,售价4000银圆。1978年杨湾村柿子产量212担(杨湾2担、上湾145担、屯湾65担),占全东山柿子总产量的25%。从1980年起,橘子价格升高,柿树被大量砍伐后发展橘子,到1990年,杨湾村柿子年产量减至50担。现杨湾村柿子仅村民家前屋后及庭院中零星种植。

九、栗

又称板栗,东山的传统果品,杨湾村也有大量种植,主要分布在屯湾村。清乾隆《太湖备考》载:"栗出东西两山,东山西坞者尤佳。"《洞庭东山物产考》载:"栗树高二三丈,叶大如驴耳,面有刺,四月开花,成条青黄色。结实成苞形,如刺猬。采后苞裂取实。肉外黄内白,生熟食均佳。"品种有九家种、油毛栗、大毛栗、白毛栗、六月白、槎湾种、中秋栗、羊毛头、草鞋底等。民国元年(1911)东山板栗年产量2370担,售价9600银圆。1978年杨湾村年产栗子233担(上湾130担、屯湾500担)。栗子树生长对土地、气候不严求,管理粗放,但有"干枣湿栗"的农谚。1980年起东山栗子远销港澳市场,促进了栗子的发展,尤其是屯湾村山区大量种植栗树,1990年杨湾屯湾村年产栗子500担,占全东山栗子总产的25%,但因栗树生长缓慢,产量较低,其生长土地还是被橘子、枇杷所蚕食,现年产量基本保持在200担左右。

十、桃

东山栽桃历史较早,清朝初期,武山水蜜桃已闻名于世。品种有白凤、红花、白花、晚陆林水蜜桃等,其中以白凤和晚陆林为最优,汁多味鲜,营养价值高。除水蜜桃外,东山还有四月桃、五月桃、紫血桃、早陆林桃等硬肉桃系,杨湾村有大量种植,每年的5~7月为水蜜桃上市季节。《洞庭东山物产考》载,民国元年(1911),东山桃产量为149担,售价900银圆。1978年杨湾村产桃子665担(杨湾42担、上湾90担、屯湾533担),占东山桃子总产量的25%,1990年减少到430担。

第三节　水　产

杨湾村紧靠太湖,水产资源丰富,名品有"太湖三宝"及湖蟹、湖鳗、青虾等水产品,1978年太湖捕捞产量454担,1990年产量9600担。同时杨湾村拥有大片鱼塘，内塘养殖鱼类历史悠久，明清时就有鱼塘养鱼，春节前牵捕后用活船水摇到苏州上海等地出售，称摇"鲜鱼船"。据《洞庭东山特产考》载：民国元年（1911），东山内塘鱼产量6762担，售价54100银圆，杨湾内塘养殖鱼类也占一定比例。1978年，杨湾（含屯湾）内塘面积794亩，产鱼454担。1990年产鱼7400担。内塘养殖以草、青、鲫、鲤、鲢四大类家鱼为主，其中青、草鱼食草，其鱼粪是鲫鱼和鲤鱼的饲料，形成一条良性循环的食物链。2000年至2015年，因养蟹经济收入较高，杨湾村沿湖鱼塘大多已改养湖蟹。沿湖沼泽、堤岸、塘埂种植莼菜、菱角、莲藕、茭白、慈姑、芡实等水生名品。

一、银鱼

色泽似银，细嫩透明，又柔若无骨，与梅鲚鱼、白虾合称"太湖三宝"。后因梅鲚鱼稀少，太湖三宝改为银鱼、白虾、白鱼。春秋时期，太湖已盛产银鱼。清康熙年间列为贡品。品种有大银鱼、雷氏银鱼、太湖短吻银鱼和寡齿短吻银鱼4种。太湖银鱼肉质肥嫩鲜美，含丰富的蛋白质、多种维生素与其他营养成分，被日本人誉为"鱼参"。太湖银鱼5月份上市，有"洞庭枇杷黄，太湖银鱼肥"之谚语。每至清明前后，杨湾、屯湾等村渔民均入湖捕捞银鱼。

二、白鱼

全身洁白，银光闪闪，体狭长侧扁，口上翘，故俗名"翘嘴白鱼"。因鱼尾端微红，又称红条白丝鱼。该鱼细鳞细骨，肉质洁白、细嫩，鳞下脂肪多，酷似鲥鱼，味可与江南四鳃鲈媲美。以食太湖中各种水草为主，喜逆水游动，出水即死。旧时传西太湖有丈余长之母白鱼，渔人甚畏，称鱼神而放生，客观上保护了白鱼资源。白鱼属名贵鱼类，隋朝时入朝为贡品。每至鱼汛，杨湾、屯湾村渔民都入湖捕捞，杨湾浜场有售。

三、白虾

俗称"水晶虾"，其壳极薄，通体透明，晶莹如玉，但生命娇弱，离水即死。白虾营养丰富，可烹制数十种菜肴。银鱼、白鱼、白虾称为"太湖三白"，亦有把白虾、银鱼与梅鲚列为"太湖三宝"。太湖白虾营养丰富，每100克虾肉中含蛋白质20.6克，脂肪0.7克，还含有钙、磷、铁和维生素A等多种营养成分。太湖白虾捕捞旺季为6~7月间，这时白虾性腺成熟，雌虾腹部多虾子，可制成虾子酱油，鲜美无比。杨湾渔民传统捕捉白虾方法独特，砍青松数捆，在湖中用松须与网具摆成虾浮松龙门阵，每日可捕捉到大量白虾。

四、太湖青虾

其虾生命力强，捕后还可水养，数日不死，易备鲜用。煮盐水虾味最鲜美，色亦红艳,亦以油爆为胜,或"呛虾"亦佳。鲜食多挤虾仁,能制成虾圆、炒虾仁、虾仁汤等。虾子味鲜美,制成虾子酱油为上等调味品。杨湾、屯湾村渔民除从太湖中捕捞青虾外,也在内塘鱼池中混养青虾,其质亦优,可与外湖青虾齐名。

五、鳗鲡

又名湖鳗或鳗鱼,太湖中名贵鱼类。性悍,大而微扁,腹有二翅,扁尾无鳞,白腹黑背,皮多涎沫,肉多细刺,去水即死。易食各种动物内脏,湖中有死物,喜穿腹食其脏腑,渔人用死畜诱捕之。鳗鱼蛋白质含量很高,白煮红烧皆肥美。性寒有毒,不宜多食。

六、塘鳢鱼

俗称塘婆鱼,太湖中名贵鱼类。性凝呆板,大头阔嘴,圆尾圆翅,细鳞黄黑斑,雄性色乌。一般鱼均不能鸣,唯此鱼可作声呱呱,游动迟缓,贴物而停。性凶猛,以吞食各种小鱼虾为生,以湖畔石洞为窝,渔民常在岸旁石洞中以手摸捕,或用瓦窝浜钓捕。以春天农田油菜花盛开时最肥,称之"菜花塘婆"。肉质细嫩,清蒸、红烧、糖醋味均佳,食之补脾,除湿疗疮。现塘鳢鱼资源稀少,价格昂贵,杨湾浜场一市斤塘鳢鱼卖到 100 多元。

七、昂刺鱼

即黄颡鱼,俗名汪牙,太湖中名贵鱼类。性悍,阔口扁头,口旁有细须,长短各两根。鳃下有二横骨,尖利无比,有毒,捕捉时不小心手被戳,疼痛难忍。无鳞,腹黄背有青黑斑,肉无细刺,身有黏液,夜间群游发生"轧轧"声。喜食小鱼小虾,肉细嫩,如清煮、红烧作羹,味嫩如蟹肉。与莼菜同煮,称汪牙莼菜汤,为东山春季名菜。性平微毒,食之可消水肿、利小便。

八、黑鱼

太湖中名贵鱼类。性凶猛,尖喙有舌有齿,圆体圆尾,细鳞黑白斑点,额有七星纹。生命力极强,离水数日亦不死。肉质较粗,但极具营养,如病人乏力,食之可恢复体力。黑鱼以吞食同类为生,若内塘鱼池中不小心混入几条黑鱼,可将鱼苗食完,故黑鱼是内塘鱼类的大忌。现太湖中野生黑鱼资源稀少,而人工繁殖黑鱼苗成功,市场供应的黑鱼大多为人工养殖。

九、太湖蟹

亦称太湖大闸蟹。其背壳坚隆凹纹似虎面,色青黑,腹青白色,腹下有脐,雄尖雌团,内有硬毛。蜕壳而长,秋后肥壮。原在杨湾沿湖的沼泽、沟渠、农田中均有生长。每至秋冬,村人挖洞捕捉后用刀切成两半,浇上面糊煮熟,称之为面拖蟹，为菜中佳肴。20世纪60年代曾在太湖中人工流放蟹苗，获得成功，90年代始在太湖中围网养蟹，很有收获，并全面推广。东山（杨湾、屯湾）人有远至南京、山东、安徽等省市湖泊中围网养蟹者，称之为"钻天洞庭"养蟹大军，成功者获利甚丰。东山传统食蟹以"九月团脐十月尖"（"九雌十雄"）为佳。

第四节　时　蔬

一、太湖莼菜

又名水菜或水葵，因产于太湖，故名曰太湖莼菜。据《太湖备考》记载：太湖采莼自明万历年间邹舜五开始采摘并食用，清帝康熙南巡至太湖东山，舜五孙邹弘志种莼四缸，作贡莼诗二十首并家藏《采莼图》献于康熙，使太湖莼菜声名鹊起。清邹斯盛《太湖采莼》曰："春暖冰芽苗，秋深味更精。有花开水底，是叶贴湖平。野客分云种，山厨带露烹。橘黄霜白后，赢得晚盘清。风静绿生烟，湖中荡小船。香丝萦手滑，清供得秋鲜。"描绘了一幅秋高气爽、风平浪静，荡着小舟在莼荡里采莼的美景。

太湖莼菜叶片椭圆形，深绿色，背紫色，浮于水面，嫩茎和叶背有胶状透明润滑液体，俗称"莼"。性喜温暖，多自然生长在沼泽湖滨浅水区。本系野生，明末清初被人工栽培利用。莼菜中含有大量维生素C，最宜煮汤，色、香、味俱佳，被誉为江南名菜，加工装瓶后畅销海外。

莼菜是食用性防病保健的良药。据李时珍《本草纲目》载：食莼可消渴热脾冷，补下气，有止呕、止泻、消炎、解毒之功效。民间多以莼菜黄颡汤开脾胃、补气虚。现代分析资料表明：莼菜含有谷氨酸、天冬氨酸等多种人体必需的氨基酸，是一种较好的免疫促进剂，可增强人体免疫功能。莼菜采摘期每年从4月初开始至10月初结束。莼菜生长期为春、夏、秋三季，分春、秋两批采收，其中春莼菜：4月上旬至7月中旬，秋莼菜：8月中旬至10月底。

早在清末民初时，杨湾村人就培植采摘莼菜并供应市场。据《洞庭东山物产考》载：清光绪三十四年（1908），东山产莼菜2166担，价1900银圆。主要产于杨湾屯湾村。新中国成立初期，屯湾村有莼菜荡1500亩左右，年产莼菜约58吨。20世纪60年代后期，因湖滩浅滩围垦造田，产量逐年减少，成为稀贵珍品。70年代后期，采取人工保护繁殖。1978年吴县外贸部门在东山建立外贸出口生产基地。1985年，屯湾、俞家厍、港东三个村开发人工种植太湖莼菜315亩，1987年增加到540亩。1999年全镇共种莼菜1500亩，年产量达750吨，创历史最高产量。2000年后，随着城乡镇人民生活水平的提高，虾仁莼菜、银鱼莼菜羹、汪牙莼菜汤等名菜,已成为苏沪城乡宾馆、饭店及百姓餐桌上的常备佳肴。2015年,每市斤带水的莼菜30元。

二、白浮菱

白浮菱盛产于杨湾白浮门太湖水域,已有200多年历史。清《太湖备考》载:"菱出……东山白浮头、武山朱家港。"白浮菱是杨湾白浮门所产菱角的总称,色泽有青、红、白三种,而品种有两角菱(又名腰菱)、四角菱、圆角菱、沙角菱、红菱、小白菱等,以成熟最早的"水红菱"为佳。这种菱色泽鲜艳,肉嫩甜,宜生食。一般每年中秋节前后开始采摘,杨湾一带农家都把"红菱"供月斋神。"小白菱",壳薄、肉厚,生吃甜嫩,熟食香糯。沙角菱壳厚、肉小、带尖刺,但熟食格外香糯。《洞庭东山物产考》载:清宣统元年(1909),东山产菱1335担,内白浮菱占50%以上。

菱,系水生植物,宜在浅水处生长。每年清明后播种,栽种后不用施肥,再生力强,每年可摘5至7次,一亩水面最多可采菱400多斤,每年清明下种,小满分塘插秧,下秧5天后清塘除草。杨湾白浮门一带浅水沼泽是东山传统的菱角栽种区。菱因经济价值不高,自20世纪80年代起,逐渐减少。2000年后因市场需求增大,东山菱塘有所发展。

三、莲藕

东山自古以来就盛产莲藕,历史上曾有"莳山十里荷塘"的盛况。清宣统三年(1911),东山产莲蓬13万把、藕粉2250斤。杨湾水域浅湖沼泽中亦有大量种植,清《太湖备考》载"荷出东山莳山下南湖,红香十余里,一望不绝,为夏月奇观"。南湖,即杨湾长圻湖面。

"采菱采莲儿女情,年年不断横塘行。独有东山采薇者,千秋谁得同芳声?"这是明代诗人吴时德《采莲歌》中描绘的意境。东山南湖所产之莲藕,体粗圆,色洁白,质地细嫩,入口鲜甜、嫩脆。莲藕可分春秋两季闹(掘挖)藕,春藕宜熟食与加工藕粉;秋藕宜鲜食。因藕塘经济价值不高,现大多改成鱼池,杨湾村只剩零星藕塘。

四、茭

又名"菰"或"菰笋""菰米",去叶后茎洁白,称茭白。东山产茭历史极为悠久,南宋时莳山之名来历,就因山下湖荡中大量种植茭而得名。杨湾村在清初就种茭,《太湖备考》载:"茭出东山南湖,自茭田以西,绕至长圻,弥望皆是。"明代东山诗人施理《菰米》诗曰:"无烦耕耨力,独秀晚秋天。波冷漂香远,霜清绽粒间。"

东山茭白分"中秋白"和"十月白"两种。以"十月白"为佳,茭形粗壮,洁白,脆嫩。《洞庭东山物产考》载:清宣统二年(1910),东山产茭白1810吨。

今东山茭白除供应本地市场外,大量销往苏州、上海等城市。

五、芡

又名芡实,俗称鸡头米,亦是杨湾湖滨的传统水生植物。宋杨万里《芡实》诗云:"夜光明月供朝爵,水府灵宫恐夕虚。好舆蓝田餐玉法,编归辟谷赤松书。"芡为多年生草本,其种子称"芡实"或称"鸡头米""鸡头子"。清《太湖备考》载芡实出东山南湖,不种自生,俗呼"野鸡豆"。芡全株有刺,叶圆盾形,浮于水面,夏季开花,花单生,带紫色,浆果海绵质,顶端有宿存的萼片,全面密生锐刺。种子芡实球形、黑色。芡食供食用或酿酒,亦入药。性温,味甘涩,功能健脾、涩精。主治脾虚泄泻、遗精及带下等症。近年来在苏州近郊农村人工种芡,秋后大量供应市场,产量提高,但品质不及杨湾一带沼泽中野生芡实。

六、芋

俗称"芋艿"或"芋头",是东山及杨湾的传统名品,大多种在鱼池埂上。清初诗人吴庄《芋》诗曰:"山中谁置力田科,不种香粳种芋婆。那识龙团黄线美?苏扬行得大头多。"自注:芋以"龙团""黄线"二种为佳,而行于苏扬者唯贵大头,山中称为"芋婆"。芋属天南星科。多年生草本。作一年生栽培。地下有肉质的球茎,呈圆、卵圆或椭圆形,叶片多为盾形,绿色,叶炳长而肥大,呈红、绿或紫色,佛焰花序,单性花,黄绿色,温带地区甚少开花。喜高温湿润,用球茎繁殖。球茎和叶柄作菜用,球茎亦可药用,叶柄亦作饲料。现杨湾鱼塘埂上多有种植。

七、萝卜

为杨湾特产,已有数百年历史。这种萝卜与众不同,从外表看,头尖肉红,身段雪白,水分多,肉头脆,略甜。它的叶子比较厚,如果加工成萝卜干,味道又香又甜。上市的时间,比宜兴、南浔等地出产的太湖萝卜,要迟一个多月,故萝卜长得足,空心很少。该萝卜适宜种在土细、泥松的夜潮地上,晚上吃得着露水,白天晒得着太阳,种出的萝卜个个又大又白,一般重3斤一个。东西山沿太湖一带的土地,大部分土质条件差不多,但长出的萝卜小,味道也不及该萝卜。20世纪50年代,杨湾萝卜风靡苏沪市场,震泽县《震泽报》还进行专题介绍。该萝卜品种现杨湾村种植较多,颇受市场欢迎。

八、黄瓜

东山及杨湾湖滨所种植的黄瓜质脆而味甘,明末清初时就名声远扬。黄瓜《本草纲目》作"胡瓜",并注:"张骞使西域得种,故名胡瓜。后北人避石勒讳,改称黄瓜。"清初"江左三大家"之一的诗人吴伟业,康熙年间至东山游历一周,作诗12首,其《王瓜》诗云:"同摘谁能持,离离早满车。弱藤牵碧蒂,曲项恋黄花。客醉尝应爽,儿凉枕易斜。齐民编月令,瓜瓞重王家。"东山黄瓜色泽光洁,毛刺短稀,最宜生食。老黄瓜去其瓤,加以肉末,称黄瓜嵌肉,为东山及杨湾后山一带的名菜。现村民仍种植较多,并供应苏州市场。

九、甜菜

含糖分较多,故称甜菜。东山及杨湾地区传统蔬菜,为他处所不多见。其菜叶圆厚深青色,春日掰取外叶充蔬,煮熟后墨绿色,极为香美。性寒,取其叶捣烂涂伤止血有特效。春天生长旺盛,掰取外叶后,只要肥料充足,能迅速长出新叶,一周后又可掰取外叶。甜菜还富含淀粉,20世纪六七十年代,农村口粮较为紧张时,杨湾农家自留地上几乎家家种植甜菜,既可作菜,又能充粮,一举两得。

十、蕈

即野菌,亦称野蘑菇,春夏季节盛产于东山及杨湾峰岭与山坞中。品种极多,有汗露蕈、石灰蕈、雷公蕈、胭脂蕈、茧子蕈等10多种。据《洞庭东山物产考》载:民国元年(1911),东山产蕈6598斤,应市价1200银圆。过去东山果树不喷打农药,山坡所长野菌除一种色彩鲜艳的五彩菌外,一般野蘑菇均可食用。地木耳,俗名地滑沓,是野蕈中的一个品种,状如紫木耳。夏天雨后多生长在湿地崖上,须速采之,见日即干而消失。采后洗去泥苔充蔬,肥嫩鲜美,性凉明目、益精,如鼻血不止,取塞鼻中即止。现雨后山中仍大量生长,可采摘食用,味鲜美。

第五节　其他传统特产

杨湾山地面积较多,野生植物资源丰富,据民国《洞庭东山物产考》载,有金樱子、石楠、木通、野山楂、野草莓、金银花、六月雪、胡秃子等10多种,现山中峰岭上仍生长较多。矿产资源丰富,还有青石、黄石、赭石及白泥等。传统工艺品铜便壶、山浪剪刀等较有名。

一、金樱子

俗名野石榴,藤本花木,杨湾荒山野谷间均有生长。春初藤上长出小枝,每枝5叶,叶状如玫瑰。枝条间多刺,4月开白花,每朵5瓣,中有黄蕊,成球状,其香异常。性凉清肺热。山人采花蒸露,为夏日消暑饮料。秋天结子如小石榴,名金樱子,入药补血、益精、愈痢。

二、石楠

俗称老桑年,东山稀有名木,杨湾山坞多有分布。树不甚高,枝软四边散开,叶大如枇杷叶,边光有锯齿,嫩红老绿,经霜而叶子艳红,凌冬不凋。三月枝开白花,望之有红、白、绿三色。其叶苞可蒸粉食。其枝干质地坚硬而光滑,山农取之常制作榔头柄等工具。

三、黄石

俗称蛮石,又名东山石,杨湾峰岭、山坞中皆为此石。色红紫,石质坚硬刚烈,早在吴越春秋时就被开掘砌墙,现杨湾山麓保存的吴国演武墩遗址,即是用黄石所砌的城墙。古时东山建房不管是简陋民宅,还是大户之家均要砌一米高的黄石墙,这是因为砌黄石墙不需用灰浆,且千年不坍,长圻梁代古寺砖砌殿舍早已毁坏,而黄石墙犹存。后山中沟溪、石嵌都掘黄石所砌。

四、白泥

杨湾村山区盛产白泥,历史上享有盛誉。其土性黏质细,色白微红,晒干后坚实耐久,是为制作陶器之原料,旧时村中妇孺皆掘取捏造玩具。20世纪50年代开始开采,供应炼钢厂。1958年10月21《震泽报》曾登载杨湾营日采白泥500吨,平均每人采白泥4560斤的报道。

五、铜便壶

杨湾金记银匠铺位于大浜街,开设于清代,以制作银器、铜器等工艺品销往东山及苏沪市场,尤以制作铜便壶闻名。该便壶用黄铜打成一小圆口,口上有一盖,盖有细铜链系牢,以免洗刷时脱落遗失。虽为溺器,然打造精巧,使用方便耐久,因而遐迩有名。《洞庭东山物产考》载:光绪三十四年(1908),沪地定购杨湾铜便壶47把。

六、山浪剪刀

东山所产剪刀尖头圆背,大小一套5把,清代与杭州张小泉剪刀齐名。该剪刀最大的特点是头薄背厚,剪东西软硬皆适宜。清末民初大量生产,畅销苏沪市场。清宣统元年(1909),山浪剪刀年销量10426(套),售价2500银圆。杨湾两家铁匠店均有生产。

民国初期,杨湾旅沪商人朱琛,以东山后山一带所产农副产品为基础,经过6年多的调查研究及收集整理,于民国9年(1920)出版了《洞庭东山物产考》一书,对东山销往市场的土特产进行了全面详细的介绍。其中有水果类17种、鱼类20种、茶叶类3种、旱菜类15种、禽类(包括水禽)15种、水菜类3种、木类17种……东山全年供应市场的土特产品共进银洋637901元。而全年输入东山的农副产品有粮食、棉布、药材、木材、五金,以及油、盐、糖、酒、海货等日用品,共计银洋888013元,年输出产品与输入产品相比较,每年亏耗银洋25万元左右。时东山人外出经商者占总劳动力的40%,年经商收入约110万银圆,其资金绝大部分返回故乡,购置地产和建造房屋,故旧时东山杨湾、陆巷、翁巷等古村极为富饶。

表9-1　　　　　　　　　1907~1912年洞庭东山物产分年产出表

物产名	年度	产量	银洋(元)	平均价(元)
梅子	辛亥(1911)	150(担)	600	600
桃子	戊申(1908)	109(担)	600	766
	庚戌(1910)	126(担)	800	
	辛亥(1911)	149(担)	900	
杨梅	戊申(1908)	18400(篮)	9100	7066
	庚戌(1910)	24500(篮)	8400	
	壬子(1912)	21140(篮)	7300	
枇杷	戊申(1908)	22600(筐)	22600	22200
	己酉(1909)	26240(筐)	18400	
	辛亥(1911)	32200(筐)	25600	
柿子	戊申(1908)	860(担)	4300	3832
	己酉(1909)	520(担)	3200	
	辛亥(1911)	1140(担)	4000	
橘子	戊申(1908)	350(担)	4200	3566
	己酉(1909)	340(担)	3400	
	辛亥(1911)	320(担)	3100	
枣子	戊申(1908)	2750(担)	11000	2000
	辛亥(1911)	2160(担)	13000	
	壬子(1912)	1715(担)	9000	
栗子	戊申(1908)	1200(担)	8400	8733
	庚戌(1910)	1520(担)	8200	
	辛亥(1911)	2370(担)	9600	
银杏	丁未(1907)	140(担)	2000	1766
	戊申(1908)	108(担)	1300	
	己酉(1909)	145(担)	2000	

续表

物产名	年　度	产　量	银洋（元）	平均价（元）
石榴	丁未（1907）	1400（担）	8400	7416
	戊申（1908）	1075（担）	6450	
	己酉（1909）	1320（担）	7400	
橙	壬子（1912）	105（担）	900	900
香橼	庚戌（1910）	135（担）	600	600
葡萄	戊申（1908）	220（担）	2600	
茶	戊申（1908）	3250（斤）	2600	3200
	庚戌（1910）	4125（斤）	3300	
	壬子（1912）	4360（斤）	3700	
莼菜	戊申（1908）	2166（担）	1900	1600
	己酉（1909）	2232（担）	1400	
	庚戌（1910）	2501（担）	1500	
桑	丁未（1907）	26300（担）	17000	46666
	己酉（1909）	28800（担）	72000	
	辛亥（1911）	32500（担）	51000	
豆类	戊申（1908）	228（石）	800	800
菜类	辛亥（1911）	1961（担）	300	300
薑	己酉（1909）	4445（斤）	800	1100
	庚戌（1910）	7230（斤）	1300	
	辛亥（1911）	6598（斤）	1200	
菱	己酉（1909）	1335（担）	1000	900
	庚戌（1910）	1066（担）	800	
	辛亥（1911）	1212（担）	900	
荸荠	己酉（1909）	154（担）	200	
茭白	戊申（1908）	26750（担）	12000	14400
	己酉（1909）	29800（担）	14200	
	庚戌（1910）	36200（担）	17000	
芦苇	丁未（1907）	1275000（捆）	51000	39666
	戊申（1908）	1401000（捆）	42000	
	己酉（1909）	1040200（捆）	26000	

续表

物产名	年　度	产　量	银洋（元）	平均价（元）
荷叶	戊申（1908）	29250（担）	35200	37000
	己酉（1909）	34120（担）	43600	
	辛亥（1911）	32575（担）	32200	
莲蓬	戊申（1908）	185550（把）	35200	37000
	己酉（1909）	205450（把）	43600	
	辛亥（1911）	137630（把）	32200	
藕粉	戊申（1908）	2680（斤）	35200	37000
	己酉（1909）	2750（斤）	43600	
	辛亥（1911）	2550（斤）	32200	
蚕茧	戊申（1908）	1740（担）	60000	83000
	己酉（1909）	1820（担）	73000	
	辛亥（1911）	2650（担）	116000	
土丝	己酉（1909）	50150（两）	17000	17000
木柴	丁未（1907）	65600（担）	16400	20500
	戊申（1908）	78150（担）	21100	
	己酉（1909）	84200（担）	24000	
茅柴	戊申（1908）	98590（担）	14000	13266
	己酉（1909）	84507（担）	12000	
	庚戌（1910）	99295（担）	14100	
畜鱼	戊申（1908）	6762（担）	54100	40200
	己酉（1909）	5275（担）	42200	
	辛亥（1911）	3037（担）	24300	
杂鱼	戊申（1908）	24620（担）	123100	142866
	己酉（1909）	28282（担）	141400	
	辛亥（1911）	34187（担）	164100	
虾	戊申（1908）	42650（斤）	6400	7000
	己酉（1909）	36650（斤）	5500	
	辛酉（1921）	61350（斤）	9100	
鸭	戊申（1908）	3200（只）	1300	1300
鸭蛋	戊申（1908）	384000（个）	4800	4800

续表

物产名	年　度	产　量	银洋（元）	平均价（元）
野鸭	己酉（1909）	197500（对）	790009	—
	庚戌（1910）	211478（对）	7200	
剪刀	己酉（1909）	10426（套）	2500	2500
砂皮	庚戌（1910）	1730（捆）	1900	1900
铜便壶	戊申（1908）	47（把）	94	94
合计	—	—	637901	—

第十章 基层组织

新中国成立后,东山行政划分为杨湾、后山、涧桥、三山、镇西、东山、湖湾、渡桥、新潦等9个乡,63个行政村。1955年,东山又合并为杨湾、后山、渡桥、东山4个乡。同年10月,东山建办16个农村高级社,开始建立党支部。

第一节　村党组织

一、杨湾村党组织

1955年10月,杨湾与槎湾合建虹光第三农业高级社,建立虹光第三农业高级社党支部,但党支部尚不健全,仅支部书记或副书记。

(一)中共虹光三大队(杨湾管区)支部委员会

1958年9月,洞庭人民公社成立后,农村党的基层组织开始健全。1959年,中共虹光三大队支部委员会有党员11名,书记朱筠甫,支委周锦甫、陆爱凤。

1960年11月,洞庭人民公社实行体制改革,撤大队建制,成立杨湾、和平、东山、新潦、渡桥、市镇六大管区,管区下辖直属生产队,生产队建立党支部,属杨湾管区党总支领导。时杨湾管区下设杨湾、槎湾、光荣、北望、长圩、湖沙、晓光等7个生产队,同时建立7个党支部。时杨湾管区有党员24名,干部28名。原虹光三大队所属杨湾生产队党支部书记宣根大、长圩生产队党支部书记吴富林、湖沙生产队党支部书记金补根、槎湾生产队党支部书记施志兴。

(二)中共杨湾大队支部委员会

1961年9月,撤杨湾管区,恢复虹光三大队建制。同时,原虹光三大队分为杨湾、槎湾2个生产大队,分别建立杨湾大队党支部和槎湾大队党支部。时杨湾支部有党员8名,支部书记宣根大,支委徐洪甫。党支部属中共洞庭人民公社委员会领导。

1963年,中共杨湾大队支部委员会有党员7名,支部书记宣根大,副书记沈永勤。

1966年"文化大革命"开始后,公社、大队党组织陷于瘫痪,党支部停止组织活动。

(三)中共杨湾大队革委会支部委员会

1968年4月,洞庭人民公社革命委员会成立。1969年5月,各大队成立革命委员会。同年9月,洞庭人民公社革命委员会整党建党领导小组,同意杨湾大队革命委员会整党建党领导小组恢复杨湾大队党支部组织,时有党员14名,宣根大任党支部书记,陆祖发、徐洪甫任党支部委员。

1973年,杨湾大队党支部党员14名,书记周祖玉,副书记陆祖发,支部委员宣根大。

1975至1976年，杨湾大队党支部党员15名，支部书记周祖玉，副书记丁培林，委员周金华。

1977至1979年，杨湾大队党支部有党员17名，支部书记周祖玉，副书记丁培林，支部委员周金华。1979年增补宋祖良为支部委员。

（四）中共杨湾村支部委员会

1983年9月，村级体制改革，撤销大队，设立行政村，建立村党支部。杨湾村有党员15名，党支部书记周祖玉，副书记丁培林，支部委员宋祖良。徐洪兴被评为东山镇1983年优秀共产党员。

1984年，杨湾村有党员15名，支部书记陆祖发，支部委员丁培林、秦荣芳。

1987年6月，农村基层党组织换届选举，杨湾村党员16名，支部书记陆祖发，支部委员丁培林、秦荣芳。

1991年10月，农村基层党支部换届改选，杨湾村党员16名，党支部书记陆祖发，支部委员丁兴泉、秦荣芳。同年，陆祖发出席中共东山镇第七次代表大会。

1995年8月，农村基层党支部换届改选，杨湾村党员21名，支部书记李介胜，组织委员秦荣芳、纪检委员陆德兴。

1997年6月，秦荣芳任杨湾村党支部副书记（主持全面工作）。同年8月，农村基层党支部换届改选，杨湾村党员26名，支部书记秦荣芳，支部委员宋祖良。

1997年8月—2003年10月，杨湾村党支部书记秦荣芳，支部委员宋祖良。2003年村党员28名。

表10-1　　　　　　　杨湾村党组织支部委员会书记、副书记更迭表

组织名称	职务	姓名	任期	备注
中共虹光三大队支部委员会（1958.9—1960.10）	书记	朱筠甫	1958.9—1960.10	—
中共杨湾管区杨湾支部（1960.11—1961.8）	书记	宣根大	1960.11—1961.8	—
中共杨湾大队支部委员会（1961.9—1966.6）	书记	宣根大	1963.9—1966.6	—
中共杨湾大队支部委员会（1969.9—1983.9）	书记	宣根大	1969.9—1971.8	—
		周祖玉	1973—1983.9	
	副书记	陆祖发	1971.9—1973.12	主持全面工作
		丁培林	1975.9—1983.10	
中共杨湾村支部委员会（1983.10—2003.10）	书记	周祖玉	1983.10—1984.9	—
		陆祖发	1984.10—1995.9	
		李介胜	1995.9—1997.6	
		秦荣芳	1997.8—2003.10	
	副书记	丁培林	1983.11—1991.6	
		秦荣芳	1997.6—1997.8	主持支部全面工作

二、上湾村党组织

（一）中共虹光一大队（杨湾管区）支部委员会

1955年，虹光第一农业高级社建立党支部。1958年洞庭人民公社成立后，农村党的基层组织开始健全，虹光一大队党支部有党员16名，支部书记汤永福，副书记朱锦鹤，支部委员邹本伟。

1959年，虹光一大队支部有党员21名，支部书记汤永福，副书记朱锦鹤，支部委员张贤林、王孚勤、毛二男、吴富林。

1960年，虹光一大队党支部有党员20名，支部书记汤永福，副书记朱锦鹤，支部委员胡永根、吴富林。同年11月，洞庭人民公社实行体制改革，撤大队建制，成立杨湾、和平、东山、新潦、渡桥、市镇六大管区，管区下辖直属生产队，生产队建立党支部，虹光一大队所属光荣生产队党支部书记朱锦鹤，属杨湾管区党总支领导。

（二）中共虹光一大队支部委员会

1961年9月，撤杨湾管区，恢复虹光一大队建制，建立中共虹光一大队支部委员会，党员20名，支部书记汤永福，副书记朱金鹤，支部委员邹本伟。

1965年，虹光一大队党支部党员20名，支部书记汤永福，副书记朱金鹤，支部委员邹本伟。1966年"文化大革命"开始后，公社、大队党组织一度陷于瘫痪。

1967至1968年，虹光一大队党员18名，大队革委会副主任朱孝根兼任党支部副书记（主持党支部工作），张远康任党支部委员。

（三）中共虹光一大队革委会支部委员会

1968年4月，洞庭人民公社革命委员会成立。1969年9月，洞庭人民公社革命委员会整党建党领导小组，同意虹光一大队革命委员会整党建党领导小组恢复虹光一大队党支部组织，党员18名，朱孝根任党支部副书记（主持全面工作），张远康任支部委员。

1972至1975年3月，虹光一大队党支部有党员18名，朱孝根任党支部副书记（主持全面工作），张远康任支部委员。

（四）中共上湾大队支部委员会

1975年，虹光一大队更名上湾大队，有党员22名，朱孝根任党支部副书记（主持全面工作），朱绪新、周荣国任支部委员。

1976年，上湾大队党支部党员21名，朱孝根任党支部副书记（主持全面工作），增补张继坤、张远康任支部委员。

1977年至1983年，上湾大队党员22名，袁富林任党支部书记，张远康、徐胜泉、朱绪新、周荣国任支部委员。

（五）中共上湾村支部委员会

1983年9月，村级体制改革，撤销大队，设立行政村，建立村党支部。上湾村党支部党员21名，袁富林任书记，张远康、徐胜泉任支部委员。王惠富、朱绪新被评为 1983 年东山镇优秀共产党员。

1987 年 6 月,农村基层党组织换届选举,上湾村党支部党员 22 名,书记袁富林,支部委员张远康、朱绪新、周荣国。

1991 年 10 月,农村基层党支部换届改选,上湾村有党员 22 名。党支部书记朱绪新,支部委员姚仁林、徐胜泉。朱绪新出席中共东山镇第七次代表大会。

1995 年 8 月,农村基层党支部换届改选,上湾村党支部党员 28 人,书记朱伯龙,组织委员姚仁林、宣传委员徐胜泉。

1996 年 8 月,上湾村党支部党员 28 人,朱伯龙任书记,朱绪新、徐胜泉、王惠富、孙培兴任党支部委员。

1996 年 9 月—2003 年 10 月,上湾村党支部书记朱伯龙,支部委员徐胜泉、王惠富、孙培兴。2003 年上湾村党支部党员 26 人。

表 10-2　　中共虹光一大队（杨湾管区）、上湾大队（村）支部委员会书记、副书记更迭表

组织名称	职务	姓名	任期	备注
中共虹光一大队支部委员会（1958.9—1960.10）	书记	汤永福	1958.9—1960.10	—
	副书记	朱锦鹤	1960.1—1960.10	—
中共杨湾管区光荣支部（1960.11—1961.8）	书记	朱锦鹤	1960.11—1961.8	光荣生产队
中共虹光一大队支部（1961.9—1966.6）	书记	汤永福	1961.9—1966.6	—
	副书记	朱锦鹤	1961.9—1966.6	—
中共虹光一大队支部（1967.9—1975.6）	副书记	朱孝根	1967.10—1975.6	主持工作
中共上湾大队支部（1975.8—1977.6）	副书记	朱孝根	1975.8—1977.6	主持工作
中共上湾大队支部（1977.8—1983.6）	书记	袁富林	1977.8—1983.6	—
中共上湾村支部（1983.8—2003.10）	书记	袁富林	1983.8—1991.9	
		朱绪新	1991.10—1993.7	
		朱伯龙	1993.8—2003.10	—

三、屯湾村党组织

（一）中共虹光二大队（杨湾管区）支部委员会

1955 年,虹光第二农业高级社建立党支部。1958 年洞庭人民公社成立后,党的基层组织开始健全。虹光二大队党支部有党员 15 名,支部书记费永宽。

1960 年 1 月,虹光二大队党支部党员 15 名,支部书记朱洪庆,支部委员金补根、费永宽。

1960 年,虹光二大队党支部有党员 11 名,费永宽任党支部书记,张桂宝、

金补根任支部委员。同年11月，洞庭人民公社实行体制改革，撤大队建制，成立杨湾、和平、东山、新潦、渡桥、市镇六大管区，管区下辖直属生产队，生产队建立党支部，虹光二大队所属湖沙生产队党支书金补根、长圩生产队党支书吴富林，属杨湾管区党总支领导。

（二）中共虹光二大队支部委员会

1961年9月撤管区，恢复虹光二大队建制，建立中共虹光二大队支部委员会，时党员11人，金补根任党支部书记，徐云德任支部委员。

1963至1964年，虹光二大队党支部有党员21人，金补根任支部书记，施福田、徐云德、张如生、顾积生任支部委员。1964年虹光二大队党支部被洞庭公社党委评为优秀党支部。

1966年"文化大革命"开始后，公社、大队党组织一度陷于瘫痪。

（三）中共虹光二大队革委会支部委员会

1968年4月，洞庭人民公社革命委员会成立。1969年9月，洞庭人民公社革命委员会整党建党领导小组，同意虹光二大队革命委员会整党建党领导小组恢复虹光二大队党支部组织，党员21名，金补根任党支部书记，徐云德支部委员。

1971至1974年，虹光二大队有党员22名，金补根任党支部书记，闻雪根任副书记，邵德才、徐云德任党支部委员。

（四）中共屯湾大队支部委员会

1975年，虹光二大队更名为屯湾大队。1975至1976年，屯湾大队党支部有党员23名，金补根任党支部书记，闻雪根任副书记，邵德才、徐云德任党支部委员。1976年增补姜洪男、王寿根、叶阿二任党支部委员。

1978至1983年，屯湾大队有党员26名，张巧根任党支部书记，闻雪根任副书记，许福根任党支部委员。

（五）中共屯湾村支部委员会

1983年9月，村级体制改革，撤销大队，设立行政村，建立村党支部。时屯湾村党支部有党员26名，张巧根任党支部书记，许福根任副书记，徐云德、张来生、黄积才任党支部委员。1983年，徐树荣、许福根、叶阿二被评为东山镇优秀共产党员。

1987年6月，农村基层党组织换届选举，屯湾村党支部有党员25名，党支部书记张巧根，支部委员闻雪根、许福根。

1991年10月，农村基层党支部换届改选，党员25名，支部书记朱奎荣，委员许福根、徐树荣。朱奎荣出席中共东山镇第七次代表大会。

1993年10月，屯湾村党支部党员26名，徐仁忠任支部书记，许福根、徐树荣任党支部委员。

1995年8月，农村基层党支部换届改选，屯湾村党员23名，徐树荣任党支部书记，许福根任副书记，黄积才任组织委员、闻雪根任宣传委员。

1997年8月至2000年12月,屯湾村党员29人,徐树荣任党支部书记,叶桂宝、王春良任支部委员。

2000年12月至2003年10月,王瑞良任屯湾村党支部书记,叶桂宝、张茂兴任党支部委员。2003年屯湾村党员26人。

表10-3　中共虹光二大队(杨湾管区)、屯湾大队(村)支部委员会书记、副书记更迭表

组织名称	职务	姓名	任期	备注
中共虹光二大队支部委员会 (1958.9—1960.10)	书记	费永宽	1958.9—1959.12	—
		朱洪庆	1960.1—1960.10	—
中共杨湾管区湖沙、长圻支部 (1960.11—1961.8)	书记	金补根	1960.11—1961.8	湖沙支部
		吴富林	1960.11—1961.8	长圻支部
中共虹光二大队支部委员会 1963.1—1966.6	书记	金补根	1963.1—1966.6	—
中共虹光二大队支部委员会 (1969.9—1975.9)	书记	金补根	1969.9—1975.9	
	副书记	闻雪根	1971.9—1975.9	
中共屯湾大队支部委员会 (1975.10—1983.6)	书记	金补根	1975.9—1978.9	
		张巧根	1978.10—1983.6	
	副书记	闻雪根	1975.9—1983.6	
中共屯湾村支部委员会 (1983.9—2003.10)	书记	张巧根	1983.9—1991.9	
		朱奎荣	1991.10—1993.9	
		徐仁忠	1993.10—1995.6	
		徐树荣	1995.8—2000.12	
		王瑞良	2000.12—2003.10	
	副书记	许福根	1983.9—1997.6	

四、杨湾村党总支

2003年11月,根据中共吴中区委、区政府的统一部署,东山原30个行政村撤并为12个行政村,行政村成立党总支。原杨湾、上湾、屯湾三个村党支部及村民委员会撤销,建立杨湾村村民委员会,并成立杨湾村党总支,同时还设立杨湾、上湾、屯湾三个村党支部。

2003年,杨湾村党总支党员131名,朱伯龙任党总支书记,王瑞良、秦荣芳任总支副书记,孙培兴、张茂兴、徐胜泉、叶桂宝任党总支委员。

2006年8月,农村基层党组织换届选举,杨湾村党总支党员132名,朱伯龙任党总支书记,王瑞良任党总支副书记,孙培兴、张茂兴、叶桂宝任党总支委员。

2010年8月,农村基层党组织换届选举,杨湾村党总支党员134人,朱伯龙任党总支书记,王瑞良、陆雄文任党总支副书记,孙培兴、张茂兴、叶桂宝、叶春喜任党总支委员。

2013年8月,农村基层党组织换届选举,杨湾村党总支党员134名,陆雄文任党总支书记,黄美峰、吴永强任党总支副书记,朱迎春、朱瑛、叶春喜、周敏刚任党总支委员。

表10-4　　　　　　　中共杨湾村总支委员会书记、副书记更迭表

组织名称	职务	姓名	任期
中共杨湾村总支委员会（2003.11— ）	总支书记	朱伯龙	2003.11—2012.4
		陆雄文	2012.4—
	副总支书记	王瑞良	2003.11—2012.4
		秦荣芳	2003.11—2006.8
		陆雄文	2009.10—2012.4
		黄美峰	2013.8—
		吴永强	2013.8—

（一）中共杨湾支部委员会

2003年11月,东山镇村级体制改革,撤销原杨湾、上湾、屯湾三个村党支部,成立杨湾村党总支,并设立杨湾、上湾、屯湾三个党支部,秦荣芳任杨湾村总支杨湾支部书记。

2006年10月,农村基层党组织换届选举,秦荣芳任杨湾村总支杨湾支部书记。

2009年9月,陆雄文兼任杨湾村总支杨湾支部书记。

2010年8月,农村基层党组织换届选举,陆雄文兼任杨湾村总支杨湾支部书记。

2012年4月—2015年12月,朱新巧任杨湾村党支部书记。

（二）中共上湾支部委员会

2003年11月,东山镇村级体制改革,撤销原杨湾、上湾、屯湾三个村党支部,成立杨湾村党总支,并设立杨湾、上湾、屯三个党支部。朱伯龙调任杨湾村党总支书记,杨湾村党总支上湾支部书记由孙培兴担任。

2006年10月,农村基层党组织换届选举,孙培兴兼任杨湾村党总支上湾党支部书记。

2009年9月,孙培兴兼任杨湾村党总支上湾党支部书记。

2010年8月,农村基层党组织换届选举,孙培兴兼任杨湾村党总支上湾党支部书记。

2012年4月至2015年12月，叶春喜兼任杨湾村党总支上湾党支部书记。

（三）中共屯湾支部委员会

2003年11月，东山镇村级体制改革，撤销原杨湾、上湾、屯湾三个村党支部，成立杨湾村党总支，并设立杨湾、上湾、屯湾三个党支部。张茂兴任杨湾党总支屯湾党支部书记。

2006年10月，农村基层党组织换届选举，张茂兴兼任杨湾党总支屯湾党支部书记

2009年9月，张茂兴兼任杨湾村党总支屯湾支部书记。

2010年8月，农村基层党组织换届选举，张茂兴兼任杨湾村党总支屯湾支部书记。

2013年8月—2015年12月，黄美峰兼任杨湾村党总支屯湾党支部书记。

第二节　村行政组织

一、杨湾村行政组织

（一）虹光三大队（杨湾管区）

1958年农村人民公社化后，虹光第三高级农业生产合作社（简称虹光三社），改称虹光三大队，驻地杨湾村。大队管理委员会设大队长、副大队长、大队会计、妇女主任、团支部书记、民兵营长、治保主任以及大队管理委员会委员等职。

1959至1960年，虹光三大队大队长陆爱凤，副大队长徐洪甫、施志兴、叶洪云、周明德，大队会计周承祖。1960年11月，洞庭人民公社实行体制改革，撤大队建制，成立杨湾、和平、东山、新潦、渡桥、市镇六大管区，管区下辖直属生产队，杨湾生产队队长胡永根，副队长徐洪甫，会计顾德兴，属杨湾管区。

1961年9月撤管区，虹光三大队分杨湾、槎湾2个生产大队。杨湾大队大队长徐洪甫，民兵营长叶剑，妇女主任殷兴珠，村会计周承祖。

1963至1966年，杨湾大队长徐洪甫，民兵营长叶剑，妇女主任黄运娣，村会计周承祖。

（二）杨湾大队革命委员会

1969年5月，成立杨湾大队革命委员会（简称"革委会"）。1969年，大队革委会主任周祖玉，副主任陆祖发，委员宣根大、周金华、顾志星、周金根、陆惠英。民兵营长丁兴泉，妇女主任黄运娣。

（三）杨湾大队

1981年撤杨湾大队革委会，成立杨湾大队管理委员会，大队长丁培林。

1981至1983年，杨湾大队大队长丁培林，村会计宋祖良，民兵营长丁兴泉，妇女主任黄运娣。

（四）杨湾村

1983年9月，撤大队建制，恢复村建制，大队按所处村，更为行政村名，设村民委员会。杨湾村第一届村民委员会成立，主任丁培林，副主任吴庆荣，民兵营长丁兴泉，妇女主任许再宝，1985年4月起由顾珠凤任妇女主任。村会计宋祖良。

1989年10月，杨湾村第二届村民委员会换届选举，主任丁兴泉，副主任周祖林，村会计宋祖良，民兵营长李家胜，治保主任丁兴泉（兼），妇女主任顾珠凤。

1992年10月，杨湾村第三届村民委员会换届选举，由丁兴泉、李介胜、徐富根组成新一届村民委员会。丁兴泉任主任，李介胜任副主任，徐富洪任委员。周祖林任生产建设工作委员会主任（兼），丁兴泉任治安保卫工作委员会委员（兼），徐洪富任民事调解工作委员会委员，周祖林任经济合作社社长（兼）。

1996年4月，杨湾村第四届村民委员会换届选举，秦荣芳、徐富洪、顾凤珠组成新一届村民委员会，秦荣芳任主任，徐富洪、顾凤珠为委员。民兵营长王跃，妇女主任顾凤珠，村会计宋祖良。1998年1月—1999年3月，王跃代理村主任。

1999年3月15日，杨湾村第五届村民委员会换届选举，徐法荣、顾凤珠、周炳兴组成新一届村民委员会，主任徐法荣，委员顾凤珠、周炳兴。徐法荣任民事调解、治安保卫工作委员会委员（兼），社会保障工作委员会委员（兼），顾凤珠任文教卫生工作委员会委员（兼）。

2001年12月10日，杨湾村第六届村民委员会换届改选，徐法荣、宋祖良、顾凤珠组成新一届村民委员会，徐法荣任主任，宋祖良、顾凤珠任委员。该届村民委员会任期至2003年10月结束。2003年11月，杨湾村并入新合并成立的杨湾村村民委员会（杨湾、上湾、屯湾）。

表10-5　　　　虹光三大队（杨湾管区）、杨湾大队（村）行政领导人更迭表

行政组织名称	职务	姓名	任期	备注
虹光三大队管理委员会（1958.9—1960.10）	大队长	陆爱凤	1958.9—1960.10	—
	副大队长	徐洪甫	1958.9—1960.10	
		施志兴	1958.9—1960.10	
		叶洪云	1958.9—1960.10	
		周明德	1960.1—1960.10	
	副队长	徐洪甫	1960.11—1961.8	
杨湾大队管理委员会（1961.9—1969.4）	大队长	徐洪甫	1961.9—1969.4	—

续表

行政组织名称	职务	姓名	任期	备注
杨湾大队革命委员会 （1969.5—1980.12）	主任	周祖玉	1969.5—1980.12	—
	副主任	陆祖发	1969.5—1976.12	—
杨湾大队管理委员会 （1981.1—1983.8）	大队长	丁培林	1981.1—1983.8	—
	副大队长	丁兴泉	1982.1—1983.8	—
杨湾村村民委员会 （1983.9—2015.12）	第一届村主任	丁培林	1983.9—1989.9	
	第一届副主任	吴庆荣	1983.9—1989.9	
	第二届村主任	丁兴泉	1989.10—1994.9	
	第二届副主任	周祖林	1983.9—1989.9	
	第三届村主任	丁兴泉	1992.10—1995.3	
		陆德兴	1995.3—1996.3	代理主任
杨湾村村民委员会 （1983.9—2015.12）	第三届副主任	李介胜	1992.10—1994.9	
	第四届村主任	秦荣芳	1996.4—1998.1	
		王跃	1998.1—1999.3	代理主任
	第五届村主任	徐法荣	1999.3—2001.11	
	第六届村主任	徐法荣	2001.10—2003.10	

二、上湾村行政组织

（一）虹光一大队（杨湾管区）

1958年成立人民公社后，虹光第一高级农业生产合作社改称虹光一大队，驻地上湾。大队管理委员会设大队长、副大队长、大队会计、妇女主任、团支部书记、民兵营长、治保主任以及大队管理委员会委员等职。1959年，虹光一大队大队长毛二男，副大队长王孚勤、徐桂宝，会计徐嘉乐，民兵营长朱孝根，妇女主任顾凤珍。时洞庭公社各大队设业余教育委员会，主任吴甫林，副主任吴子兴、吴永根。

1960年，虹光一大队大队长张贤林，副大队刘长生、徐兴根，会计徐嘉乐，民兵营长朱孝根，妇女主任顾凤珍。同年11月，洞庭人民公社实行体制改革，撤大队建制，成立杨湾、和平、东山、新潦、渡桥、市镇六大管区，管区下辖直属生产队，所属光荣生产队队长叶进兴，副队长徐兴根，会计徐嘉乐。北望生产队队长王孚勤，副队长王如生，会计周兴玉，属杨湾管区管理。

1961年9月撤管区，恢复虹光一大队建制，大队长张贤林，副大队长刘长生、徐林宝，会计张远康，民兵营长朱伟林，妇女主任顾凤珍。

1963至1966年，虹光一大队大队长邹本伟，会计张远康，民兵营长朱伟林，妇女主任顾凤珍。

（二）虹光一大队革命委员会

1969年5月，虹光一大队成立革命委员会（简称"革委会"），大队革委会主任顾跃华，副主任朱孝根（兼党支部副书记），委员汤云福、朱惠林、张远康、邹本伟、费丽娟。民兵营长朱孝根（兼），妇女主任顾凤珍，村会计张远康。

1970至1974年，虹光一大队革委会主任顾跃华，副主任朱孝根（兼党支部副书记），会计张远康，民兵营长朱伟林、费凤生，妇女主任费丽娟。

1975年虹光一大队更名上湾大队，革委会主任顾跃华，副主任朱孝根（兼党支部副书记），会计张远康，民兵营长朱伟林、费凤生，妇女主任费丽娟。

1978至1979年，上湾大队革委会主任张远康，民兵营长费凤生，妇女主任费丽娟、徐美英，村会计张远康、徐胜泉。

（三）上湾大队

1981年，公社、大队撤销革委会，恢复大队管理委员会，张远康任大队长，会计徐胜泉，民兵营长费凤生，妇女主任徐美英。

1982至1983年，上湾大队大队长张远康，会计徐胜泉，民兵营长、治保主任费凤生，妇女主任徐美英。

（四）上湾村

1983年9月，撤大队建村，大队按所处村，更为行政村名，设村民委员会。9月，上湾村第一届村民委员会成立，张远康任主任，朱绪新任副主任。民兵营长费凤生，妇女主任徐美英，村会计徐胜泉。

1989年10月，上湾村第二届村民委员会换届选举，主任朱绪新，副主任姚仁林、张远康，村会计徐胜泉，民兵营长费凤生，妇女主任徐美英。

1992年10月，上湾村第三届村民委员会换届选举，姚顺林、费凤生、孙酣曾、朱仲永、张远康组成新一届村民委员会，姚顺林任主任，张远康任副主任，费凤生、孙酣曾、朱仲永任委员。民兵营长费凤生、治保主任张远康、妇女主任徐美英、村会计徐胜泉。

1996年4月，上湾村第四届村民委员会换届选举，孙培兴、费凤生、徐美英组成新一届村民委员会，主任孙培兴，委员费凤生、徐美英。民兵营长、治保主任费凤生，妇女主任徐美英，村会计徐胜泉。

1999年3月，上湾村第五届村民委员会换届选举，孙培兴、王惠富、费凤生、徐美英组成新一届村民委员会，主任孙培兴，副主任王惠富，委员费凤生、徐美英。民兵营长费凤生，妇女主任徐美英，村会计徐胜泉。

2001年12月10日，上湾村第六届村民委员会换届选举，孙培兴、费凤生、徐美英组成新一届村民委员会，孙培兴任主任，费凤生、徐美英任委员。民兵营长费凤生，妇女主任徐美英，村会计徐胜泉。2003年10月，上湾村村民委员会被撤销，并入新成立的杨湾村村民委员会。

表10-6　　　虹光一大队（杨湾管区）、上湾大队（村）行政领导人更迭表

行政组织名称	职务	姓名	任期
虹光一大队管理委员会 （1958.9—1960.11）	大队长	毛二男	1958.9—1959.9
		张贤林	1959.9—1960.10
	副大队长	王孚勤	1958.9—1959.9
		刘长生	1959.9—1960.10
		徐兴根	1960.11—1961.8
虹光一大队管理委员会 （1961.9—1969.4）	大队长	张贤林	1961.9—1963.4
		邹本伟	1963.5—1969.4
	副大队长	刘长生	1961.9—1963.4
虹光一大队革命委员会 （1969.5—1975.10）	主任	顾跃华	1969.5—1975.10
	副主任	朱孝根	1969.5—1975.10
上湾大队管理委员会 （1975.10—1983.8）	大队长	顾跃华	1975.11—1981.3
		张远康	1981.4—1983.8
上湾村村民委员会 （1983.9—2003.10）	第一届村主任	张远康	1983.4—1989.8
	第一届副主任	朱绪新	1983.9—1989.6
	第二届村主任	朱绪新	1989.9—1992.6
	第二届副主任	姚仁林	1989.10—1992.9
		张远康	1989.10—1996.3
	第三届村主任	姚仁林	1992.10—1994.4
上湾村村民委员会 （1983.9—2003.10）	第三届代理村主任	朱伯龙	1994.4—1996.4
	第四届村主任	孙培兴	1996.4—1999.2
	第五届村主任	孙培兴	1999.3—2001.11
	第五届副主任	王惠富	1999.3—2001.11
	第六届村主任	孙培兴	2001.12—2003.10

三、屯湾村行政组织

（一）虹光二大队（杨湾管区）

1958年成立农村人民公社后，虹光第二高级农业生产合作社改称虹光二大队，驻地屯湾。大队管理委员会设大队长、副大队长、大队会计、妇女主任、团支部书记、民兵营长以及大队管理委员会委员等职。

1958年，虹光二大队大队长毛二男，副大队长胡永根、张贤林，会计徐嘉乐，

民兵营长张天才,妇女主任张桂宝。

1960年,虹光二大队大队长倪仁全,副大队长徐云德,村会计徐嘉昌,民兵营长顾积生,妇女主任施美兰。

(二)虹光二大队革命委员会

1969年5月,各大队成立革命委员会(简称"革委会"),虹光二大队革委会主任金补根,副主任徐云德、邵德才,委员姜洪男、沈长寿、王庆生、张巧根、林德福、殷雪英。

1970年,虹光二大队革委会委员徐云德,姜洪男、沈长寿、王庆生、张巧根、林德福、殷雪英。徐云德为主任,姜洪男为副主任,殷雪英任妇女主任。

1974年,虹光二大队革委会徐云德为主任,村会计张巧根,民兵营长邵德才,妇女主任丁春梅。

(三)屯湾大队革命委员会

1975年,虹光二大队改为屯湾大队,革委会主任许福根,副主任徐云德、张巧根,村会计徐嘉昌,民兵营长邵德才,妇女主任张桂宝。

1978年,屯湾大队革委会主任许福根,副主任徐云德、张巧根,村会计张兰生,民兵营长朱奎勇,妇女主任叶桂宝。

(四)屯湾大队

1981年初,公社、大队撤销革委会,恢复屯湾大队管理委员会,大队长许福根,副大队长徐云德、闻雪根,村会计张兰生,民兵营长朱奎勇,妇女主任叶桂宝。

(五)屯湾村

1983年9月,撤大队建村,大队按所处村,更为行政村名,设村民委员会。屯湾村第一届村民委员会成立,许福根任主任,徐云德任副主任,闻雪根、张兰生、叶桂宝任委员。

1989年10月,屯湾村第二届村民委员会换届选举,新一届村民委员会有许福根、程建康、叶桂宝、张兰生。许福根任大队长,张兰生任村会计,程建康任民兵营长,叶桂宝任妇女主。

1992年10月,屯湾村第三届村民委员会换届选举,许福根、闻雪根、叶桂宝组成新一届村民委员会,许福根任主任,闻雪根、叶桂宝任委员。兵民营长程建康,妇女主任叶桂宝,村会计黄积才。

1996年4月,屯湾村第四届村民委员会换届选举,许福根、闻雪根、王春良、叶桂宝组成新一届村民委员会,主任为许福根,委员闻雪根、叶桂宝。民兵营长张法林,妇女主任叶桂宝,村会计黄积才。

1999年3月,屯湾村第五届村民委员会换届选举,王春良、叶桂宝、张茂兴组成新一届村民委员会,王春良为主任,叶桂宝、张茂兴任委员。民兵营长张法林,妇女主任叶桂宝,村会计黄积才。

2001年12月,屯湾村第六届村民委员会换届选举,张茂兴、叶桂宝、黄积才组成新一届村民委员会，张茂兴任主任，叶桂宝、黄积才任委员。民兵营长黄官宝，妇女主任叶桂宝，村会计黄积才。2003年11月，屯湾村村民委员会被撤销，并入新成立的杨湾村村民委员会（杨湾、上湾、屯湾）。

表10-7　　　　虹光二大队（杨湾管区）、屯湾大队（村）行政领导人更迭表

行政组织名称	职务	姓名	任期
虹光二大队管理委员会 （1958.9—1960.10）	大队长	毛二男	1958.9—1959.10
		倪仁全	1960.11—1961.8
	副大队长	胡永根	1959.11—1960.10
		张贤林	1959.11—1960.10
虹光二大队管理委员会 （1960.11—1969.4）	大队长	倪仁全	1963.11—1969.4
虹光二大队管理委员会 （1961.9—1969.4）	副大队长	徐云德	1963.11—1969.4
虹光二·屯湾大队革命委员会（1969.5—1981.2）	主任	金补根	1969.5—1970.10
		徐云德	1970.11—1974.12
		许福根	1975.4—1980.12
	副主任	徐云德	1969.5—1970.10
		邵德才	1969.5—1974.12
		姜洪男	1974.12—1978.5
		张巧根	1978.5—1980.12
屯湾大队管理委员会 （1981.1—1983.8）	大队长	许福根	1981.1—1983.8
	副大队长	徐云德	1981.1—1983.8
		闻雪根	1981.1—1983.8
屯湾村村民委员会 （1983.9—2003.10）	第一届村主任	许福根	1983.9—1985.6
	副主任	徐云德	1983.9—1985.6
	第二届村主任	许福根	1989.10—1992.9
	第三届村主任	许福根	1992.10—1996.3
屯湾村村民委员会 （1983.9—2003.10）	第四届村主任	许福根	1996.4—1999.2
	第五届村主任	王春良	1999.3—2001.11
	第六届村主任	张茂兴	2001.12—2003.8

四、杨湾村现行政组织

2003年12月，东山镇行政村撤并，撤销原杨湾、上湾、屯湾三个村的村民委员会，建立杨湾村村民委员会，新建立的杨湾村村民委员会驻地在上湾村。

12月5日，东山镇第七届村民委员会、杨湾村第一届村民委员会成立（杨湾村从2003年12月起计）。王端良、孙培兴、张茂兴、徐法荣、叶桂宝、朱祖良、黄积才组成新一届村民委员会，王端良任主任，孙培兴、张茂兴任副主任，徐法荣、叶桂宝、宋祖良、黄积才任委员。民兵营长徐发荣，妇女主任叶桂宝，村会计徐胜泉。

2007年11月11日，东山镇第八届村民委员会、杨湾村第二届村民委员会换届选举，由王端良、孙培兴、张茂兴、陆雄文、朱瑛、黄官宝组成新一届村民委员会，王端良任主任，孙培兴、张茂兴副主任，陆雄文、朱瑛、黄官宝任委员。民兵营长徐法荣、叶春喜（2008年起）、妇女主任叶桂宝，村会计徐胜泉。

2010年11月21日，东山镇第九届村民委员会、杨湾村第三届村民委员会换届选举，由王端良、孙培兴、张茂兴、黄官宝、朱瑛、叶春喜、朱新巧组成新一届村民委员会，王端良任主任，孙培兴、张茂兴任副主任，黄官宝、朱瑛、叶春喜、朱新巧任委员。民兵营长叶春喜、妇女主任叶桂宝、石仁芳（2011年起）、村会计朱瑛。

2013年11月9日，东山镇第十届村民委员会、杨湾村第四届村民委员会换届选举，由黄美峰、朱迎春、石仁芳、黄官宝、殷灵峰、黄建刚、朱新巧组成新一届村民委员会，黄美峰任主任，朱迎春任副主任，石仁芳、黄官宝、殷灵峰、黄建刚、朱新巧任委员。兵民营长叶春喜、妇女主任石仁芳、村会计朱瑛。

表10-8　　　　　　　　　　杨湾村行政组织领导人更迭表

行政组织名称	职务	姓名	任期
杨湾村村民委员会（2003.11—2015.12）	第一届村主任	王瑞良	2003.11—2007.10
	第一届副主任	孙培兴	2003.11—2007.10
		张茂兴	2003.11—2007.10
	第二届村主任	王瑞良	2007.11—2010.10
	第二届副主任	孙培兴	2007.11—2010.10
		张茂兴	2007.11—2010.10
	第三届村主任	王瑞良	2010.11—2013.11
	第三届副主任	孙培兴	2010.11—2013.11
		张茂兴	2010.11—2013.11
	第四届村主任	黄美峰	2013.11—2015.12
	第四届副主任	朱迎春	2013.11—2015.12

第三节 村群团组织

一、杨湾村群团组织

(一) 贫下中农协会

为树立贫下中农的优势,1964年在社会主义教育运动中农村建立贫下中农协会（简称"贫协"）。5月,虹光三大队贫协成立,王如根任贫协会长。1965年3月,王如根当选为吴县贫下中农代表会议代表,并出席该次大会。"文化大革命"中,贫协一度被造反派组织替代。1972年恢复贫协,并更名为贫下中农代表大会（简称"贫代会"）,王如根任杨湾大队贫代会主任。1975年,恢复"贫协"原名,大队贫协主任王如根。1980年王如根任大队贫协主任。1980年后,贫下中农协会不再存在。

(二) 青年组织

1959年建立中国共产主义青年团虹光三大队支部,书记沈其林。

1961年,虹光三大队划分为杨湾、槎湾2个生产大队,沈其林任共青团杨湾大队支部书记。

1962至1965年,杨湾大队团支部书记沈其林。1965年团员28名。

1966年"文化大革命"开始后,公社、大队团组织陷于瘫痪。

1971年3月,中共洞庭公社委员会同意恢复杨湾大队团组织活动,团员32名,顾志星任团支书,徐福定任支委。5月,顾志星、徐福定、宋祖玉、黄云娣、叶云林、潘卫华等6人,出席共青团洞庭公社第七届代表大会。

1974至1975年,杨湾大队团支部团员46名,书记顾志星。

1977至1983年,杨湾大队团支部书记王小林。1983年有团员32名。

1984至2003年,杨湾村团支部书记陆雄文。2003年有团员38名。

(三) 妇女组织

1958年9月洞庭人民公社成立后,虹光三大队建立妇女委员会,设妇女大队长,殷兴珠任大队长。1961年,虹光三大队划分为杨湾、槎湾2个生产大队,杨湾大队妇女大队长殷兴珠。

1966年"文化大革命"开始后,公社、大队妇女组织停止活动。

1972年公社、大队重建妇女组织,时杨湾大队妇女委员会主任金巧云。

1975至1977年,杨湾大队妇女委员会主任徐福定,副主任王美琴。

1978至1982年,杨湾大队妇女委员会主任黄运娣、许再宝。

1983至1997年,杨湾村妇女主任顾凤珠。

1998至2003年,顾凤珠连任杨湾大队妇女主任。

二、上湾村群团组织

（一）贫下中农协会

为树立贫下中农的优势，1964年在社会主义教育运动中建立了贫下中农协会（简称"贫协"）。5月，虹光一大队贫协成立，王五顺任贫协会长。1965年3月，王五顺出席吴县贫下中农代表会议。"文化大革命"中，贫协一度被造反派组织替代。1972年恢复贫协，并更名为贫下中农代表大会（简称"贫代会"），虹光一大队贫代会主任徐兴根。1975年，虹光一大队更名上湾大队，并恢复"贫协"，大队贫协主任为徐兴根。1978至1980年，王五顺任大队贫协主任。1980年后，贫下中农协会不再存在。

（二）青年组织

1959年建立中国共产主义青年团虹光一大队支部，支部书记吴子兴。

1963至1966年，虹光一大队团支部有团员36名，叶瑞芳任团支书书记。

1966年"文化大革命"开始后，公社、大队团组织陷于瘫痪。

1971年3月，中共洞庭公社委员会同意恢复虹光一大队团组织，叶阿巧任大队团支部书记，袁富林、席志泉、费丽娟任团支委。是月，叶阿巧、袁富林、席志泉、费丽娟、孙汉曾、费小龙、徐兴根、汤志德出席共青团洞庭公社第七届代表大会。

1973年，虹光一大队团支部团员35名，团支书袁富林，副书记费丽娟。

1975年，虹光一大队更名上湾大队，团员39名，袁富林任上湾大队团支部书记，宋祖奇任副书记。

1978年，上湾大队团支部团员42名，宋祖奇任团支书，孙培兴任副书记。

1991至1983年，上湾大队团支部团员38名，团支书孙培兴，副书记徐美英。

1984至2003年，孙培兴连任上湾村团支部书记，副书记徐美英。2003年上湾村团员41名。

（三）妇女组织

1958年9月洞庭人民公社成立后，虹光一大队建立妇女委员会，顾凤珍任妇女大队长。

1962年，生产队建立妇女代表小组，组长由生产队妇女队长担任。时妇女大队长顾凤珍。

1966年"文化大革命"开始后，公社、大队妇女组织停止活动。

1972年公社、大队重建妇女组织。时虹光一大队妇女委员会主任费丽娟。

1975年，虹光一大队更名上湾大队，费丽娟任上湾大队妇女主任。

1979—1983年，徐美英任上湾大队妇女主任。

1984—2003年，徐美英连任四届上湾村妇女主任。

三、屯湾村群团组织

（一）贫下中农协会

为树立贫下中农的优势，1964年在社会主义教育运动中建立了贫下中农协会（简称"贫协"）。5月，虹光二大队贫协成立，沈长寿任贫协会长。1965年3月，沈长寿当选为吴县贫下中农代表会议代表，并出席了代表大会。"文化大革命"中，贫协一度被造反派组织替代。1972年恢复贫协，并更名为贫下中农代表大会（简称"贫代会"），沈长寿任虹光二大队贫代会主任。1975年，虹光二大队更名为屯湾大队，并恢复"贫协"，沈长寿任贫协主任。1978至1980年，沈长寿连任大队贫协主任。1980年后，贫下中农协会不再存在。

（二）青年组织

1959年建立中国共产主义青年团虹光二大队支部，支部书记顾积生。

1963至1965年，虹光二大队团支部有团员45名，书记顾积生，副书记张巧根。

1966年"文化大革命"开始后，公社、大队团组织陷于瘫痪。

1971年3月，中共洞庭公社委员会同意恢复虹光二大队团组织活动，有团员48名，张巧根任团支部书记，王文奎任副书记。张巧根、王文奎、张兴才、邵甫才、黄锡林、诸洪宝、徐如荣、许玲珍、宋云才出席共青团洞庭公社第七届代表大会。

1971至1974年，虹光二大队团支部团员51名，张巧根任团支书，王文奎任副书记。

1975年，虹光二大队更名屯湾大队，张巧根任屯湾大队团支部书记，王文奎任副书记。1975至1977年，屯湾大队团支部书记张巧根，副书记王文奎。1977年团员54名。

1978至1982年，屯湾大队团支部有团员54名，王文奎任团支书，叶桂宝任副书记。

1983年屯湾大队更名屯湾村。1983至1992年，王文奎任屯湾村团支部书记，叶桂宝任副书记。1992年屯湾村团员58名。

1993至2003年，叶桂宝连任三届屯湾村团支部书记。2003年屯湾村团员62名。

（三）妇女组织

1958年9月洞庭人民公社成立后，虹光二大队建立妇女委员会，妇女大队长为张桂宝。

1962年，生产队建立妇女代表小组，组长由生产队妇女队长担任。时妇女大队长张桂宝。

1966年"文化大革命"开始后，公社、大队妇女组织停止活动。

1972年公社、大队重建妇女组织。虹光二大队妇女主任张桂宝，副主任施美英。

1975年,虹光二大队更名屯湾大队,屯湾大队妇女主任张桂宝,副主任丁春梅。

1978至1983年,叶桂宝连任屯湾大队妇女主任,丁春梅任副主任。

1989至2003年,叶桂宝连任屯湾村妇女主任,副主任丁春梅。

四、杨湾村现群团组织

(一) 共青团组织

2003年11月建立共青团杨湾村支部委员会。叶桂宝任团支部书记,黄官宝任副书记。团员148名,其中男71名,女77名。

2006年8月至2010年8月,黄官宝任杨湾村团支部书记,朱迎春任副书记。团员140名,其中男68名,女72名。

2010年9月至2012年4月,朱迎春任杨湾村团支部书记,团员142名,其中男68名,女74名。

2012年5月至2015年12月,朱迎春任杨湾村团支部书记,石仁芳任副书记。团员156名,其中男83名,女73名。

(二) 妇女组织

2003年11月建立杨湾村妇代会委员会,叶桂宝为妇代会主任。

2003至2009年,叶桂宝连任三届杨湾村妇代会主任。

2011年,石仁芳任杨湾村妇代会主任。

2011至2015年12月,石仁芳连任二届杨湾村妇代会主任。

第十一章 新农村建设

第一节　总体规划

2005年6月,杨湾村被列入苏州市首批控制保护古村落;2006年,东山镇政府成立杨湾古村保护与发展管理办公室;组织对杨湾古村内文物古迹全部造册登记,其中文物保护单位和控保建筑全部挂牌保护;2007年9月,镇、村二级共同编制完成"苏州市东山镇杨湾古村落保护与建设规划",制订"吴中区东山镇杨湾村社会主义新农村建设总体规划(2006~2015)",分步实施。杨湾被评为中国历史文化名村、中国传统村落后,加快了古村保护与新农村建设的步伐。

一、规划

根据党中央提出的建设社会主义新农村的20字方针,结合杨湾村的具体情况,以快速发展的意识,整体推进杨湾村新农村示范村建设。重点围绕杨湾古村落的保护与整治,科学规划,制定目标,把杨湾村建设成为经济繁荣、生活富裕、社会文明、布局合理、设施完善、环境优美的社会主义现代化农村。具体目标是:村内道路硬化、路灯亮化、污水进站、垃圾进箱、公厕清洁、河道洁净、景点美观、服务中心进社区。

二、实施

2007年杨湾村编制完成"杨湾村社会主义新农村建设总体规划",2012年又制订了"杨湾古村老街整治设计规划",并遵照"三星级康居村"建设标准要求,进一步完善基础设施和公共服务设施,美化村庄生态环境,改善村民生产生活质量,打造美丽家园,并分重点自然村制订规划并实施,至2015年12月,这些目标均已完成。

杨湾自然村　村民144户,位于杨湾古村核心区,古建筑众多,是古村保护与旅游的重点区域。村里以美丽村庄建设为目标,并按照农村"三星级康居村"建设标准,对该自然村住宅条件和环境保护提档升级,2015年投入资金466万元,硬化村庄道路1500平方米,绿化工程3000平方米,疏浚河道1500米,添置路灯50只,铺设污水管网5500米,建设停车场300平方米,新建公厕1座、垃圾房1座,增添垃圾桶30只,以改善村民居住生活环境。

上湾自然村　村民116户,位于杨湾古村核心区,亦为古村旅游的重点区域。2006年起,村里以美丽村庄建设的各项要求,对该自然村制定建设规划,改善村容村貌和村民居住条件。2015年投入资金205万元,硬化村庄道路1000平方米,绿化工程2000平方米,疏浚河道200米,添置路灯30只,铺设污水管网 2400 米，建设停车场 1000 平方米，新建垃圾房 1 座，增添垃圾桶 25 只等。

寺前自然村 村民 97 户，紧邻西巷青蛙村，是杨湾自行车公园主入口所在地，是发展乡村休闲旅游的重点区域。2015 年前村里以美丽村庄建设的各项要求，投入资金 2200 万元，村民住宅外墙粉刷见新 36000 平方米，硬化村庄道路 6000 平方米，完成绿化工程 10000 平方米，疏浚河道 6000 立方米，添置路灯 25 只，建设停车场 11800 平方米，新建老年活动室、多功能服务中心 1 座，新建公厕、垃圾房各 1 座，增添垃圾桶 20 只，联合湾里、西巷等自然村，打造成采摘、观光、餐饮、住宿于一体的乡村综合旅游示范区。

大浜自然村 村民 130 户，属于杨湾古村风貌区，古建筑众多，是古村旅游的重点区域。2014 年村里以美丽村庄建设的各项要求，投入资金 300 万元。外墙粉刷见新 30000 平方米，硬化村庄道路 1000 平方米，绿化工程 1000 平方米，添置路灯 30 只，建设停车场 500 平方米，新建垃圾房 1 座，小游园 1 座。

张巷自然村 村民 158 户，属于杨湾古村风貌协调区，是古村旅游的重点区域。2015 年底，村里以美丽村庄建设的各项要求，完成投入资金 370 万元。外墙粉刷见新 63000 平方米，硬化村庄道路 3000 平方米，绿化工程 1800 平方米，添置路灯 35 只，建设停车场 500 平方米，新建小游园 1 座等。

石桥自然村 村民 146 户，属于杨湾古村风貌区，内有灵源古寺、民国小菜场等众多古代建筑及景点，是古村旅游的重点区域。至 2015 年年底，村里以美丽村庄建设的各项要求，完成投入资金 340 万元。外墙粉刷见新 58000 平方米，硬化村庄道路 4000 平方米，绿化工程 1000 平方米，添置路灯 35 只，建设停车场 500 平方米，新建小游园 1 座等。

西巷自然村 村民 211 户。2015 年前村里以美丽村庄建设的各项要求，村内房屋立面改造及外墙粉刷见新 79000 平方米、硬化村庄道路 1600 米、铺设雨污水管网 2900 米、建造日处理 100 吨的独立污水处理装置 1 套；增设路灯 42 盏，新建公厕 1 座，新建垃圾中转站 1 座、垃圾桶 20 个。同时新增绿化面积 4500 平方米、修复花坛绿化 770 平方米，修复村内水潭 2 个，村口河道修建生态驳岸 550 米、硬质驳岸 300 平方米，疏浚河道 7500 立方米，河道内种植水生植物约 1000 平方米。同时，村内建设特色果品交易场地 300 平方米、修建生态道板砖停车场 200 平方米，新建小游园 2 个，500 平方米，游园内设置木亭 1 座，健身器材 1 套，新建村民活动室 150 平方米。

第二节 基础设施

一、住宅建设

旧时,杨湾村内一些大户人家的住宅大多为古式大宅院,主要为明清及民国建筑,分布在杨湾、大浜、上湾、张巷、石桥、湖沙等古村中。民国时期及至新中国建立前,村民大多数以自然村聚居,现存历史街巷宽度均在4米以内,最窄处仅1米左右,总体基本保持"十字古街,鱼骨巷弄"的整体空间格局和传统风貌。但除杨湾浜场周边古街尚算完整以外,其余街巷都有不同程度的破坏,包括一些破坏街巷空间尺度和格局的新建筑、街巷历史店铺等

杨湾山区农房均依山坡而筑,一些湖边居民傍水而建,大多为砖木平房,质量较差。20世纪50年代初期,农民住宅困难,不少农户还借住在大户人家的柴房、坟屋、祠堂内。到70年代末,杨湾村农民建房逐步增多,还普遍翻建老旧的平房。从80年代中期开始,随着家庭联产承包责任制的推行,农民收入普遍增加,东山农村出现建房热,拆老屋建新房,继而又拆平房建新楼成为农村的新现象。住宅结构也由原来的砖木结构发展成砖混结构。布局一般为三上三下的两层小楼,有的建造厢房或在住宅后院建辅助用房。开间普遍为4米,进深一般为6—7米,楼房檐高7米左右,房屋基础提高,窗户面积增加,通风采光条件改善。一些经济富足的农户,外墙使用贴面,内墙涂刷墙漆,地面铺设地板,卫生间贴瓷砖,安装盥洗设备等。1990年,杨湾村50%农户翻建楼房,上湾村60%农户翻建楼房,屯湾村40%农户翻建楼房。1991至2000年,村民平房翻建楼房增幅较大,据《东山镇志》统计:2000年杨湾村楼房100幢,上湾村250幢,屯湾村360幢。21世纪初,一部分先富起来的村民盖起了别墅和大院,为钢筋水泥结构或框架结构,房屋设计新颖,用料考究,一些村民还进入苏州城市及东山市镇购买商品房。

2006年,杨湾村制定了"杨湾村社会主义新农村建设总体规划"(以下简称"规划"),根据杨湾村村庄建设总体规划,结合古村落保护条例,主要加大对古建筑保护的力度,修缮恢复村内的古街、古道、古巷等,对古村落主要街巷两侧的房屋进行立面改造,使原来的普通民居,穿衣戴帽成为明清建筑式样。另一方面对部分古民居实行收购置换,安排居住村民入迁集中居住区。这些村民迁出后,村里对核心区内房屋进行布局调整,更有利于保护工作。"规划"对新增部分村民住宅用地严格规定:即按现状总户数约450户,按总户数5%的要求调整结构,需要迁出与安置古宅内住户83户,按人均规划建设用地125平方米计,共新增住宅用地约3.2公顷。为保护名村整体风貌,将安置住宅地块主要布局于名村规划范围外。其中村东安置地块位于规划范围以东环山公路南侧,面积为2公顷(30

亩);村南安置地块位于规划范围以南杨湾菜场后,面积约0.7公顷(10.5亩)。规划范围内环山公路西侧(核心保护范围外)新增少量住宅用地,面积约0.5公顷(7.5亩)。同时还规定新建村民住宅不超过2层,体量、色彩、样式等须与历史风貌区相协调。

二、道路建设

(一)环山公路杨湾段

东杨公路,属县级公路,由前山叶巷港汽车站往西至杨湾,1958年完成路基,1969年年初开始修筑路面,建造桥梁。1970年元旦通车,路基宽7.5米,高6米,路面宽4米,全线长9公里,其中杨湾段公路长3.5公里。

杨湾长圻段公路。2008年起,东山镇对环山公路又进行拓宽及拓展,公路延伸至杨湾长圻沿湖地段。新筑的环山公路杨湾长圻段长3.6公里,宽10.7米,路基宽28米,平均高度为6米,为沥青路面,均可双车道行驶。从槎湾唐子岭绕湖西行,经过湖沙、屯湾、长圻等自然村,至杨湾与陆巷交界处,使原来较为偏僻的杨湾长圻、湖沙、屯湾等自然村也通了公路。

(二)保护区古道

杨湾村保护区内道路纵横交织,且大多为青砖侧铺成各种图案的明清古道。杨湾至上湾古道,总长2574.2米,其中杨湾浜场朝东至大浜陆家站长500米,杨湾浜场朝北至轩辕宫长961米,轩辕宫朝北至上湾石桥刘公堂(灵源寺公路)长1113.2米。

杨湾自然村内保存有18条明清古巷、古道,主要有杨湾浜场明代西街长20米,杨湾浜场明代东街长70米,杨湾浜场明代北街长261米。此外杨湾明清古巷路有:朱家巷长57米,翁家巷长56.7米,杨家巷长61米,姜家巷长72米,陆家巷长132米,磨盘石巷长80米,白泥路巷长141米,花柳巷长95米,施家巷长40米,六扇巷长50米。

上湾自然村内保存有11条明清古街古巷,主要有:上湾南古道长120米,上湾北古道长250米,石狮子墙门巷长50米,姜家弄长90米,永平巷长78米,南洋里长30米,金家巷长50米,姚家巷长36米,居家巷长128米,十字弄长300米,居巷长70米。

张巷与石桥自然村内保存15条明清古弄古巷,主要有:张巷村路长750米,破河桥路长80米,牛屎弄长约100米,高井巷长100米,坪磐路长80米,张巷里长80米,张巷岭西路长110米,牌楼河路长80米;石桥村路长150米,灵源寺路长150米,石桥河路长100米,上巷路长120米,下巷路长120米,张家巷长50米,严家巷长120米。

这些古道、古巷、古弄均属杨湾古村核心保护区,至2015年年底,80%以上得到保护与修缮。其中2007年村里筹资52万元,修复了从杨湾浜场至崇本堂长120米、宽2米的砖石路面。该路属陆杨古道一段，原破损严重，现已恢复原貌。2008年村里筹资11万元，恢复了石桥路与古亭。2015年下半年起，村里在吴中区文保部门的资助下，全面修复了六扇头巷古道。该路属陆杨古道一段，长300米、宽2米，原路面破损严重，现已全部新铺了砖石路面，使其恢复了原貌。从2011年至2015年，杨湾村在保护古村落的同时，结合美丽乡村建设，优化人居环境，6年中修复古道1200多米。

（三）浇筑和修复新路

杨湾村由原来3个行政村合并而成，12个自然村均坐落在山坞里，尤其是原屯湾6个小自然村地势更为偏僻，村里主干道原来大多为山泥路及泥石路，因年久失修，坑坑洼洼，多处坍塌，严重破损，为方便村民生产运输与生活出行，从1995~2015年，20年间杨湾村筹资在12个自然村新筑砖石仿古道、浇筑水泥路及修复山间古道39条。

1. 怀荫堂路，新筑沥青道路。从杨湾浜场码头衔接新环山公路，长480米，宽7米，2008年村里筹资浇筑。

2. 湖沙岭路，新筑水泥道。从杨湾塔角里至湖沙村，长1500米，宽3.5米，弯道处宽4米，1998年村民筹资筑成，2008年镇村共同出资浇筑标准水泥路面。

3. 轩辕宫路，新筑水泥道。从轩辕宫至王舍岭，衔接华侨公墓三区公路，长500米，宽6米，1978年始筑泥石路，2012年村里出资浇筑标准水泥路面。

4. 灵源寺路，柏油路。从环山路石桥公交站至灵源寺，长500米，宽6米，2011年村里筹资浇筑柏油路面。

5. 张巷路，新筑水泥道。从灵源寺至张巷里，长500米，宽5.6米，2010年村里出资浇筑。

6. 张巷岭路，新筑水泥道。从张巷岭至张巷村，长180米，宽1.5米，2012年村里出资浇筑。

7. 平盘路，新筑水泥道。从元宝石至环山公路，长80米，宽3米，2012年村里出资浇筑。

8. 石桥港路，新筑水泥道。从石桥头至环山公路，长200米，宽2.2米，2010村里出资浇筑。

9. 严家巷路，新筑水泥道。从界楼场至仁启堂，长120米，宽1.8米，2012年村里筹资浇筑。

10. 徐家巷路，新筑水泥道。从灵源寺月溪桥至怀庆堂，长300米，宽2米，2015年村里出资浇筑。

11. 张家巷路，新筑水泥道。从上巷至下墙门，长84米，宽1.8米，2013年村里浇筑。

12. 陆杨古道石桥段，从石桥刘公堂至石桥港，长157米，宽1.8米，2013年村里修复。

13. 澄湖路，新筑水泥道。从澄湾至湖沙岭，长1100米，宽1.5米，原系山石路，已严重损坏，2014年村里筹资浇筑标准水泥路。

14. 盘辉桥路，新筑水泥道。从湖沙村南至村北，贯通全村，长1873米，宽1.5米，2013年村里筹资浇筑。

15. 墓区路，新筑水泥道。从湖沙岭路中部至公墓一区（刘公堂），长138米，宽1.5米，2013年村里筹资浇筑。

16. 澄湾路，新筑水泥道。从湖沙村路至屯湾老虎山，长1053米，宽2.5米，2002年村民筹资浇筑。

17. 新坟场路，山石古道。从新坟场至大墙门头，长785米，宽1.5米，原路面严重损坏，2012年村里筹资修筑路面，恢复原貌。

18. 屯湾路，新浇水泥道。从老虎山至黄家塦，长1230米，宽2米，2003年村民集资筑成，2015年村里筹资浇筑标准水泥路面。

19. 横头路，新浇水泥道。从公墓段至屯湾西，长228米，宽2.5米，2008年村民集资筑成，2015年村里浇筑标准水泥路面。

20. 新坟里路，山石古道。从横头路至柴家港，长151米，宽1米，原路面严重损坏，2013年村里出资修筑路面，恢复原貌。

21. 柴家巷路，山石古道。从屯湾路至杨梅山路，长105米，宽1米，原路面严重损坏，2013年村里出资修筑路面，恢复原貌。

22. 雄磺矾路，新浇水泥道。从华侨公墓三区牌楼至黄家塦港，长517米，宽2米。2013年村民筹资修筑，2015年村里出资浇筑标准水泥路面。

23. 廊下路，新浇水泥道。从雄磺矾路中段至黄家塦港边，长304米，宽2米，2013年村民集资筑成，2015年村里出资浇筑标准水泥路面。

24. 铜灯路，新浇水泥道。从黄家塦村东至西，长479米，宽1.8米，2014年村民集资筑成，2015年村里出资浇筑标准水泥路面。

25. 铜灯横路，新浇水泥道。从黄家塦浜至白浮门，长150米，宽1.8米，2015年村里筹资浇筑。

26. 东岭路，新筑柏油路。从湾里村至自行车公园停车场，长931米，宽3.5米，原系泥石路，2015年村里筹资浇筑标准沥青路面。

27. 湾里路，新筑水泥道。从西巷村至湾里入村一段，长103米，宽1.5米，2015年村里筹资浇筑路面。

28. 湾前路，新筑水泥道。从湾里至寺前村，长453米，宽3米，2015年村里筹资浇筑路面。

29. 香花桥路，新筑小青砖道。长100米，宽2米，从能仁寺殿基至宋代香花桥，沿途有仿古亭子、走廊与牌楼等建筑，已形成一游览区，2015年村里修筑与建设。

30. 村岭小公路，新筑水泥道。从寺前村至环岭公路，长1579米，宽4米，2015年村里出资浇筑。

31. 水界桥路，新浇水泥道。从水界弄至寺前路，长1681米，宽3米，2010年村民筹资筑成，2015年村里浇筑标准水泥道。

32. 水界弄寺前段，新浇水泥道。从新环山公路至水界桥路，长273米，宽2米，2015年村里出资浇筑。

33. 西巷港路，山石仿古道。从村口环山公路至西巷港码头，长250米，宽1.5米，2012年铺筑，与西巷港、青蛙池、咖啡馆形成一组景观。

34. 西巷村路，仿古花岗石道。从村口西巷港码头至太阳潭，长300米，宽2.5米，全用仿古小块花岗石铺成，2012年村里出资铺筑。

35. 长圻路，仿古山石路。从骑龙殿山顶至长圻村，长300米，宽2米，2015年村里筹资铺筑。

36. 西湾路，新筑水泥道。从西巷至湾里村，长120米，宽3.5米，2012年村里出资浇筑。

37. 古柏路，新筑水泥。从太阳潭至骑龙殿，长200米，宽3.5米，2009年村民筹资筑成，2012年村里浇筑成标准水泥路面。

38. 西巷环保路，新筑水泥道。从西巷至寺前，中有污水处理设施，长400米，宽1.5米，2013年村里浇筑。

39. 牌楼东路，新筑水泥道。从骑龙殿牌楼朝东至寺前山顶，长80米，宽4.5米，2013年村里筹资浇筑。

另外，长圻杨湾自行车公园被列为2014年吴中区实事工程，至2015年底，已投入资金3557万元，新筑水泥主干道5.4公里，水泥支道6.4公里，方便了村民的生产运输与生活出行，也吸引了大量游客前往开展体育活动。

三、供电供气

民国时期，东山村庄无电，晚上村民以点豆油灯为主，后变成点火油灯，光亮不足。杨湾地处较为偏僻的山区，有时连煤油也供应不上，只能靠油盏头灯微弱的灯光照明。村民逢婚丧大事则用充气燃油的汽油灯，但经常出故障，极不方便。民国25年（1936），杨湾商人朱鉴塘三兄弟，曾计划在杨湾建一小型发电厂，因抗战事发而告吹。1974年9月，望亭发电厂电源接通东山后，杨湾各生产队始有供电。如停电，生产队里配备发电机进行自发电。1985年东山电力扩容，分四条线路输送，分别为针织线、东山线、杨湾线、震东线，杨湾片5个生产大队，约近30个自然村属杨湾线供电。

20世纪70至80年代，各村配备电工，设置村级电房和供电设施。1996年，农村进行电气化、标准化建设，调整了用电布局，改善了用电设备，并全面推广安装触电保护器。1998年，各村进行电网改进，用电设施和电力由镇供电所统一管理，期间新增变压器，改造配用线路，设置路灯，村民家家换上新型电子式电能表。从1999年起，杨湾村各主干道内开始安装路灯，长1500米，方便了村民夜间出行。

杨湾村结合古村保护与村庄环境整治，2011年至2015年，在村庄西北侧设置开闭所及变电所（配电所）一座，在村庄东南侧设置变电所一座。新建电力线路采用架空和电缆埋地敷设相结合，重要旅游街巷架设空线，并逐步改为地埋线。

规划村内固定电话标准按50门/百人计，固定电话容量约为600门。移动电话按60部/百人计，计算移动电话容量为720门。有线电视终端按60个/百人计，计算有线电视终端总容量为720个。电话由东山镇区邮电支局负责、有线电视由东山镇广播电视站机房接入、邮政业务由镇邮电支局负责。

燃气工程方面，村民生活用气每户1.2立方米一日，民用与公建用气比例9∶1。近期气源仍采用瓶装液化气，远期逐步改为管道天然气，气源由吴中区天然气管网引入。由于内部历史街巷多较为狭窄，燃气管管井尽量设置在院落内，避免设置在重要历史街巷内，减少街巷地下空间的占用。

根据规划，村里从2010年起，投入大量资金，在各自然村增加供电设备和改造线路。2011年，筹资47.2万元，在西巷村铺设电信线路与弱电集约化管道。2012年，筹资10.48万元，新装了杨湾至大浜村的路灯。2013年，筹资67万元，先后完成了湾里村、寺前村弱电缆通道工程；投入23.2万元，在寺前、湾里村主干道全部安装了路灯。2014年，投入40.07万元，完成了黄家埕村配电房改造与筑路工程。2015年，村里又筹资75.92万元，先后完成了黄家埕泵站增容与通电、长圻码头变电箱扩容与增设线路等工程。

四、给水

新中国成立前，杨湾村境内没有自来水，村民饮用河水及井水。屯湾6个自然村南端都紧靠太湖，村民饮用水大多取太湖水，每至夏秋之交，天旱太湖水小混浊，村人饮后健康得不到保障。20世纪80年代初，各级政府号召并补贴经费，鼓励农民在家前屋后开水井，生活改用井水，村民健康状况大大好转。1985年，东山镇政府打深井，建自来水厂，但主要供应市镇居民。1993年镇里在太湖边新建自来水厂，取太湖水源，经过滤消毒，用大管道供应镇区及周边农村，逐步向后山发展，至2002年，杨湾片农村也都先后通了自来水，自来水入户率达100%。

给水工程规划：近期村民用水和部分公共设施用水，人均综合用水为每人300升一日，未预见用水量以10%计，计算村同共用水量约为400立方米一日。给水水源取自东山镇自来水厂，给水管线由环山公路给水干管引入，干道管径DN150及支管管径DN50—DN100，以环状布置为主，枝状布置为辅。除防灾应急水源外，核心保护范围内不新建地下水源井。给水总管和支管采用球墨铸铁管，带水泥内衬和外防腐以防止腐蚀。重点保护和改善杨湾港、油车港等河道和曹阁潭等池塘水潭以及井水水质，作为特殊情况下生活和消防用水的应急和补充水源。

2011年，村里投入38.8万元，铺设西巷自来水管道与雨水管网，2012年，投入29.7万元铺设石桥村灵源寺管道，2014年，投资41万元铺设大浜村管道、完成石桥、张巷管网工程。2015年投入88万元，完成上湾、大浜、石桥等自然村饮水和水利改造工程。

第三节 公共服务

一、社区服务中心

2003年前，杨湾、上湾、屯湾原三个行政村，区域内都建有村民活动中心与健身场所。其中：杨湾村社区服务中心建于2009年，建筑面积800平方米。屯湾西巷村民活动中心建于2012年，面积160平方米。上湾村民活动中心建于2014年，面积175平方米，投入资金75万元。

2015年新建的杨湾社区服务中心，位于上湾张巷村南环山公路旁，建筑面积800平方米，总投入100多万元。内建有行政办公中心、党员活动中心、警务治安中心、调解中心、劳动服务中心"五位一体"的综合服务功能，还设有医疗站、老年活动室、青少年活动区、图书馆等。社区服务中心旁还建造了占地600多平方米的健身广场，配置有室外健身路径健器材一套（10件），内有双杠、跑步机、篮球架等。该服务中心由吴中区组织部与杨湾村共同筹资建造。2008年8月动工兴建，2009年7月竣工，同年10月起使用。其中图书室面积60平方米，藏书1000册。

二、村医疗服务中心

1968年，农村推行合作医疗制度，杨湾、上湾、屯湾三村均有合作医疗站和赤脚医生，开展门诊和出诊医疗业务，并担任防疫、预防接种及血吸虫防治工作，1980年还配备人员搞计划生育。1985年合作医疗站改名为农村卫生所。2007年，实施新农村建设，杨湾村建立起社区卫生服务站。该站位于杨湾集市贸易市场南侧，为一幢两上两下楼房，建筑面积450平方米，拥有挂号室、治疗室、化验室、观察室（设观察床位4张）、输液室、药房、妇幼保健计生服务室、康复室和健教室等，村民看病纳入城镇职工（居民）医疗保险和新型农村合作医疗定点机构。医疗设备有血球分析仪（三分类）、便携式B超、尿分析仪、心电图机各1台。医疗中心有工作人员5名，其中执业医师2名，执业护士1名，执业乡村医生1名，检验师1名及药房工作人员1名，负责杨湾村的医疗业务，新型农村合作医疗参保率达100%。

三、老年活动室

杨湾各自然村均有老年活动室：有屯湾西巷村老年活动室、上湾在张巷村老年活动室、杨湾老年活动中心等，总建筑面积达1000多平方米。村老年活动中心经常组织老年人开展各种有益的活动，从2003~2015年，村里连续13年，每年重阳节召开老年座谈会，对80周岁以上老人进行慰问，并送上一份重阳糕。从2008年起，村里对年满90周岁的老人，每人每月发放50元尊老爱老金，每人全年600元。2016年，村里出资4万元，请全村293名65—70周岁的老人赴吴中区临湖镇江苏省园博会旅游。针对老年人比例日益提高的实际，为使老年人老有所学、老有所乐，各自然村对老年活动室不断增添设备，订书刊画报，购置电视机和音响，完善棋牌室环境。2010至2015年，村里先后投入120多万元，在杨湾、上湾、屯湾老年活动室内新增或增设电视室、图书室、棋牌室和健身室。

第四节　文体设施

杨湾行政中心体育健身场　在杨湾行政村中心前广场上，面积100平方米，配置有室外健身路径健身器材一套（10件），内有双杠、跑步机、篮球架等。2010年东山文体服务中心资助，每天有数百人参加体育健身。

杨湾体育健身场　在杨湾自然村内，面积100平方米，配置有室外健身路径健器材一套（9件），内有双杠、跑步机等。2013年东山文体服务中心资助，每天有上百人参加体育健身。

湖沙体育健身场　在湖沙自然村内，面积100平方米，配置有室外健身路径健器材一套（10件），内有双杠、跑步机。2012年东山文体服务中心资助，每天有一百多人参加体育健身。

西巷体育健身场　在自然村内，面积100平方米，配置有室外健身路径器材一套（10件），内有双杠、跑步机。2012年村自筹经费11万元购置器材安装，全村中老年人参加体育健身。

杨湾自行车公园　位于杨湾村西南，西巷与寺前自然村之间，毗邻三山岛长圻码头。2013年8月开始规划，2014年动工兴建，一期工程投入资金3557万元，建设绿色主干道5.4公里，支干道6.4公里，公园内建服务区1个、驿站2座、提升景点2个。该公园利用区域内山水文资源、自然资源、农业资源、乡村风貌资源，围绕绿色低碳旅游理念，以用自行车出游的发展趋势，打造集自行车运动、山水人文风光以及休闲采摘等项目为一体的综合性特色主题公园。景区内包括

"三线、三区和十八景"：其中"三线"是指三条自行车道，主车道长17公里，宽4米；支车道长13公里，宽2米。路面采用彩色沥青和彩色透水混凝土两种材料，为供自行车骑行的专用生态景观道路。"三区"是指长圩码头、杨湾、万家生态林三个入口服务区，内有提供自行车租车、停车、洗浴和纪念品销售等服务项目。十八景是：灵源钟声、明清古街、铜鼓点兵、轩辕元宫、演武古墩、吴越烽火、能仁怀古、碧云探幽、碎石山庄、南湾荷舫、屯湾人家、岭下梅林、长圩夕照、西巷观景、览胜赏石、水泽溪径、灵阃探耕、碧坛远眺、万家灯火等。

第五节　环境保护

杨湾村依山傍水，果林茂密，溪流纵横，古建筑星罗棋布，自然生态环境良好，无污染源。从20世纪80年代开始，乡村工业迅速发展，杨湾村（上湾）先后办起钣金厂、东福电子厂、金属制品厂、东吴电控厂等村办工业，造成一定的环境污染。为保护杨湾村的青山绿水，恢复原生态的自然环境，发展农村旅游事业，20世纪90年代末，村里制订环境保护规划，有计划地搬迁工厂，进行河道清淤、山林防火和卫生保洁工作，较好地保护了古村落的自然环境。

一、搬迁工厂

上湾钣金厂，建办于1981年，原属村办企业，1997年转为民营企业。该厂位于上湾环山公路旁，与旅游开发很不协调，村里及时搬迁了该厂。2003年在东山工业科技园征地195亩，新建标准厂房99980平方米，另建起3幢办公大楼，2006年钣金厂从上湾村搬入新厂房。东福电子厂，建办于1983年，原属校办工厂，1997年转为民营企业。该厂建在上湾张巷古村，占地6600多平方米，生产电子产品，虽对环境没有污染源，但对古村落的整体环境有一定的影响，2004年在东山工业科技园征地40亩，新建标准厂房16600平方米，2008年搬迁。

二、河道清淤

20世纪末，杨湾各自然村对河道进行过较大规模的清淤。实施新农村建设后，河道清淤成为村里的常规工作。2000年以来，结合国家"美丽乡村建设"和苏州市"三星级康居村"建设，村里加大对境内港河的清淤、砌石岸工程的投入。2011~2015年中，村里投入资金500多万元，清淤1700米，河道11条，分别为杨湾港、油车港、湖沙港、久石港、西巷港、寺前港、上湾港、屯湾河、湾里河、大浜港、石桥港等。其中2011年，村里筹资153.8万元，对杨湾港、油车港、湖沙港、久石港4条古港进行大规模清淤，在杨湾港与久石港两旁砌石驳岸，彻底改变古港的面貌。2012年，投入资金68万元，重点对西巷港清淤，结合新筑黄石路面，筑砌生态驳岸。2013年对寺前、湾里村河道清淤，结合村庄改造，浇筑沥青路面，耗资116万元。2014年，重点对上湾、屯湾村河道、景观池清淤，加上安装雨水管道工程，投入91.4万元。2015年，完成大浜河清淤和鱼池填土工程，耗资168万元。同时，村里还对主要河道两边进行绿化，配备河道清洁员，做到河道净化，无污染源。

三、污水处理

从2007年起，村里开始实施改厕工程，至2015年年底全部结束，全村民居统一改造成三格式化粪池800多只。明确规定，凡村内所有新建房屋必须建造三格式化粪池，全村无害化卫生户厕普率达100%。2012年投入80万元，对西巷、湾里100多户农村民居安装小型污水处理设备；2011年投资200万元，建造杨湾污水管网工程；2012年投入150万元，完善上湾污水管网建设工程；2015年结合吴中美丽乡村建设，完成寺前、大浜、张巷、石桥等自然村污水处理项目建设。至2015年年底，全村污水处理率达75%以上。

位于长圻的西巷污水处理站，首次引进德国技术生产的分散式中小型单元式污水处理系统，该处理系统主要由6个处理罐组成，日处理污水量90吨左右。经系统处理后的水质指标达到国家二级以上，符合直接排放标准。整个系统埋在地表下，地表上进行绿化，修筑景观美化环境。污水处理系统不产生任何异味，对周围环境无任何影响。西巷污水处理工程共投入资金200万元，于2013年2月20日开工，开挖设备池。3月11日，由德国工程师对处理设备整体进行安装，然后回土覆盖。3月21日，氧化池开挖，地表景观修筑。2015年12月工程全面完工，成为吴中区及太湖流域农村小型污水处理示范点。

四、山林防火

杨湾村有林地407.2亩，果园地4686.1亩，荒地及未利用的山地2643.5亩，作为生态环境保护区域，山林防火工作尤为重要。村里对此项工作十分重视，成立防火工作领导小组，实行山林防火责任制，签订山林防火责任状，成立民兵应急分队，统一着装，统一配备防火器具，还配备护林员，确保山林安全。加强山林防火基础设施建设，新建灵源寺至长圻山区的防火通道，管辖杨湾境内山林防火，防火通道长4公里，宽度6米，通道两侧种植防火树种，分段建造蓄水池、排灌泵站，铺设引水管网，提高护林预防和扑救能力。

五、古木保护

杨湾村境内树龄300年以上的古树名木有28株，其中树龄1000年以上的有2棵，即灵源寺古罗汉松1500年，西巷古柏1000年。树龄500年以上的古木有12株，树龄300年以上的古木14株，分布在杨湾、张巷、湖沙、澄湾、屯湾、寺前、西巷等自然村。

古木保护的具体做法：调查登记，建立档案，设立标志（为古树名木挂牌）。村里对上述28株古树均建有档案，挂有保护牌。尤其是西巷村对村内凡树龄100年以上的古树，都专门挂了名木保护牌。制定古树名木养护管理方案，落实管护责任单位和责任人，开展业务培训和指导。2012年石桥罗汉松基部发现有白蚁，村里在上级有关单位支持下，及时灭杀白蚁。定期对古树名木生长和管护的情况进行监督检查，发现问题及时处理。2014年西巷古柏发现大量树枝干死，村里又采取多项措施进行抢救保护。

六、卫生保洁

杨湾村重视环境卫生工作，把卫生工作列入村委会工作重点。成立由村总支书记为组长的爱国卫生工作领导小组，制定"杨湾村环境整治工作方案"，设立社区巡逻站、社区卫生服务站等日常机构，设专职工作人员16名，对全村大街小巷进行保洁。各自然村新建了7座垃圾中转站，在主要路段两侧及各自然村设置了90多只小垃圾箱，每天清除垃圾2.9吨，垃圾日产日清，清运率达100%。垃圾收集房全封闭，符合卫生要求。定期清理环山公路两侧杂草和沙石杂物。同时投入50多万元资金，对村庄内部和周边填空补缺进行绿化4000多平方米，全村绿化覆盖率达45%以上。

建立餐厨垃圾中心处理站。2014年起东山镇在全镇范围内新建了6个餐厨中心处理站，杨湾村餐厨垃圾处理站为其中之一，日处理能力0.5吨，餐厨垃圾可以生产有机肥料供绿化使用。餐厨废油可加工成生物柴油。杨湾村餐厨垃圾就地资源化集中处理，打破了传统垃圾处理格局，减少了环境污染，保护了杨湾沿太湖一带的生态环境。

推进农业清洁生产，从源头上减少农业污染物产生。村里加强对化肥、农药、农膜、饵料、饲料添加剂等农业投入品的监督，健全化肥、农药销售登记备案制度，禁止将有毒、有害废物用于肥料或下地。实行水产苗种生产许可证制度，加强水产苗种监督管理，做到科学投饵，合理用药。村里还与市、区科研单位合作，每年举办一次农业技术推广活动，加强对村民施肥等技术培训，推广节肥、节药技术，合理使用高效、低毒、低残留农药和先进施药机械，配置杀虫灯，提高农药利用率，从源头上保护了自然环境。

附一：杨湾村村庄环境整治村规民约

为切实做好村庄环境整治工作，有效地改善村容村貌，提高村民生活质量，优化人居环境，根据本村实际情况，经村民代表大会讨论通过，制定本村庄环境整治"村规民约"，请全体村民共同监督遵守。

一、凡居住在本村庄内的全体人员都有责任和义务执行本村村规民约。

二、积极参加卫生活动,参与和支持农村环境卫生改造,养成良好的卫生习惯。

三、落实门前"三包"(包卫生、包秩序、包绿化)责任制,生活垃圾定点存放,杜绝垃圾乱扔、粪便乱排、柴草杂物等乱堆乱放现象。

四、家禽家畜集中圈养,不得散养,狗须拴养,死禽死畜要深埋。

五、确保村内道路及两侧和公共场所卫生整洁,无粪堆粪坑、无散养牲畜、无私搭乱建现象、无柴草垛、无垃圾,保证道路畅通。

六、保持河道清洁,不得将垃圾、农药瓶和农田杂草等一切杂物倒入各大小河道。

七、自觉维护村内绿化地段的树木,不乱砍乱伐树木,保持绿化地段无杂物、无杂草、无垃圾,确保树木生长旺盛,没有枯树枝,树木及时修剪。

八、严禁焚烧秸秆,村民有义务进行监督举报,对违反规定的农户给予相应处罚。

九、自觉维护好村内公共设施的完好性,不得随意破坏垃圾桶、垃圾池、绿地、路灯等配套设施。

十、村委会定期进行卫生评比,并把评比结果在公示栏上公布。被评为"不清洁"的农户给予相应处罚。

十一、违反上述规定者,责令其限期改正,并视情况给予警示教育,严重情况者追究相关责任。

十二、本村规民约如需修改,须经村民代表大会讨论通过。

十三、村委会负责监督本村《村规民约》的实施,并有权对违反者采取处罚措施。

十四、本村规民约自公布之日起实施。

杨湾村村民委员会
2012 年 6 月

附二:东山镇杨湾村村庄建设与环境整治工作组

组　　长:陆雄文

副组长:张茂兴

成　　员:朱新巧、黄官宝、朱迎春、殷灵峰

东山镇杨湾村村委会
2012 年 6 月

第十二章 社会 家庭 学校

第一节 社会保障

一、敬老尊老

杨湾村从 2003~2015 年，连续 13 年，每年重阳节召开老年座谈会，对村里 80 周岁以上老人进行慰问，并送上一份重阳糕。

从 2008 年起，村里对年满 90 周岁的老人，每人每月发放 50 元尊老爱老金，每人全年 600 元。从 2011 年起，村里对年满 80 周岁的老人，每人每年发放 50 元尊老金，每人全年 600 元。同时，提高 90 周岁以上老人尊老金，每人每月增加到 100 元，每人全年 1200 元。100 周岁老人每月尊老金 300 元，每人全年 3600 元。从 2012 年起，村里对全村 253 名 75 周岁以上的老人，每年年终送上 100 元尊老金，4 年共发放尊老金 101200 元。其中 2012 年 251 人，发放尊老金 25100 元；2013 年 256 人，发放尊老金 25600 元；2014 年 252 人，发放尊老金 25200 元；2015 年 253 人，发放尊老金 25300 元。

杨湾、上湾、屯湾原三个村区域内都建有老年活动中心与健身场所。杨湾老年服务中心建筑面积 800 平方米、屯湾西巷老年活动中心面积 80 平方米、上湾老年活动中心面积 175 平方米。建有老年活动室、棋牌室、图书室及康复中心等。同时，村里还建有 4 个主要为老年人服务的体育健身场，分别为杨湾行政中心体育健身场、湖沙体育健身场、西巷体育健身场为老年人服务。

二、关心下一代

杨湾村 10—25 周岁青少年有 500 多人，村党支部为加强对未成年人的思想道德教育，于 2005 年组建了"村关心下一代工作委员会"（简称"关工委"），村主任担任村关工委常务副主任，村各条线负责人任委员，并以原杨湾、上湾、屯湾 3 个行政村为单位，建立了 3 个关工委小组。全村 133 名"五老"（老干部、老战士、老教师、老科技、老党员）人员有 86 名参加村关工委工作，占 64.6%。其中老干部 26 人，老教师 3 人，老科技人员 7 人，老军人 9 人，老党员 41 人，还聘请 3 名户籍不在本村的老教师为特约辅导员。

村关工委办公室面积达 380 平方米，并建有图书馆、电视室、乒乓室、棋类室四室，村关工委工作按上级要求正常开展活动。

三、扶贫帮困

从 1995 年开始，杨湾、上湾、屯湾等村就把扶贫帮困工作列入村委会日常工作的议事日程，对特困户、残疾人员则由党员干部结对帮困，不但解决他们的生活困难，还帮助他们发展生产，增加家庭经济收入。

2009年春节，杨湾村对42名生活困难户给予经济补助，补助金额8400元。其中杨湾村7人，补助1400元；上湾村16人，补助3200元；屯湾村19人，补助3800元。

2012年春节，杨湾村补助生活困难户46人，补助金额9200元。其中杨湾村8人，补助1600元；上湾村16人，补助3200元；屯湾村22人，补助4400元。6月13日，村干部还陪同吴中区区政府冯建荣副区长等领导，走访了杨湾村张金生、倪仲庆、朱卫红等困难家庭，详细了解了他们的生活情况，并送上了慰问金和慰问品。

2013年春节，杨湾村补助生活困难户46人，补助金额23000元。其中杨湾村8人，补助4000元；上湾村16人，补助8000元；屯湾村22人，补助11000元。1月24日，村干部陪同吴中区委常委、纪委书记叶新等领导，走访了杨湾村严久峰等6户困难家庭，送上了慰问金和慰问品。

2014年春节，杨湾村补助生活困难户69人，补助金额13800元。其中杨湾村14人，补助2800元；上湾村34人，补助6800元；屯湾村21人，补助4200元。1月17日，村干部陪同东山镇党委唐龙生书记等领导，走访慰问了杨湾村李振元、邢祖才、金天元、孙洪琴、杨季文等7户困难群众，送上了慰问金和慰问品。

1998年冬季，杨湾村村民顾刚刚家不幸发生火灾，房屋及家中财产全部被烧毁。杨湾村党支部发动党员干部和村民捐助，共捐资8000多元，帮助顾家渡过难关。2003年12月，屯湾村村民邵德才家中发生火灾，杨湾村村委会经过商量，对这家特困户救助2000元。

四、助残、捐资助学

杨湾村2015年有各类残疾人59人。20世纪90年代初期，镇里创办好来日化厂、制胶日化厂、标准件厂、蓄电池隔离板厂为福利工厂，安排一部分有劳动能力的残疾人员进厂就业，时杨湾、上湾、屯湾3村约有30%的残疾人被安排进厂工作，帮助他们自食其力并脱离贫困。对一部分失去劳动能力的残疾人进行定期补助救济，每年5月份的助残日，发动募捐。

2015年春节期间，屯湾西巷村村民许秋凉，眼睛突然失明，家中经济极为困难，无钱治疗。杨湾村发动广大干部群众捐助，其中寺前村捐款8120元、湾里村捐款4650元、西巷村捐款16000元，3个村党员干部和群众共捐款28770元，使许秋凉治愈了眼疾。

为解决贫困家庭孩子读书无依靠的困难，党员干部与贫困家庭结对助学。从2012~2015年，杨湾村党员干部捐资助学115310元，其中投资建造东山新区实验小学111710元，捐资村中贫困孩子读书3600元。村干部与贫困家庭孩子读书结成帮困对子的有10对。

1991年香港实业家朱恩馀夫妇捐款15万元,建造了占地1500多平方米,建有1幢教育楼、教育活动区及其他设施共24间的杨湾湖沙幼山小学,解决了东山边远山区儿童读书问题。2007年朱恩馀先生又捐款建造了占地10.3亩、建筑面积2700平方米、总投资600多万元的杨湾幼山小学。

五、优抚

1951年始,各村组织互助组,农忙季节为烈军属义务代种。1954年后,对加入农业生产合作社的烈军属发放入社股金贷款,解决入社困难。1956年后,杨湾高级农业生产合作社对烈军属实行优待劳动日。20世纪60年代对烈军属每户补贴工分,80年代始对烈军属实行优待政策。

从1975年起,杨湾村(上湾、屯湾)对参加义务兵的军属,每年人均优待50元,1989年人均优待700元,1990年人均优待950元,1991年人均优待1000元,1992年人均优待1200元,1993年人均优待1300元,1994年人均优待1600元,1997年人均优待1800元。1999年增加到人均优待2000元。2003年增加到人均优待5965元。2010年增加到人均优待21625元。2015年增加到人均优待32960元。2015年,杨湾村徐梁、殷晓天、邢佼、王叶军4名青年应征入伍,军属优待金87120元。

杨湾村(上湾、屯湾)有5名参加过援越战斗的复员军人,从2005年起享受上级民政部门发放定期补助,2005~2012年,每人每年补助500元,8年共补助20000元;2013~2015年每人每年补助836元,3年共补助12540元。从2005~2015年,共享受国家民政部门定年补助32540元。

同时,杨湾村有3名参加过援越战斗的复员军人,除享受国家民政部门补助外,村里还给予一定的年度补助,2005~2012年,每人每年500元,8年补助12000元;2013~2015年,每人每年补助800元,计7200元。从2005~2015年,共享受村委会补助19200元。

杨湾村从2006~2015年,10年中共发放军属优抚金115330元。其中2006~2007年发放优属金5000元,2008年发放优属金6000元,2009年发放优属金9000元,2010年发放优属金8700元,2011年发放优属金9650元,2012年发放优属金16500元,2013年发放优属金18500元,2014年发放优属金20200元,2015年发放优属金217800元。

六、救济、赈灾

2008年5月12日,四川汶川大地震,杨湾村党员干部共捐款18500元,支援灾区人民抗震救灾,重建家园;2010年4月14日,青海省玉树藏族自治州玉树县发生地震,杨湾村干部群众共捐款5600元;2011年5月2日,甘肃省舟曲县发生地震，杨湾村捐款3500元；2013年4月20日，四川省雅安市芦山县发生地震，杨湾村捐款1850元，支援灾区人民恢复生产。

2012~2014年，杨湾村共产党员共捐爱心款13575元，其中2012年捐4835元，2013年捐4600元，2014年捐4140元。这些捐款统一汇至苏州市民政部门，救助受灾群众和贫困家庭人员生活及子女读书等。

七、农村基本养老保险和医疗保险

2003年10月1日，东山镇根据上级规定对农村老年人实行基本养老金制度，各村男年龄满60周岁，女满55周岁，均享受基本养老金，标准为每人每月120元。2003年，杨湾村共有863名男60周岁以上、女55周岁以上的老人，其中杨湾村177名、上湾村308名、屯湾村378名，达到退保年龄，领取每月120元养老金，并全部参加农村大病医疗保险。

2007年1月始，农村基本养老金增加到每人每月130元，2009年4月始又增加到140元，2010年1月增加到180元。对男60周岁以下、女55周岁以下的村民，分年龄档次参加农村养老保险（简称"农保"）。2010年，杨湾村（上湾、屯湾）共有829名村民参加了农保，其中45名转城镇居民养老保险（简称"城保"）的人员全部领到了养老金，并全部参加农村大病医疗保险。为保障村民身体健康，享受医疗卫生事业改革成果，从2013年起，村里每年出资金组织男60周岁、女55周岁以上的老年人到医院免费进行体检，2013年市区合并联网，杨湾村按照区政府要求安排全村符合年龄参保村民分批到镇人民医院进行免费体检，当年参加体检685人，2014年参加体检637人，2015年参加体检658人。2015年，杨湾村共有1357人享受养老退休金，其中享受农保退休金761人，享受城保退休金200人，享受企业退休金396人。

第二节 文明新风

一、新风尚

艰苦奋斗

1956年，杨湾村革命残废军人邱洪卿被评为震泽县模范荣誉军人，戴着光荣花，出席了县里召开的江苏省复员、转业和残废军人建设社会主义积极分子大会。邱洪卿在参加淮海战役的战斗中负伤，锯去了一条腿。1950年复员回乡后，他克服了常人难以想象的困难，6年如一日，带着病残的身体积极参加集体劳动，还带头科学种田，取得了很大的成绩，被评为劳动模范。

《震泽报》1957年5月1日

1957年暑假期间,杨湾湖沙村年仅10岁的周来根同学,因家庭经济困难,他上山拾兔子屎、松子壳及路边的石榴皮卖钱,一个暑期卖到了9毛钱,一开学就交清了下学期书费,受到学校表扬。

《震泽报》1957年10月6日

1958年春天,虹光一社青年队从大处着眼,小处着手,艰苦奋斗大积自然肥料。他们在冰天雪地里照样下池塘积河泥,全队开了19只肥料潭,一冬春共积草河泥5万多担,每亩田积肥1380担,实现了担肥斤粮。

《震泽报》1958年5月21日

助人为乐

1958年4月30日,杨湾小镇的居民和工商界人士,看到农民兄弟们劳动很辛苦,小镇上杂物、垃圾较多,100多人自发参加义务劳动。他们男的通阴沟、清灰堆、挑垃圾;女的扫地、除草,经过一天的劳动,把杨湾小镇打扫得干干净净,喜迎"五一"节的同时,还积肥一千多斤,支援农业生产。

《震泽报》1958年5月1日

1980年3月的一天下午,浙江吴兴县一艘机帆船厂在东山附近的太湖面上出了故障,至杨湾镇上求教。杨湾邮电代办所职工顾金康、林龙生得知了这件事,便马上到附近大队请来一名机修工,与救助的船主人一起来到船厂上,将机帆船厂故障排除了,使该船顺利返回吴江。

《吴县报》1980年12月10日

1981年1月22日下午4点,杨湾镇78岁的老汉吴连生烧夜饭,不慎遗火星于乱柴中,酿成火灾,吴老汉被灼伤。杨湾药店青年桑洪元和邮电所职工以及附近邻居闻警后,立即赶来扑灭了大火,并借车将灼伤后处于昏迷状态的吴老汉送至前山医院抢救,使吴老汉很快脱离了危险。

《吴县报》1981年2月25日

二、文明家庭

近20年来,杨湾、上湾、屯湾村加强社会主义精神文明建设,广泛开展文明家庭创建活动。尤其是2003年原杨湾、上湾、屯湾三个村合并以来,杨湾村创建和谐村庄、文明家庭,涌现了许多文明家庭。

2007年,杨湾村徐巾华、上湾村朱兆伟、孙如兴、屯湾村张建德、徐仁德等5家,被评为"2007年度东山镇文明示范家庭"。

2008年,杨湾村殷灵峰、陆祖发、陆德兴、上湾村叶荣、朱爱国、朱伯荣、袁富林、屯湾村朱瑛、黄官宝、黄积才、张桂宝等家庭被评为"2008年东山镇文明示范家庭"。

2009年,杨湾村葛洪德、上湾村闻建和、屯湾村张巧龙等4家,被评为"2009

年度东山镇和谐家庭"。

2010年，杨湾村殷雄伟、上湾村凤懋镛、屯湾村周荣根3家，被评为"2010年度东山镇和谐家庭"。

2011年，杨湾村顾永康、上湾村徐胜泉、屯湾村叶龙才3家，被评为"2011年度东山镇和谐家庭"。

2012年，杨湾村周朝刚、上湾村武维清、屯湾村徐胜福3家，被评为"2012年度东山镇和谐家庭"。

2013年，杨湾村陆明峰、上湾村赵惠明、屯湾村徐德高3家，被评为"2013年度东山镇和谐家庭"。同年，杨湾村东福电子有限公司厂长武维清，被评为"2013年度吴中区绿色文明家庭"。

2014年，杨湾村徐雁、上湾村席琦芬被评为"2014年度杨湾村和谐家庭"。

2015年，杨湾村尹建平、屯湾村石仁荣、王春良3家，被评为"2015年度东山镇最美家庭"。

三、荣誉栏

1958年，后山乡虹光三社杨湾一队、六队、十队，虹光一社王付勤队、刘长生队、朱锦鹤队，虹光二社五队被评为震泽县先进生产队。

1984年，上湾村被吴县人民政府评为"吴县文明单位"。

1985年，上湾村被吴县人民政府评为"吴县文明单位"。

1986年，上湾村被吴县人民政府评为"吴县文明单位"。

1986年，上湾小学少先队员丁国芳，获全国少先队好队长"大雁奖"。

同年，杨湾村徐卫强获江苏省"先进青年致富能手"称号。

1987年，上湾村被吴县人民政府评为"吴县文明单位"。

1990~1991年，上湾村被吴县人民政府评为"吴县文明单位"。

1991年，杨湾张巷村东山实验小学教师张洪鸣获"全国优秀教师"称号。

1993年，上湾村被县政府命名为"1992~1993年度县级文明单位"。

2000年2月，杨湾村荣获中共东山镇委员会、东山镇人民政府、农工商总公司颁发的1999年第一届"东兴杯"奖杯。

2002~2003年，杨湾村被苏州市吴中区人民政府评为"吴中区文明单位"。

2009年1月，杨湾村被吴中区司法局评为"2008年度吴中区先进人民调解委员会"。

2月，杨湾村被东山镇党委、镇人民政府评为"2008年度在东山镇经济和社会发展中先进集体"。

2月，杨湾村被吴中区人民政府评为"2008年度吴中区村民自治模范村"。

2010年1月，朱迎春获"吴中区优秀团员"称号。

2月，杨湾村被评为2009年度吴中区关心下一代工作"四有五无"先进村。

2月，陆雄文被东山镇党委、政府评为"2009年度在东山镇经济和社会发展中成绩突出先进个人"。

2月，杨湾精密制造有限公司获东山镇2009度第二届"东兴杯"奖。

12月，杨湾村被吴中区法治领导小组评为"2010年度吴中区民主法治村"。

2011年2月，杨湾村被吴中区人力资源局和社会保障局评为"2010年度企业退休人员社会化管理服务工作先进村"。

2月，杨湾村获东山镇党委、镇政府颁发的2010年第三届"东兴杯"奖杯。

12月，杨湾村被苏州市吴中区司法局评为"2011度吴中区人民调解先进集体"。

12月，杨湾村被苏州市国土资源局吴中分局评为"2011年度土地管理先进村"。

12月，陆雄文在环岛健身活动中，徒步走完全程26.6公里，被东山镇党委宣传办、妇联会、工会、团委、文体中心评为先进个人。

2012~2014年，杨湾村被吴中区精神文明建设指导委员会评为"文明单位"。

2012~2014年，杨湾村被苏州市精神文明建设指导委员会评为"文明单位"。

2012年2月，陆雄文被东山镇党委、镇政府评为"2011年度在东山镇经济和社会发展中成绩突出先进个人"。

2011~2013年，杨湾村被吴中区精神文明建设指导委员会评为"吴中区文明单位"。

2013年2月，杨湾村被东山镇党委、镇政府评为"2012年度东山镇作风效能建设先进集体"。

2月，杨湾村被吴中区委、区人民政府评为"2012年度现代农业发展先进集体"。

2月，陆雄文被东山镇党委、镇政府评为"2012年度在东山镇经济和社会发展中成绩突出先进个人"。

2月，陆雄文被吴中区委、区人民政府评为"2012年度吴中区作风效能建设优秀个人"。

4月，杨湾村被苏州市委、市人民政府评为"2012年度江苏省村庄环境整治工作先进集体"。

7月，杨湾村被江苏省农业委员会评为"江苏省最具魅力休闲乡村"。

10月，杨湾村被国家住建部、文化部、财政部三部公布为第二批中国传统古村落。同时，杨湾村、三山村入选中国历史文化名村。

12月，杨湾村被江苏省环境保护委员会评为"江苏省生态村"。

12，杨湾村被评为"苏州市环境整治先进集体"。

12月，杨湾村被命名为"江苏省美丽乡村示范点"。

2014年2月，杨湾村被吴中区委、区人民政府评为"2013年度美丽镇村及村庄整治先进单位"。

2月，杨湾村荣获东山镇党委、镇政府颁发的2013年第六届"东兴杯"奖。

2月，陆雄文被东山镇党委、镇政府评为"2013年度在东山镇经济和社会发展中成绩突出先进个人"。

4月，陆雄文被江苏省村庄环境整治推进工作领导小组评为"江苏省农村村庄整治先进个人"。

12月，杨湾村被江苏省档案局评为"2014年度江苏省档案二星级单位"。

2015年2月，杨湾村共青团支部被吴中区团委评为"2014年度共青团苏州市吴中区先进团支部"。

2月，杨湾村荣获东山镇党委、镇政府颁发的2014年第七届"东兴杯"奖。

2月，杨湾村被苏州市委、市人民政府评为"2014年度集体经济发展先进单位"。

2月，陆雄文被东山镇党委、镇政府评为"2014年度在东山镇经济和社会发展中成绩突出先进个人"。

2月，陆雄文被吴中区委、区人民政府评为"2014年作风效能建设优秀个人"。

2月，杨湾村被东山镇党委、镇政府评为"2014年度先进集体"。

2月，杨湾村被吴中区委、区人民政府评为"2014年度吴中区农村合作经济组织规范管理先进单位"。

3月，杨湾村被东山镇党委、镇人民政府评为"2014年度作风效能建设先进集体"。

3月，杨湾村被苏州市全民健康生活方式示范领导小组办公室评为"苏州市全民健康生活方式示范社区"。

5月，朱迎春获"吴中区最美好青年"称号。

10月，杨湾村被江苏省旅游局评为"2015年度江苏省乡村旅游创新项目先进集体"。

11年，杨湾村被两岸企业家分会命名为"两岸文创产业合作实验示范基地"。

12月，杨湾村被苏州市科学技术协会评为"2015年度苏州市科普示范村"。

12月，杨湾村被苏州市委农村工作办公室、市政府农村工作办公室评为"苏州市市政二星级农村合作社"。

第三节 家 庭

杨湾村12个自然村早期村民大多源于南宋，宋元之际已形成村庄。据杨湾村现存的家谱记载，他们的始迁祖分别来自河南、河北、湖南、湖北、山西、陕西、甘肃、宁夏等中原及少数民族地区，这些移民中有护驾的官兵，有南迁的商贾，也有随南渡人群逃难的百姓。

他们定居杨湾后，始以农耕为生，开荒种植花果与捕捞水产，后渡过太湖外出经商，积累资本后又培养子弟读书，科举入仕，出山为官。经过长期的互相渗透和融合，形成一方特有的方言口语及风俗习惯。

一、旧时家庭

杨湾村旧式家庭一般祖孙三代共同生活，以种田、育果、养蚕或经商为务。明清时杨湾村人外出经商的较多，村子较为富庶，村中大宅众多，深宅内院居住着大家庭，三世、四世同堂的大户也不少，一般均以父系为中心，但也有如《红楼梦》中老祖宗支配一切的家庭。家长对家庭人员和经济有很大的支配权力，同时亦负有很大责任，尤其是要对小辈的学业和成家立业负责。在杨湾的旧时家庭中，妇女没有地位，一般出嫁至夫家，均以夫家之姓为己姓，而自己的名字则为一个"氏"。不少家族还立有族规、家训，作为家族人员应遵守的道德规范。

过去农村家庭，极重视购买田地，称其为"活产"，而忽视房屋，称其为"死产"。这是因为土地是农民的生产资料，俗称"命根子"。旧时杨湾农村有"暴富不造屋，暴穷不卖地"之谚，说的就是这个道理。新中国成立后，随着所有制的变化，家庭结构逐渐变小。独生子女政策以后，虽仍三代共同生活，但家庭结构发生了变化，一般为"四、二、一"组合，即4个老人、2个大人、1个小孩。也有与老人分开，小两口带一个孩子生活的三口之家。2015年起，国家放开"生育二胎"的人口政策，农村育龄夫妇大多愿生育二胎，一般以四口小家庭生活为主。20世纪80年代前，杨湾农村住房紧张，条件简陋。改革开放后，农村经济迅速发展，农民逐渐富裕起来，村民先是建造平房，再翻建楼房，还有的住进了别墅，住房宽裕，居住条件大为改善。

在封建时代，农村陋俗比较普遍，尤其是封建买卖婚姻盛行，男女婚嫁全由父母之命，媒妁之言，造成许多婚姻悲剧；男女婚嫁注重门当户对，穷富相当，有的指腹为婚、攀娃娃亲、娶童养媳，还有换婚、抢婚、纳妾等陋俗屡见不鲜。妇女则"嫁鸡随鸡，嫁犬随犬"，女的早年丧夫，终身不得改嫁，还为之树立贞节牌坊，严重剥夺了人权。有的老夫少妻，女子却不得有半句怨言；有的夫妇不能生孩子，还说什么"不孝有三，无后为大"，往往责怪女方，甚至把女方逐出家门。

这些旧式婚姻陋俗在过去的杨湾农村很普遍，这些陋俗有的还被写进族谱或刻石立为村规。

二、现代家庭

新中国成立后，贯彻执行《婚姻法》，国家实行一夫一妻制及男女婚姻自择对象、自由恋爱，其婚姻亦随着社会发展而变化。妇女在家庭中的地位日益提高，夫妻共同劳动，经济共同支配，孩子共同抚养。男女婚嫁一般由介绍人牵线，男女双方相亲，父母同意后配成婚姻。在"文革"前，当时找对象的男女双方注重的是家庭政治成分、品质德行及体力。杨湾村属多种经营地区，虽农村分配水平不高，但因受传统观念的影响，在20世纪60至80年代的较长时间中，女青年大多不愿嫁出本村生产队，男女青年同姓婚配的较多，近亲结婚的现象也很普遍。从20世纪90年代起，随着农村经济迅速发展与农村科学知识的普及，同村婚配的现象已大大减少，同族同姓结婚已杜绝。男女青年婚嫁成立小家庭后，随之承包产业亦按人头分开，各自劳作，经济收益也归各自所有。不少小夫妻除经营承包地产业外，还进镇村工企业或民营企业做工，还有许多人则经营服务业。从2000年起，杨湾青壮年人自行创业的不少，在东山镇与苏州甚至上海创办民营企业。子女离家后，一般父母留在农村，靠经营承包地收入维持生活，其中一方面是杨湾农村一年中茶叶、花果、水产收入不菲，另一方面是老一代村民对土地的感情难于割舍之故。父母年老不能劳动后，承包地分给儿女，并由子女赡养。村里丧失劳动力又没有小辈的孤寡老人，由集体抚养，称"五保户"，即保吃、保穿、保住、保医、保送终，由村委会负责。镇里建办敬老院后，杨湾村的孤寡老人均送入镇敬老院安度晚年。

第四节　学　校

东山历代崇尚教育，地灵人杰，是人文荟萃之地。据明清《震泽编》《太湖备考》《乡志类稿》等记载，旧时东山大族家中大多办有私塾，教育培养本族子弟。最著名的是明代初期陆巷万石长王惟道，景泰年间在后山首办"莫厘王氏私塾"，免费供本族及同村孩童读书，彻底改变了东山尚武弃文的旧俗。东山原为荆蛮之地，多武人之后，视读书为畏途，尚武风气盛行。王氏在东山首办私塾后，办学读书在东山渐成风气，明清两代在科举上东山出了2名状元、50多名进士和100多名举人。

清末民初新学兴起，后山杨湾一带办学尤盛。据民国叶乐天《乡志类稿》载，从1913年起到1949年，杨湾乡先后办有碧螺小学、智笙学校、鉴塘小学、南阳小学、燕石小学、厘峰小学、慕塘小学、余仁小学、荫庚小学9所县立与私立小学。

新中国成立后，人民政府接管学校，教育得到很大发展，"文化大革命"期间，各校一度停课。1976年，学校恢复上课，根据当时情况，为方便农村孩子读书，村村均办小学，杨湾各村也都办过小学。1978年以后，拨乱反正，教育事业开始走上健康发展的道路。1985年教育体制改革，中小学基础教育主要由乡镇管理，给教育事业注入新的活力。镇村二级牢固树立"百年大计、教育为本"的思想，坚持科教兴镇战略，加大教育投入，优先发展教育，杨湾的教育事业得到迅猛发展。杨湾村不但办有杨湾、上湾、长圻、幼山等5所完小，还一度办过杨湾中学，后山的陆巷、白沙、槎湾等村的小学毕业生均到杨湾中学上过学。1949年以来杨湾村所出的2名将军和30多名正副教授，大多在杨湾的私塾与完小读过书。

一、民国学校

县立碧螺小学 民国2年（1912）县办，在杨湾石桥村，为东山后山第一所官办小学。1938年东山沦陷后一度停办，抗战胜利后复校，并由地方接管，并入厘峰小学。

私立智笙国民学校 位于杨湾大浜村磨盘石巷，民国8年（1919）开办，杨湾崇本堂人沪地富商张知笙创立并任校长。初为义务半日制学校，半年后改为全日制上课。张知笙去世后，长子青卿继承校长，1938年日军侵占东山后停办。

私立鉴塘小学 在杨湾上湾村明善堂，民国10年（1921）上海地产商人朱润生遵父朱鉴塘遗嘱创办，并设分校于王舍、槎湾两村。义务教育平民儿童，学费书籍费俱免。校长朱钰，教务主任周知莘，为民国时后山规模最大的小学。抗战爆发后停办，1945年后改名慕塘小学。

私立南阳小学 在后山叶氏宗祠内，民国21年（1932）2月，沪地商人叶仲嘉创办并任校长。设南阳校董会。1934年有学生80余人，后山石桥中区等地适龄儿童80余人全部入学。是年夏叶仲嘉病故，其弟叶涤芳继任校长。1943年7月，因经费匮乏而停办。

县立燕石初级小学 在杨湾上湾村。该校民国4年（1915）杨湾张知笙发起创办，民国21年（1932）秋收归县办。淞沪"八一三"战事爆发后一度停办，民国27年（1938）秋仍由吴县教育局恢复并于槎湾设分校。教师2人，学生81人。

私立厘峰小学 在后山王石乡。民国32年（1943）8月创办，共有两个班级，其中一、二年级为复式班；三、四、五、六年级为单级班。该校由后山地方人士发起，石桥村人校董会王砺琛等募集经费，借南阳小学校址、校具开学。校长朱厚荪毕业于江苏优级师范学校。教师2名，学生88名。学生缴纳学费：低级5元、中级7元、高级10元。书籍用品费：低级16元、中级28元、高级35元。

私立慕塘小学 在上杨湾村。该校原为朱氏鉴塘小学，民国26年（1937）

因朱氏办校经费中止而停办,27年(1938)春教师周知莘向前校董会赁借校舍、校具继续复课,更名为慕塘小学,意为追慕朱鉴塘先生之善举。校长周知莘,毕业于江苏省第二中学。教师3名,学生120名。学期薪工8700元、办公费1800元,共10500元。办学经费全凭学费收入,超支由校长贴补。学生一学期纳费:低级40元、中级50元、高级60元,书籍用品费由学生自理。

私立余仁小学 在杨湾湖沙村,民国26年(1937)由地方人士筹资创办,开始仅有初级班。民国31年(1942)改为余仁义务小学,增加高级班,办学经费全由校董葛仲良、徐子星捐助。校长周克昌,上海民立中学毕业。教师2名,学生65名。学生书学费全免,期办学费8000元,全由校董会补助。

表12-1　　　　　　　　　新中国成立前杨湾办学情况一览表

学　校	校　址	创办时间	创办人	学校规模	备　注
县立碧螺小学	杨湾石桥	1912	地方乡绅	—	抗战开始停办,1944年复校
县立燕石初级小学	杨湾上湾	1915	张知笙	槎湾设分校	抗战开始停办次年复校,不久又停办
私立智笙国民学校	杨湾磨盘石	1918	张知笙	初为半日制后为全日制	抗战开始停办
私立鉴塘小学	明善堂	1921	朱鉴塘朱润生	槎湾、王舍各设分校一所	新中国成立后政府接管
私立南阳小学	后山朱巷	1932	叶仲嘉	—	新中国成立后并入杨湾小学
私立余仁小学	后山湖沙	1937	葛仲良徐子星	义务小学	新中国成立后政府接管改名"湖沙小学"
私立厘峰小学	后山王石乡	1943	朱氏	—	次年移入碧螺小学
私立荫庚小学	槎湾村	1948	马荫荪席少荪	—	新中国成立后政府接管改名"槎湾小学"

二、新中国成立后的中小学

杨湾农业中学 始办于1965年,为初级中校,学校在杨湾上湾村明善堂后的小山坡上。占地面积6000多平方米,建有13个教室与6间办公用房,教职工12人,入校学生以杨湾村及周边农村学生为主,约200多人。1968年上半年停办,扩建为杨湾中学。

杨湾中学 建于1968年夏,原杨湾农业中学完善扩大。1978年开设高中部,后因师资、学生源及办学条件等因素制约,1980年高中部停办,改为杨湾初级中学。2000年杨湾中学共有9个班,学生400多人,学校教职工20余人。杨湾中学的开办,解决了东山镇后山一带广大农村子女就近上中学的问题,学生入学涉及杨湾、上湾、北望、屯湾、槎湾、白沙、含山、湖新8个村,对普及农村九年制义务教育发挥了一定的作用。学校教育质量不断提高，1988年后曾有3名学生中考名列全镇榜首。

渔民子弟小学 1954年建办，校址在杨湾石桥村承志堂，现名金碧山庄。太湖渔民以前都是连家船，常年生产生活漂泊于水上，子女受教育困难。只有少数大网船渔民，能合聘教师上船对子女施教，师生食宿在船上，由学生家长轮流负担，因而1950年前渔民文盲率达90%—95%以上。为了解决渔民子弟受教育的困难，1954年春，由震泽县文教局、湖中区委、区政府联合在洞庭东山后山石桥村筹建震泽县渔民子弟小学。投资3000多元，当年9月开学，有108名学生，分3个班级，教职员工12名，其中教师5名。生源均来自湖中区管辖下的湖中、湖胜、湖丰、运输四个大队的渔民子弟，离家（船）上学，全部寄宿。

太湖中心小学 1958年建办，校址在杨湾石桥承志堂，又名金碧山庄，校长邱玉林。是年震泽县撤区建社，成立太湖人民公社。1959年4月震泽县并入吴县，成立太湖辅导区，震泽县渔民子弟小学更名为太湖中心小学，施教区遍及吴县沿太湖渔民村。在普及教育中有条件的渔业村随地办学，没条件办学的渔业村把学生送到中心校。1960年，中心校设12个班级，学生620多名，教职员工40多人，其中教师20名，全湖渔民子弟的入学率达97%，实现了普及教育。1960年太湖中心小学被评为全国教育战线上的先进集体，校代表出席县、省、全国文教群英会。

1969年1月，太湖公社渔业体制调整时，沿湖学校划归当地管辖，是年3月，太湖中心小学随太湖公社从杨湾石桥迁往光福白浮山。

上湾小学 又名杨湾小学，始办于民国10年（1921）。东山中心完小，其前身是私立鉴塘小学，由杨湾沪地富商朱鉴塘创建。以后学校多次易名，先后为鉴塘小学、慕塘小学、杨湾小学、后山中心小学、后山小学、上湾小学等校名。新中国成立后人民政府接管，20世纪80年代初，为适应东山后山教育发展的需要，1981年镇政府在旧校址附近征地筹建新校，建造了一幢2层10楼10底的教育大楼及一些辅助用房。1997年，又建造了三只教室，使学校再一次扩展，占地面积达到2500平方米，校舍建筑面积1334平方米。上湾小学在东山中心小学的统一规划下，先后撤并湖新小学、北望小学、槎湾小学，学校走上了规模办学之路。2000年学校有11个班级，学生369人，教师17名。接着学校添置了电脑，每班配备了二机（录音机、投影机）一幕（放映屏幕），学生图书平均十册以上，学校的办学条件进一步更新，教育质量也得到巩固提高。

上湾小学少先队、工会工作成绩突出。少先队曾被共青团江苏省委学少部授予锦旗嘉奖。校工会小组曾八次获县教育工会、县总工会先进集体的称号。还有诸多教师被评为先进教育工作者，校长黄复兴1995年9月获"全国优秀教师"光荣称号。

湖沙幼山小学 原名湖沙小学，1988年扩建更名，校址在杨湾湖沙村，港商朱恩馀先生捐办。1988年春,旅港侨胞朱恩馀遵父命至东山杨湾华侨公墓安葬祖父朱幼山,顺道考察了湖沙小学,见校舍陈旧,不适应现代要求,欣然解囊,捐款15万元,嘱拆旧房,重建新校舍。新校舍在当年底建成,筑仿古建筑教育楼1幢,教育活动区及其他设施共24间。当地群众感念朱氏义举,特以朱恩馀祖父"幼山"之名,将湖沙小学改名为幼山小学。

杨湾幼山小学 2005年原湖沙幼山小学搬迁扩建,校址在原杨湾中学。学校占地面积6327平方米,建筑面积2400平方米,分小学完小和幼儿园两部分学区,其中完小6个班级。2015年年底学校有教职工29名,学生237人;幼儿园6个班,148名人。2012年,幼山小学获"苏州市农村示范小学"奖牌,2014年数学教师周志文获"全国模范教师"称号。教师中获中学高级教师(副教授)职称3人,苏州市优秀教育工作者3人,吴中区学科带头人3人。

表12-2　　　　　　　　　　　新中国成立后杨湾中小学一览表

学校	班级(个)	学生(人)	教职工(人)	占地面积(位置)	创办时间
杨湾农业中学	13	200多	12	6000多平方米	1965年
杨湾中学	9	400多	20多	8000多平方米	1968年
渔民子弟小学	3	108	12	在承志堂(金碧山庄)	1954年
太湖中心小学	12	620	40多	在承志堂(金碧山庄)	1958年
上湾小学	11	369	17	2500平方米	1921年
湖沙幼山小学	3	86	6	24间	1988年
杨湾幼山小学	6	237	29	6327平方米	2005年
长圻小学	3	68	3	3间	1966年

第十三章 习俗语言

第一节 习 俗

一、岁时习俗

春节　农历正月初一为岁朝,即春节。晨起开门燃放炮仗。旧时合家长幼整衣冠,依次跪拜供于厅堂中的神位及祖先遗像。而后,小辈向长辈拜年。早餐多吃糖汤、糯米粉做的圆子、年糕,寓意团团圆圆、高高兴兴。遇见亲友、熟人,要相互作揖恭喜。是日,一般不借火、不扫地、不汲水、不淘米、不洗菜、不回绝乞丐。各道吉利的话语,以博好口彩。途中相遇亲友或熟人,相互拱手,口称恭喜。如有客人上门拜贺新年,必款待糖汤、瓜子、水果等,并留之吃年饭。若来客是长辈,要以红纸包钱给主人家的小孩,称"拜年钱"。现亦多利用春节假期,全家外出旅游。

接财神　正月初五日为财神爷生日,家家都要接财神,山村人称为"献路头"。杨湾街上店铺半夜"接财神",仪式隆重。黎明燃放爆竹开市,粗大金字蜡烛点在柜台招牌前。希望全年招财进宝、财源茂盛、生意兴隆。现杨湾商家多在门前摆一八仙桌,点上香烛,摆好水果、糕点等供品,迎猛将神送财。

元宵节　正月十五日即上元节(灯节),闹元宵。村里家家吃米粉做的小丸子,曰"圆子",设团圆宴。

吃野粥　正月十六日对着鹊巢临时支灶,把米、豆类、杂果煮粥,称之"烧野粥",据说能避邪消灾。杨湾村对外开放旅游后,近年这一习俗有所发展,是日不少城镇游客也来后山烧"野粥"吃。

百花生日　二月十二日为"花朝",又称百花生日,一般都剪了彩绸为带,系在花木枝头,亦有粘裹经纸条于枝上,谓之"赏红"。村中农家开始哺育瓜蔬种苗。

清明节　节前一天称清明夜,村内家家户户相率祭祖扫墓,俗称"上坟"。虽然旅居外地,亦必须返回故里上坟,在祖坟上培添新土、供上糕团水果等祭品,焚烧锡箔冥纸等。

谷雨节　前后出城隍会,出巡赛会,仪仗甚盛。尤其是抬阁表演最吸引人。抬阁,被誉为流动的戏台。一般由两个孩童扮演,男上女下。设计精心巧妙,服饰五彩华丽,人物美貌俊俏,动作惊险奇突,为群众所喜闻乐见。杨湾村制作的抬阁在"出会"中名列前茅。

立夏日　素有用大秤称人体重之俗,村中家家架起大秤,老少都要称一下。立夏日有吃甜酒酿、咸鸭蛋、鲜笋、豆粒团以及尝三鲜(即青蚕豆、蒜苗、荠菜)的习俗延至如今。

端午节 农历五月初五，亦称"端阳"。家家户户门头悬挂菖蒲、艾草、蒜头。妇女头上都要簪艾叶、榴花。家家吃粽子、黄鱼，饮雄黄酒，并将酒喷洒室中，说是可祛虫毒。孩子头戴虎头帽，脚穿虎头鞋。男女都佩辟瘟丹、雄黄荷包及用网装的独囊大蒜或樟脑丸，取其辟邪除秽，这一习惯延续至今。

夏至日 村谚曰"夏至杨梅满山红"，杨梅成熟，农家喜采杨梅，傍晚山道上人流不绝，村中家家有送杨梅给亲戚朋友尝新之俗。

伴观音 农历六月十九日观音菩萨生日，一般于六月十八日傍晚，村人成群结队，攀登大尖顶（莫厘峰）观音庵，朝山进香，有唱有舞，通宵达旦，"烧头香"，次晨下山，名为"伴观音"。该天香烟缭绕，为庵中香火最盛之日。

荷花节 农历六月二十四日雷祖诞辰，到龙头山（葑山）进香。村民步行、乘车、坐船，同十里荷塘赏荷花。文人墨客，赋诗作画。

乞巧节 农历七月初七日（中国"情人节"），为牛郎织女双星相会之辰。晚上妇女供陈瓜果，乞巧显针。方法是取鸳鸯水（河水和井水）露置庭中，明日中午浮针而视其影，以别巧拙。这是向织女乞求智慧和技艺的"乞巧"习俗。是日"吃巧果"，女孩子捣凤仙花染指甲。

点地香 农历七月三十日，当晚各家各户门前都点插地香于庭阶，名"九四（狗屎）香"。相传元末张士诚名九四（一说名九思）占据苏州，对吴中百姓不错，后为朱元璋所杀，民众为纪念他而烧此香。是晚儿童还把香遍插茄子上，名曰"茄牛"。

中秋节 农历八月十五日俗称"八月半"，为中秋节。节前亲友间互以月饼相馈赠。外出的人赶回家中与家人团聚，吃月饼赏月。家人在月下供奉红菱、雪藕、石榴、新栗、柿子、银杏等时令瓜果及月饼，于庭中焚香斗，点蜡烛，名为"斋月宫"。全家对月设宴以庆团圆，晚餐都吃糖煮芋艿。

重阳节 农历九月初九日为"重阳节"，又为"老年节"、敬老日。相传重阳登高可避灾祸。是日，晚辈大多陪伴老人们去庙山登高。近年来每逢重阳节，杨湾村对全村60岁以上老人均发一盒重阳糕以庆贺佳节。

冬至节 村民最重此节，有"冬至大如年"的说法。冬至前一夜称为冬至夜，小辈要向尊长"辞冬"。冬至那天，家家祭祖先、祀灶神、吃冬至团和冬至糕。在外的子媳，冬至必须返回家中，向公婆等尊长"拜冬"，以示全家团聚之意。

掸尘 农历十二月十五日以后，家家准备过年，办年货（包括吃、穿、用及送礼之品），磨糯米粉、蒸糕，称"年糕"。一起动手打扫屋舍，洗刷门窗，名为"掸尘"，据说此能消除一年烦恼，迎来吉祥的新年。

送灶 农历十二月二十四日称"廿四夜"，家家送灶神，祭以各色果品，搓粉做团子（廿四团），状似元宝，并以饴糖为供，祈祷灶神上天，而除夕夜又燃香烛接灶神下凡，有"上天说好话，下界保平安"之谚。

小年夜 农历十二月二十九日小除夕，都要理发、洗澡、祭祖"搬年碗"。

亲友间以猪蹄髈、青草鱼、糕点、水果等，互相馈赠问候，名为"送年盘"。"搬年碗"寓意不忘祖辈养育之恩，祈盼来年家庭兴旺之愿。

除夕 农历十二月三十日称"大年夜"，下午于厅堂供神祇像及祖先遗像，谓之"供真"，厅前置供桌香案祀天神。桌边围以绣帷，供饭菜祭祀祖宗。傍晚起，家家吃年夜饭，酒菜丰盛，席间说吉利话，吃鱼称年年有余；肉圆、虾圆寓意团圆；蛋饺（意元宝）；青菜、黄豆芽（意长庚、如意）。大人以糕点给孩儿，称"压岁盘"；以红纸包钱给孩儿，称"压岁钱"。除夕夜半以后放鞭炮、焰火，连续不断至黎明，是为"守岁"。

二、生活习俗

（一）婚嫁

订婚 村里人称之为"定亲"或"攀亲"，如今称为"订婚"。通常是男方主动提亲，若女方同意，男方就请媒人（现称"介绍人"），约期"相亲"。双方中意者，就选定吉日，办定亲酒。男方送订婚礼，俗称"送小盘"，后女方回盘，俗称"行盘"。聘礼有毛料、绒线、金首饰（戒指、耳环等）。既经订婚，男女开始互相走动。男称"毛脚女婿"，女称"未过门媳妇"。如今自由恋爱，双方看中，便可直接结婚。

通路 女方称"嫁女儿"，男家称"讨媳妇"。选定结婚日期（村里人称"好日"）的半年前，男家必先送"通路"（通知女方婚期的礼金），使女方有充分的时间办嫁妆。结婚前一天，白天男方派人去女家抬嫁妆，俗称"行嫁"。其中箱梯、甘蔗是必有之物，寓意"步步高""节节甜"。

迎娶 男家称讨新娘子，女家叫嫁女儿。男方雇用鼓乐队（旧时抬花轿，如今用轿车）去女家，到门口鸣放爆竹，女家闻声，紧闭大门，屏息无声。几经恳求，门内提出要钱，称"开门钱"。亦有要烟、要糖的，热闹嬉笑一番。满足女家陪嫁亲戚（主要青年人、孩童）要求后，大门洞开。新娘经梳妆打扮，对在场的亲戚长辈逐个道别。尤其是有母女抱头哭泣的，谓之"哭发"，乃吉利之举。女儿刚出门，女家随之把一盆水泼在大门口，意即"嫁出女儿泼出水"，寓意女儿出嫁后到男家去成家立业，创出一番事业来。

结亲 新娘娶到男家，当夜"拜堂"及祭拜祖宗，以及向公婆、长辈行礼。是夜新娘由小姐妹陪伴睡在新房内。次日是结婚正日，大摆喜筵，诸亲好友都来祝贺吃喜酒。这日新娘的父母、兄弟，都光临男家，称作"做新亲"。男家陪席的叫"陪新亲"。酒宴上均要行令猜拳，戏称"闹猛"。杨湾村一带猜拳名称"宫廷拳"，据说源自南宋朝廷，拳名都很吉利：一品到、二上庄、三元及第、四喜发财、五金魁、六六大顺、七巧大（来）、八仙早、九长寿、全福或全福全寿。

回门 男方婚礼结束后，新婚夫妻第二天要回一次娘家门，俗称"吃复脚"，也有新夫妇当晚至女方"回门"的，吃罢回门酒，回到家中，小夫妇渐入正规生活。杨湾村居民婚庆一般要5天：落桌（摆桌子），近亲前来帮忙吃了饭；碰风，远亲也上门吃酒；行嫁日，男家派人去女方抬行嫁，众亲戚须前来送嫁或迎嫁，是日女方大宴宾客，然后送女儿出门；正日，男方大宴宾客，新娘父母、亲戚至男家做"新亲"，老丈人朝南上坐，左称"巡抚"，右称"记账"，发号施令，在婚宴上行使"赛拳"之职权。

（二）生育

坐月子 产妇在月子里不能吹风，不沾冷水，不能受气等，否则容易得病。亲朋好友大都在月子里用猪蹄、鸡蛋、糕点探望产妇。娘家都用猪蹄、益母草、干菜、鸡蛋、红糖等送来让产妇食用。产妇吃鲫鱼汤、白笃蹄髈等催乳食物。

过六朝 亲戚送"奶水盘"，主要以猪蹄髈、鲜鲫鱼、鸡蛋、云片糕等礼品相送。小孩生下第6天，称六朝，主人办"六朝酒"宴请亲友，并以红蛋等回赠，现以超市所购高档食品和礼券回赠。

满月 小孩生下满一月称满月，要替婴儿剃胎发。要做"剃头团子"，分送左邻右舍。亲友都要给婴儿送剃头礼，有金银锁片、项链、手镯、脚镯等。因此要办"满月酒"宴请亲友。

抓前程 孩子一周岁左右，准备笔、铜钱、算盘摆在桌上，让小孩随便抓一样，称"抓前程"。如抓到笔，寓意长大是读书郎；抓到铜钱，寓意长大会经商；抓到算盘珠，则寓意长大当账房先生。

（三）丧葬

穿寿衣 一般病者咽气前夕，要立即请"四喜"替之脱去身上原来穿的衣裤，全部换上准备好的寿衣寿裤与寿鞋。其寿衣寿裤以红色丝织品为多。穿好寿鞋后，死者双脚要用一根细绳绑紧。同时在门外烧纸钱，称送上路钱。

斩绑脚绳 小孩刚开始下地学走路时，大人要用一把菜刀，在小孩脚前脚后及小脚中间乱斩一阵，称斩绑脚索。杨湾农村老人去世火化前，亲属均要用一根细绳把死者双脚绑紧。据说每个人转世再生后，脚上的绑脚绳仍在，把绑脚索斩断，小孩很快就学会走路了。

哭亲 亲人去世后，遗体移入正间，布置灵堂。一面向亲友报丧，一面办理丧事。一般遗体在家中摆放三天三夜，每夜必有死者亲人哭亲，每隔1至2小时哭一次。另一方面据说死者人死心不死，灵魂在家中游荡而无法散去，须以哭闹声将其阴魂驱散。现杨湾农家有丧家事，一般均请乐队吹打。

磕头 家属按辈序分穿麻、白孝服以及白布扎头、束腰带等。亲友和邻里吊唁，俗称"磕头"，今改为鞠躬。按关系之远近和邻里交往之疏密，送现金（称代箔），也有送奠幛、花圈等。过去给丧家磕头"代箔"仅几串纸钱价格，现在磕头钱数目越来越大，一般近邻100—300元，远亲300—500元，而近亲则1000—3000元不等，也有磕头钱上万元的，成为一种人际交往之中不小的负担，被戏称"白色炸弹"。

吃素饭 死者入殓那天，雇佣鼓手吹唢呐、鸣长号。丧家备以豆腐为主的素饭，俗称"吃素饭"，如今"素饭"已改成丰盛之筵席。有在家办"素饭"的，亦有上饭店办"素饭"的，其素饭之档次与婚宴几乎无区别。丧葬仪式，现也不断演变，尤其是推广火化以后，仪程从简。废白布孝衣，改用臂缠黑纱，骨灰盛盒，葬在公墓。

喝豆粥 送殡人群从墓地归家，每人须持一枝点燃的棒香，回到家中才能扔掉。事家备好大量赤豆粥和糖汤，送殡回来的人每人必喝一碗赤豆粥与糖汤，据说可祛除墓地可能遇到野鬼的邪气。

上新坟 扫墓村人俗称"上坟"。上新葬之坟，一般在立春以后，全家出动至新坟上摆上祭品，低声哀哭。虽旅居外地者，每年清明也必告假回乡扫墓。纸钱，是圆形的，刻印似铜钱，剪圆形后，叠以成串，称为"纸板铜钱"。或用锡箔折叠成元宝形状，或用冥纸币，集中焚烧。

摆放坐台 亲人安葬的当天夜里，在堂屋中摆一八仙桌，桌上摆放亲人的遗像，一盏微弱的豆油灯，即长明灯，据说可照死者在阴间行路。这只台子称"坐台"。坐台一般要摆放三年，现在也有七七四十九天"断七"后结束的。家中摆放"坐台"后，每天五更，子女要轮流负责在坐台上斋饭菜，默默悼念去世的亲人一番。

三、建房习俗

镇石 杨湾村明清建筑众多，不但建筑艺术、规制与风格很有特色，具有外观恢宏、造型轻巧、色彩淡雅和内观华丽、梁架工整、装修洗练等特点，而且其住宅选址也很有讲究。选址常定位于御寒防暑的地形，前有平坦开阔之地、略弯的河流为佳，无"冲"为上，有"冲"为下。箭形的河、笔直的路、露天粪坑、高大坟墩、屋脊的尾等物对准大门为"冲"。无法回避的就造牌楼、照墙等物破解。

杨湾大宅镇冲、解冲之物有七：一是山海镇，一块长约1米，宽0.45米左右的石条，石上阴刻"山海镇"三个楷体大字，将它放置在路口、门口或者左、右侧墙壁均可。二是石敢当，又名泰山石敢当，均为在条石上阴刻楷体大字，常被嵌砌在屋角，对准弄口，也有嵌砌入墙头中间的。三是半爿磨盘，直径1米左右，放置大门边的墙头上。四是八卦石，在一块直径0.3米左右的圆形石上浮雕八卦图案，尔后砌在大门左边的前包檐墙头上。五是黄老虎，在大门左边墙头上，用泥灰塑造的老虎头，头顶塑"王"字，龇牙咧嘴，形象凶悍，涂以黄色，故称黄老虎。六是瓦老爷，陶制品，身长30厘米左右，面目和善，表情呆板。瓦老爷卫护村民住宅。据说他的地位低微，但神管不了，妖魔鬼怪却怕他，所以他能压邪镇宅保太平。七是照妖镜，原是圆形铜镜，现为玻璃圆镜。有的嵌在大门上面槛上，有的嵌在脊檩上。当妖魔从照妖镜里见到自己狰狞的面目，就吓唬得逃走。现杨湾村明清大宅墙上及房屋前后，此七种解物尚较多。

破土 旧时山村人相信太岁，太岁为土中之神，不得冒犯，否则就会遭灾。

传说一年之中只有两天可以任意动土,一是清明日,这天是太岁交接班的日子,他不在地下;另一天是大寒日,太岁封印不办事,亦可动土。自动土之日起,必须每天去挖一次泥,直至摆定宅基的石脚为止,其间只要停工一天就前功尽弃。小户人家的破土奠基仪式比较简单。动土前先斋祭太岁,祭时不用桌子,只将猪头三牲等祭品放在屋基上,点上香烛,全家老小叩头,祈求太岁不要因为他们动土而降灾作难。接着东家向泥水匠、木匠发过喜钱后,便破土动工。泥水匠的第一铲土,只铲上少许泥土装进红纸包;木匠的第一锯,只锯一小段木梢,也用红纸包封好,一并交给东家。东家有灶的放在灶头上,无灶头的就拣一个干净、稳妥的地方藏好。过去大户人家斋太岁的仪式比较隆重,还要请道士到场念经,并在地上铺毡毯,道士用米在毡毯上堆成烛台,撒出图案,以示对太岁的敬重。现今村人建房破土动工已没有较多的奠基仪式,只有烧香等简单仪式。

平碌 即是摆放宅屋基脚和柱子接触的鼓墩石。匠人排好宅脚后就平碌。平碌时,泥水匠按木匠规划好的尺寸来平定碌石的位置。平碌用碌板,相当于现在的水平尺。碌脚下要放些钱,叫"太平铜钱"。平碌仅限两人,一人平碌,一人唱颂词:

甲:手拿碌板方又方,恭喜主家砌新房。碌子做得圆整整,新造楼房排成行。

乙:今日碌板来安定,四时八节保安宁。自我做来听我言,主家富贵万万年。

……

而后,东家就给平碌匠人发喜钱,所以工匠们都争着干此活。

上梁 新房上正梁之日,亲朋好友们都要送鞭炮和制作精巧的糕、团、面、馒头、粽子等,俗称"上梁盘"。上梁之前,正间厅堂梁柱上,包括要上的正梁上,都贴红纸写上"福星高照""三阳开泰""五福临门"等吉利语。上梁时,工匠领队爬在上梁,说吉利话,然后放爆竹,鞭炮声中架上正梁,随即在梁上向下面分散掷糖果、糕点等,任孩童争拾,称之为"抛梁"。上梁仪式完成后,工匠以及亲友都吃面,晚上备丰盛酒席,称喝"上梁酒"。布彩,即由木匠工头履行,把东家准备好的饰物安放在明间的脊檩中间。叉梁,木工们把桁条提升上去,手里干活,嘴唱颂词。完工酒,即新屋造得差不多快要结束,主人就要办丰盛的酒宴,其邀请范围较广,除亲友、工匠外,凡帮助造屋出过力的人和左邻右舍都在被邀请之列。酒席再多,都要摆在新造的房子里,还要猜拳行令,热闹一番,表示祝贺。并寓意新屋落成后兴旺发达,其风俗延续今日。

涂黑墙 东山杨湾等山村新房落成后,最后一道工序是用轻煤把外墙全部涂成黑色,其作用是防风雨侵蚀。因东山地处湖中,杨湾又位于后山湖边,四季风雨对房至侵损很大,而黑墙壁能避雨水。其俗山村代代相传,现在村民建房均采用其法。

第二节 方　谚

　　杨湾村（上湾、屯湾）各姓始祖大多为南宋移民，主要来自中原及西北之贺兰山、祁连山一带，加上旧时远离市镇，交通不便，虽在吴语区，但与"吴侬软语"仍有一定差异，发音相对来讲要"硬"一些。《吴县方言志》把全县方言划分成5个片，东山列入西南片。然而在东山由于地域、历史（迁入口音）等种种因素，也并不一致，有着比较明显的区别，有上山头语、下山头语、前山语、后山语、三山语、余山语6种小方言。杨湾村地处后山，故同前山方言有一定的区别。

　　东山方言的特点，如：把"鱼"读成"藕"，把"蛋"读成"段"，把"酒"读成"走"，把"八"读成"卜"等。杨湾一带属后山方言，同前山方言也有一些区别，主要在音调的拖长或短促以及鼻音所发生的转化方面有细微差异。还有是说话的口头禅，如杨湾人讲"上"或"下"，称"上界"或"下界"；"南""北"称"南横头""北横头"等。

一、方言

狭伲	我们
俚	他
倷	你
俚笃	他们
嗯	我
嗯自家	我自己
嗯笃	你们
裁家	大家
阿爹	一般称父亲，亦有称祖父的
亲爹	称姑父、姨父及干爹、岳父
亲妈	称姑母、姨母及干妈、岳母
嗯娘	婶娘
娘娘	称未嫁的姑母
大佬	弟称兄
舅佬	妻子的兄弟
小囡嗯	男孩
小丫头	女孩
麦栖	近视眼
众牲	畜生，骂人语

浮尸	女人骂男子恶语，意即浮在水面之尸体
吼	彩虹
忽显	闪电
瀴	气温低
湖胶	太湖冰冻
奥灶	气候闷热，呼吸不畅
喔塞	天气不爽，或肚中不舒服及受委屈后的苦闷
估歇	现在
葛歇	眼前
场化	地方
山浪	称东山（浪是吴地对"上"的称呼，如：台浪、凳浪、天浪、地浪，即为：台上、凳上、天上、地上）
网船浪	泛指渔家
盖搭、盖沿、盖海、盖面、盖手	此地或这里、这边、这面
葛搭	那里
阿搭去	去什么地方
特脱	失落
额着	拾起
蛳螺	螺蛳
海菜	苋菜
腻脂	不干净
肯	皮肤上的污垢
疙	皮肤红肿
拗	折断（亦称"挽断"）
园	藏起来
嚣	揭开（书面）
易	器物磨损
宿	不新鲜
蓬尘	灰尘
小气	吝啬
结棍	厉害
屋里头	妻子
找黄髈	到寡妇家的男人
夜快	傍晚
苟子	锯子

阿宁	有没有
呒亲头	没有教养
横竖横	豁出去
讨饭胚	没出息
七弗老欠	不三不四
二婚头	再婚
亲疙瘩	亲家之间闹矛盾
枇杷叶面孔	翻脸不认人
破船多揽事	自己力量不足，却多处助人
经坏头	神经有毛病
兔子眼睛	红眼病
居	鬼
镬子	铁锅
适意	舒服
吃豆腐	调戏或戏弄人
卷蛳螺	蜗牛
河鱼婆子	蝌蚪
百脚	蜈蚣
北瓜	南瓜
猪滚头	短裤
汏浴	洗澡

二、谚语

（一）农谚

三百六十行，种田第一行。

做官一蓬烟，生意人六十年，种田人万万年。

三春靠一冬，三早抵一工。

两手双肩，胜过皇天。

靠龙靠虎，弗如靠土。

低田挑高一尺，白米多收一石。

耕地耕得深，黄土变成金。

人在床浪跳，稻在田里笑。

抬头求人，不如低头求地。

土地无偏心，你勤它也勤，你懒它也懒。

人哄地皮，地哄肚皮。

宁舍一碗金，不舍一句春。

十二月里冷懒汉,缩手缩脚缩骨头。
小暑一声雷,朝上耘田下午睏。
人误田一时,田误人一年。
夏雨隔爿田,黄牛湿半边。
冷煞闲人,饿煞懒人。
多看田头,少走街头。
节气弗等人,时间赛黄金。
水是庄稼娘,无娘命不长。
灌水三看:看天、看田、看苗。
小麦年年收,只怕懒汉弗开沟。
立夏田里勤拔草,秋天一定收成好。
白露白眉眉,秋分稻收齐,寒露吭青稻,立冬一齐倒。
没有粪臭,哪有饭香?
三月三,梅子上爱台。
立夏尝三鲜,梅子、蒜苗、青蚕头。
小满枇杷黄,夏至杨梅满山红。
橘子花开枇杷黄,枇杷花开橘子红。
做天难做四月天,秧要热头麻要雨,养蚕娘娘盼晴天。
立夏不种瓜(苗),到老不结瓜。
洞庭枇杷黄,太湖银鱼肥。
年少种银杏,老来种三桃。
七月枣,八月梨,九月柿子挂枝头。
白露身弗露,银杏露真容。
桃饱杏伤,弗好多尝。
栽上百年桑,弗怕年成荒。
清明一粒谷,养蚕娘子哭。
谷雨雨不休,蚕叶只好去喂牛。
八月鱼池水头清,急煞潦里养鱼人。
鱼有鱼路,虾有虾路,乌龟甲鱼也有路。
山浪养鱼人,多吃半世,少睏半世。
百花生日太阳旺,瓜果定是好年成。
八月种葱绿油油,九月种葱一场空。
屋里富不富,先看屋边树。
猪吃百样草,只要满地找。
家有一圈羊,不愁造屋讨家婆。

（二）邻里

邻居好，赛金宝；亲友好，路迢迢。
金乡邻，银亲戚，远亲不如近邻。
一只碗弗响，两只碗叮当。
花花轿子人抬人，过河拆桥绝自路。
出门一里，不及屋里。
在家靠父母，出门靠朋友。
在家千日好，出门一时难。
心热不怕天寒，人齐弗怕地冻。
棒头上出孝子，筷头上出逆子。
多一个朋友，多一条路走。
恶人得势，好人受气；好人发火，恶人受苦。
一句话叫人笑，一句话叫人跳。
千穿万穿，马屁弗穿。
满碗饭好吃，过头话难说。
人如铁，饭如钢，一顿弗吃心发慌。
只要心里爱，拉勒篮里就是菜。
敲锣卖糖，各管各行。
面上笑嘻嘻，不是好东西。
别人看看弗稀奇，情人眼里出西施。
心好话也好，说得人家心里笑；心好话弗好，说得人家肝火冒。
先有官庄葛家渡，后有翁巷席家湖。
三个臭皮匠，赛过诸葛亮。
双手难敌四拳，猛虎难斗群狼。
莫学灯笼千只眼，要学蜡烛一根心。
人怕单行，雁怕离群。
蜂多出王，人多出将。
牡丹虽好看，要有绿叶扶。
三人同心，黄土变金。
君子之交深如海，酒肉朋友烂如泥。
衣裳新格好，朋友老格亲。
交人要交心，浇树要浇根。
朋友多一个好一个，冤家少一个好一个。
酒肉朋友日日有，有难辰光裁（都）逃光。
轧了好苗长好稻，轧了坏苗长稗草。
送佛送到西天，摆渡摆到江边。

行得春风有夏雨，给人方便，自己方便。
冤有头，债有主，长江里摇船总有碰头日。
未吃先谢，敲钉钻脚。
无事不登三宝殿，有理不打上门客。
先要雪中送炭，再好锦上添花。
未说先笑，不是好兆。
长鞭不抽弯腰牛。
打人不打脸，相骂弗揭短。
药对一味，气杀名医；药错一味，相隔万里。
做一样生活，换一样骨头。
公说公有理，婆说婆有理，媳妇也有三分理。
清官难断家务事，和尚不知道家事。

（三）气象

春寒冻煞老黄牛（倒春寒）。
大暑、大暑，热煞老鼠（夏热）。
雾路醒，跳下井（热）。
九月南风二日半，十月南风当日转
天上云头鲤鱼斑，明日晒谷不用翻。
日落西山胭脂红，半夜起来搭雨篷。
东虹日出西虹雨，朝虹日头夜虹雨。
上看初二三，下看十五六。
要知明朝阿热，先看夜星阿密。
朝霞不出门，晚霞行千里。
日晕三更雨，月晕午时风。
日西夜东风，明日好天空。
晴不晴，看星星；满天星，明天晴。
若要晴，望山青；若要落，望山白。
日落胭脂红，没雨便刮风。
东北风雨太公，西南风热烘烘。
三朝雾露发西风，若无西风雨不空。
热极生风，闷极下雨。
夏寒多旱，夏雾多雨。
白露日的雨，到一处坏一处。
秋后北风遍地干，秋后南风是雨窝。
朝西夜东风，做煞老长工。
小暑一声雷，依旧返黄梅。

东风急吼吼,难过五更头。
处暑十八盆,有一盆无一盆。
早立秋凉飕飕,夜立秋热吼吼。
秋天怕夜晴,夜晴还要阴。
重阳无雨看十三,十三无雨一冬晴。
干净冬至邋遢年,邋遢冬至干净年。
雨雪年年有,不在三九在四九。
初三初四看明月,干干湿湿半个月。
盐罐回潮,大雨将到。
蝼蛄唱歌,有雨不多。
欲知当年洪水大小,且看甲鱼埋蛋多高。
冷是冷在正月,热是热在七月。
正月十五雷打灯,清明时节雨纷纷。
二月干一干,三月宽一宽。
三月落尽桃花雨,五月黄梅朝朝晴。
四月初九大风吼,鲤鱼咣到灶跟头。
五月里厢缺日头,六月里厢晒泥鳅。
六月吭夜阵,雷雨不隔夜。
七月半,苍蝇蚊子少一半。
八月雷打头,干到明年头。
十月下大雾,黄牛水上浮。

第三节 歌 谣

历史上流传在东山的民谣及山歌多达上百首,在杨湾等后山一带亦多有流传。

一、山歌

一把芝麻撒上天

一把芝麻撒上天,肚里山歌万万千。南京唱到北京去,回来还好唱三年。

一只梭

一只梭,两头尖,纺纱织布赚铜钱。小姑娘白相娘相伴,奴奴织布日夜忙。脚踏条,手把床,眼泪汪汪告诉郎。郎话倷勿要气,勿恼,十年媳妇廿年婆,再歇廿年做太婆。

一个姑娘三寸长

一个姑娘三寸长,勒浪茄子底下乘风凉。拔勒长脚蚂蚁找仔去,笑煞仔亲婆哭煞仔娘。

一只山歌乱说多

一只山歌乱说多,油煎豆腐骨头多。太湖当中挑野菜,兔子笼里养老虎。瞎子张眼望苏州,大尖顶浪摸田螺。摸个田螺笆斗大,摆勒摇篮里面骗外婆。

高山头浪一群鹅

高山头浪一群鹅,一淘拔勒贼伯伯偷仔去,单单剩只蹩脚鹅。阿哥话,烧烧吃仔吧;弟弟话,剩拔勒哥哥讨家婆。讨个家婆矮陀螺,八幅罗裙着地拖,上床要用蒲墩垫,下床又要丈夫驮。隔壁头娘娘倷勿取笑吾,葛格叫,做仔夫妻没奈何!

山歌好唱口难开

山歌好唱口难开,樱桃好吃树难栽,白米饭好吃田难种,鲜鱼汤好喝网难抬。

叫天子飞来节节高

叫天子飞来节节高,燕子飞来像剪刀。野鸡飞勒青草里,天鹅飞过太湖梢。蜻蜓飞出天要变,蝗虫飞临灾难到。蝴蝶飞到花丛里,布谷鸟飞来好种稻。

大麦种在东横头

大麦种在东横头,小麦种在西横头。豌豆开花紫微微,蚕豆开花黑心头。小姑娘今朝陪母庵堂去,换衣打扮巧梳头。弥勒佛见仔眯眯笑,俏师姑懊恼剃光头。

咿啊咿啊踏水车

咿啊咿啊踏水车,水车底浪一条蛇,游来游去寻阿摩。阿摩嘴里衔青草,青草开花胜牡丹。牡丹姐,要嫁人,石榴姐姐做媒人。大手巾,当门帘。小手巾,揩茶盘,揩得杯盏白似银。嫁个官人啥场化人?王家泾头王官人。

媒人瞒人害煞人

嫁妆里边一只红脚盆,淘米汏菜八隆冬。公勒元堂算婚账,婆勒灶屋骂山门。新媳妇,气煞快,登勒房里眼泪汪汪怨媒人。媒人许吾三间正屋四间厅,哪里晓得,歪歪倒倒一间牢棚两扇门。今后日脚哪能过,媒人瞒人害煞人。

亲家母,吾来告诉倷

亲家母,倷勿动气,请倷坐好仔,吾来告诉倷:倷得囡嗯来,叫俚淘淘米,水滩头浪弄烂泥。叫俚扫扫地,筲帚柄浪出把戏。叫俚烧烧火,火钳头浪爆白果。说说俚,火气比吾大。叫俚拎拎水,滴滴答答一屋里。叫俚买买油,油店里厢搭汕头。叫俚买买线,走错仔店门买仔盐。叫俚小菜场买买菜,只管俚心里爱,拉勒篮里就是菜。亲家母,倷勿动气,倷搭囡嗯回转去,请倷好好交教教俚。

虫名十二月山歌

正月梅花阵阵香,螳螂叫船游春场。蜻蜓相帮来摇橹,蚱蜢捐篙当头撑。二月杏花处处开,蜜蜂开起茶馆来。梁山伯忙着冲开水,柜上坐着祝英台。三月桃花朵朵红,来个茶客石胡蜂。接力黄谈起家常事,蝼蛄有病怕吹风。四月蔷薇满墙开,蚕宝宝上山做茧哉。苍蝇眯觉明朝还,蚊子夜里上市来。五月石榴红彤彤,花蝴蝶躲勒花当中。杨师太一叫活吓煞,吓得地鳖虫动也弗敢动。六月荷花结成莲,织布娘登勒房里哭亲娘。唧蛉子细声来相劝,叫哥哥常蹲勒姐勒身边。七月凤仙靠壁开,壁虎沿墙游过来。萤火虫提灯前头照,吓得田鸡跳起来。八月金秋木樨香,蟋蟀夜夜偷婆娘。拔勒廊檐头蜘蛛来看见,结识个相好纺织娘。九月重阳菊花黄,带兵打仗有蚂蟥。背包蚰蜒来督阵,千万蚂蚁尽阵亡。十月芙蓉应小春,青壳田螺夜夜动坏脑筋。金钱乌龟拉皮条,香油虫出仔臭名声。十一月里茶花开,红头百脚摆擂台。蛤蟆有点弗服气,灰骆驼卜笃跳上来。十二月里蜡梅黄,跳蚤居然开典当,瘪虱强横做仔臭朝奉,老白虱上来当件破衣裳。

猛将神歌

家住上海松江县,青龙岗上长伲身。爹爹就是刘三叔,母亲包氏称院君。正月十三亲生日,取名佛官极聪明。面上有粒朱砂痣,七岁之时克娘亲。爹取晚娘朱三姐,日夜拷打受苦怜。前亲后晚难过日,磨身压沉河中心。二弟怜异来相救,外婆家里去安身。外婆家住东山坳,赤豆藤里跌一跤。额骨头上血直流,留下一道伤疤痕。元朝末年兵荒乱,连年打仗弗太平。三年大水三年旱,三年蝗旱九年灾。神人传授遁甲法,不怕天来不怕地。蝗虫飞来遮日头,百姓田头哭干泪。带领三军捉蝗虫,天神助威一夜净。东洋倭寇刀兵乱,抢劫太湖众渔民。明朝大将路振飞,领兵出征战倭寇。湖面迷雾失归路,灵神显法救大军。杀退倭奴迷雾散,全靠猛将显神灵。大军凯旋回朝转,奏本皇上受御封。敕封普佑上天王,村村立庙受祭祀。年年香火还神愿,保佑众生永太平。

胥王庙神歌

箕家山上杨湾庙,供着忠臣伍子胥。吴王昏庸把他杀,吴地百姓爱戴他。一代一代又一代,胥王故事千年传。子胥本是楚国人,先朝三代是功臣。父亲伍奢忠良将,母亲贤德武将后。阿哥伍尚封棠邑,兄弟两人文武精。可恨平王昏无道,听信奸臣乱朝纲。父兄忠言遭横祸,子胥只身把命逃。一心投奔吴国去,路途漫漫千里遥。千辛万苦到昭关,城画图像难飞过。一夜头发全急白,全靠渔翁把江渡。行至吴境溧阳地,饥寒交迫路难行。多情多义浣纱女,患难之中献真情。浣女尚是清白身,抱石投江抗追兵。子胥沥血石上书,十年千金报德恩。隐于城西东山上,自耕自种当农夫。手执斑竹第一支,往来乞食街道中。悠悠笛声露冤情,感动万千吴国人。胥母峰上迎亲娘,吴王宫里当大夫。先助姬光夺王位,受命建造苏州城。再荐孙武进吴宫,败越破楚威名震。越国兵败献美人,七计亡吴阴谋逞。子胥识破奸人计,怒谏吴王杀勾践。夫差不听忠臣言,放虎归山成大患。姑苏台上西施笑,吴国江山风中摇。昏王赐剑子胥亡,千古英雄恨难消。匠门城头放双眼,要看越兵进城来。头颅包在鸱夷里,随风随浪四处漂。飘到杨湾长圻嘴,百姓含泪祭忠魂。从此胥王坐庙中,轩辕宫里香火盛。保佑杨湾永太平,风调雨顺颂胥王。

二、民谣

年公公

年公公，啊里来，脚踏莲花浪里来。带点啥末事来？带点铜鼓砌钹来。敲敲看，咚咚哐，齐齐哐。

月亮高

月亮，出来白相相，走进傃家凉棚里，凉棚里面有只鸡。称称看，两斤半。烧烧看，两大碗。扯扯分分四小碗，公一碗，婆一碗，姑娘小叔合一碗。剩一碗，门角落里斋罗汉。罗汉弗吃荤，豆腐面筋刚囵吞。吞勒吞，吞进一只死苍蝇。

萤火虫

萤火虫，夜夜红，屁股浪向点灯笼。飞到西，飞到东，飞到草窠里向捉青虫。青虫捉弗着，倒拔勒触律刺痛脚。刺得痛，弗能动，只好蹲勒草窠里向望天空。

排排坐

排排坐，吃果果，傃一个，吾一个，大家吃得笑哈哈。排排坐，吃果果，爹爹归来带糖果，猜猜看，啥人家爹爹带得多。排排坐，吃果果，姆妈欢喜吾，吃好仔饭来吃水果。

骑马康康

骑马骑马康康，一骑骑到松江。松江松江好地方，今到松江，还是第一趟。骑马骑马康康，一骑骑到太仓。太仓太仓，是个好地方，北靠长江无限好。骑马骑马康康，一骑骑到吴江，吴江地方，有个平望，太湖边浪，蛮有名望。

丫鹊尾巴长

丫鹊、丫鹊尾巴长，愁柴愁米养姑娘。姑娘生来恶，将来嫁蚌壳。蚌壳空，嫁老翁。老翁死，嫁只猪。猪要杀，嫁秀才。秀才矮，嫁只蟹。蟹壳黄，嫁凤凰。凤凰飞，嫁只鸡。鸡要走，嫁只狗。狗要看门咬坏人，咬傃姑娘呒良心，让傃今生今世弗上门。

摇摇摇

摇摇摇，摇到外婆桥。外婆桥上跌一跤，买条鱼烧烧。头弗熟，尾巴翘，吃仔快点摇。摇摇摇，摇到外婆桥，外婆桥上瞧一瞧。瞧见外婆对吾笑，伸出手来拿吾抱。连连叫吾好宝宝，亦买团子亦买糕。拉吾小手屋里跑，叫吾歇歇力气坐坐好，忙得外婆弗得了。米来淘，菜来烧，清炖鲫鱼两头翘，咸肉菠菜线粉条。满碗白饭端正好，吃鱼吃肉自己挑，拿起调羹把汤浇。外婆眯眯笑，叫我吃饱肚皮快点摇。

黄瓜棚

黄瓜棚，着地生，外公外婆婆请外孙。娘舅叫吾堂前坐，舅妈叫吾灶后蹲。一双筷，水淋淋。一碗菜，三两根。打碎仔外婆一只毛粗碗，三年弗上外婆门。

等到哥哥讨嫂嫂，大红帖子请上门。黄瓜棚，着地生，雪白圆子请外甥。外甥吃仔三两个，舅妈面上气鼓鼓，娘舅勒屋里掼家生。外婆阿喂阿喂话弗要梗能样，同胞姐妹看娘面，千朵桃花一树生。外公翘起仔胡子弗管账，外婆盘勒门角落里哭一场。

挑野菜

阿大阿二挑里菜，阿三阿四做馄饨。阿五阿六吃得热腾腾，阿七阿八吃得弗肯剩，轮到阿九阿十眈不吃，哭出乌拉只好舔舔空缸盆。

小弟弟

小弟弟，真有趣，一天到夜笑嘻嘻，明朝带倷街浪去，去看猢狲出把戏。要吃啥东西，伸出指头自家指。

一个小宝宝

一个小宝宝，弗要吵来弗要哭。要吃白蒲枣，阿哥望仔山浪跑，阿姐拿仔棒来敲。一敲敲仔三栲栳，青个多来红个少，吃得宝宝眯眯笑。

摇摇摇，小宝宝

摇摇摇，小宝宝，摇倷到昆山水磨桥。水磨桥浪人倷少，挤落一个姑娘掉，救命救命拼命叫。摇船公公力气好，一把抓住姑娘腰，一拉拉上仔船梢。问声姑娘哪里人？百家湾里第三凹。门前有棵大榆树，门后有条小石桥。还有竹园萧勒萧，斫根竹头送拔倷，让奈摇船公公做好篙。

唱支山歌啥人听

唱支山歌啥人听，唱支山歌拨宝宝听。宝宝顶聪明，听到山歌就安静。宝宝好记性，有支山歌最爱听，就是要唱西游记里厢只猢狲精。

山民谣

胜利爆竹响，欢歌且舞蹈。拨云重见日，从此乐逍遥。不意一载还，依然一团糟。捐税重重来，长臂个个捞。可怜我东山，地僻人烟少。屡经盗匪患，又遭乱寇拢。富户迫他乡，贫家听受刀。十室九室空，市肆日萧条。赌风燃复炽，烟毒恨未消。不问民疾苦，只求私囊饱！生财贵有道，霉烟握几包。杂捐如牛毛，还须饲马料。法币五百元，肥皂买一条。或云价不贵，货色太糟糕。户口毛巾好，家家派得到。每条一千五，不能少分毫。如此花样多，物价日渐高。白米售六万，生活苦煎熬。长安不易居，谁云东山好？天高皇帝远，且听山民谣。

战乱吟

战火漫天黑，枪炮连珠密。老弱守空屋，少壮咸征集。晚来野犬吠，月黑啼声急。惊起门隙窥，星火自明灭。登床将入睡，有声起屋脊。初疑为盗贼，继听风打叶。人倦怕入梦，鸡犬不宁夕。机杼声不闻，田事久荒歇。生产等于零，捐税多如鲫。征吏来乡间，面色青如铁。偶不随所欲，拳打复足踢。物价直线涨，生活频频落。家无隔宿粮，举饮常叹息。老妻惯争吵，弱媳背人泣。稚孙不解事，滔滔问不绝。阿爷几时回，烽烟几时熄？欲答语又止，喉头似骨噎。含泪不敢语，唯恐孩儿骇。孙孙年尚幼，莫使受刺激。但愿长大日，战乱自灭息。

渔村小唱

一

啥鱼白来啥鱼黑，啥鱼背上掮枪戟？啥鱼背上带须须，啥鱼脚阔走江湖？白鱼白来黑鱼黑，鳜鱼背上掮枪戟。鲶鱼背上带须须，甲鱼脚阔走江湖。

二

啥鸟飞来节节高，啥鸟飞来像双刀？啥鸟飞来盘青草，啥鸟飞来太湖早？山雀飞来节节高，燕子飞来像双刀。鹌鹑飞来盘青草，野鸭飞来太湖早。

渔　歌

一

山歌好唱口难开，樱桃好吃树难栽。白米饭好吃田难种，鲜鱼汤好喝网难结。

二

西太湖里一把橹，扯起黄旗敲金鼓。闲人说是官船过，弗晓得是小小将军唱山歌。

三

三条鲫鱼六个鳃，要听山歌游拢来。大姐爱听梁山伯，小妹要唱祝英台。

四

东南风吹暖洋洋，螺蛳要搭蚌商量。红眼鳑鲏偷眼看，串条鱼一到就散场。

对对鸟儿天上飞

对对鸟儿天上飞，肚里山歌一大堆。农业社里新事多，要唱山歌先唱谁？唱歌要唱山浪歌，嫁郎要嫁勤俭哥。种田要用新办法，办社要靠大家伙。

枇杷姐要嫁人

山歌好唱口难开，橘子好吃树难栽。白米饭好吃田难种，鲜鱼汤好喝网难结。枇杷姐，要嫁人，茶花姐姐做媒人。嫁人不嫁张懒汉，要嫁村东勤劲郎。一只喜鹊飞过桥，姆妈屋里打背包。打扮女儿进城去，当上模范北京跑。灰喜鹊，尾巴长，讨了家婆忘了娘。家婆要啥就给啥，给娘剩饭和剩汤。

懒婆娘

有个懒婆娘，光靠男人养。干了一天活，三天没起床。

拾粪郎

鸡叫三遍天刚明，村头黄狗叫汪汪。二婶出来望一望，原来是群拾粪郎。

郎看姐来船撞桥

岸上姐姐红堂堂，一心要配网船郎。弗贪富来弗嫌穷，只贪乌背鲫鱼泡鱼汤。姐在河头汏席棚，一对鲤鱼游拢来。鱼成对来真容易，小姐倪配双泪涟涟。摇一橹来撑一篙，追仔前头阿姐跑。前头阿姐是孟姜女，后头哥不做万喜良。摇到桥勒唱到桥，桥上姐姐摇面条。郎看姐勒船撞桥，姐看郎勒断面条。

第十四章 人物

杨湾村历史悠久,名人辈出,从南宋建炎年间起,先后有叶氏、周氏、朱氏、徐氏、万氏、张氏、邹氏、孙氏等中原大族迁居杨湾村及所辖的张巷、石桥、屯湾、湖沙等自然村,在明清两代,其裔孙或为官,或经商,或从文,或行医,在宋元明清四代,杨湾村出了许多名臣与名商,在明清钻天洞庭商人集团中占有重要位置。因年代久远,志书与家谱上所记载的不少名人史料不多,尤其是生卒年不详,现仅95人列传,其中古代57人、近现代38人。其列传人物以卒年先后排列。名人与名村一节中,记载了14件古今人物中与杨湾有关的事情。

第一节　人物名录

杨湾书香门第较多,有良好的家风及经济条件,裔孙崇尚读书,因而科举入仕及儒商、艺林的人较多。据统计有科举得中进士、举人以上者14人、官宦29人、著名商贾58人、艺林36人,另有师局级以上干部12人,教授、研究员11人,副教授及高级工程师20人。

表14–1　　　　　　　　　　杨湾历代举人进士一览表

姓名	字、号	科举年甲	身份	自然村
叶颙	伯昂、浮邱	元至正二十五年(1365)举人	浙江和靖书院山长	石桥村
叶廉	宗俭	明永乐元年(1403)举人	江西上饶知县	杨湾村
陆万里	季鹏	明万历二十八年(1600)举人	陕西南雍县拔贡	石桥村
陆枢	公荣	明崇祯六年(1633)副榜	—	石桥村
李敬	圣一、退庵	清顺治四年(1647)进士	广西道御史、湖广兵备道、刑部侍郎	石桥村
张延基	埴允、芙屿	顺治九年(1652)进士	山东蓬莱及四川石泉知县	杨湾村
周而淳	黎同、若公	清顺治九年(1652)进士	户部主事、广西清吏司员外郎、顺天府乡试同考官	杨湾村
邹儒	汝为、式与	清顺治十一年(1654)举人	浙江遂安教谕	屯湾村
周道泰	通也	清康熙九年(1670)进士	户部主事	杨湾村
张绥	世南	清康熙三十八年(1699)举人	上海华亭县学	杨湾村
叶介明	修耕	清乾隆二十七年(1761)举人	内阁中书	石桥村
张熏	煦谷	清嘉庆三年(1798)举人	安徽来安教谕	杨湾村
叶本礼	修耕	清嘉庆十五年(1810)举人	国子监学正	石桥村
周邦翰	敦川、季谦	清光绪五年(1879)举人	江西兴安知县、九江同知及饶州知府	杨湾村

表 14-2　　　　　　　　　　　杨湾籍古代官宦一览表

姓　名	字、号	朝代	身　份	自然村
叶　桯	叔轸	南宋	浙江临安通判、永州太守	杨湾村
万虞恺	一	南宋	浙江和州州判	张巷村
叶德新	维章	元	张士诚大周朝中书省右丞	澄湾村
叶德闻	斯道	明	陕西省左布政使	澄湾村
张　宁	一	明	著名工匠，明初督建南京城总监	杨湾村
姜立宽	栗臣	明	户部主事、员外郎	杨湾村
叶具瞻	子钦、海虚	明	四川通州学政	石桥村
姜立广	一	明	湖广长沙府知府	杨湾村
殷　训	思式	明	莳山抗倭营队长	澄湾村
黄　翀	飞卿	明	江苏睢宁知县	屯湾村
王世锦	再陆	清	甘肃嘉峪关巡检	石桥村
邹弘志	毅仁、念纯	清	山西岳阳知县、江西宁州通判	澄湾村
王世钧	禹载、晚壑	清	江西进贤县丞	石桥村
王伯益	心恒、谦谷	清	浙江温州府经历	石桥村
王申伯	树藩、虹亭	清	安徽滁州知府	石桥村
王仲澍	香霖、滋堂	清	安徽建平知县	石桥村
王仲涞	广源、秋涛	清	盐运使司知事	石桥村
王仲湘	兰芳、吉岩	清	山西吉州知州	石桥村
王仲澨	桂芳、云岩	清	安徽池州知府	石桥村
王熙文	际华、雍章	清	河南下北河同知	石桥村
王仲澜	庭芳、香国	清	直隶永定河南岸同知	石桥村
王仲汶	济源	清	福建长乐知县	石桥村
王叔瑛	昌玉、蓝岑	清	河南睢州知州	石桥村
王叔鼎	调甫、问梅	清	浙江候补知县	石桥村
孙慎之	一	清	上海海关道台衙门通事、天津道台衙门通事（翻译）	石桥村
王叔鋆	宝鋆、采南	清	河南密县知县	石桥村
王季抡	润祁、子学	清	河南祥符县丞	石桥村
周　南	克成	民国	辛亥革命元老、同盟会会员、江苏威武军副司令	杨湾村

表 14-3　　　　　　　　　　　　杨湾古代及近代主要商贾一览表

姓　名	字、号	朝代	经商地区及业绩	所在村
朱安宗	—	南宋	南宋绍定五年（1232），出资在碧螺峰下建石桥，名震泽底定桥	石桥村
周芝山	伯四	南宋	杨湾周氏始迁祖，出资建杨湾浜场	杨湾村
周　昌	孟文	元	贾游四方，足迹遍天下，被推为地方粮长	杨湾村
周　兴	明富	明	行商于淮楚，致富后乐善好施，热心地方公益	杨湾村
万　章	应明	明	曾客游荆襄，商贾20年，资产饶裕，家业兴隆	张巷村
万　格	—	明	弃儒服贾，经商谯周、淮阴等地，前后在外商贾35年	张巷村
周元颖	汉明	明	商于江淮间，积锱铢无算	杨湾村
王　鎜	鎜舟	明	亳州经商，归里建鎜舟园	石桥村
万大纶	定湖	明	科考不利，乃受贾于父，经商江苏下邳，成为富商	张巷村
朱良祐	太和	明	贾于金陵城，与海瑞友善	杨湾村
徐　榜	—	明	早年家无担石，成年后往返于湘汉之间从商，成为豪富	湖沙村
万　澔	中宇	明	在嘉定朱家角经营布业，操百万利权，金钱满床头	张巷村
王斯鹏	二佳	明	致富后热心社会公益	石桥村
周承福	须山	明	商贾遍江淮，虽千里之外，亦不畏艰难而赴，家业隆起	杨湾村
周时栋	淳于	明	布商，贾于楚地，热心于当地公益	杨湾村
王奕经	亭槐	清	儒商，与弟金增、奕组共同筹资购买朱氏废园，筑清吴中名园鎜舟园	石桥村
孙锡溥	惠孚	清	沪地早期商人，后转向金融业，开设钱庄	石桥村
周文流	百川	清	南走荆襄，北走鲁魏，家饶富	杨湾村
孙广鑫	宝儒	清	上海金融界元老，上海钱业博物馆石碑上留有姓名	石桥村
王希鸿	汉槎	清	沪地早期商人	石桥村
朱　炯	鉴塘	清	上海出口公会会长，在沪创办府绸业，注册"单鹿""双鹿"商标	杨湾村
王仲持	绍岑	清	沪地早期商人	石桥村
王叔蕃	晓峰	清	沪地早期商人，清末替左宗棠承办新疆军粮致富	石桥村
万　浚	升宇	清	曾托市为贾，贾于谷水，又积德裕后	张巷村
王叔榛	怡堂	清	早年赴沪习金融，任过上海庆大、庆成、顺康钱庄经理	石桥村
孙勉之	—	清	早年赴沪经商，留学德国，归国后创办天丰药厂	石桥村
王宪臣	仁荣	清	因救济灾民有功，被朝廷追授同知衔	张巷村

续表

姓　名	字、号	朝代	经商地区及业绩	所在村
王世冕	近南	清	从商致富后热心社会公益	石桥村
孙增元	健初	清	上海县城建城监工	石桥村
徐春帆	学巽	清	性好施舍，捐资2万，购置义田824亩，资助仰云书屋办学	湖沙村
朱月邨	—	清	上海信泰丝号老板	湖沙村
张青卿	吉澄	清	上海长城钱庄总经理	杨湾村
张国权	甫槃	清	在沪创办鸿康来棉布号，在香港开办五福商业贸易公司	杨湾村
王俊臣	仁森	民国	民国沪地金融家、地产大王	石桥村
朱霭堂	锡龄	民国	民国沪地著名商人、英商洋行买办	杨湾村
张若钦	吉淦	民国	上海和丰信托公司襄理	张巷村
张知笙	武镛	民国	上海仁大、森和、钱庄经理，江苏银行理事，钱业公会、汉冶萍矿董事	杨湾村
徐复初	—	民国	上海钱庄经理	湖沙村
朱献淮	—	民国	在上海开设恒兴顺、公信泰等丝栈与益丰搪瓷厂	杨湾村
朱锡龄	霭堂	民国	上海开利、百司、基大、礼和、永兴等洋行买办	上湾村
朱　江	馥棠	民国	上海府绸业与地产业商人	杨湾村
张似梅	武鎏	民国	上海庆成、协昇钱庄经理	杨湾村
朱培元	—	民国	上海松江典业银行经理、信泰钱庄经理	澄湾村
王仁宏	毅斋	民国	中国商业银行经理、信和钱庄总经理	张巷村
徐介启	子星	民国	上海棉纱商人、美商花旗洋行买办	湖沙村
朱子宪	—	民国	上海丝绸商人	张巷村
张吉金	紫绶	民国	上海呢绒织布厂董事、厂长	杨湾村
朱　钰	润生	民国	上海著名房地产商人	杨湾村
朱　钧	品生	民国	上海新大及福泰股票号经理	杨湾村
徐　豫	六笙	民国	扬州盐业商人	湖沙村
孙广全	保南	民国	上海钱庄经理	石桥村
孙广榛	楚南	民国	开办上海"升记祥"绸庄	石桥村
孙鸿鉴	铁安	民国	开办苏州永隆颜料厂并任董事长	石桥村
孙鸿藻	伯翔	民国	常熟从商	石桥村
朱润生	朱钰	民国	沪地实业家，热心慈善事业	杨湾村

表 14-4　　　　　　　　　　　　　杨湾籍艺林人物一览表

姓　名	字、号	朝代	生平事迹	自然村
张　本	斯植	明	诗人、隐士，著有《五湖漫闻》	杨湾村
邹斯盛	舜五	明	种莼专家，诗人	屯湾村
孙桃溪	—	明	郎中，迁居石桥村，能文	石桥村
朱必抡	珩璧	明	戏剧艺人，"朱氏女乐班"创办者	石桥村
张振先	有光	明	善诗文，好古力学，著作颇丰	杨湾村
真　谛	企宗	明	灵源寺诗僧	石桥村
碧　云	—	明	歌妓，善歌舞，精丝竹，通文墨，能集句谱曲弹唱	石桥村
冯金凤	—	明	歌妓，善歌舞，精丝竹，创作《歌西楼集》	石桥村
姚　钰	佩乡	明	东山第一个百岁老人，善诗	杨湾村
叶　裕	祖仁	清	诗人，性聪颖，有神童之称	杨湾村
朱济世	德闻	清	读书留心经济，为时推重，历游燕、秦、楚、豫、粤	杨湾村
叶　松	梅友	清	山水诗人，一生著作颇丰	石桥村
徐履中	允正	清	文武双全，尤能武事，著有《峨嵋枪法》	湖沙村
姜森玉	孚尹	清	诗人，养生专家，年届九旬仍容色如五十岁人	杨湾村
朱凤章	羽文	清	岁贡生，文士，诗作颇丰	杨湾村
周月贞	—	清	女诗人，周瑞五之女，同里朱德和妻，著有《静如遗草》	杨湾村
周祖礼	人仪	清	名医，少业儒，后究心奇疾，能治之而愈，名大噪，能文	杨湾村
徐文荣	桐旭	清	监生，乾隆年间纂修《徐氏家谱》	湖沙村
朱书麟	诗龄	清	砚台收藏家	杨湾村
王朝忠	振声	清	微雕奇人	石桥村
王希廉	雪香	清	红学家，著有双清仙馆批评本《红楼梦》	石桥村
朱鸳雏	—	民国	新剧演员、剧作家	杨湾村
居承烈	颂武	民国	上海商人，名士，曾陪同民国总理李根源至东山访古一周	杨湾村
朱穰丞	成湘	民国	中国话剧的先驱者，编导、记者，曾任过中共旅欧支部书记	屯湾村
陆澹安	剑寒	民国	"南社"社员，著名作家、剧作家，被誉为中国侦探小说第一人	杨湾村
周知莘	—	民国	鉴塘小学教师，抗战时期苏州图书馆国宝级古籍主要保护者	杨湾村
刘　鸣	—	当代	新华社记者，1952年赴朝鲜战地采访，牺牲在上甘岭坑道中	杨湾村
张九荫	九荫	当代	台湾联邦电影公司创办人之一，台湾电影界重要人员	杨湾村
周佩宝	—	当代	上海文史研究馆馆员、书法家，出版《周佩宝先生书画作品选》	杨湾村

续表

姓　名	字、号	朝代	生平事迹	自然村
宋吟樵	—	当代	书法篆刻家	杨湾村
金伯涛	—	当代	书法篆刻家	杨湾村
王益生	—	当代	中国美术家协会会员、副研究员、漫画家	石桥村
宋祖惠	—	当代	中国书法家协会会员、江苏省职工书画协会秘书长	杨湾村
金中浩	—	当代	国家一级美术师、中国书法家协会理事、吉林省书法家协会副主席	杨湾村
陆　康	—	当代	书法篆刻家、《澳门日报》"感觉上海"专栏作者	杨湾村
宋　咏	—	当代	中国书法家协会会员、东吴印社副秘书长、沧浪印社社长	杨湾村

表 14-5　　　　　　　　　　　　　　杨湾籍师局级以上干部表

姓　名	性别	生卒年	职称、职务等（包括退休前）	自然村
杨熙元	男	1924—	上海市工艺品进出口公司党委书记兼总经理（局级）	湖沙村
张谦益	男	1926—	辽宁本溪市财政局局长	张巷村
王季鸿	男	1931—2012	中国人民银行沈阳银行副行长	石桥村
朱可常	女	1932—	上海虹口区区委书记、市儿童世界基金会会长（正局）	屯湾村
张甫谦	男	1935—	沈阳广电厅广播技术学校校长（局级）	张巷村
叶肇宏	男	1935—	辽宁省军区副政委、少将	石桥村
徐寅生	男	1938—	国家体委副主任，著名乒乓球运动员	湖沙村
张万本	男	1939—	沈阳市政府金融办主任	张巷村
孙近芳	女	1939—	上海卢湾区体委副主任、党组副书记	石桥村
朱延钊	男	1943—	上海市公安局文化保卫总队总队长（正局）	上湾村
韩季忠	男	1945—	解放军海军后勤部副部长、少将	石桥村
徐惠诚	男	1952—	美国南帕沙迪市市长、该市第一位华人市长	湖沙人

表 14-6　　　　　　　　　　　　　　杨湾籍教授、研究员一览表

姓　名	性别	生卒年	职称、职务（包括退休前）	自然村
王己千	男	1907—2003	上海美术学院教授、美国纽约大都会博物馆终生会员	石桥村
徐蔚霖	男	1919—2013	上海市立儿童医院教授级主任医师	湖沙村
王光华	男	1925—1995	原名朱承坚，铁道部电子工业局局长、研究员	湖沙村
王季卿	男	1929—	上海同济大学教授、博士生导师	石桥村
翁世荣	男	1933—	上海大学文学院院长、教授	杨湾村
姜尚礼	男	1935—	苏州大学教授、校长	杨湾村

续表

姓　名	性别	生卒年	职称、职务（包括退休前）	自然村
翁思成	男	1939—	上海汽轮机厂厂长、总工程师、教授级高级工程师	杨湾村
张万燕	男	1941—	美国新泽西州罗格斯大学教授	张巷村
王民新	男	1941—	兰州大学地质系讲师、兰州大学出版社编审	石桥村
朱承中	男	1928—2014	水利部计划司副司长兼规划设计院副院长、教授级高级工程师	屯湾人
徐伟荣	男	1948—2014	苏州市政府政策研究室主任、研究员、党组书记、政协副秘书长	湖沙村

表14-7　　　　　　　　　　　　杨湾籍副教授、高级工程师表

姓　名	性别	生卒年	职称、职务（包括退休前）	自然村
张万焕	男	1929—	美国旧金山审计事务所审计师	杨湾村
王叔馨	男	1930~	上海物价局所长高级经济师	石桥村
孙绍铭	男	1936—	苏州化纤厂高级工程师	石桥村
周光宇	男	1937—	北京口腔科医师、高级工程师	杨湾村
汪长生	男	1940—1999	中学高级教师	杨湾村
孙绍菊	男	1935—	内蒙古包头气象台副台长、高级工程师	石桥村
金佩华	女	1935—	中国林学会理事、高级工程师	杨湾村
孙绍蔼	男	1938—	浙江省农业发展银行副处长、高级经济师	石桥村
周禄元	男	1938—	杭州电子科技大学高级实验师	杨湾村
张崇伟	男	1938—	上海粮食局高级工程师	杨湾村
叶子龙	男	1940—	上海华东医院内科消化系副主任医师	上湾村
孙赛娟	女	1940—	南京邮电学院副教授	石桥村
张天熙	男	1940—	安徽安顺供电局党委书记、高级工程师	张巷村
金敏华	女	1941—	上海现代建筑设计集团办公室主任、高级工程师	杨湾村
金中强	男	1944—	贵州遵义长征电器集团公司九厂厂长、高级工程师。	杨湾村
金炜华	女	1947—	上海电机厂标准化室高级工程师	杨湾村
袁富根	男	1950—	东山精密制造股份有限公司董事长	上湾村
孙崇德	男	1955—	上海《文汇报》编辑	石桥村
张洪鸣	男	1956—	吴中区中小学综合实践学校校长、江苏省特级教师	张巷村
孙崇文	男	1967—	上海教育科学研究院高教所副研究员	石桥村

第二节 传　略

叶桯（生卒年不详）　字叔轸，南宋杨湾石桥人，叶梦得次子。历官浙江临安通判、永州太守、中奉大夫。叶桯筑宅定居杨湾铁拐峰（亦名碧螺峰）下，娶金氏，生节、箕、筠三子，均定居东山。清《太湖备考》载：中奉大夫叶桯与兄栋皆隐东山石桥碧螺峰下，山中人称桯公，今犹号"桯公墩"。叶桯卒葬后山白夯岭下，被尊为东山叶氏始祖。从明洪武年间起，叶桯后裔逐渐迁居西山、苏城、常熟、同里及汾湖等地。明清时迁居各地的东山叶氏后裔在科举上极有成就，共出了33名进士、56名举人。

万虞恺（生卒年不详）　南宋杨湾张巷人。万氏世居河南开封，南宋建炎初年，和州州判万虞恺避战乱，携二子护驾南下，避地江左，泛舟具区，涉东洞庭山，美其地而定居东山杨湾张巷，被尊为万氏始祖。其子万仲默种橘千株，被山人称为橘园万家。从明代中期起，张巷万氏一支迁居前山叶巷之东，筑东万巷与西万巷及万家祠堂，杨湾万氏遂分成前后山两支。

周芝山（生卒年不详）　名伯四，南宋杨湾人。芝山为北宋名臣周敦颐之后，宋江浙宣抚司周望第三子。宋室南渡时，平江太守周望护驾南下，途经东山，见岛上风光绝佳，遂把三子芝山、四子效山留于东山。后芝山居杨湾，为杨湾周氏始祖；效山居周湾，为周湾周氏始祖。芝山定居杨湾后，始以耕读为务，后外出经商发迹，在杨湾筑周家河头，即现大浜埠头。后周氏裔孙繁衍成族，在明清两代出了许多有名的商人。

王鹏（生卒年不详）　字九万，号猴山，元代杨湾石桥人。王鹏原居河南偃师县猴山，称猴山先生。元至正年间以世乱避居太湖洞庭东山，隐居石桥头灵源寺，晚年建猴山宅于甘山岭之北。一生博洽经史，不愿为官，屡征不起，在东山灵源寺设馆授徒，并终老猴山宅。善诗，有诗集《猴山集》留世。

叶德新（1319—1367）　字维章，元末南叶陈（澄）湾人。少知书而多心计，文武兼备，官张士诚大周朝中书省右丞。元至正间张士诚据平江，"闻言德新有才，遂招致与谋帷幄，委掌财赋"。时有谣："张王作事业，专靠黄蔡叶（叶即叶德新），一朝西风起，干瘪！"德新用法甚严，遂集众怒。朱元璋破平江，士诚兵败被俘，大周朝灭亡。叶德新"因民之怒，并及德新兄弟子侄之仕周者，皆被磔于市"。

叶颙（1323—1381）　字伯昂，号浮邱，元代杨湾石桥人。东山第一名举人。学有根基，尤善于诗。元末中浙江省乡试，任和靖书院山长，但他看到元末吏治腐败，不愿为官，不久即离任而去，终日放情诗酒，佯装自狂。朱元璋建明后，曾三次征其进京做官，可叶颙每次均以年事已高、不能胜任为由而回绝。叶颙奉召归山后，筑室于石桥碧螺峰之阳。后朝廷密谕地方官府，密切关注叶的一举一动，如有反常，立即押至京师问罪。叶颙为避杀身之祸，终日诗酒佯狂，最后病死于长兴街头，归葬东山碧螺峰麓。

叶德闻（1326—1380）　字斯道，明代南叶陈（澄）湾人，德新从弟。元末随父叶宁在淮北一带经商，获利甚丰，成为南叶大户。时淮商之间，互有构讼，德闻居间调停，数年不得解。闻于太祖，逮两造及居间者解京廷鞫。德闻身材魁梧，声音高亮，为太祖喜爱。遂为开脱其罪，授以陕西左布政使，使理秦赋。有凤翔（陕西省）地方官茂先，昔为淮上小吏时，尝以事侮辱德闻。茂恐报复，便先走南京，入朝诬德闻有受贿之事，朝廷震怒，将德闻拿解进京，下大理狱，罪论处斩。德闻未去陕西任职前，曾返山筑昼锦堂，有蔡蒙者以诗为贺。未几受祸，昼锦堂废，后人无知者。

周昌（1348—1412）　字孟文，号云峰，元代杨湾人。著名商人，其行商足迹有"半天下"之称。周芝山五世孙，祖父祥甫年轻时到过荆楚一带商贾。周昌为家中独子，家中设有私塾，从小受过良好教育。后弃儒行贾，16岁就随父外出商贩，又独闯江湖，商贩足迹遍及大半个中国。早年他与人合伙在长江以南的云间、杭歙及湖广、江西一带贩销布匹，后来到过长江以北的广大北方地区经营布匹贸易。晚年隐居家中，终日与书卷为伴。善主持里中公道，被选为乡赋长。益多善举，凡乡间赈济、修桥筑路及族中祠祭等事，他都带头捐助。出殡之时，送葬者达千人之众。

叶廉（1380—1447）　字宗俭，明代杨湾人。永乐举人，江西广信府上饶知县。叶廉为叶桯裔孙，属叶氏后巷派。元初，叶氏"庆"字辈有人因违朝旨，不愿迁徙安徽凤阳而阖宗遭祸，四散避难在外，数十年后叶氏十八公潜回东山，定居于杨湾，建叶氏后巷派。叶廉在任勤政爱民，为官清廉，进阶文林郎，朝廷有"抚字克勤，政务兼举"之褒奖。善诗，清吴庄《七十二峰足徵集》录其诗多首。

周兴（1438—1530）　字明富，号寿恩，明代杨湾人。早年习儒，后曾随父外出治贾业。后父兄在外病故，家累日剧，遂弃儒从商，偕弟周珉行商淮楚间，兄弟俩惟勤惟俭而厚积，家业丰饶，称雄间中。嘉靖间朝廷诏礼高年赐以冠带，因自号"寿恩"。

王鏊（1448—1525）　字涤之，号壑舟，明代杨湾石桥人。商人、隐士，尚在石桥筑壑舟园。年轻时在亳州一带商贾，经营祖业，直到40岁时突然醒悟，把店肆交给延仁、延昭两个儿子去料理，自己则回到东山，在石桥镇购地建造了有一定规模并极具特色的"壑舟"居屋。仲弟王鏊为之所撰《壑舟记》，沈周、蒋春洲绘《壑舟图》，唐寅、祝允明等一大批雅士前往和诗庆贺，宰辅杨廷和、尚书白钺、涂湍及成化朝状元李旻、费宏等王公贵族都有贺诗相赠。画面上，一叶扁舟，怡然自得，藏于岩壑之中，其意境深远。唐寅《壑舟图咏》诗曰："洞庭有奇士，构堂栖云霞。窗榻类画舫，山水清且嘉。"

万章（1452—1515）　字廷壁，号应明。明代杨湾张巷人，万金季子，东山早期商人。体貌魁梧，德性敦厚，有经商之才。万章13岁丧父，家道中落，于是弃儒服贾，客游荆襄，行贾于谯，以金易舟，在外商贾20年，资产逐渐饶裕，家业兴隆。事母极孝，凡贾游得美味，必先封寄于母，数十年如一日，乡人均羡之。后裔孙大多行商，且多大商人。

张本（1494—?） 字斯植，又名沈本，晚年始复张姓，号忘机野老，一号五湖漫士。明代杨湾人。吴中文士。早失父母，由祖母刘氏养育，教以孝悌。少年应试，名在高等，而考官误书为张木，适有张木者冒其名而中举，张本不与其相争，后试辄不利，遂弃去不试，学古文辞于王鏊。张本古文为王鏊、都穆、文徵明、陆粲、彭年、黄姬水共相推重，遂名重吴中。曾作《七十自寿诗》。著有《五湖漫闻》，吴中名士黄姬水、张献翼为之序。

周承福（1502—1543） 字朝谦，号须山，明代杨湾人，富商。6岁入私塾，过目成诵，下笔成文。13岁时家遭变故，弃举子业，贾于下邳。须山商贾游遍江淮，虽在千里之外，亦不畏艰难，家业隆起。致富后仍衣冠古朴，饮食起居皆有常节，嗜积书，晚年家藏古籍数千卷。

万大纶（1540—1596） 字君言，号定湖，明代杨湾张巷人，义商。早年弃儒服贾，外庄内和，行商于谯周、淮阴等地，前后在外35年，家业大昌。生活俭朴，乐于赈济，谱载其"以精金为市，戊子岁大祲，公创议作糜，以哺饥者，多所全活"。卒葬东山西坞之新阡，名士寒山赵宧光为其作墓志铭。

殷训（?—1564） 字思式，明代陈（澄）湾人。猎户，蒟山抗倭营队长。嘉靖三十四年（1555）五月，倭寇犯太湖，吴县令康世耀到东山，招募一千多名乡兵，命殷训为队长，在蒟山上扎兵营抗击倭寇。殷训受命后备厚礼至长兴，招聘上百名善使弓箭的猎户至蒟山营。对招募的乡勇，又请尚武之人进行严格训练。五月十六日，倭寇再次来犯，殷训一声令下，蒟山营水陆两军一齐向敌寇发动进攻。吴江水师也得到敌情，一百多艘战船从太湖南面厮杀过来，两军夹击，倭寇大败，歼敌大半，余寇往常熟方向逃窜。

徐榜（生卒年不详） 明代湖沙人，富商。早年家无担石，成年后往返于湘汉之间从商。开始随同亲戚外出商贾，因能刻苦学习，很快熟悉经营本领，后来独自操业。处事都按计划进行，思考问题比较周全，善作市场调查，分析行情，捕捉商机，他的经营则隆隆日饶，家里边的住宅也随之推陈出新，家业蒸蒸日上。

孙桃溪（生卒年不详） 明代杨湾石桥人，郎中。孙氏原籍浙江菱湖，明嘉靖年间有孙桃溪者行医至东山杨湾一带，遂定居后山方里村，为石桥头孙氏始迁祖。桃溪裔孙以医业为生，数传而成石桥大族。至八世行奎，字又文，弃医外出商贾，故后世多商人及业金融者，惜孙氏医业未传裔孙。

朱良祐（生卒年不详） 字太和。明代杨湾人，能文善商，贾于金陵城，与海瑞友善。明万历年间，良祐在金陵开设酒肆，性好帮人解难，又喜同贤豪交游，有"鲁仲连"之称。其善举为都御史海瑞所知，常至酒肆交遇，结为好友。海瑞卒，往哭吊之,并作诗以悼。海瑞身后无嗣,卒后棺不能还本土,良祐大言于众曰:"有官如此,忍使其骸骨不归故土乎?"乃置椟中衢,首以百金投焉,人争趋之,三日得五百余金。良祐治装扶棺,送海公归葬于琼。

黄翀(生卒年不详)　字飞卿。明代屯湾黄家埕人。江苏睢宁知县,精艺文,喜唐诗,通百家,自少豪爽,介于儒侠之间。吏部大员苏佑颇加礼优,提擢其为御史按淮扬,时下邳(今江苏睢宁西部)赋税繁重,商业萧条。黄翀身为知县,在下邳采取措施,减免税收,安抚百姓,邳人感激万分,视黄翀为清客。著有《白浮稿》。

邹斯盛(生卒年不详)　字舜五,明代屯湾人。县诸生,诗人,采莼世家。喜泛舟太湖,吟诗作画,并采莼作羹食之。莼菜滋润滑腻,清香爽口,味道特佳,舜五常于太湖荇藻中采之,以馈赠亲朋好友,于是山人始知莼菜可食。舜五常邀请董其昌、陈继儒等名士,买舟置灶,在风平浪静之日,泛舟南湖,采莼煮羹,吟诗赋之。于是太湖之莼,声名鹊起。舜五筑室湖畔,起名"莼水舫"。宅内种莼菜十大缸观之,作颂莼诗数十首,结为一集,名《莼水舫集》。友人董其昌为舜五作《采莼图》,陈继儒、葛一龙作诗颂之,传为盛事。

万澋(1561—1637)　字中宇,号养浩。明代杨湾张巷人,儒商。少习举子业不售,曾叹曰:"大丈夫何处不能立业,安用困于章句之间?"于是修计然之计,在嘉定朱家角经营布业,无论大商小贾,均能一视同仁,获得良好声誉,为里党所推重。曾代操百万利权,虽金钱满床头,然不谋一私。人有困难而告急,必为之救济解难,凡乡间修桥铺路之事,必首捐款,崇祯初年被举为乡饮宾。著有《聊适草》《紫芝记》《翠衣红》等。

陆枢(?—1653)　字公荣,明代杨湾人。贡生。游粤值兵阻,十年不归,寄婚于闽,遂家焉。子文虎,甚为孝道。得父音信,冒锋镝,迎父归。既归,喜居僧舍,自号竺庵。著《南中诗》一帙,死时殉之棺中。

真谛(生卒年不详)　字企宗,法名真谛,明代石桥头灵源寺诗僧。锐志教理,善诗文,作诗清新,被朱羽文招入水云社,常与之诗酒酬答,以磋商诗艺。企宗卒,羽文哭之以诗,曰吾社诸诗友惟君道深世浓情。淡心古貌,幽梦松风,苦吟寺门也。清吴庄《七十二峰足徵集》收录其诗多首。

张振先(生卒年平详)　字有光,明代东山杨湾人。善诗文。好古力学,与葛震甫、吴凝甫、周尚平友善,并诗书酬答。著有《左癖轩存稿》《游艺斋存稿》。

姚钰(生卒年不详)　字佩乡,明代杨湾人。东山有记载第一个百岁老人。诗酒高歌,老而不衰,首登东山百岁寿星。武山名士葛震甫《客雪吟》有"寄怀山中百岁翁"姚佩寿翁之诗。善诗,清《七十二峰足徵集》载有其《灵源寺罗汉松》《敬公房看红叶》等诗。

张延基(?—1663)　字堉允,号芙屿,别号潄园子,清代东山杨湾人,进士。山东蓬莱、四川石泉知县。先世流寓金陵,占上元,为县诸生,食饩廪。

因家境清贫，曾寄僧舍读书，三年不归。初为山东县令，受命后，只带一兵一仆至蓬莱，因无住处，栖息在一破庙内处理各种事务。他深入村寨，问民疾苦，召集流亡，缓催科，勤抚民，免除百姓迁徙之役。继至四川石泉任县令，在境内建堂庑、治书室，修缮文庙仓库，使之焕然一新。在该县为官13年，劝导农民垦荒耕种，制订耕织、种树、放牧、储藏等条教，自己还不厌其烦，一一核查。又倡道勤俭持家，禁止民间嫁娶奢侈比阔之风，使石泉大治，政绩考核列川蜀第一。因积劳成疾，英年卒于任。为官清廉，卒后蜀民凑钱遣其归葬。

叶松（1615—1674） 字梅友，号淳庵，清代杨湾石桥人。著名山水诗人。其祖父与父亲均为有影响的文人。清初江南为南明之地，士大夫大多不愿与清廷合作，以保全民族气节为荣。叶松受其影响，亦敦忠孝，重气节。他容貌古朴，所作诗文疏宕有奇气，每诗必自作，格调不趋时尚，人争相传诵。叶松具经世之才，而遭时不偶，只能情发于诗，寄托情怀。他尝涉江逾河，游金陵、大梁，吊古兴怀，所至多有题咏。康熙二年（1663）后，叶松倦游旋归故里，复究心于江海之兵防，漕运之利益。暇则多徜徉于泉石胜处，足迹所至，多留有题咏，以泉石为多。其集诗正欲刻成时，却被焚一通，以酬鼎革之痛。著有《大梁游草》《七十二峰诗》《两山古迹诗》等。

李敬（1619—1672） 字圣一，号退庵，清代杨湾石桥人。顺治进士。祖上以商贾为务，父亲因在六合县竹墩里商贾，他随父寄籍六合。曾考选广西道御史，多年建树，擢湖广兵备道。时值明清之交，战争对生产造成很大破坏，田地荒芜，民不聊生。李敬在湖广任上，向上请免租税，百姓交税改折黄绢，民皆称道。他还亲自到军队犒赏士兵，指挥征剿盗贼，因功升太仆寺少卿、通政司宗人、刑部右侍郎转左侍郎。为官清廉，待人忠厚，又谨言行，慎出入。卒后朝廷赐葬。著有《退庵集》。

周而淳（1619—1672） 字黎同，一字若公，别号古村，清代杨湾人。顺治进士。历官户部主事、广西清吏司员外郎，顺天府乡试同考官，河南道道台。早年父至江宁府经商，遂举家迁居江宁。始官户部郎中，掌管赋税、财政之事，为官清廉，致仕归家时图书之外别无长物，仅数书簏而已。原配江宁赵氏，继配江宁陈氏，均诰封宜人。生一子五女，其五女都回嫁东山。善诗，清《七十二峰足徵集》录其诗多首。

徐履中（1627—1715） 字允正，号约斋。清代后山湖沙人。湖沙徐氏七世孙，热心公益，为康熙朝乡饮介宾。文武双全，尤能武事。著有《峨嵋枪法》。

叶裕（1636—1689） 字祖仁。清代杨湾人。奕次子，修之弟。右手骈指，自称枝指生。性聪颖，有神童之称。长游钱谦益、陈瑚之门。其诗风情轻丽，矩规唐贤。后家庭遭受重大变故，竟郁郁而死。叶树廉《东山诗记》载其事。著有《华萼集》。

张绥（生卒年不详） 又名叶张绥，字世南，清代杨湾人。康熙举人。少负才，苦攻力学，从云间沈淝溪先生游，遂寄籍为华亭诸生。后屡上南宫未捷，而文名甚籍，京师贵人争延之，后为上海华亭县学。清吴庄《七十二峰足徵集》录其诗39首。

叶介明（生卒年不详） 字修耕，清代杨湾石桥人。乾隆举人，内阁中书，诰授奉政大夫。叶楻裔孙，介明祖、父均为岁贡生与太学生，其中祖父光第候选直隶州同知，父胜贤候选县学训导。

朱济世（生卒年不详） 字德闻，别号嵩邱。清代东山杨湾人。读书留心经济。孝友端方，为时推重。历游燕、秦、楚、豫、粤等地，燕楚士大夫争聘至家授学。40余年不遑家食。七旬外始归山中，优游泉石。著有《自鸣集》。

周道泰（生卒年不详） 字通也，清代杨湾人，康熙进士。其中进士后没有为官，在外办学馆教授学生为务。康熙五十二年（1713）致仕归里，曾撰《游金坞百川公墓记》，有"癸巳之秋，以黎同弟祀祖洞庭，故余得流览太湖，纵情邱壑"之句。

邹儒（？—1679） 字汝为，号式与，清代屯湾人。顺治举人，浙江严州遂安县教谕。少有志节，能自刻励。仕官以忠孝著称，名留于史。史载：清康熙甲寅（1674）耿精忠反于闽，叛军马鹏、汪寿等纵兵掠劫郡邑，入浙省，陷遂安。邹儒被叛军所执，宁死不屈，被幽于囚室。等夜半叛军酒醉后，邹儒携子邹弘志翻城墙逃出，奔至同年章润奇家，纠集乡勇3000人，会于六星亭下，选先锋683人，从章双桂攻入城中，斩其贼首，众盗四散奔走，遂安城得以安。遂安人感其恩，周儒卒后把他祀之于遂安名宦祠内。

邹弘志（？—1713） 字毅仁，一字念莼，清代屯湾人。出身于莼菜世家，性敏多智，善谈论，工词翰。康熙南巡，至洞庭东山，弘志进献太湖莼菜四缸，并将所作《纪恩诗》与《贡莼诗》20首及家藏之《采莼图》进献。康熙收下莼菜，命送北京畅春苑，图卷发还，其《贡莼诗》则着书馆检校备阅。旋康熙下旨，邹弘志叙受岳阳县知县，时人呼称"莼菜官"。著有《念莼遗集》《燕台游草》等。

王奕经（1693—1748） 号亭槐，清代杨湾石桥村人，儒商。生而秀伟，性孝友，侍人仁恕。弱冠即丧其父，两弟尚幼，他弃儒就贾，外出经商。多年后家庭因经商致富。乐于助人，凡亲族知交有急难之事，他即破格助之。一次，有人潜入王家偷财物，奕经刚好回家，进门看见了偷东西的人，此人极为惊恐，可奕经只当没看见，又转身出门，窃贼大为感动，从此改邪归正。康熙年间，东山接连两年遭受大饥荒，奕组捐出家中的粮食，在山中埋锅煮粥，救济贫而买不起米的人。与金增、奕组两弟，共同筹资购买朱氏废园，又修葺一新，扩地建成壑舟园，成为清代中期吴中名园。

王世钧（1726—1802） 字禹载，号晚壑，清代杨湾石桥村人。少时说话迟钝，做事喜矩步，然好读小学家言，曾用篆隶书写，辑为一书，名《晚壑纂训》，意即其书所辑承先祖壑舟公之遗训。中年捐监为布政使经历，发江西，历署赣州府通判、经历，久之补进贤县丞，亦代理过该县县令。赣州俗多溺女，常有女婴弃之道旁，被野狼吞食。世钧与县令商立法规，谕之州民，如再发现弃女婴者，欲治重罪，此风始息。赣民喜讼，村邻之间常为一点小事，纠引数十人，相互诉讼不息，闹得两败俱伤。每有此类诉讼至县衙，世钧反复开导双方，动之以情，饶之以理，民间互讼之风停息。进贤县城西有佛寺，游者甚多，他在寺庙近处置茶亭以方便旅人。该县衙当山水处，他又在丞廨处作池馆，与当地文人学子相眺咏为乐。

姜森玉（生卒年不详） 字孚尹，号杲庭，清代杨湾人。诗人。从小至性过人，行谊端庄。少为县诸生，读书励志，然七试乡举不售，以明经终老，知者惜之。尚与诸山老衲问答酬诗，尤通医理，保精养气，年届九旬仍衰容色颜如五十岁人。春秋佳日，喜约友朋社集，拈题分韵，落笔如飞，年少者望而生畏。五代同堂，四世子孙罗拜于堂前，里人羡之。善诗，著有诗文集二卷。

朱凤章（生卒年不详） 字羽文。清代杨湾人。岁贡生，文士。胸藏经济，才气豪迈，规划时事，落笔数千言，识者韪之。历游齐鲁燕赵，后隐山中。曾与陆仲飞、叶梅友、严开一等结诗社。善诗，清吴庄《七十二峰足徵集》收录其诗22首。

周月贞（生卒年不详） 女，清代杨湾人，诗人。周瑞五之女，母翁静如亦为诗人，著有诗集《静如遗草》。月贞少时与兄祖凤同学，曾学诗于母亲。适同里朱德和，又与小姑朱雪英吟诗作对，句多新颖。同翁静如、朱雪英合撰诗集《撷芳集》。

周祖礼（生卒年不详） 字人仪，清代杨湾人，清代名医。少业儒，因母病瘘，遂究心医术，母病获痊，医术益进。时江浙两江巡抚高晋得奇疾，名医久治不愈。周祖礼治之而愈，名大噪。高晋赠"足以长人"匾额，意为医德医术俱佳，可为人之楷模。好通宋儒书，工篆隶，亦有名。同治《苏州府志》有传。

王世锦（1735—1794） 字再陆，号芸艺，清代杨湾石桥人。甘肃嘉峪关巡检。原出关之商人，须知州发给路符方能放行，关隘官员与兵丁索贿受贿成风。世锦任巡检后，凡进出关商贾随时放行，大大方便了边民。时有关民常酗酒闹事，不听胥役管拘，守关兵役怕受连累，便不分青红皂白把所有闹事者拘捕，世锦任巡检后阻止了这一过激行为，他亲自调停商人之间的纠纷，严责闹事者，对一般争斗之人均予放归。每至隆冬，关隘处等候进关之人，常有人冻僵在路旁。世锦目睹此状，带头捐俸，并劝客商们也助银出息，购米置锅在嘉峪关上施粥赈济。在陇17年，离任时万人相送，并在嘉峪关上塑王巡检像。

王仲湘（1768—1819） 字兰芳，号吉岩。清代杨湾石桥人。山西吉州知州。从小有志节，慷慨尚义。嘉庆五年（1800），选授山西吉州知州，他刚赴任吉州，楚地山中大股盗匪把占了交通要道，兵民粮食几绝。大府委陕西运米至晋，因盗匪凶悍，兵卒畏惧不敢向前。仲湘严整军纪，又亲自率队前行，押运军粮赴吉州解民饥。临汾岁饥，他向上审奏，筹办赈恤，万民得以救。在赈济过程中，他亲临灾户稽核，不漏不滥，凡受灾之民都发到了救济粮，而有些想趁机捞一把的衙吏斤粮不给。嘉庆十五年冬至，滦州发生石佛口教案，逮捕了不少人，将行之大辟。仲湘悉心察缉，不纵容凶犯，不株连无故，从刀下救下了不少人，滦州百姓称颂其德行。

王仲淮（1780—1829） 字桂芳，号云岩，清代杨湾石桥人。安徽池州知府。嘉庆五年（1800），仲淮应京兆试不售，加捐同知，赴封邱县卫家楼决口堵工。十一年补下北河同知，兼任曹考通判。其夏河水盛涨，下北厅城堤久废，大水漫城，危在旦夕。仲淮两次抢护，终保其城未被淹。在抢险中，他身先士卒，几没淤泥中，得部下相救而脱险。十九年秋调赴睢州漫口防汛，时值河水盛涨，他率兵夫立风雨中，抢险两昼夜，得以无恙。未几下南厅遇险，他悉心防御，险以得平，因功加知府衔。这年六月，黄河水凶涨，洪水从上游滚滚而下，沿岸所属州县皆告险。下南厅之青谷堆，水高堤顶尺许，漫溢直逼汴梁护城堤，省城极为危紧。仲淮又临危受命，赴险工段抢筑围捻，步行泥沼中，只有两仆一弁，持印相随。卒于安徽凤阳任上，年仅49岁。

徐春帆（？—1844） 名学巽，字震东，清代湖沙人。富商。父亲徐绚，性好施舍。他继承父志，以乐善好施为己任。热心地方公益，颇多事迹。嘉庆二十三年（1818），与罗琦同创仰云书屋，集东西山学子就学。次年，同金宜臻倡导复修虾蟠岭（又名廿四弯），使险道变坦途。道光五年（1825），春帆和叶长福择后山石桥设义渡，置大船，捐养船工，不取渡资，便利两山居民交往。道光七年，又捐资2万，购置义田824亩，资助仰云书屋经办学。道光十年，发起疏浚雕鹗河，因地方资力有限，工程费用他出资大半。道光二十四年徐春帆去病后，太湖同知刘鸿翱为其撰写墓志铭，详叙其事迹。同治九年（1870）朝廷赠以"善人"旌表。

朱月邨（？—1864） 清代湖沙人。上海"信泰"丝号老板，实业家。道光十二年（1832），朱月邨与同乡杨憩堂、席华峰至上海老北门洋泾浜经商，不数年皆获大利，先后创设"席华记""杨泰记""朱信泰"商号。太平军战事后，丝市一蹶不振，有英商惇裕洋行老板马发外轮四艘，托朱月邨出资120万银圆购丝，运至英国销售，获利平分，时间为半年。马发轮途中遇险，如期未归，以为失信，债主群相责难，朱月邨竟忧急而卒。朱氏殁后匝月，英轮到沪，马发见朱号中白帏高悬，哭声不绝，得知月邨忧急病故，遂把经商所得全部交给其妻朱夫人，无数银条堆于朱信泰号前，高如小阜。

王朝忠（1800—1875） 原名希忠，字振声，号蕴香，晚号梦霞，自署小石山人，清代杨湾石桥人。能书精细微字的奇人。朝忠工于书法，尤喜书蝇头小字，日写千字，从不间断。虽因常年写字而双目近视，却能书极细小之字。曾在一粒芝麻上书写"天子万年""鼋鼍蛟龙"等字，闻者称奇。朝忠年届五旬后近视转老光,反使目光更佳。一次,数人观其书写微字,他竟在两粒芝麻大之象牙上,写上数十字,观者凭肉眼无法看清,他用镜放大后让人以观,竟有30多字。凡有前来求细字者,他每书居然还志以索者上款与年月日时,及小石山人下款。目力较好之人,肉眼依稀可辨,若以放大镜观看则字画更加分明,极为神奇。朝忠精书细字之技,堪称地方一绝,惜无传后。

朱馥棠(1803—1935) 名朱江,鉴塘、霭堂之弟,杨湾人。自幼至沪经商,操府绸与地产业,极有成就。其一生谨慎节约,数十年如一日。但对慈善公益,接济贫困,莫不慷慨解囊。乃遵兄遗嘱,助办鉴塘义务小学。又督建家祠,经营朱氏族葬地,合族称善。民国14年(1925),与席书玉先生为三善堂恤嫠,向各方劝募,认缴年捐,使东山贫寡者受惠。馥棠旅沪经商数十年,于沪地公益,亦多出力,曾出资创办或资助过上海救火会、惠人医院、敬义社、普善山庄、广益中医院、府绸公所、七浦义务小学等。中年后,体弱多病,遂居家不出,以古董书画自娱。

王希廉(1805—1877) 原名希棣,号雪香,自号"洞庭护花主人",晚号雪髯老人。清代杨湾石桥人。是位评点《红楼梦》的专家。希廉对《红楼梦》的评点,包括批序、总评、摘误等约5万字。阐述了他对《红楼梦》的基本看法,内容涉及思想、艺术、人物、结构等方面。反复阐发批序和总评中的基本论点,并对每一回中的具体情节和人物做进一步的分析。道光十二年(1832)王希廉以"双清仙馆"的名义刊刻了自己评点的《新评绣像红楼梦全传》,这就是在研究《红楼梦》历史上占据重要地位的"双清仙馆本"。

朱书麟(1806—1874) 字诗龄,号三十六砚主。清代杨湾人。砚台收藏家。年轻时曾中秀中,后屡试不售,郁郁不得志,遂悉心于收藏各种砚台,售者虽索昂价,亦仍购不惜,且极遂心。久之,家中橱、架、几、案上尽满,后竟至盈室。日常观摩玩弄,乐此不倦。又于众砚中选出精品,得佳砚三十六,故取之为自号。居家时以书法名噪一时,晚年求其墨宝之人接踵于门,旧时山中巨姓大族之堂额或碑石,大多出自其手。

王宪臣(1810—1875) 名仁荣,字梦梅。清代杨湾张巷人,著名商人。自幼秉庭训,读儒书。母命其守世业,乃为商。性爽直,与人交友,推心置腹,家业日振。凡邻里赈恤,义举甚多。清代光绪三年(1877),他因救济灾民有功,被朝廷追授同知衔。

孙锡溥(1836—1903) 字惠孚,清代杨湾石桥德庆堂人,沪地早期商人。石桥孙氏明初从浙江湖州业医至东山,定居杨湾石桥孙村,经数百年繁衍,家道殷实,名商辈出,其裔孙分别迁居南京、杭州、上海等地,锡溥为石桥孙氏十一世孙,约清同治年间赴沪经商,后转业金融,开设钱庄,成为沪地著名金融家,携家定居上海。

孙广鑫(1840—1907) 字宝儒,号获洲,清代杨湾石桥德庆堂人。上海金融界元老。太学生,年轻时随人赴沪业金融,未几自行开设元大亨钱庄,任过上海钱业公会理事,在上海钱业博物馆石碑上留有姓名。捐资议叙布政使司理问,诰封中议大夫。

王希鸿（1841—1900）　又名熙鸿,字云逵,号汉槎。清代杨湾石桥人,沪地早期商人。咸丰末年,太平军攻取浙江,兵锋危及东山,希鸿没法再安心读书,只得弃儒行贾。战事结束后,他又在上海路旁摆一小摊,经营些小生意养家糊口。光绪初年,中国初开海禁,上海外商云集,赴沪经商之人均大获其利。希鸿原已在上海商贾多年,精于筹算,有吃苦耐劳的精神,数年后家道渐裕。为圆自己当年的科举梦,他自己生活俭约,但不惜花重金延名师课子,晨昏更亲自督导读书。性仁厚,好施与,凡地方公益和族中义举诸事,皆慷慨解囊,积极参与。如淮海遭受水灾,赈捐苏北灾民、洞庭旅沪同乡会扩充沪南三善堂,助建沪北育才书院,兴办东山小学堂等公益事业,希鸿都捐以巨款。

王叔蕃（1849—1909）　字晓峰,号念勄。清代杨湾石桥人,著名商人。咸丰十年（1860）四月十三日,太平军攻克洞庭东山,12岁的王叔蕃被太平军所掳,被军中一位王爷收作义子。他随军转徙江浙皖诸省,整日担惊受怕,备尝军旅艰辛。过了五年,17岁时终于寻机得以脱逃回到了东山。越年赴沪,经胡光墉举荐在沪地左宗棠处佐理西征粮台,负责购置军械,转运粮饷等事务。他办事尽心尽职,克勤克俭,得到左宗棠的赞赏。新疆战事平息,左文襄保举他为新疆县令。接着,他又经办了吉林边防和郑州防汛诸事,皆完成得极为出色。盛宣怀创办轮船招商局,派王叔蕃前往,他任劳任怨,使业务蒸蒸日上,盛保荐他任知府,分发浙江候补。

周邦翰（1850—1924）　一名德闻、敦川,号季谦,杨湾人。光绪举人,始授江西广信府兴安知县,继调至上饶、新建等地知县。十年俸满后,保送江西九江同知及饶州府知府。民国5年（1916）周邦翰纂修《洞庭东山周氏支谱》《洞庭东山周氏支谱》,清末状元陆润庠为之作序。

孙广榛（1852—1933）　字楚南,号吉乎,杨湾石桥德庆堂人。上海著名绸缎商人。青年随亲属赴沪从事丝绸生意,稍有积蓄后与陈姓商人合开"升记绸庄",后改名"升祥记"绸庄,曾在上海首屈一指,产品远销东南亚,后因日货充斥,生意开始萧条,其弟钱庄倒闭,资金断链,又遭绑架勒索,从此家道中落。后卖掉上海张家花园房产,迁苏州天库坊昭德堂居住。民国6年（1927）纂修《乐安世系》（东山孙氏家谱）。

孙勉之（1857—?）　清代杨湾石桥人。孙锡溥长子,早年赴沪经商,家境殷实,为上海名门。生一子二女,子祥元承祖业在沪业金融,祥元次子云山,年轻时就在宋庆龄身边工作,直到宋庆龄逝世。长女顺贞适杭州名士卢志学,留学德国,归国后创办天丰药厂。次女素贞,适孙显惠,公费留美,就读于美哥伦比亚大学,归国后任奉天八道濠煤矿矿长。

王叔榛（1861—?） 字怡堂，号有山，清代杨湾石桥人。祖辈经商，家庭殷实。早年在东山镇上开店经商。上海辟为商埠后，他赴沪习金融，很有成就，任过上海庆大、庆成钱庄的经理。

居承烈（1866—1936） 字颂武，杨湾人，上海商人，名士。1929年5月，陪同民国总理李根源至东山访古一周。据李氏《吴郡西山访古记》记载："入杨湾，登陆乘车，宿乡镇局，晚间有严敬如、周卓立、居颂武暨子廷扬诸君招待设宴，款洽备至。"二十七日，李根源至杨湾访颂武父子，登古香室。曰："居氏嗜古好宾客，所藏古铜瓷多精品。廷扬捧出龙骨一具，乃民国八年十月，渔人于太湖中网得者，广尺余，口鼻耳角咸俱，与余昔在江户所见略同，惟稍小耳。从知震泽幽深，灵怪尚多也。"

孙寿珠（1866—1950） 女，孙锡溥长女，杨湾石桥人。清光绪间，与吴县人程平三结婚，始从业于上海"万源昌珠宝行"，后夫妻自行创业，经营珠宝业，家道殷实。热心社会公益，民国初获黎元洪大总统所授"急公好义"匾额。长子义藻，获首届"庚子赔款"留学美国康奈尔大学，归国后从事机械专业。次子义法，亦获首届"庚子赔款"留学美国科罗拉多大学，后为北京矿业大学教授。

朱鉴塘（1869—1918） 名朱炯，清代杨湾人。上海著名丝绸商人。弱冠即赴沪地，跟同乡初习府绸业。既勤于所事，又复善于经营，集股在上海创办府绸业，注册"单鹿""双鹿"商标。仅数年，声名远播海外，年销售额达600至700万金。民初上海除丝茶外，绸庄经营的府绸出口额位于上海外贸前列，被推选为上海出口公会会长。

孙慎之（1873—1912） 清代杨湾石桥人。孙锡溥次子。弱冠赴沪就读于江南机器局翻译所习英文，毕业后业于上海海关道台衙门任通事（翻译官），后继任天津道台衙门任通事。

朱霭堂（1873—1921） 名锡龄，上杨湾人，朱鉴塘之弟。民国时沪地著名商人，英商洋行买办。其早岁至沪经商，始做伙计，后为经理，自学熟谙英、法文字。先经营丝绸出口业，为洋行收购国内丝织成品与原料。同时，不断扩大经营范围，从丝绸到茶叶、药材、毛革等国货。继而又帮助洋行推销洋货，有洋布、洋油、洋五金以至鸦片等，随着国货与洋货的买进卖出，中间商获得了高额利润。在民国初年至20世纪30年代中期，朱霭堂先后任外商开利、百司、基大、礼和、永兴等洋行的买办。对公益事业，霭堂亦极为热心。民国14年（1925），被选举为东山旅沪同乡会第十届副会长。

王俊臣（1877—1944） 名仁森，字俊臣，杨湾石桥人。上海美商花旗银行买办，房地产商人。少举儒业，成年后终生在上海服贾，任洋行买办多年，积蓄丰厚。其资产主要在沪投资房地产，晚年在泰兴路张家花园77号购置地块，建造了一幢当时称作"花园洋房"的豪华住宅，供祖孙三代人居住。他还在上海闸北区购置大片土地，建造出租房经营房地产业。热心社会公益，对洞庭东山旅沪同乡会捐助尤多。出资在苏州阊门内建玉润堂，并由名士潘常翰为之撰《苏州玉润堂家祠记》。谆谆告诫子孙，务恪守商人之本分，承祖之资财，克勤克俭，使家业光大。

张青卿（1882—1954）　名吉澄，号青卿，杨湾崇本堂人。国子监生，后至沪习金融，颇具成就，曾为上海长城钱庄总经理。承祖辈富而好义之传统，对社会公益事业颇多贡献。曾当选洞庭东山旅沪同乡会第一至二十届会董。民国6年（1917）他与父张知笙共捐银洋1300元，资助建造洞庭山会馆。

徐子星（1886—1940）　名介启，湖沙人。启园第二个主人。曾任上海美商花旗银行买办，棉纱商人。在上海经营棉业30年，创事业甚多。热心社会公益慈善事业。历任三善堂董事、洞庭东山旅沪同乡会保管委员，执行委员等。1936年，原启园主人席启荪经商失败，把该花园卖于徐子星。其园原名席家花园，售于徐子星后，因两人名或字中均有一个启字，故更名为启园。

金礼生（1886—1943）　又名裕昌、云福，字松泉。杨湾大浜人。祖籍东山金家湖头古橘社，生于西山汇里陈家桥。3岁丧母，12岁失父，随堂叔金安银至杨湾大浜徐养祺寿器店当学徒。一年多后，又转至陆巷金氏寿器店学艺。1941年春，28岁时在族人支持下，在杨湾开设"金裕昌寿器铺"。1943年后因时局动乱，治安恶化，寿器铺停业，他避难上海。

周南（1888—1981）　字克成，杨湾怀荫堂人。辛亥革命元老，1909年与胞弟周斌、胞妹周凤霞追随孙中山、投身辛亥革命。1909年加入同盟会，任威武军副司令，策动上海独立。还与王震组织上海学生北伐先锋军，自任副司令。护国、护法战争时，任过江苏省总司令。1926年国共合作，他任江苏江防要塞先遣收编委员，参加北伐战争。蒋介石"四一二"反革命政变后，周南拒绝与反动派同流合污，离开军政界，从事经商和教育。抗战时，他组织队伍参加"八一三"淞沪抗战，又与王葆真、吴木兰一起参加上海各团体救国联合会，东北义勇军后援会活动。抗战胜利后，组织辛亥革命同志会。同时，他还参加了由王葆真领导的民革上海临时工作委员会的地下活动，为迎接上海解放，策动蒋军起义做了不少工作。1991年为纪念辛亥革命80周年，邮政部向社会公开发行的一套邮票中，内有辛亥革命著名人物孙中山、章太炎、秋瑾和周南等12位人物头像。

朱鸳雏（1894—1921）　杨湾人，新剧演员，剧作家。幼年家庭赤贫，在孤儿院中长大。后在上海参加时称"新剧"（即文明戏）的剧团演出。因其容貌出众，风度翩翩而派为旦角。尤擅演悲壮情节的戏，往往于楚楚有致中含有英烈气概。他饰演的新剧颇受观众称颂。鸳雏多才多艺，除擅长演戏外，还精于小说创作，且能作诗填词，并长于写杂文，一生著作甚丰。其所著小说有《帘外桃花记》《情妇遗爱录》，又与刘铁冷合著了《桃李因缘》。诗作有《断肠草》《情诗集》《银箫集》等，词作有《凤子词》。1921年，朱鸳雏在上海患肺病去世，年仅27岁。柳亚子闻耗极为悲伤，深惋一代人才，英年早逝。

陆澹安（1894—1980）　原名衍文，字剑寒。杨湾明志堂人。著名作家。幼随家人赴沪，就读于沪南民立小学，以优异成绩考入上海江南学院法科。毕业后先后在上海同济大学、商学院、医学院讲授国文，并与人合办过大经中学，任教务主任，一度担任过正始中学校长。长于文学，参加过南社和星社。亦喜研究电影和戏曲，曾担任过上海中华电影公司和新华影片公司的编剧和导演。还与洪深等创办电影讲习班。张恨水的《啼笑姻缘》问世不久，他便将其改编为《啼笑姻缘弹词》，在书坛上弹唱，轰动一时。一生以教书为生，兼任过世界书局、广义书局的编辑及哈瓦那通讯社的中文主笔。在世界书局，他以莽书生等笔名发表过《游侠外传》《李飞探案》等作品，被誉为中国侦探小说第一人。其主编的《小说词语汇释》《戏曲词语汇释》等典籍，成为当今常用的工具书。

朱润生（1902—1979）　亦名朱钰，笔名"玄丁"，东山杨湾人。在沪从事地产业。工诗词，善写作，有口才，爱摄影，广交游，结识多名士。尤热心于地方公益，凡有捐募之役，均争先输助。遵父遗命，在东山杨湾创建鉴塘小学，亲自担任校董会主席。抗战时，在上海老西门创办育婴堂，捐资建普陀山佛殿等。新中国成立后，又捐款资助民办勤奋中学和大华中学。在洞庭东山旅沪同乡会中，先后担任过同乡会理事和会长等职。曾亲自主持上海八仙桥青年会"周六经济座谈"活动，邀请胡厥文等社会名流作讲座，鼓励青年求知上进。抗战胜利后，支持创建"东洞庭山各校同学联谊会"，并以同乡会名义，由其出面创办"第十八民校"，掩护中共党员和进步人士活动。先后当选为上海市政协委员、卢湾区、普陀区人民代表、民建上海市委员等职。

朱穰丞（1903—1943）　又名成湘，屯湾人。话剧先驱者、编导、记者、革命家。1921年在沪创办"辛酉剧社"，自编自导自演话剧。1925年又在上海创办《莫厘沪报》，刊登故乡东山的风土人情及新闻。期间加入中国左翼戏剧联盟，在上海中共地下党领导人潘汉年的指导下参加革命工作。1931年赴法勤工俭学，先参加法国共产党，继又加入中国共产党，在法国时曾担任中共旅欧支部书记及国际反帝同盟负责人。主编《救国时报》《反帝》等革命刊物，被法国当局三次驱逐出境。1933年辗转到达莫斯科，入国际革命戏剧同盟工作。1938年被苏联内务部以"莫须有"的间谍罪逮捕，判刑八年投入监牢。1943年因病死于西伯利亚集中营。1990年苏联最高苏维埃发布令，为朱穰丞平反昭雪。

徐六笙（生卒年不详）　名豫，后山湖沙村人。儒商。恂恂儒雅，好读书，常手不释卷。及冠后，从商扬州，得从哈蓉村、鲍娄先、戴祝尧诸名宿游。治古文辞益力。接人物之众，学乃益肆。性醇谨，自甘淡泊，与世无争。书法宗魏入唐，秀润朴媚。历任洞庭东山旅沪同乡会编辑委员、设计师，对洞庭东山旅沪同乡会举办的各种实业慈善，多所襄赞。

王己千（1907—2003）　原名纪铨，杨湾石桥人。美籍华人收藏家、鉴赏家和画家。任过苏州美校教师、上海美术学院教授、香港新亚书院艺术系主任、美国纽约大都会博物馆终生会员。1932年到上海，跟随吴湖帆学画，并成为其学生。1940年，他与上海德国领事文得斐的夫人孔德女士合作，出版了《明清画家印鉴》，这是中国第一部向西方世界系统介绍我国明清画家作品鉴定方面的专集。1980年，王己千应中央文化部邀请，还随美国友好艺术家代表团来华访问。曾两度至苏州东山陆巷祭扫先祖王鏊墓。曾出版画集《胸中丘壑》《王己千画集》等。

张国权（1910—1968） 名甫檠，杨湾崇本堂人。民国实业家。早年肆业于上海钱业中学，先入钱庄为学徒，继至甫仁银行为实习生。不久，自行创业，在上海南京路日新里创办鸿康来棉布号，专业从事棉布经营，并自任经理。1946年到台湾、香港创办实业，开办五福商业贸易公司。1954年在苏州创办了"苏州天利味精厂"，生产出苏州第一代"虎丘牌九九味精"。

宋吟樵（1910—1989） 字德斋，杨湾崇本堂人，金石家。民国时宋家在东山镇上经营一家名"鼎有"的粮油店，全家以此为生。宋吟樵酷爱书法，他招收的学徒与众不同，除了熟悉经营之外，还要练习书法。20世纪三四十年代，他是"吴门印派"的主要成员之一，同书画家蒋吟秋、篆刻家汪星伯为好友。受宋吟樵的影响，他的儿子宋祖惠、孙子宋咏均精于书法篆刻，加入了中国书法家协会。

周知莘（1912—1984） 东山杨湾人。鉴塘小学教师，抗战时期苏州图书馆国宝级古籍保护者。1937年底，苏州图书馆馆藏的一大批宋元孤本，为防侵华日寇劫书，大部分转移至周知莘任教的东山鉴塘小学（现明善堂）暗室中密藏。苏城沦陷后，日寇绞尽脑汁想夺取这批古籍，多次派密探到东山侦查书籍，又数次派大批日伪军至杨湾劫书，还对苏州图书馆馆长蒋吟秋和周知莘等护书人员进行威胁引诱，妄想逼他们就范，交出这批古书。八年抗战中，周知莘等护书人员历尽艰险，用生命护住了这批"国宝"级图书。抗战胜利后，密藏于东山鉴塘小学的文籍完璧归赵，19874册文卷基本无缺。2011年夏天，中央电视台10套（科教频道）栏目的编导，根据蒋吟秋、周知莘等人抗战时的护书事迹，至苏州图书馆和东山杨湾明善堂，拍摄了一个小时的纪录片《守住古籍》，于2011年8月20日在央视10套《回顾》栏目播放。

周佩宝（1913—1988） 名复宇，字子沐，号红莲居士，磨斋、江泽文。杨湾怀荫堂人。书法家。1935年毕业于上海法学院法律系，后留校任教，同时执律师业务。又拜李仲乾先生为师，学习书法。后随贺天健先生学习山水画。1943年随校内迁到安徽屯溪，任总教务长兼教师，1945年返沪。1958年受聘为上海文史研究馆馆员。自幼喜爱书法，古碑、帖拓片，无论是片纸残本，不厌其多，均购来细心整理，对比研究。遍临诸体，深有造诣。2003年上海科技出版社出版《周佩宝先生书画作品选》，九十高龄的上海文史馆周退密先生为之题签书名。

张九荫（1914—1971） 名甫椿，字九荫，杨湾崇本堂人。台湾联邦创办人之一，台湾电影界重要人员。享誉中外的《龙门客栈》《侠女》等影片，就是在联邦影城完成制片事宜。

金伯涛（1915—2007） 又名连宝，字金石，杨湾大浜人。上海"嘉丰棉布号"经理。毕业于上湾燕石小学，在家自学文学、珠算等。16岁赴沪至汇成棉布号学生意，从学徒至账房先生，后被聘为中国实业染织厂会计室主任。1946年在上海金陵东路开设"嘉丰棉布号"。其间，拜沪上书法名家汪恂先生学习书法。新中国成立前夕，许多同行举家迁往台湾，他选择了留在上海，迎接解放。1955年，接受社会主义改造，至公私合营上海亨化厂任私方代表及供销科长。1956年后，任上海西郊区工商联常委、民建副主任、政协常委和工商界政治学校第十七分校教研室副主任等职。退休后，仍担任过黄浦区工商联副主任秘书，区政协委员，还参加了黄浦区地方志工商界部分的编撰和顾问工作。

费培林（1919—1993） 又名佩林，杨湾人。东山公社党委委员，副主任。父亲费仲贤原居尚锦村，结婚后至上杨湾定居。早年至上海工厂当学徒，新中国成立后回到杨湾，担任杨湾小乡干部。20世纪60年代，参加过省先进代表大会。"四清"运动中参加社教工作队至吴县胜浦公社工作过。洞庭公社成立后，先后担任杨湾片片长、公社副社长，负责创办社办企业，为东山镇乡镇工业的发展作出过很大贡献。

徐蔚霖（1919—2013） 湖沙人。上海市立儿童医院教授级主任医师，著名中医儿科专家，享受国务院特殊津贴。1940年中国医学院毕业，在沪开办私人医疗诊所。新中国成立后，先后担任过民主中学、民智小学校医及上海惠旅医院副院长，1956年起至上海儿童医院工作，为市民盟医药委员会委员。他从医50多年，对发扬祖国传统医学有很大贡献。

刘鸣（1924—1952） 杨湾人，北京新华通讯社记者。13岁时至上海谋生，进国信银行当练习生。1945年离沪至丹阳参加新四军游击队，1946年入山东大学学习，同年7月入党。后又转入华东军政大学学习，毕业后分配到28野战部队28支社当随军记者。1949年随解放军百万雄师横渡长江，报道部队战斗事迹。同年8月，又随军南下福建，采写了《解放军进入福州市》《解放军某部不顾酷暑追残敌》等通讯，分别刊登在《上海前线》《福州日报》上。1950年调入北京新华通讯社总社军事组工作，负责编辑抗美援朝军事报道。1952年赴朝鲜战地采访。是年8月6日，美机轰炸上甘岭，坑道不幸被炸塌而牺牲在上甘岭坑道中，年仅28岁。

王光华（1925—1995） 原名朱承坚，屯湾人。铁道部电子工业局局长，铁道科学院研究员。1940年在沪参加中共地下党，在校从事学生运动。后组织上派他至苏区革命根据地工作，遂改名王光华，并沿用到他过世。新中国成立后，首批公派去苏联铁道运输工程学院深造，获博士学位。回国后，一直从事铁道科技工作。1962年被派往波兰出任社会主义国家铁路合作组织顾问和科技合作委员会主席。1978年以参赞副代表身份常任联合国教科文组织，并主管科技。1984年任铁道部电子计算中心主任（局长）。

徐介灏（1926—1971）　字玉蟠，湖沙村人，教师。父迪珪，字执如，上海金融界前辈，新中国成立初曾任上海实业银行公方经理。介灏与《金陵春梦》作者严庆澍（唐人）系姑表兄弟，少时相交甚笃。初随父学习经商，后弃商返乡从教，历任湖湾小学、马堤小学校长、中心学校教导主任。生性敦厚，品行端方，严以责己，宽以待人，治学严谨，堪为人师表，深受学生爱戴，惜英年早逝。里人至今深为怀念。妻沈静华，东山中心小学和中学教师，退休后还义务从事家教。夫妇俩辛勤耕耘数十载，桃李满天下。

朱承中（1928—2014）　屯湾人。教授级高级工程师。1944年在上海育才中学加入中共地下党，参加组织进步学生运动，1946年考入复旦大学，1949年上海解放前后，担任复旦大学学生会主席。1950年复旦大学土木水利系毕业，分配到华东水利局工作，先后任副所长、计划科长、设计科长、水利水电建设总局副处长、处长，1979至1990年任水利部计划司副司长兼规划设计院副院长、水利水电建设总局副局长兼水利部南水北调规划办公室主任等职，还兼任中国水利学会理事。

王益生（1929—2008）　名季荣，字益生。石桥村惠迪堂人。中国美术家协会会员，副研究员，上海著名漫画家。新中国成立初在上海《劳动报》作画，任美术编辑。1961年调至上海美术家协工作，负责组织会员创作、展览等业务。数十年中一直致力于漫画创作，颇具成就。先后在上海《解放日报》《文汇报》《劳动报》和《人民日报》上发表了大量创作漫画。2002年获中国漫画金猴奖。曾任上海美术家协会理事和上海漫画协会会长。

汪长生（1940—1999）　杨湾人。中学高级教师。1962年毕业于安徽大学数学系，长期从事中学教育及数学研究，颇具成就。发表有《关于数学选择题特殊法的探讨》《关于编制多重数学选择题的研究》《覆盖问题拾得》等专业论文20多篇。曾参与气象出版社出版的《中学数学学习指导》一书的撰写。其生平事迹被录入1995年四川人民出版社出版的《中华当代名人辞典》，1997年香港出版的《世界名人录·中国卷》。

徐伟荣（1948—2014）　湖沙人。苏州市政府政策研究室主任、研究员、党组书记、政协副秘书长。退休后曾任江苏城市发展研究院江南研究院院长。长期从事调查研究工作，并在基础理论、区域经济理论领域有一定建树，著述颇丰。先后发表各类论文（著作）300余篇，多次获省优秀成果奖。对太湖问题研究情有独钟，多次发起举办长三角（太湖）发展论坛，在学术界第一个提出"环太湖城市圈"和"环太湖区域发展共同体"的新理念。2001年，以专家学者的身份赴北京出席中国共产党成立80周年纪念大会，受到江泽民、胡锦涛等中央领导的接见。

第三节　名人与杨湾

叶逵铁拐峰下筑别业

叶逵，字造玄，一字绍全。北宋初刑部侍郎。原仕吴越，在吴越国归宋中有功，授刑部侍郎。娶乌程（今浙江湖州）羊氏永嘉郡侯女为妻，始迁居湖州。时东山尚属浙江乌程县管辖，叶逵因事常至东山，嘉其山水清丽，筑别业于碧螺峰下。叶玄生三子，长元颖，还居处州；次元辅，字应凤，宋淳化进士，光禄寺卿，居杨湾鸡笼山南，称"南叶"；三元参，字少卿，宋咸平进士，居梁溪山嘴至孙巷，称"北叶"。后叶逵子孙繁衍，形成了后巷、前巷（内含唐股村、三山、陆巷、叶巷等支派）、中巷、细湖头、大湖头、支头岭、茅园、蒋湾、陈湾、厅下、嵩下、纪革、同里、常熟、昆山、吴江、新安、湖州、杭州、慈溪、安亭、重固、松江等支派，被尊为吴中叶氏始祖。

朱安宗筑震泽底定桥

朱安宗，南宋杨湾石桥人，出资在石桥头筑震泽底定桥，使石桥村开始兴盛。朱氏南宋初年迁居杨湾灵源寺下，村前有山溪阻拦，出入村子很不方便，每遇夏季山洪，险情屡生。绍定五年（1232），朱安宗为方便村人进出，出资在村前山涧上架震泽底定桥一座。因太湖古名震泽，大禹治理太湖水患时有"三江既入，震泽底定"之说，其桥名即取禹王治水底定"震泽"之意。而村人习以"石桥"称之。并在桥南置地丈许，凿义井以利居民日汲，桥北购地一方，用砖砌日坪盘，以便乡人之吉凶迎送。震泽底定桥历经700多年，如今仍不失旧貌。

张宁督建应天城

张宁，明代杨湾张巷粹修堂人，著名工匠，明初督建南京城总监。幼时家贫，十岁起即拜师学艺。性聪颖，又肯钻研，未满师，技艺已超侪辈。稍长游于金陵（今南京），与人合股开酒肆，招揽水作生意，结识安徽人李善长。洪武二年（1369）太祖筑南京城，经李善长推荐，张宁任督建皇城总监。城将竣工，事闻于明太祖，登城观看，见新城雄伟壮丽，十分喜欢，准备颁旨重赏筑城人员。继见筑城工役正把断砖碎石，尽皆毁弃，疑为暴殄有用之物，怒欲问罪于工役。张宁见状，叩头启奏："臣以为残缺之物，不宜砌入墙中，以玷瑕全城，故令丢弃，非群工之罪。论罪实在臣身。"太祖听其言之有理，转怒为喜，乃尽释工役。皇城竣工，明太祖欲授张宁官职，其以在家养亲为由，谢绝了官职，仍以建房造屋为生。清末张芳清为粹修堂张氏传人，其秉承家学，精于传统的古式建筑，并能揣摩新意，与民国时期的建筑风格合拍，并能画一手精致的古建图。经他亲手设计营建（把作）及修缮的建筑物，现东山有轩辕宫、雕花大楼、启园、石桥王氏承志堂、张巷张氏粹修堂等。

王鏊杨湾摩崖石刻

王鏊（1449—1524），字济之。明东山陆巷人。成化十年（1474）乡试、十一年会试俱第一，廷试第三。历官授翰林院编修、侍讲学士、吏部侍郎、户部尚书、文渊阁大学士。王鏊正德四年（1509）致仕归乡，至嘉靖三年（1524）去世，杨湾是他常去游览之地，留下了大量诗文与摩崖石刻。《能仁寺》《灵源寺》《弥勒寺》《碧螺峰》《饭石峰》等22首歌咏杨湾的古诗收入《王鏊诗文集》中。古村内览胜石、碧螺峰、泗州池、雄磺矾等摩崖石刻，如今仍保存完好。碧螺春茶原名"吓煞人香"，正德间王鏊登碧螺峰，作诗云："俨双峰兮亭亭，忽雾绕兮云横。冈峦纷兮离合，洞壑黯兮峥嵘。"并在崖上题"碧螺峰"三大字。

沈周绘《壑舟图》

沈周（1427—1509），明画家，字启南，号石田，晚号白石翁，长洲湘城人。擅画山水，兼工花鸟，画名其大，形成"吴门画派"。成化二十三年（1487），王鏊仲兄王鏊在石桥村景德里筑"壑舟"，竣工之日举办"壑舟雅集"，苏城名流应邀前往。王鏊为之撰《壑舟记》，沈周首绘《壑舟图》，画面上，一叶扁舟，半藏于岩壑之中。一老者在舟中弓腰而坐，神情怡然自得，却眺望谷口。给人一种隐而不露却又舍而不弃之感，其意境极为深远。沈周、吴宽、唐寅、祝允明等吴中10多位名士在图上题诗，后王鏊结为一集，名《壑舟图咏》。

朱允恭擒剧盗赤脚张三

朱允恭，字公懋，清初杨湾石桥人，福建延平府知府。清康熙年间，湖中剧盗张三等横行太湖，为害地方，官府极为担忧而无法捕获。朱家富而有财，亦备声伎女乐班，时苏州巡抚衙门任事。他请苏抚给假十日，回到家中，寻得张同党，好言语之，曰："张君诚豪杰，吾欲与之交欢，今以千金为寿，愿保我桑梓。"喽啰携金回湖复语，张三十分高兴，复信约日到朱府面谢。朱允恭在家中缥缈楼设盛宴招待，他深知张三勇力过人，凶悍异常，只宜智擒。挑选了10多名艳丽的女乐备于堂中，暗遣勇士混杂于优伶中。又密使人把用油炒熟的黄豆遍布于地。张三不知此计，是夜带了十多名喽啰果然赴约。酒酣，朱借故退去，帐后假装乐师的武士亮出利器扑上前去。张三大惊，酒醒，从腰间抽出佩刀腾空跃起，方欲展技，落地踩在炒熟的黄豆上，仰面朝天跌于地，朱率众将其擒住，马上钉了手足，立即押解苏州抚辕衙门正法，馀党骇散，湖中自此宁谧。

朱必抡与"东山女乐班"

朱必抡(1601—？),字珩璧,杨湾石桥头人。明末太学生。崇祯末,遁迹朱巷,择地太湖边,面对西山缥缈峰筑一宏丽楼宇,曰缥缈楼,为朱氏宴乐歌舞演剧之所,其楼由参议范允临题额。必抡尝选紫云等女姬十二人,教其歌舞,组成女乐。他与吴中诸名士在楼上张乐演剧,诗酒酬答。每当他游湖归舟将至,离家还有半里地时,就让身边的侍从吹起铁笛。家人听到笛声,均外出整衣迎接。这时,十多位戏班美姬都艳妆凝眸,登楼"指点归舟于烟波杳霭间"。一旦主人上岸,便鼓乐齐鸣,轻歌曼舞,在欢声笑语中迎接他归家。东山朱氏家庭女乐班,为吴中早期梨园之一,《苏州戏剧志》有载。清顺治年间,有原淮阳巡抚、漕运总督路振飞之子,指索其所爱好者。朱必抡乃布衣蓄伎,无奈遣去。不久竟病卒。清康熙六年(1667)三月,诗人吴伟业首登楼凭吊,题诗壁上,追忆旧时女乐演剧之盛。

归庄长圻山探梅

归庄(1613—1673),字玄恭,号恒轩,昆山人,清初文学家。曾与顾炎武起兵抗清,失败后,一度亡命为僧,称普明头陀。清顺治十七年(1660)正月,归庄自昆山发舟,渡湖至东山赏梅。数日后赴长圻李湾观梅花,登高丘,山坞湖村二十余里,琼林银海,皆在目中。过能仁寺,寺中梅数百株,树尤古,多苔藓斑驳,晴日微风,飞香满怀,友人遂置酒梅树下。当晚,众人散去,独归庄宿寺之翠岩房中。第二天,寺中老僧为向导,策杖寻花,高下深僻,他们先后游览了西方景、览胜石、骑龙庙等古迹。归家撰《洞庭东山观梅花记》,东山梅花由此名声大振,后"长圻探梅"被列为东山"古十景"之首。

张知笙二度办学

张知笙(1863—？),名武镛。杨湾人,民国初期的著名商人。曾任仁大、森和诸钱庄经理及江苏银行理事,并被选为上海总商会议员、商会公断处处长。民国8年(1919),在杨湾磨石创办智笙小学,其长子青卿担任校长,书学费全免。民国22年(1933),张知笙发起建办吴县县立燕石初级小学,校址在杨湾镇,收归县办"八一三"事变中途停学的学生上课。张知笙是洞庭东山旅沪同乡会的最初发起人之一,被推选担任过同乡会第七、八届会长,在任兴筑杨湾街道,创办后山救会等公益事业。

朱献淮编纂《洞庭东山物产考》

朱献淮(1880—1936),名琛,亦名家琛,又名家瑛,杨湾湖沙人。早年在上海继承父业,开设恒兴顺、公信泰等丝栈,大力推销国产丝经于海外,并办益丰搪瓷厂。多次被推选为洞庭东山旅沪同乡会会长。任职期间，积极参与家乡公益事业。清末民初，在父亲朱稚邨的支持下，自清光绪三十三年（1907）春开始，至1921年，经过调查、考察、遍访农户，采集资料，编撰《洞庭东山物产考》，对总共148种作物品种一一详解其特性、功能及培育技能等情。这是太湖流域有史以来第一部乡镇专业志。1934年8月，献淮又与东山名贤一起集资2万元，于屯湾虎山头创办东山农业股份有限公司，专事培植林、果、蔬、棉、竹、谷类和各种禽畜的品种改良及农副产品的加工，推动地方经济的发展。

朱恩馀情系杨湾教育

朱恩馀，生于1932年，祖籍江都，苏州市"荣誉市民"。香港翔龙有限公司董事长，香港朱敬文奖学基金会主席，香港善源基金会会长。1988年春，朱恩馀到东山华侨公墓安葬其祖父朱幼山。在返途之中，参观了湖沙小学校，见校舍陈旧，设施落后，便主动提出捐款15万港币重建小学。是年4月动工，9月落成。新校舍有仿古建筑教育楼1幢，教育活动区及其他建筑24间，计670平方米，外围墙长86米，以其祖父之名命名为东山幼山小学校。2007年朱恩馀又捐资120万元重建杨湾幼山小学，于10月27日竣工，学校占地10.3亩，建筑面积2700平方米。

他还先后为东山实验小学、中心小学、陆巷小学、渡桥小学和实验小学新校舍捐资12次，计人民币1093万元，港币65万元，图书8000册。此外还为东山赠救灾款100万港币，向华侨公墓赠人民币10万元。在苏州大市范围内为15000余名优秀学子颁发奖学金2300多万元，为32个教育、医疗单位82宗项目提供捐助款9230万元人民币。

石桥两将军

叶肇宏，生于1935年，杨湾石桥村人。辽宁省军区副政委，少将。1949年加入中国新民主主义青年联盟，1951年参加中国人民解放军，1955年赴朝作战。1958年回国后，在辽宁军区历任师干部科干事、政治部干部处处长、军区干部部长和辽宁省军区副政委，1991年7月授予少将军衔。在朝鲜战场上荣立三等功一次，获朝鲜民主共和国军功章一枚，1994年被中央军委授予"胜利功勋"荣誉章一枚。撰写论文多篇，并入选国防大学出版社出版的《将军文选》。2007年叶肇宏回故乡探亲，同东山镇和杨湾村领导一起商讨古村保护工作，还到幼山小学看望学校师生。

韩季忠，生于1945年，上湾石桥村人。解放军海军后勤部副部长，少将。1967年上海同济大学毕业，分配进入海军工程设计研究局工作，历任技术员、工程兵、主任、局长，1997年任海军后勤部副部长。1999年被授予少将军衔，

2008年韩季忠和信怡投资有限公司出资在母校设立韩季忠奖励金，分奖学金、助学金、奖教金、大学生创新奖励金等资助项目，以资助教育。2016年6月6日，韩季忠将军回故乡石桥村探亲期间，专程到杨湾村委会，了解古村保护与旅游工作，还至村修志办公室，提供了大量珍贵的文献资料。

体坛两冠军

徐寅生，生于1938年，杨湾湖沙里人。国家体委副主任，我国著名乒乓球运动员。1958年进入国家青年乒乓球队，1960年入国家乒乓球队。历任国家乒乓球队教练、全国体育总工会副主席、中国乒乓球协会主席等职。为第26、27、28届世界乒乓球锦标赛男子团体冠军中国主力队员，获第26届男子单打第三名。与庄则栋合作获第28届男子双打冠军。三次获国家体育运动荣誉奖章。

孙近芳，女，生于1939年，杨湾石桥村人。新疆体校女篮队长，新疆体育大队副大队长。1963年在全国篮球甲级队比赛中获全国冠军。担任过上海卢湾区体委副主任、党组副书记。

书坛四杰

金中浩，生于1948年，杨湾大浜村人。国家一级美术师、中国书法家协会第二届理事、吉林省书法家协会副主席、吉林省书画院院长。数十年精研书法，法临魏晋，出入秦汉，真草隶篆，诸体皆备。其书法、篆刻作品多次参加国内外重大赛事并获奖。从事影视字幕美术设计20多年，为《开国大典》《重庆谈判》《吉鸿昌》等300多部（集）影视作品撰写字幕。其作品由国内外多家文博单位收藏或以此镌碑。

陆康，生于1948年，杨湾明志堂人，书法篆刻艺术家，《澳门日报》"感觉上海"专栏作者。清末民初著名评话、曲作、侦探小说家陆澹安之孙。1948年生于上海，少时得祖父陆澹安指授，承家学，又师事陈巨来治印，学有成就。20世纪80年代初移居澳门。

宋祖惠，生于1943年，杨湾崇本堂人。中国书法家协会会员、江苏省职工书画协会秘书长、苏州市职工书法篆刻研究会会长。博采秦玺、汉印等诸家之长，又致力于汉隶、章草、简牍、帛书的推陈出新，在篆刻和书画方面均形成了自己的艺术风格。作品多次被选送全国性展览并获奖。

宋咏，生于1969年，杨湾崇本堂人。篆刻家。中国书法家协会会员、南京印社社员、东吴印社副秘书长、沧浪印社社长。宋咏生于书画篆刻世家，其祖父、父亲均为著名的书画篆刻名家。自幼在他们教诲下走上了金石书法创作之路，并形成自己的风格。他的作品先后在《书法报》《美术报》《中国书画报》等报刊发表，入选多个全国艺展并获奖。

他们都心系故乡，每次回杨湾故居生活，都为杨湾乃至东山创作了大量书法作品。

第四节　大专院校毕业生

杨湾明善堂大厅上有副对联："积金积玉不如积书教子，宽天宽地莫若宽厚待人"。自古以来村里读书风气浓厚，2000年以来村里年轻人基本都读至大学，2010~2015年全村共有115人大专院校毕业。

表14-8　　　　　　　　　　2010年杨湾村大专院校毕业生表

姓　名	性别	毕业高校	学历	自然村及村民小组
诸夏鸣	女	江苏淮阴工学院	本科	屯湾村8组（屯湾村）
胡振海	男	江苏工业学院	本科	杨湾村3组（大浜村）
叶　晓	男	苏州大学	本科	屯湾村1组（湖沙村）
沈月红	女	淮阴师范学院	本科	杨湾村2组（杨湾村）
金梅蓉	女	南京理工大学	本科	屯湾村9组（黄家堑村）
诸勤芬	女	南京理工大学	本科	屯湾村9组（黄家堑村）
金勤伦	男	南京中医药大学	本科	屯湾村9组（黄家堑村）
李朱梁	男	苏州大学文正学院	本科	屯湾村9组（黄家堑村）
胡斌显	男	苏州机电高等职业技术学校	大专	上湾村1组（上湾村）
韩婷婷	女	苏州机电高等职业技术学校	大专	上湾村10组（石桥村）
朱月青	女	淮安信息技术学院	大专	上湾村10组（石桥村）
顾少威	男	江苏财经职业技术学院	大专	杨湾村3组（大浜村）
许玉芳	女	苏州机电高等职业技术学院	大专	杨湾村12组（长圻村）
叶玲琴	女	苏州港大思培科技职业学院	大专	上湾村6组（张巷村）
杨晓艳	女	苏州高博软件技术职业学院	大专	屯湾村1组（湖沙村）
马晓薇	女	苏州工业园区职业技术学院	大专	屯湾村5组（屯湾村）
马雨佳	女	苏州卫生职业技术学院	大专	屯湾村5组（屯湾村）
张　靖	女	苏州职业大学	大专	屯湾村11组（湾里村）
张　峰	男	无锡城市职业技术学院	大专	上湾村2组（石桥村）

表14-9　　　　　　　　　　2011年杨湾村大专院校毕业生表

姓　名	性别	毕业高校	学历	自然村及村民小组
周伟洁	男	江苏大学	本科	杨湾村4组（大浜村）
徐　静	女	南京工程学院	本科	杨湾村4组（大浜村）
诸国星	男	南京理工大学	本科	屯湾村9组（黄家堑村）

续表

姓　名	性别	毕业高校	学历	自然村及村民小组
徐　蛟	男	苏州科技学院	本科	屯湾村2组（湖沙村）
周　晨	男	东南大学	本科	杨湾村4组（大浜村）
许晓丹	女	淮阴师范学院	本科	屯湾村10组（寺前村）
朱骏超	男	南京财经大学	本科	上湾村1组（石桥村）
徐　吉	男	苏州科技学院天平学院	本科	屯湾村2组（湖沙村）
周　丽	女	江苏城市职业学院	大专	杨湾村3组（大浜村）
周逸明	男	江苏城市职业学院	大专	屯湾村3组（湖沙村）
袁梦倩	女	常州高等职业技术学校	大专	上湾村6组（张巷村）
谢国军	男	苏州工业园区职业技术学院	大专	屯湾村5组（屯湾村）
叶　婷	女	苏州农业职业技术学院	大专	屯湾村1组（湖沙村）
汤志康	男	苏州信息职业技术学院	大专	上湾村8组（上湾村）
黎肇晨	男	苏州高博软件技术职业学院	大专	屯湾村2组（湖沙村）
姚萍萍	女	金山职业技术学院	大专	屯湾村2组（湖沙村）
叶卫江	男	苏州工业园区职业技术学院	大专	屯湾村2组（湖沙村）
施静娟	女	应天职业技术学院	大专	屯湾村1组（湖沙村）
陈　叶	女	江苏省青年管理干部学院	大专	上湾村7组（上湾村）
黄丽霞	女	苏州信息职业技术学院	大专	上湾村9组（上湾村）
黄立夏	女	苏州信息职业技术学院	大专	杨湾村1组（杨湾村）
宋　宇	女	江苏畜牧兽医技术职业学院	大专	杨湾村1组（杨湾村）

表14-10　　　　　　　　　　　2012年杨湾村大专院校毕业生表

姓　名	性别	毕业高校	学历	自然村及村民小组
金毅吉	男	江南大学	本科	杨湾村2组（杨湾村）
韩文雄	男	三江学院	本科	上湾村10组（石桥村）
冼玉芳	女	建东职业技术学院	大专	屯湾村12组（西巷村）
诸国强	男	建东职业技术学院	大专	屯湾村9组（黄家埕村）
叶　俊	男	江苏城市职业学院	大专	杨湾村4组（大浜村）
顾彬彬	男	建东职业技术学院	大专	杨湾村2组（杨湾村）
叶小娟	女	建东职业技术学院	大专	屯湾村6组（屯湾村）
沈月明	男	明达职业技术学院	大专	杨湾村2组（杨湾村）
黄小娟	女	苏州经贸职业技术学院	大专	屯湾村4组（澄湾村）
张晓鸣	男	苏州工业园区职业技术学院	大专	杨湾村1组（杨湾村）
叶雨文	女	江苏食品职业技术学院	大专	上湾村10组（石桥村）

姓　名	性别	毕业高校	学历	自然村及村民小组
韩婷婷	女	硅湖职业技术学院	大专	上湾村10组（石桥村）
张卫峰	男	无锡科技职业学院	大专	屯湾村8组（屯湾村）
张顺良	男	常州轻工职业技术学院	大专	屯湾村1组（湖沙村）
宋燕琴	女	苏州广播电视大学	大专	屯湾村6组（屯湾村）
金耀文	男	湖南交通工程职业技术学院	大专	屯湾村10组（寺前村）

表14-11　　　　　　　　　2013年杨湾村大专院校毕业生表

姓　名	性别	毕业高校	学历	自然村及村民小组
殷月峰	男	常熟理工学院	本科	杨湾村2组（杨湾村）
张　丽	女	南京农业大学	本科	杨湾村2组（杨湾村）
金艳青	女	苏州科技学院天平学院	本科	屯湾村10组（寺前村）
席时皎	女	江苏职业技术学院	大专	杨湾村3组（大浜村）
徐灵芝	女	江苏职业技术学院	大专	杨湾村4组（大浜村）
李铁君	男	无锡职业技术学院	大专	杨湾村4组（大浜村）
胡佳云	女	苏州卫生职业技术学院	大专	上湾村1组（石桥村）
朱浩飞	男	无锡南洋职业技术学院	大专	上湾村1组（石桥村）
韩　静	女	南京钟山职业技术学院	大专	上湾村10组（石桥村）
张　琳	女	上海工商外国语职业学院	大专	上湾村2组（石桥村）
刘国荣	男	江阴职业技术学院	大专	上湾村3组（张巷村）
沈佳艳	女	苏州卫生职业技术学院	大专	上湾村4组（张巷村）
朱　妍	女	苏州职业大学	大专	上湾村6组（张巷村）
周　鑫	男	淮安信息职业技术学院	大专	上湾村7组（上湾村）
徐　春	男	无锡科技职业学院	大专	上湾村9组（上湾村）
张靖霞	女	南通农业职业技术学院	大专	屯湾村11组（湾里村）
宋雨群	女	常州纺织服装职业技术学院	大专	屯湾村6组（屯湾村）
李朱文	男	苏州工业职业技术学院	大专	屯湾村9组（黄家埕村）
黄立夏	女	江苏财经职业技术学院	大专	杨湾村1组（杨湾村）
张雨薇	女	南通大学	大专	杨湾村
姜文祥	男	江苏城市职业学院	大专	上湾村4组（张巷村）
倪江雄	男	南京理工大学紫金学院	大专	屯湾村6组（屯湾村）
金于琴	女	江苏大学京江学院	大专	屯湾村9组（黄家埕村）

表 14-12　　　　　　　　　　　　　　2014 年杨湾村大专院校毕业生表

姓　名	性别	毕业高校	学历	自然村及村民小组
诸尧青	男	三江学院	本科	屯湾村 8 组（屯湾村）
叶浩君	男	南京信息工程大学滨江学院	本科	上湾村 2 组（石桥村）
张　洁	男	三江学院	本科	上湾村 5 组（张巷村）
庄兆刚	男	南京信息工程大学	本科	杨湾村 2 组（杨湾村）
倪艳红	女	苏州工业园区职业学院	大专	屯湾村 10 组（屯湾村）
许夏青	女	苏州农业职业技术学院	大专	屯湾村 12 组（西巷村）
韩秋月	女	南通职业大学	大专	上湾村 10 组（石桥村）
金春海	男	南通农业职业技术学院	大专	屯湾村 9 组（黄家埕村）
李　昌	男	苏州信息职业技术学院	大专	上湾村 5 组（张巷村）
张　旭	男	紫琅职业技术学院	大专	上湾村 5 组（张巷村）
徐晓刚	男	紫琅职业技术学院	大专	杨湾村 3 组（大浜村）
周成佳	男	江苏城市职业学院	大专	屯湾村 10 组（寺前村）
金梅红	女	苏州工业职业技术学院	大专	屯湾村 9 组（黄家埕村）
叶燕飞	女	苏州职业大学	大专	屯湾村 9 组（湖沙村）
李湘芸	女	苏州农业职业技术学院	大专	屯湾村 12 组（西巷村）

表 14-13　　　　　　　　　　　　　　2015 年杨湾村大专院校毕业生表

姓　名	性别	毕业高校	学历	自然村及村民小组
周晓慧	女	苏州科技学院天平学院	本科	上湾村 8 组（上湾村）
许燕萍	女	苏州大学	本科	屯湾村 12 组（西巷村）
许德卫	男	苏州科技学院	本科	屯湾村 12 组（西巷村）
许卫青	女	南京农业大学	本科	屯湾村 12 组（西巷村）
黄一冰	女	北京航空航天大学	本科	屯湾村 4 组（澄湾村）
叶　禄	男	南京理工大学泰州科技学院	本科	屯湾村 4 组（澄湾村）
马宇帆	女	南京理工大学泰州科技学院	本科	屯湾村 5 组（屯湾村）
张　俊	男	徐州师范大学	本科	屯湾村 7 组（屯湾村）
施美芳	女	常州大学怀德学院	本科	屯湾村 9 组（湖沙村）
顾龙杰	男	盐城师范学院	本科	屯湾村 5 组（屯湾村）
周　涛	男	苏州科技学院	本科	杨湾村 4 组（大浜村）
叶吴琪	女	苏州旅游与财经高等职业技术学校	大专	上湾村 2 组（石桥村）
张晓东	男	江苏信息职业技术学院	大专	上湾村 2 组（石桥村）
姚思洵	女	苏州旅游与财经高等职业技术学校	大专	上湾村 4 组（张巷村）

续表

姓　名	性别	毕业高校	学历	自然村及村民小组
葛俊峰	男	江苏城市职业学院吴中办学点	大专	屯湾村10组（屯湾村）
叶　萍	女	常州轻工职业技术学院	大专	屯湾村12组（西巷村）
周　燕	女	江苏农林职业技术学院	大专	屯湾村2组（湖沙村）
邵华林	男	苏州高等职业技术学院	大专	屯湾村4组（澄湾村）
朱　凤	女	苏州高等职业技术学院	大专	屯湾村6组（屯湾村）
殷晓颖	女	苏州工业园区职业技术学院	大专	屯湾村9组（湖沙村）

第十五章 诗文著述

第一节 著 述

据《震泽编》《具区志》《太湖备考》《乡志类稿》《苏州民国艺文志》等书著录，元明清三朝，杨湾有作家122人，出版诗文集300多部，各大家族族纂修的族谱家乘22部，这些著述分藏于北京、南京、上海等地的档案馆、图书馆、方志馆。现当代杨湾籍教授、作家150余人，出版专著或作品300多部。

表15-1　　　　　　　　　　杨湾籍人物历代著述表

朝代	作者	书　目	引录书籍
元	王　鹏	《缑山集》	《吴县志·艺文》
元	叶　颙	《城南集》	《吴县志·艺文》
明	施　凤	《倚玉集》	《太湖备考·书目》
明	张　本	《五湖漫闻》《五湖漫稿》	《吴县志·艺文考一》
明	黄　翀	《白浮稿》	《吴县志·艺文》
明	邹斯盛	《莼冰舫集》	《吴县志·艺文》
明	朱良祐	《平倭志》《记异录》《留京偶笔》	《七十二峰足徵集》
明	叶有馨	《咸悦堂诗文集》	《吴县志·艺文》
明	叶　杰	《湖山漫稿》	《太湖备考》
明	陆　枢	《南中诗草集》	《吴县志·艺文》
明	朱　琬	《诗集》（王鏊为之序）	《吴县志·艺文》
明	张振先	《左癖轩存稿》《游艺斋存稿》	《七十二峰足徵集》
明	张善道	《寒斋集》《击筑吟》	《七十二峰足徵集》
明	姜森玉	《伤寒补注》《诗文偶存》	《吴县志·艺文考二》
明	姜立宽	《辰巳集》	《七十二峰足徵集》
清	张尚绚	《耦耕集》《碧梧轩集》	《七十二峰足徵集》
清	叶　松	《嘤鸣集》《建初集》	《吴县志·艺文考二》
清	叶　英	《秋吟草》	《七十二峰足徵集》
清	张明俊	《寒斋集》《击筑吟》《张子合集》	《七十二峰足徵集》
清	张延基	《非隐斋偶笔》《东海游草》《燕帆记事》《蜀吟》《石组集》	《吴县志·艺文考二》
清	徐履中	《峨嵋枪法》	《洞庭东山徐氏家谱》
清	周德新	《疗俗亭诗》《百幻诗草》	《七十二峰足徵集》

续表

朝代	作者	书目	引录书籍
清	周祖典	《观涛阁诗》	《七十二峰足徵集》
清	杨匡	《嬾真庵诗》《燕台杂咏》	《七十二峰足徵集》
清	朱济世	《自鸣集》	《七十二峰足徵集》
清	邹弘志	《念莼遗稿》《燕台游草》《爱莲宧稿》《贡莼咏》《邀月词》	《吴县志·艺文考二》
清	周建镖	《长青集》	《吴县志·艺文考二》
清	周建铭	《放言草》	《七十二峰足徵集》
清	周月贞	《联珠集》《撷芳集》	《七十二峰足徵集》
清	徐文荣	《徐氏家谱》8卷	《徐氏家谱》卷九
清	徐士睿	《雪香庵诗》6卷	《徐氏家谱》卷九
清	王朝忠	《焚馀诗钞》1卷	《莫厘王氏家谱》卷六
清	王希廉	《李史》48卷	《莫厘王氏家谱》卷六
清	孙广榛	《乐安世系》1卷	《东山孙氏家谱》
清	陆仲飞	《洞庭明诗选》	《乡志类稿》书目
清	徐桂荣	《息舫合刻集》	《乡志类稿》书目
清	周克豫	《周氏家谱》10卷	《周氏家谱》卷一
清	周邦翰	《洞庭东山周氏支谱》	《洞庭东山周氏支谱》
民国	王守梧	《柳波舫集》	《乡志类稿》
民国	朱献淮	《洞庭东山物产考》4卷	《东山镇志》卷27
民国	陆澹安	《满江红》《啼笑因缘》《啼笑因缘续集》《小说词语汇释》《戏曲词语汇》	《东山镇志》卷27
民国	朱润生	《湖山诗影录》	《东山镇志》卷27
民国	张知笙	《东山张氏族谱》1卷	《东山镇志》卷27
民国	朱穰丞	《桃花源》《虎去狼来》《文舅舅》	《东山镇志》卷27
当代	周佩宝	《周佩宝书画作品选》	上海科技出版社
当代	王季千	画册《胸中丘壑》《王己千画集》	中国美术出版社
当代	杨熙元	《东山旅沪职业青年革命活动史料选辑》	《东山镇志》卷二十七
当代	王光华	《先行集》	铁道科技出版社
当代	王益生	漫画集《讽刺与幽默》	《东山镇志》卷27
当代	王季卿	《江南八座传统庭院式戏场的音质测量与分析》《析古戏台下设瓮助声之谜》《山西传统戏场建筑》《我的建筑声学历程》	《东山镇志》卷27

续表

朝代	作者	书　目	引录书籍
当代	姜礼尚	《数学物理方程讲义》《试讲分析理论基础》等	《东山镇志》卷27
当代	汪长生	《中学数学学习指南》《中学数学学习指导》	《吴中区志》卷25
当代	徐伟荣	《异军突起在苏南》《改革发展实录》《莫厘峰》《苏州之路》《知道求真录——莫厘峰续集》等	《东山教授》上集
当代	金中浩	《金中浩书法集》《世界华人美术家年鉴》（编委）、《中国现代书画家印款辞典》（编委）	《东山教授》下集
当代	陆康	《陆康印选》《陆康作品集》《陆康现代书法》《澳门名胜印集》《陆康书唐诗三百首》《感觉上海》《陆康艺术人生》《上海心情》	《东山教授》下集
当代	张洪鸣	《引导孩子们亲历科学》（主编）、《善教善导新苗》（主编）、《小学科学课程与教学》（合著）	《东山艺文志》
当代	宋祖惠	宋祖惠篆刻集	华夏美术出版社
当代	宋咏	宋咏篆刻作品选	华夏美术出版社

第二节　文　选

叶伯昂传

［明］吴　敏

伯昂名颙，洞庭山后人，父国英，倜傥豪侠，元季兵兴欲教子，乡无儒硕，缑山王九万避乱依山前叶氏，国英遣子从游，叶以富傲国，国英曰："我能使儿读书成器，齐奴不足齿也。"国英与长兴耿炳文为友，耿延前应奉翰林文字、国子助教宇文子贞主家塾，国英令子就学馆，谷丰腆有逾于耿，宇文子撤讲来国英家，适江浙提学云阳李一初来访。一日忽怅怏，国英前谢李曰："妻子寓旅邸不能不动于中。"国英曰："已令人省问，薪炭酒茗醯酱蔬果之类皆具。"李惊喜，称山中宰相，于是与宇文子偕训伯昂，伯昂大造就而卒业焉。后试浙省中上第，为署和靖书院山长，不慊所蕴，挟策走燕京，值风尘道梗流落濠亳间。皇明平一区，宇始克来归，兵燹之余母弟俱亡，家徒四壁立，无意于世，号浮丘醉史，放情诗酒，高歌感慨，人多怜之。时炳文助讨张士诚累功封长兴侯，富贵煊赫，闻伯昂困滞，遣使招延，会聚通家之好，欲为创第再娶荐于朝而用之。伯昂曰："时去志违，年几知毋庸是为也。"吴兴著姓姜仲刚、范玄德、张大声、徐正敬、许雪峤、华仲清、曹可大、吴宗本、丁志仁皆订盟知己从游，讲学留连卒岁竟旅死长兴。论曰：

麟凤之获于鲁，狩于楚狂而不得为祥瑞。非其不灵也，出非其时也，吁士亦然惜哉。

《震泽编》

洞庭两山赋碑记

〔明〕王 鏊

楚之湖曰洞庭，吴之山亦曰洞庭，其以相垺耶？将地脉有相通者耶？郭景纯曰：包山、洞庭、巴陵地道潜达旁通，是未可知也。而吾洞庭实兼湖山之胜，始山特为幽人韵士之所栖，灵仙佛子之所宅。至国朝名臣彻爵往往出焉，岂湖山之秀磅礴郁积，至是而后泄于人耶？东冈子曰：山川之秀实生人才，人才之出益显山川。显之维何？盖莫过于文。两山者秘于古而显于今，其实有待子无用辞。予曰：然，乃为之赋，其词曰：

吴越之墟有巨浸焉，三万六千顷，浩浩荡荡，如沧溟瀚渤之茫洋，中有山焉，七十有二，渺渺忽忽，如蓬壶方丈之仿佛。日月之所升沉，鱼龙之所变化，百川攸归，三州为界，所谓吞云梦八九于胸中，曾不蒂芥者也。客曰：试为我赋之。夫太始汤穆，一气推迁，融而为湖，结而为山。爰有群峰散见，叠出于波涛之间，或现或隐，或浮或沉，或吐或吞，或如人立，或如鸟骞，或如鼋鼍之曝，或如虎豹之蹲。忽起二峰，东西雄踞，有若巨君弹压臣庶，又若大军之出，千乘万骑，旌幢宝盖，缭绕奔赴。东山起自莫厘，或腾或倚，若飞云旋飙，不知几千百折，至长圻蜿蜒而西逝。西山起自缥缈，或起或伏，若惊鸿鸶凤，不知几千万落，至渡渚回翔而北折。试尝与子登高峰骋望，近则重冈复岭，嵚岈崒嵂，萦洲枉渚，蜿蟺缅邈；远则烟芜渺弥，天水一碧，帆影见而忽无，飞鸟出而复没，灵岩则返照孤稜，弁山则轻烟一抹，此亦天下之至奇也。若乃长风驾浪，喷山歁野，足使人魂惊而汗骇，及其风日晴熙，穀纹涟漪，又使人心旷而神怡。至于瑶海上月，流光万顷，星河倒悬，荡漾山影，又一奇也。遥山霁雪，凝华万叠，玉鉴冰壶，上下相合，又一奇也。风雨晦明，顷刻异候，烟云变灭，咫尺殊状，虽有至巧，莫能为像。试尝与子吊古寻幽，则有回岩穹壑，嵚崟相通，琳宫梵宇，暮鼓晨钟，寿藤灵药，美箭长松，金庭玉柱，石函宝书，灵威丈人之所窥也。贝阙珠宫，绣毂鸣珰，柳毅书生之所媲也。翠峰杜圻，范蠡之所止息；黄村再头，绮皓之所从逝也。而阖闾夫差之迹尤多存者，玩月之渚、消夏之湾、牧马之城、圈虎之山、练兵之渎、射鹗之峦，出金铎于浅濑，逸梅梁于惊湍。他若毛公烧丹之井，蔡经炼药之墩，圣姑绝雉之塘，雪窦降龙之渊。其石则岌嶪嶙峋，瘦漏嵌空，牛奇章有甲乙之品，宋艮岳有永固之封。其泉则困沦靐沸，甘寒澄碧，墨佐君表无碍之名，天衣禅留悟道之迹。斯地也，孙尚书欲卜居而不能，范文穆思再至而不果。岂如吾人生长兹土，依岩架栋，占野分圃，散为村墟，凑为阛阓，桑麻交荫，鸡犬鸣吠，里无郭解剧孟之侠，市无桑间濮上之音。婚姻相通，若朱陈之族；理乱不识，若武陵之源。佛狸之马迹不到，周颛之俗驾自旋，星应五车，地绝三斑，卢橘夏熟，杨梅日殷，园收银杏，家种黄甘，梅多庾岭，梨美张谷，雨前芽茗，蛰馀萌竹。水族则时里之白，鲙残之银，鲂鲈鲋鳖，自昔所珍。吾且与子摘山之毳，掇野之茸，割湖之鲜，酿湖之醴，泛白少傅月夜管弦之舟，和天随子太古沧溟之歌。吊吴王之离宫，扣隔凡之灵窝，凌三万顷之琼瑶，览七十二之嵯峨，其亦足乐乎！彼岳阳彭蠡，非不广且大也，而乏巍峨之气；天台武夷，非不高且丽也，而无浩渺之容。盖物不两大，美有独钟。兹谓人间之福地，物外之灵峰，是固极游观之美，而未知造化之工。且夫天地之间。东南为下，非是湖为之尾闾，泄之潴之，则泛滥横溢，江左之民，其为鱼乎？怀襄之世，湖波震荡，非是山为之砥柱，镇之绕之，则奔激暴啮，湖东之地，其为沼乎？惟夫天作之宽，以纳以容，地设之隘，以襟以带，禹顺其流，分疏别派，三江既入，万世允赖。而后吾人乃得优游于此，盖至是而后知造化之意深而神禹之功大。谇曰：吾何归乎？吾将归乎？湖上之青山世与我而相遗，超独迈其逾远，海山兜率，不可以骤到，非兹峰之洵美兮，吾谁与寄此高骞？明正德十四年夏五月。

碑现存杨湾汤斌庙，高50厘米，宽212厘米，行书，明大学士王鏊撰并书中。

壑舟记

[明] 王 鏊

按："壑舟"居室在杨湾石桥村，明成化二十三年（1487）王鏊仲兄王磐筑。竣工之日，沈周、蒋春洲为之绘《壑舟图》，王鏊作《壑舟记》，唐寅、祝允明、吴宽等作《壑舟图咏》。

仲兄涤之既倦游，筑室洞庭之野，穹焉如舟，因曰是宜名壑舟，属弟鏊记之。壑舟之义，盖取诸庄周之言，予不能悉也，而舟之为用则知之，《易》曰："舟车以济不通。"《书》曰："若济巨川，用汝作舟楫，舟固为水设也；而置之壑舟也，实之壑则车也。"吾将实之不鼎也，以柱车梁，丽以室穴，臼以炊，釜以舂，裘以御夏，葛以御冬，其亦可乎！夫不可违者理也，不可废者用也；若之，何其紊之无已，则物将各复其分，车也复于陆，舟也复于水，则之秦之楚之吴之越，无不如吾意者，孰与块然守一壑哉！兄曰壑舟，固不祈于用也，不祈于用者祈于安。昔者，吾尝泛舟涉江湖，傲然枕席之上，一日千里，固自以为适也；不幸怪云欻起，飓风陡作，鱼龙出没，波涛如山，而吾方寄一叶以为命，茫然不知所归，幸而获济，犹心悸神懾而不能，故曰："水以载舟，亦以覆舟。"今老矣，尚安能以不赀之躯，试不测之险乎！故予有取于壑也。子不见武夷之山乎！其厓有舟焉。虽世变屡迁，舟自基也，吾舟盖庶几似之，其视江海之舟不差安乎！虽有力者，又安能窃诸。鏊曰："兄之见远矣！"遂为记于舟上。成化丁亥十月。

《太湖备考》

到石泉任记

[清] 张延基

岁壬寅，自春徂夏，漱园子既历吴鲁燕豫秦晋，备觉艰瘁，以达乎蜀境，秋之杪，始抵古龙州焉。其自南而东而北而西也。蹑泰岱，眺恒华，诸如中条云栈，锦屏崆峒，峻绝而巉岩者，无虑以百数计。溯大河，经汝汉，以及龙门积石之奇险，巴江涪水之溇漫，又无虑以百数计。考厥道里一万六百有奇，中间冒雨驰者十一，晓起而术寒踏雪者二三，遭风霾者十有五，枕山藉草露宿而莽饮者十之七八。将及湔水不数十里，有侏儒而伛偻者一人，长跽道傍曰：石泉吏书。又鸠形鳖面岑牟短后者两人，蛇行执杖而迎曰：石泉街民。余辴然笑曰：是街民胡为乎来？侏儒而伛偻者前致辞曰：邑故陋，无所为，在官役也。斯殆执市之人，而舆隶之者，尔予又辴然笑。迤逦更数百步，见鹑衣百结者伏草间高声云：阖县乡民叩接。予乃愕然，警谓县官，固尊奈何！俾倾国人奔走不遑邪亟，婉语曰：尔曹人夥莫须入城市昌止之使去，鹑衣百结者徐曰：四里人户业尽，此无容止也。余始察之，则仅六七辈。予又弗禁辴然笑，于是鹑衣者导予骑入，竟进一古庙中，前楹广可数尺，四壁洞然，尘土累累，衫袖间谓予曰：是衙舍也。夜即宿于此，诘晨行到任，礼左右赞喝如仪，阶以下疲癃而蹩躠者乡约也，深衣而大帽者，两子衿也，椎髻披擅操古麦数升来献者，土番也。举乡所称，倾国者悉来叩首，予默屈指眎，不满二十人，细询其风土所宜，孰与因革前，二十许人偕稽首进曰，城中夜分时闻虎啸豹嗷怒振林木，但惧为所攫而啗之耳，诸无烦仁祖虑也。予又弗禁愕，然惊仁祖者，彼方呼宫长通称云。既毕，余退于堂，后坐湿地上，搦管成自嘲口号，有各班衙役十余个，通学诸生七八人，厨下不须尤乏食三餐，麦面未为贫之语，吟已掷笔则又不禁其辴然笑也。黄子尊简谓余曰，人言兹地凋瘵未起，讵意至是胡可一日居诸。予曰：不然，昔柳州于柳工部于夔，供奉于夜郎，何居非虎抑其身也。者予之历吴鲁燕豫晋秦以至于此，此宁非予所有事乎。余不此之安而奚，安乎况。余之历吴鲁燕豫秦晋，备尝艰瘁以至于此，此固余之乐国矣。然则漱园不必辴然笑愕，然惊亦惟有怡然自得耳，漱园子者，石泉令张延基也。因作到石泉任记。

《七十二峰足徵文集》

王贻上渔洋诗集序

[清] 李 敬

将为珠玉宝石，象齿犀角之玩，则必从千金之贾，列五都之市，袭以缄縢，藉以襜褕其光辉，然肆映而不可止，然丈夫得之为佩具，妇孺得之为簪珥，不可必焉。若夫盈尺之璞，处于深山草木之所，蒙翳蛇虎之所，盘旋日月之精，荡于其上，雪霜之严结于其下，当国家之祯祥，鬼神所贡效，屡世而一见焉。其得之也，非和氏弗名其琢之也，非工师弗成其登之也，非郊庙弗陈然，而其初块然无容彩色泽也。田夫牧竖过之，而弗视也，以为瓶罂杵臼曾不如一石之用也，是故君子亦志乎，远且大者而已矣。王贻上先生起家华胄，自琅琊徙新城，世为名卿显人，年甫二十登进士甲科，挟其所为诗文数十万言，以知名于海内，可谓盛矣。今世门阀稍高，或毛发斑白博一第，及掇拾章句，通晓韵语，然肆映而不止者耶。嚱，抑从事于此，而未之思也，先生有是数者，而容益下器，益遂且出其诗之，俊逸而中尺度者，问于予，将无志乎，远者大者，以尽去其辉然之光乎，他日庙堂之上，以文章扬一代之盛者，必先生也。予无以测其至矣。

《七十二峰足徵文集》

百川公暨元配王孺人墓志铭

[清] 周而淳

公讳文流，号百川，年四十八。母王氏卒年六十二，合葬于金坞之阳。癸巳之秋，淳以给假祀祖，言归于乡。余叔开周、从周敬以墓志请，淳不敢辞，爰簪笔以献曰：公世居洞庭，与余祖为从兄弟，系出宋宣抚公讳望之后。公夙负豪迈，不乐为帖括言，日以诗酒自娱，遨游山水间。缥缈、莫厘诸峰三，时麋不扁步或扁舟洄溯，或筇杖孤征，有遇于心，赏于目者，即坐卧移时。胸中殆别有解会不可一二为俗人言也。性至孝，诸凡亲所欲致者，视意旨所向无不竭，致于前非所谓视无形，听无声者，欤乡之俗。稍长即出营四方，以博厚实。公独督然曰：吾有吾亲奈何，以浮云之获而易，吾爱日之忱乎。以故瞻依庭际殚心子职如是者，迄二十年不衰。迨二亲仙去，始南走荆襄，北走鲁魏。以成桑弧蓬矢之志。每一念及辄泣敷行下，其接诸昆季也。有无通共，缓急相倚，诗云：戚戚兄弟莫远具，迩公也。以之其遇物也。不为煦煦近人之色，亦不为岸异矫激之行，排难解结而无所利是也。至施及三党五宗，饥待糜寒恃衣取于公，若外藏而不责其偿，羞伐其德古岂弟君子何以加兹，凡此者人皆为公庆。公曰：余何德之有？非吾孺人力不至此。孺人系出于王，为王舍望族，长字我公靡善不臻，乡间争为式，中馈攸司，琴瑟静好，母之相夫子也。饘粥必亲调，膳羞必手庀，下气怡声母之事翁姑也。程督臧获朝授事，夕献红室无佚人，人无荒饱母之肃家政也。无勃磎，无谇语，内外无间言，母之笃友于也。养而教，爱而劳，居必择邻，游必择士，母之抚诸子也。公殁母即茹素佞佛，虔诵《般若经》，历十三年如一日，母之修净土也。呜呼！翁母济美如是，宁独吾宗所难垃，吾乡亦未既见者哉。举子三：伯讳大荣，仲讳大树，季讳大荣，皆卓荦不群，克绍箕裘，光大先业。育女三：所适极一时之选。诸孙环列可不谓甚盛乎。然则天之报，施善人未尝或爽而吾宗之，黾勉为善者亦当以翁母为鉴，而毋坠厥修也。爰为之。

杨湾《周氏家谱》

游金坞记

[清] 周道泰

癸巳之秋，以黎同弟祀祖洞庭，故余得流览太湖，纵情丘壑，虽名胜万千未能遍陟，敢谓吞云梦之八九矣。九月朔后一日，偶与余叔从周殿先陈子南眺天马峰，山透折，怪石嶙峋，直可三面瞰湖，仅东北一角为莫厘峰所蔽。登其上，栩栩然宛如身在卷石也。遥望寒山一带，林端水涯，草木丛翳，苍翠欲滴，良不减辋川图画。湖中七十二峰若大小螺髻点缀洪涛间，视天际远山又如青云缥缈有无之表，而湖南沿堤树杪恰与水光相接。余尔怡然有得，爰漫赋水平齐木末山远乱云容之句。维时红日半堕，枫叶流丹，望西山荦荦然，俱作微绀色。所谓夕阳在山紫绿万状非邪。其岭之西南麓，深秀郁葱蠡蠡，然佳气蕴隆盘礴其间不之散。余警谓陈子曰："是何也？"余叔应曰："彼名金坞，即吾先人之墓所也，盖往观而憩焉。"陈子与予欣然从之，披茸剪棘得里许始抵其处。竹扉半启，结屋数椽，花木扶疏，泉石相映，殆别一洞天也。坞之外有长松千馀株，俨如翠屏环翼。墓东西凿二石以受山水泉下，复中凿一池以受二池之水，上跨以石桥，白栏碧波相萦带，令人留连不忍去。墓周际广五六亩尽成梅坞，其霜干离披，虽未逗南枝消息而疏影横斜，正不减庾岭官阁时也。闻百川公生平性至孝，不敢远游以疏定省，故广桑林菱池以奉二人，凿石疏泉以娱亲志，尤寄情诗酒，善莳名花以为终焉之计。余思冬春之交，素萼舒香寒枝破玉冰魂雪魄，雅兴与公孤芳相称，英爽有知得毋有相顾而乐专利号乎！孝子之后恒生孝子，亦云报而已矣。祀曰："思其所乐，思其所嗜。"予叔以之《诗》曰"孝思不匮，永锡尔类"，其公之谓乎。因与陈子拊石而歌曰：坐白石兮倚碧波，搴芙蓉兮采薜萝。松为屏兮风习习，梅如雪兮香盈阿。把臂留连兮日已夕，安得重来花发兮，一樽幽赏嗅清香而婆娑。

杨湾《周氏家谱》

太湖义渡碑记

[清] 刘鸿翱

太湖之人多尚义，湖中七十二峰，峰之大为东西洞庭。各分都图，图置地总一人办赋，图民共置田养地，名曰义田。其义之赡族者；族子弟或力不能学，共出膏火备束金我，请师以为教，名曰义学；族中鳏寡孤独不能自食，共买田数百亩权其租人，月为给米，名曰义庄。其义之及于乡里者，山之民或死不能殓，则施棺以处，兼备殓金，名曰义局。或殓不能葬，则有厝埋之地，名曰义冢。图赋以义而办族中之贫者，以义而教而养乡里之贫而死者，以义而殓而葬太湖之旧尚义。然近山后徐春帆运副又捐资给五图之孀妇贫而守节者，岁各数金五六金不等，名曰义堂。山后叶介时孝廉又与徐君造舟二，济湖中往来行人，名曰义渡。工既竣,将立石以垂久远,乞余为之记,余谓太湖旧为尚义之地,叶、徐二君尤今时之好行义者,义渡其一端也。余职在济民,昔子产以其乘舆济人于溱洧,孟子曰:"惠而不知为政。"岁十一月徒杠成,十二月舆梁成,民未病涉也。太湖三万六千顷,东西洞庭对峙距二十里,无论乘舆不能济,即徒杠舆梁亦不能成,则惟舟是赖矣。滨湖居者固多舟,但两山四时蔬果互易,物微利薄,操舟者处变不惊,往昂其价以待招,民艰于买渡。余尝以事至西洞庭,放乎中流,见山民之负贩者往来如飞,役人指曰:"此叶、徐两君义渡之舟也。"余赞叹久之,虽然二君之义不独义渡也。余奉大宪劝谕民积谷立义仓,二君首倡各捐谷千石,与董事诸君子共成义举,夫义渡为山民利涉之资,朝而往,暮而归,其济于民也。至于义仓为山民救荒之本,丰而入,歉而出,其济于民也。至大余无能以济民,将藉二君之济民者以济之也。设非二君,譬如舟无楫,余将何济哉?故余于二君义渡之志,备举太湖之尚义,以为如二君者劝焉。

碑现存轩辕宫

致朱献淮亲笔信

严家炽

按:杨湾朱氏世为洞庭望族,清道光年间,杨湾湖沙人朱月邨与同乡挟小资赴沪,在上海洋泾浜设地摊售纨扇,因其经商讲信用,巧遇了类如明冯梦龙《今古奇观》中"转运汉巧遇洞庭红"的经历,一举成为沪地富商。此为朱氏外甥、时任江苏省财政厅长的严家炽写给表弟朱献淮的亲笔信,详细讲述了事情的发生与经过,寓意深刻。

内弟,近集资创设丝号以推销国产,名其号曰"信泰",实继其先人余绪。盖我外家已三世业此,而"信泰"二字渊源甚远,有立述者。

道光壬寅上海甫辟租界,外人来者尚鲜,市廛亦稀。我祖岳月邨公与同游。杨憩堂、席华峰两先生设小肆于老北门外洋泾浜,资金制钱四百千,售杂货。一日有英人过其肆,见色绢纨扇美之问价。而语言未通,仅能会意。是时纨扇每柄值二百文,遂伸二指示之。而英人误为二元,犹以为廉如值,购取一柄。翌日复与其同侣数人来,以千四百元购七百柄去,肆中遂获大利,于是启中外互市之端。厥后频频交易贸迁百货。而月邨公渐解英语,因知初来之外人名叨文,其侣则马发与哈壳也。

是时尚无正式传授语言之所,华人学英语者全从耳听意会而来,自成格调,即所谓洋泾话是也。今者习英语者多而此洋泾话渐淘汰。然当时因以此为通商利器,即外人来华亦必习此特别语言始能言情达意。而我月邨公者实为此创造特别语言之诸先觉之一人。

经营数年,肆中获利甚丰,迨木析股,三人各得二万金,于是各从所习,另立门户。华峰先生创席华记，憩堂先生创杨泰记，而我月邨公所业则以华丝推销国外，当时店号即"信泰"二字也。

时太平军兴，内地避乱者纷纷来沪。月邨公设收容所，又与诸同道集资创三善堂养生送死，以便乡人，于是义声四布，人莫不知有月邨公，而犹莫不知有朱信泰，因此之故而外人来华者尤以为朱信泰号主宅心仁厚，重义守信，乐于为友。太平军定后有杭人胡某者知湖丝出口香丰，遂以巨资屯货居奇而丝价日涨至每担八百两。外人不敢问津二年，丝市一蹶不振。厥后价旋跌至二百两而外人犹怀观望，莫肯进货。是时英人马发之惇裕洋行有轮四艘往来华英间。马发乃语月邨公曰：湖丝值廉而外人莫购，倘君以货与我，以我轮运英而为代售，利必三倍。月邨公允也，并与之约获利平分。

当是时也，月邨公已积资五十余万，悉以购丝。不足复贷庄款四十余万；亲友存款三十余万，以益之尽付诸马发以轮运欧，于同治三年八月起行，翌年春音信犹渺然。于是乡人中有流言谓公受愚，货去数千里外，人非同种，即有差池，情法咸莫之及。言殊近理，实则是时电信未通，轮行亦缓，由印度洋绕道南非经大西洋以达英伦，往返本须半载。而闻者不察，以为马发必失信，公则行险侥倖，而贷款者将无以自保。于是群相责难，月村公竟忧急以殁。殁后匝月，轮阜有外轮将到，乡人中犹有以此事为语柄者曰：马发轮来矣，朱信泰富矣。不移时而马发果来，携银条无数堆号前隙地，高如小阜，众皆惊诧。而马发见号内悬白帏尤骇异，询知其故大恸，曰是我故也，向使我早行匝月者君不必死，今不获示信于我友之前，是我故也。呜呼！今当毁约以所获悉归朱氏，用忏我故。朱太夫人受其金，悉价所负，整理旧业，声誉更隆。适光绪十二年朱太夫人卒，而我外舅复弃贾而仕。朱信泰遂一蹶不振，终我外舅之世，未能重整旗鼓。唯我内弟献淮自幼即以祖业为业，殚精竭虑数十年如一日于丝经之良窳，线业之利弊，研求至精。近年丝业凋敝，半由于改良之无术，半由于无信誉卓著之人经营调度。今献淮内弟本其数十年经验，继其先人余绪？而创信泰丝号，凡斯缺陷皆臻圆满，丝业砥柱舍彼其谁？是用苦眼铺眉其渊源，以志纪念，且祝信蒸蒸日上也。

保存鼍山记碑

自来地方有公产不难而难于公产之得以永久保存何也。盖代远年湮时变迁，其间之水火兵燹，契券散佚，证据荡然，野心家每启觊觎之念，狡者阴谋规蚕食，强者豪夺鲸吞。遂令前人创置热忱尽付流水，而后人挽回之乏术，徒唤奈何。此不仅我洞庭山一隅而已也。

距东山石桥村九里而遥有鼍山焉。明王文恪《七十二峰记》曰：与鼍山、龟山南北相对曰鼍山，旁曰小鼍山，孤峙湖中，向无居民，俗呼之曰大箬山、小箬山。清咸丰间苏城张坤聿皆以七百缗钱购之捐助我山惠安堂，年得柴草钱数千文充善堂经费，是鼋山为我东山善堂公产之始。未几，洪杨乱作拢及东山，所有契券悉遭毁失，而经理公产者亦几易其人，一以柴草租钱为凭。民国七年戊午，有客民陈曾滢者见该山泥分五色石别青黄可作煅灰原料，陈请官产清理处希图朦领售利肥己。时张君知笙在籍廉得其情，邀集绅董详查该山执行证券未得，并函询张绅后裔，据复证券不在彼处，可知被兵燹毁失无疑，而同治间我山办理清丈时，又失于补领方单，然则所可为证者，只惠安堂岁时收该山些草租资之历年帐簿而已，遂持以到沪遍告同乡会，具陈当道请予给单管理，而终以证据不充分，一再未准。张君复不辞劳瘁奔走呼号，经旅沪同乡会会馆、三善堂暨在山绅董之联名具呈力争，始邀允准缴价给领，当由三善堂备银币壹千壹百元，公举是届同乡会长万君建生名祥勋等具呈，领得财政部苏字第六万四千六百三十四号执照一纸，计地二顷二十一亩，执照上盖有财政部印、江苏财政厅印、吴县印。清理江苏官产事宜关防，清理吴县吴江官产事务所铃记。经旅沪同乡公议，该项执照归三善堂执管，永为三善堂义冢之地，俾客邸旅魂来归故土，异乡骸骨凭作幽宫，籍前人之善举为永久之保存。顾念事经折，时历四年始原，虽价争回非易，即公议建设亭于鼋山，撰文勒石昭示，来兹惟荒山孤岛易为风雨侵蚀，爰叙其崖，略勒此碑记于后山惠顾安堂以垂久远，庶后之热心保存者更有所考证云尔。

民国十一年十日　　　谱薰施世咸谨识

无锡杨中孚刻石

碑现存轩辕宫前石基内

湖山诗影录

朱润生

按：《湖山诗影录》是东山杨湾朱润生1943年所著。内皆东山之景点、名胜、古迹，后山杨湾亦有多处，共28篇，原每文还配有图片。朱润生籍居杨湾，而家居上海。每年祭祠、扫墓均返里一两次，每次必寻幽探胜，摄成小影。前后凡20年，积藏照片百余帧，去其重复，补其阙残，选影28帧，每帧题之以诗，加以小注，称之为《湖山诗影录》。虽未尽东山风貌之大全，亦能为旅游者了解东山之一助。其照片上之景物，距今已70多年，今大多无存，故更觉珍贵。时代在发展，杨湾沧桑变化极大，然"沉身侧畔千帆过，病树前头万木春"，所惜现无法将旧照片再翻制重印，惟只取其诗及注，以入村志。

自　序

仆籍隶东山，家居沪渎。故乡几同传舍，家园时萦梦怀。白云深处，山色苍苍，碧浪翻时，湖光渺渺。每生回忆，便思归欤。在昔星期多暇，常侍长亲返里。或祭祠而秋猎，或扫墓而春游。湖中莼菜，尝风味之鲜腴；树上杨梅，讶胭脂之艳丽。枇杷黄熟,白沙名种产于查湾;茶叶青尖,碧螺佳品撷自关庙。渡水桥边,趁归轮之晚市;莫厘峰顶,望破晓之朝阳。廿四湾山路崎岖,曹坞直下虾蟆岭,三万顷烟波浩荡。朱巷平眺缥缈峰,莫不幽境宜人。行踪屡寄,胜游如昨,豪兴难忘也。至于湾里白皮松数树,几阅兴亡;殿前紫藤花一棚,曾经沧海。想大王之雄风,演武墩惟余瓦砾;望探花之遗泽,阁老坟依旧松楸。既抚今而感昔,亦揽古而伤时。他若春雨乍晴,踏草觅桃花之蕈;夜月初上,买舟泛芦苇之塘。登高畅览之馀,古雪居品茗偏多佳味;宴客联欢之夜,雨花台看竹畅叙幽情。亦足遣半日之浮生,尽一时之逸兴焉。于是偶生怅触,则付之长吟,欲印鸿泥,则摄成小影。后先几及念年,积藏无逾百叶。兹经同人之怂恿,移作特刊之补白。乃遍搜敝箧,广集零篇。或选影而题诗,或撰诗以剪影。去其重复,补其阙残。终期一诗一影,务必可咏可观。虽一鳞半爪,未能罄故乡风景之大全,而酒后茶馀,或堪作外客游之一助云尔。

是为序,癸未(1943)七月,玄丁自识于珍重轩。

一、莫厘峰

　　九日曾登大尖顶,念年几上莫厘峰。
　　太湖三万六千顷,吴越山川一望中。

　　莫厘峰为东山主峰,俗称大尖顶。上有梵宫,危然孤峙,黄墙垩瓦,幽境自仙。自山麓攀登约一小时可达。沿途有翠峰寺、半山寺、古雪居诸胜。余尝于重九日登临畅览,四面湖光,尽收眼底。东望古吴木渎,长堤萦回如带。湖沼分歧,水流蜿蜒不绝。盖我乡与苏州间,陆上亦可通达,仅摆渡口作一中断而已。西有吴兴,南有南浔震泽。北望最远,青痕隐约中,则长兴、宜兴、江浙交界处矣。披襟当风,仰天长啸,可涤尽俗尘斛焉。

二、渡水桥

　　飙轮尽日到家园,渡水桥头晚市兴。
　　桥上行人频点首,相逢隔岸语寒暄。

　　渡水桥为东山之门户,自苏至山,水程九十里,小火轮每日往返,五六小时可达。日晡到埠,轮泊桥下,于是上岸者、迓客者、挑行李者、茶客闲观者、渔樵返家者、妇孺趁热闹者,熙熙攘攘,满立桥头,每成晚市焉。船中归客与桥上行人,隔岸共语寒暄,喜形于色。此情此景,虽数年不返故乡,偶一闭目,仿佛历历在目焉。

三、碉　堡

　　故山保卫暂无虞,群盗如毛未易除。
　　薄海沸腾兵燹遍,我民何日得安居?

太湖三万六千顷，汪洋浩渺。历朝以来，夙为盗薮。民国而后，稍觉太平矣！乃于民十七八年间，黄洋湾轮船迭遭劫掠，萑苻不靖，风鹤频惊。乡人乃议集资建立碉堡，煞费经营，于民国廿四年告成。于是一面派人守望，一面则昼夜警戒，自卫森严，盗风渐息。今则烽火遍于全球，可称浩劫。黎庶小民，苟安一角之地，已属万幸。正不知何年何日，方得升平，重过安居乐业之生涯也。

四、碧云洞

秋日寻幽结伴来，碧云洞口偶徘徊。
湖波辽阔山光淡，遥见风帆一例开。

此民国十五丙寅旧作也。余每到山中，必去碧云洞一游。地在王舍之东，行一里许即可达。小屋一楹，中祀佛像。背山面湖，独擅佳胜。惜无楼阁，可登临雅集耳。洞不甚大，据乡人言，洞内颇幽邃，可以蛇行入内，深不可测。近殊无人试之，其古迹亦无可考。余谓此景虽不能与西山林屋媲美，但亦我山佳景，应为修筑宣扬，可导游踪。千百年后，岂非一名胜乎！倘听其淹没，不亦惜哉！

五、翠峰寺

罗汉听经事可猜，神龙出井亦奇哉。
翠峰三字今非昔，古诗高僧化劫灰。

翠峰寺居翠峰坞，在莫厘峰下，唐武卫将军席温舍宅建。宋雪窦禅师住兹山说法，有龙出井，罗汉隐寺听经之异。籍载寺占地约六十亩，自来鹤径、吟峰岗而上，两旁涧水长流，古松合抱，翠荫苍郁，盛夏如秋，夙称佳境。咸丰十一年毁于兵燹。光绪初年席氏族人，重建门楼，有里人朱永璜书"翠峰寺"三字额。旧额为董文敏公其昌书，字径丈，今亦无存。宋范成大、明文徵明均有诗纪之。文诗曰："空翠夹舆松十里，断碑横路寺千年。遗踪见说降龙井，裹茗来尝悟道泉。伏腊满山收橘柚，蒲团倚户泊云烟。书生分愿无过此，悔不曾参雪窦禅。"

六、路公墓

山郊负土筑亲垄，前有慈云后有公。
法海坞中瞻墓木，直从大孝见精忠。

路文贞公振飞墓，在法海坞。公为明末遗臣，初任淮扬巡抚，御贼有功，为奸人所谮罢官。奉母丧，走东山。后明社既屋，唐王立于福建。召公拜大学士，时进诤言，惜未能用。后兵败走海岛，永明王再召之，卒于途。归榇葬东山。据清唐翰题文，先有路公母袁太夫人墓，后有路公墓也。同治六年（1867），唐为治葺，并手篆"路氏先茔"四字于石栏正域云。

七、杨湾村

故乡家在上杨湾，绕屋流泉夹道山。

可惜安闲居未得，一年细数几天还。

余家在上杨湾村，舟行到埠，上岸步行约里许，方抵蜗庐。两面皆橡屋，屋后皆山，道旁流泉淙淙，一路不绝。此与都市繁华，有云泥之判。小住其间，屏绝外务，不必药饵，自然长生矣。惜谋生出外，俗事牵缠，绝鲜暇晷耳！偶尔返山小驻，不过三四日、五六日、十馀日；即袱被行矣。故乡反同传舍，良用慊然。他年生活稍定，安得长住山中，一享清风明月、绿水青山之闲福乎！言念及此，心向往矣。

八、雨花台

楼阁玲珑风景奇，上山小坐恰相宜。

漫言野客登临处，亦有名流唱和诗。

雨花台原名雨花庵，为东山一大名胜。古为叶氏家庵，近年捐诸于地方，遂为乡人惟一高雅宴游之所。缙绅大夫，招待外来名流，必集于此。层楼筑于山腰，长廊环于寺角。远眺东湖，水田错杂。枕山面湖，风景绝妙。吴县吴荫培探花来游东山，登雨花台，赋诗七律一首，和者甚众，佳章遍悬壁间，想见当时诗酒流连，雅兴正不浅也。

九、六角亭

六角亭中容小坐，印心石屋忆当年。

踏青山半行人渴，野水烹茶试紫泉。

六角亭在翠峰坞山腰，旧名饮月亭。清道光十年（1830），两江总督陶澍，勘河道至东山，移乾隆（按：恐系道光之误）御书"印心石屋"四字镌之石壁。经游人抚摩，历久光泽如镜，盎然有古意。亭中置石桌石磴，游屐到此，堪作小憩。紫泉近在咫尺，拾树枝，酌泉水，烹新茶，别有风味。余有旧作《登六角亭有感》诗云："昨宵风雨忆洞庭，此日登临六角亭。世味何如茶味厚，十年尘梦最惊心。"

十、法海寺

将军舍宅为丛林，佛国庄严法海深。

继武梁干与唐席，高风千载共追寻。

法海寺在法海坞，隋莫厘将军建。梁乾化间，改名祇园。宋大中祥符五年（1012）复今名。明万历间重建天王、弥陀二殿。崇祯间重修。今大殿已废于火。东山兰若，为古将军舍宅第所建者，除此寺外，尚有梁干将军舍宅建兴福寺、唐武卫将军席温舍宅建翠峰寺，并此而三，无独有偶。明吴桥有《冬日同王少溪重游法海寺》诗云："欢叙忆当年，笙歌列梵筵。今来人已老，僧寺亦萧然。古木荒烟外，寒山落照前。不知方外月，能更几回圆？"

十一、莫厘将军墓

　　风云叱咤当年盛，孤冢荒凉不见踪。
　　却喜千秋留姓氏，万人景仰莫厘峰。

　　隋莫厘将军墓遗址，在东山圆极宫前大树下，墓不可考。相传将军曾居东山，舍宅建法海寺。至今东山主峰，仍以莫厘为名。盖以纪念将军者也。其墓不能确知其处是否真穴，亦殊可疑。但姓氏留香，千秋凭吊，堪称死也不朽矣！清诗人叶渔庄诗云："荒垄凭谁禁采樵，将军遗恨未全消。一坯隐约留题志，石马嘶风大树凋。"即咏此墓也。

十二、新　庙

　　庙貌宏开山色苍，万人膜拜上天王。
　　芦花不似棉花暖，孝子遍传刘猛将。

　　新庙在前山庙山下，正名为灵佑庙。宋建炎四年（1130）建，祀真武刘猛将军，又曰上天王。乡人每年赛会游神，曰"逛"猛将、曰"满山转"，皆以祝丰年驱疫疠也。据《畿辅通志》载：神名承忠，广东吴川人，元末官指挥，有猛增将之号。江淮蝗旱，督兵逐捕，飞蝗歼尽。后因元亡，自沉于河。土人祠祀之。而《怡庵杂录》则称：宋景定四年（1263）旱蝗，上敕封刘琦为扬威侯天曹猛将之神，蝗遂殄灭云。未知孰是。乡人传称刘为孝子，后母以芦花为衣衣之，其弟后母亲生，则衣棉衣，但刘孝思不匮，殁后遂为神云。

十三、杨湾庙

　　朱牖玲珑不复存，空留遗迹照斜曛。
　　胥王庙貌山头峙，日夜涛声对越军。

　　杨湾庙一名显灵庙，昔祀刘猛将。栋宇壮丽，不知始于何时？明崇祯间改胥王庙。《太湖备考》云即灵顺宫，元时有王烂钞者重建。按杨湾庙自明清以来，名已屡更。今遗址除胥王庙外，山麓改祀汤斌为城隍庙。其东曾作后山警察分驻所，无复昔日壮观矣。明蔡升诗云："朱牖玲珑碧砌幽，青山西面水东头。杨湾风月三千顷，总是门前一段秋。"

十四、摆渡口

　　渡口当年旧有楼，法钟梵鼓几时休？
　　夕阳古柳秋风里，闲煞堤边一叶舟。

摆渡口古为厫里渡，欲入东山，必入此口。盖自苏州至山，陆行可达，仅此间路断水阻，非舟楫莫渡。回乡到此，东山在望矣。明山人葛一龙有《登广济庵渡头阁》诗，盖明朝此处有庵有楼。广济庵又名渡头庵也。今则一片广田，无复遗迹矣。读其诗，弥增感慨。诗云："楼起断人烟，重登二十年。到山方是我，两老得闻禅。绿满秧田水，香清梅雨天。暮钟无恙苦，迎送渡头船。"

十五、龙头山

山前山后抱河流，一半行程九里舟。

两岸柔桑青不断，回家先见石龙头。

此龙头乃指荸山也（非西山之龙头山）。面临南湖，上有真武行宫，明嘉靖年间所建立，旁有伍大夫祠，又有路公祠，祠祭明末路文贞公振飞，祠前有诉月楼，踞山面湖，夏日芰荷数十里，一望无涯，风景殊佳，则为同治七年（1868）同知唐翰所增建也。地当前山后山水程之半，著者每返里，先到前山，买小舟，去后山，行一半路，归心如箭。故顷可到矣。山头有石龙头一节，因以为名。

十六、长圻嘴

苍茫烟水少渔舟，此是东山西尽头。

我欲振衣冈上立，一声长啸五湖秋。

长圻嘴在东山全境之西南角，后山饭石峰，格思山之尾闾也。山瘦露石，到此而止。滨湖兀立，毫无障蔽，故人烟极少。豁然开朗。临风而立，衣袂飘然，长啸一声，豪兴勃发，万顷湖波，都如奴伏矣。清太湖水营操演水师，常于此间施放枪炮。叶渔庄有诗云："演武墩边拥彩旄，敢因清晏废戎韬。炮声远过长圻嘴，知是舟师训水操。"

十七、白浮门

一棹长圻水几湾，白浮门外见西山。

予怀渺渺孤帆远，回首峰峦隐约见。

沿杨湾港放棹西行，过长圻嘴，出白浮门，一片汪洋，水天无际，遥望三山西山，青峰隐约。觉我人于三万六千顷中，着一小舟，正似沧海一粟、浮萍一点而已。余尚雇小舟，去西山，访林屋之胜，曾过此门，口占一绝，即右所录者。今重录旧作，惘然若失。岁月悠悠，青春消逝，诚不胜今昔之感矣！

十八、簧家山嘴

农家正月漫山走，蚕罢迎神四月忙。

行过干山塘子岭，簧家山嘴最风光。

乡人祀刘猛将，正月则有潦反漫山转，四月则有城隍会，均排列仪仗，或灯火辉煌，或盛饰台阁。自山前至山后环行一周，万人空巷往观，而以以黄家山嘴为最胜。盖会众于干山岭、塘子岭后，复趋平地，行列重整，旌旗鲜明，他处无此庄严也。传明末路文贞公防湖寇，使山村联络，列炬周巡。贼遥望见之，以为神火满山，不敢近，疑为灵佑。今逢正月赛会，大小村落，户出一灯，以长竿挑持，绕市而行，望若火龙。锣声喧沸，如行十万军。名臣保障，功在一方。至今沿为故事，此潦反之由来也。

十九、缥缈楼

缥缈楼观缥缈峰，远山烟水白云封。
绿林红粉今何处？高阁依稀旧日容。

缥缈楼在后山石桥王氏景德堂后园，旧为朱必抡所建，后归王氏。登楼可望西山之缥缈峰也。必抡为明末遗民，性豪迈，好伎声，教其家姬歌舞。君每归自湖中不半里，令从者据船屋作铁笛数弄，家人闻之，皆出楼。楼有赤栏杆，累丈余，诸姬十二人，丰妆凝睇，指点归舟于烟波杳霭间。既至，即洞箫细鼓，谐和笑杂作，见者初不类人世也。清吴伟业有《重过东山朱氏画楼有感》诗，序中所如是。朱允恭又曾于此楼擒剧盗赤脚张三。据云：当时设盛宴，陈声伎，潜伏壮士，会饮至晚，酒酣，突出掩捕。张腾跃而起，方欲展技，遽倾跌于地，乃就擒。盖朱预以油浸豆布于地上，足不能立也，用计亦奇巧矣。

二十、眠佛寺

梁寺云亡宋寺存，佛楼兴废不须论。
古今多少游人躅，来拜如来法相尊。

眠佛寺在俞坞，一名高峰寺，初建于梁大同元年（535），隋时已废，宋大中祥符年间重建。寺后有楼，塑如来涅像，故名。清姜森玉有《晚过卧佛寺》诗云："策杖陟高岭，磴转俯幽谷。树杪出古寺，秋气已苍肃。佛卧僧未归，白云暮相逐。遥望竹林深，山山静寒绿。"诗中"佛卧僧未归"之句极妙。

二十一、启　园

湖光山色画图开，点缀园林取次栽。
可惜经营工未半，游人到此一低徊。

东山有山水之胜，而少园林点缀。寒碧山庄，昔称佳构，惜已坍塌，胜迹淹没，良用慨然。启园之建，在民国廿二三年，当时主人鸠工筹材，颇耗心力，凿泥为池，填湖成岸，小桥曲槛，画栋雕梁。会以时艰，中途而止。游人茌止，易胜低徊矣。

二十二、风水墩

一丘黄土一堤长,一盏油灯一杆枪。

闲说象形风水恶,查湾烟祸尚猖狂。

风水墩在后山查湾港口。赴后山轮船抵此,客人有上岸者,乃筑长堤以便行走。有堪舆家见而叹曰:一灯一枪,村民烟祸烈矣!好事者断其堤,废置不用。而此墩遂以风水称焉。今查湾村中,烟民果已绝迹否耶?殊非著者所得知矣。

二十三、席家湖塔

席家湖上铃声急,小北湖中白流翻。

漫问风涛安定否?斜阳孤塔冷无言。

安定塔为浮屠七级,高五丈有奇,在小北湖口,席家湖嘴。里人席锡蕃氏报母恩而建造者也。下层奉佛可入内参观逛商店有联云:"远籁湖声应法鼓,馀晖山响起梵铃。"盖每级屋角,均缀有铜铃。每当湖风起处,诸铃乱动,叮当不绝。湖滨渔舟晚集,山麓炊烟四起,掩映多姿,有声有色,真是一副山村晚景图也。

二十四、五湖书院

文昌宫畔轩窗明,绛帐春风几变更。

一百年来未曾断,五湖书院读书声。

五湖书院建于清同治十年(1871)。昔为文昌宫旧址,初为仰云书屋,后设五湖书院。今有文昌小学。百馀年来,虽学制屡变,而依旧为莘莘学子诵读之处。清罗琦著有《文昌宫碑记》。重建后,德清俞曲园先生手书《五湖书院记》,刊碑尚存。盖一脉书香,至今勿替焉。

二十五、王舍村

归来是处拜先茔,一念前人涕泪横。

如此湖山如此木,卅年辛苦费经营。

王舍村在杨湾之西南,余家新购茔地在焉。是处南枕饭石峰,北面太湖遥对西山缥缈峰,堪舆家以为不吉。先君子不信风水之说,毅然购地为茔地,卅年来未见其不佳也。乃知墓地好不如心地好,富贵安可妄求,灾殃安可幸免哉!独念头卅载经营,粗具规模,限于人事,未能推进发扬,殊觉愧对先人耳!

二十六、演武墩

此地曾经演武来,刀光戟影想风雷。

健儿身手今何处,放眼惟馀石一堆。

我家后山杨湾村屋后有高阜,幼不知其名,俗呼之曰"阿五墩"。后见某籍所载,始知原名演武墩也。俗音误呼为阿五墩。古时此地为山头平广之场，健儿在此大显身手。今则乱石嶙峋，茂草杂苗。忆古幽情，油然而起。桑田沧海，到处皆然，正不知千年后，此间更作何状耳！

二十七、将军坟

　　千秋华表将军墓，翠柏苍松夕照馀。
　　自是东山称大族，追源一脉溯唐初。

　　唐武卫上将军席温墓，在东前山中席，席氏为东山大族，昔称翁、席、刘、严四大家。今则以席氏家族为最繁。自民国以来，代出名人，有功于故乡公益事业。瞻仰上将军墓，令人兴遗泽无穷之感焉。

二十八、鼋　山

　　买得青山地万弓，归魂安谧住幽宫。
　　隔湖秋夜如相望，点点青磷照碧空。

　　鼋山在西山之东，东山之西，有大小两座，以产青石著称。昔日采者甚众，今已禁止。人烟荒绝。同治初，苏人张月阶以之捐与莫厘三善堂，惟无粮籍。民国7年（1918）乃为人冒领官契，雇人采石，为当时堂董所悉，出而力争，收回主权，辟为三善堂义冢，建立幽宫，树碑立纪。青山皓皓，白水苍苍，赤壁黄沙，永安魂魄。余尝于20年前一往凭吊，颇赏其处境之幽倩静穆，仿佛超乎尘世之外矣。清叶渔庄有诗云："大鼋山下暮烟平，小旁冲烟一叶轻。朗诵钱王投水简，只防潭底睡龙惊。"盖因《林屋遗记》载：明嘉靖初，山民曾于此山下，采获吴越王所投祈禳之金龙玉简也。其文尚存。

《洞庭东山志》

探找能仁寺地道记

乌　凡

　　后山长圻，位于杨湾的西面，远在明朝的时候，是洞庭山最热闹的街市，就是前山的渡水桥和轿子湾亦比不上它的繁荣，这不但从故乡陈旧的画志上可以看到，而且上年纪的人，亦能隐约道及。尤其是到了长圻，看那残碑败垣，更可以推测到大有沧海桑田的变迁，使人们凭空兴起无限的感慨。

　　在三年前一个春天的早晨，我与几个朋友，远足到长圻，在茅草里发现了一座古寺，在寺的左边空地上，发现一口古钟，因年代古久，钟上所写的字，都模糊得难以辨认，用手指抚摸，才知道有明朝"弘治十年"和"能仁寺"的字样，这才确定这寺的名称和年代，再用手摸，发觉还有"震泽乡长圻能仁寺"等字，就猜想那时长圻还属于震泽管辖呢。现在洞庭山归入吴县版图。再讲整个寺满地都是荆棘，而茅草房屋都秃了顶，亦没有一间是完整的。在寺的后面，发现了一口潭，潭是成正方形，潭水非常清冽，却并不怎样深，潭底满布着小的岩石，在潭的正面有一块碑，碑上大书"泗州池"三个大字，池字的下半部已埋没在泥土下，它的落款是作者的高曾祖王鏊公的名字。

后来遇见长圻乡人告诉我们，方才知道这潭里的水永远不会干涸，即使是在大旱的年份也不会干。至于哪里是厨房，哪里是大殿，亦只能隐约辨认，但是找过了全寺没有见到一位神像，想来他们因为这地方非常荒凉，不甘静居，云游到别处热闹地点去了。在殿角的左边地面上有一个地穴，穴口是长方形的大小，约阔二尺长，五尺宽光景，穴洞里是一个地道，非常黯黑，目力不够看到底部，用一根长竹竿试探，亦不知其多少深。后来用这竹枝，敲碎了一端，拔了些枯茅草，把竹枝的头燃着了，当作火炬，我一个人举了火炬进入地道。起先还觉到宽大，慢慢地狭小起来，后来只能匍匐着爬行，大概再爬了十几步，到达底部，底部是被岩石砌没，并没有可通的地方，这样就只能败兴而归。进地道前，预先叫一个朋友在地面上跟踪着，听下面的声音。在下面不能再通的地方，上面是一座墙壁，壁外是一只粪缸，因为年代已久，早不用了，里面仅仅满堆着泥和石子，并没有臭气。我提议，把粪缸搬开，朋友们亦很高兴，于是就开始工作，把墙壁先拆除，再把粪缸里泥土和石头搬开，再用大石把粪缸敲碎，足足费了一小时，完成了这项工作。搬开了粪缸，见下面却是松散的泥土，在泥土下一定是另有一洞，或者当时的和尚欲关藏迹，用泥土堆积洞口，在上面再放一只粪缸来遮掩，所以提议把松土掘去，一探真相。但是朋友们大都已筋疲力尽，而且见粪缸下面，只是一些泥土，已觉非常灰心，都不赞成提议。而作者亦独力难支，只得打道回家。路过长圻，问起乡人们这地道的历史，他们都说地道里有得道的和尚住着，切不可进去，否则是有危险的。又问这传说哪里来的，他们说是祖上一代一代传说下来，告诫子孙的，我们听了不由得大家相视而笑了。因为在半小时前，我们正在那地道里，大闹而特闹，而那个"得道和尚"却没有干涉我们。现在我很想再邀了几个志同道合的朋友探一个明白，幸而如愿，当再作报告。

1948年第三期《莫厘风》

远足碧云洞记

青　青

同学们嚷着秋季远足，早是半月多以前的事了。这张没有兑现的支票，总不好意思再强调等到期末托词而把它退回。恰巧是一个凉爽的秋日，秋阳高照。午饭前通知了级长，立刻他们的脸上充满着快意的笑容，有的竟手足舞蹈骚动起来，教员休息室内，也平添了不少人的探问。

地点决定碧云洞后,十月廿六日下午一时半,我们率领了四十三名中高级同学,由校出发,却把低级的大部分同学散了学。然而偏有两个又矮小又瘦弱的孩子定要参加,劝阻以后,竟哭了起来。孩子们的心情永远是那么纯洁天真!

　　队伍出湖沙,才上石皮岭的时候,听得后面哭喊的声音,回头一望,正是这两个被阻的孩子,连哭带跑追上来了。虽然谁都怀疑他们是否真个跑得动,却不忍再度拒绝。于是,我们的队伍,半途中添上了两个同伴。近二旬日子没下过雨,石皮岭上的石级,分外地光滑难行,道旁的野草,也早被太阳熏得只剩一些枯梗,光秃滑泞。蠕蠕而进,远到岭上,才松了一口气,几个穿单衣的同学,也累得汗吁连连了。

　　下岭以后,绕过宅(石)前,北望几个疏疏落落的村子,村子上几所古老的房屋,老是那么低着头默默无声,像在怀念着过去的无限往事似的。间或有几个停立在门口的妇人,注视着我们的队伍窃窃私语。四周显得很宁静,只有我们远远的步伐声和风卷残叶的簌簌声,像是交识着这静逸村子的赞美诗。田亩中很少见农夫在割稻,几处已割过的地方,已经茁长了所谓"贰稻"这一类东西,而几块空田上,仅有一簇簇的稻草,疏散地斜在田里,掩饰着它内心的空虚。

　　转过北望,穿过一个竹园子,便是那碧云洞所在的那座山头了。队伍的步伐,立刻分外地轻松起来,我们从山后翻至山顶,远眺茫茫的太湖,俯瞰碧云洞屋一角就在眼前,心胸间顿时涌起一种欢欣,到了碧云洞,向同学们告诫了一番,然后点名解散。

　　碧云洞并不大,仅可容纳近十个人。洞里的岩石倒还嶙峋,终年淋漓地滴着山水。但可惜的是大好的天然洞穴,洞口却无辜的被人搭出两小间屋子,以致失掉它的真面目,未免太煞风景吧!难道洞里供奉的一尊观音,会嫌寂寞而一定要硬拉财神等神佛来,一起受人们的香火么?

　　下午三时左右,风声忽急,太阳也似乎慑于风威,躲藏到云后去了。西山诸峰,隐约可辨;太湖中波涛澎湃,其势汹汹然,湖面上三四孤雁,平水翱翔,与翻起的白浪互相起伏,却不见渔船踪影。芦苇随波摇曳,碧云洞边怒涛激撞在岩石上,飞沫四溅,似万马奔腾,不可遏抑!孩子们不禁有些惧色。

　　记得上次来游的时候,晴日当空,风平浪静。我曾坐在伸入湖中的岩石上,脱去了鞋袜,把双足浸在水里,用足趾埋在湖底被巨浪冲磨过的石子;闲眺着飘渺莫厘,心旷神怡,又会像掘宝藏似的捡拾过滩上晶莹的石子;另一个同伴赤着脚,弯着腰,立在湖边摸蛳螺。这时,听不到怒涛,更听不到喧闹,我们确曾沉醉在这静寂幽美的意境中,洗滤了胸中的烦恼闷。

1948年第六期《莫厘风》

东山放映教育卫生电影记

朱润生

1947年6月，东山旅沪同乡会在上海美国新闻处的支持下，计划到故乡东山放映三场电影，让本山各界人士，也得一次领略世界最新见闻的机会。当与理事长商量之下认为极有意义，又获得多数理事认同，并与美国新闻处孙主任数度接洽，只因东山尚无电流的设备，必须自带发电机，比较有些困难。经过一个月之准备工作，终于设法借到了一台发电机。乃决定6月19、20、21三天分别在东山与横泾放映。临时又因杨湾朱、杨二君的意见，22日在后山加映一场，一共放映了四个晚上。6月19、22日两天，地点都在前山新庙露天广场上放映，一张白幕张在戏台边上，放映机置在半山地上。

该地本是庙会时做草台戏的地方，足以容纳数千观众，场所很为适宜。第一天参看的有三千余人。第二天节目完全换过，与第一天不同，来看的人更多了，估计有八九千人左右，因第一天来看过的人，知道了既不需任何费用，又不作任何宣传，放映的片子，有声有色，明晰异常，其内容又多是新鲜活泼，见所未见。放映的医药教育片都不沉闷，于是携老扶幼争前趋后，不觉轰动了整个东山，听说潦里一村男女老幼几乎全体出发，其他各乡镇也是多数来参加了，真所谓万人空巷，盛况空前，获得了异常美满的结果。

在前山映演的两天刚逢阴历月初，有星无月不拟观众视线，天气晴朗，寒暖适宜，从晚九点钟放到次日一时。观众鹄立静看，很热心地听取麦克风本地口音的解释以及片子上国语说明或是音乐，极少嘈杂声音。这是一种难得的好现象。而且当时有自卫团及水警等在场维持秩序，毫无事故发生，这要归功于前山汪周两镇长及自卫团水警双方的热忱协助，十分可感的。

22日在后山放映，原定王头山开映，至少可以容纳一两千人。也为了雨天的关系，改在杨湾鉴塘小学（现明善堂）大礼堂开映，参加者亦有一两千人，后来者不免向隅，这是不胜遗憾的。

所映影片有农业片，如《虫蝗之生长与扑灭》《水之清洁》《美国农民生活》等；有教育片，如《电气原理》《童子军》《篮球》等；有医药卫生片；如《肺炎》《接肠术》《开腹手术》等；有教育卡通片，如《鸡与狐》《松鼠与狗》等；有历史战争片，如《太平洋登陆》《追敌应战》等，包含范围颇广。对于本地一般观众大半能接受其意义，惟因初次尝试，尚不能完全满意，所映各片未必一定适合当地需要与水准，以后若再有机会放映时，一定能选得更有意义的片子的。

我们在本山的山浪人，已经看了几百年的草台戏，出了几百年的抬阁，跑了几百年的五方了。在这个20世纪原子时代里，难道不能享受一些科学的娱乐，看看进步的世界吗？所以我们不能不亟求建议，亟求进步。方可免于相形见绌，方可免于自然淘汰，看看世界岂不是一件很重要的事情吗？

1947年第六期《莫厘风》

注意在生产队长中发展党员

杨维忠　薛利华

吴县洞庭公社虹光二大队（现屯湾村）党支部，积极发展生产队长入党，加强生产队建设，还给队长不是党员的生产队，配备了党员副队长。

前几年，这个大队由于林彪、"四人帮"的破坏，党的生活不正常，组织发展工作几乎停顿。当时党支部成员把那些脚踏实地、埋头苦干的生产队长说成是只埋头拉车，不顾抬头看路，不能发展。屯湾三队队长张金标工作负责，作风正派，抓生产有经验，队里收入年年增加，一直未被发展入党。多年来，全大队十个生产队只有一个党员队长，还是知识青年，现已上调，由于生产队长都不是党员，党支部工作碰到许多困难，上面有些精神不能直接传达到生产队长，影响了党的政策的贯彻执行。

党的十一大和三中全会以来，虹光二大队党支部认真总结过过去的经验教训，去年先把四名优秀队长发展入党，今年又将两名基本符合条件的队长吸收入党。在发展工作中，他们注意把那些有一定政治觉悟，长期为集体、为群众勤奋工作的队长发展入党。湾里生产队长王树声，1950年任互助组长，1958年任生产队长，从27岁干到今年57岁，队里发生了深刻的变化。他入党后说，我想入党想了三十年，头发白了，年纪大了，现在实现了，我还要为四化建设作贡献。这个大队党支部还注意把既有实干精神，又有管理经验的新干部培养入党。屯湾一队队长朱坤荣，去年4月底任职后，公伤不请病假，天天带头干活。他既抓农业又抓副业，合理安排劳动力，很快改变了队里的面貌，党支部及时吸收他入党。现在，这个大队干群团结，气象一新。大队分别获得县"全面优胜奖""三麦一等奖""油菜一等奖"和公社"夏熟高额丰产奖"，全大队十个生产队，有九个获得了公社"夏熟丰产奖"。

1979年11月17日《新华日报》

东山的两个乔冠华墓

杨维忠

2009年清明，在杨湾湖沙山小云台上筑起了一座新墓，其墓面积不大，仅35平方米，墓中央西洋式的黑色大理石墓碑上，并排镌刻着"乔冠华、龚澎之墓"几个白色大字。墓碑左上方是乔冠华和龚澎夫妇紧挨着的一张瓷照，龚澎在前，乔冠华在后，为年轻时所照。两人意气风发，都抬头凝视着远方，若有所思。照片下面竖刻着两行小字"天生丽质双飞燕，千里姻缘革命牵"。墓碑右下方刻着：

子乔宗淮、媳彭燕燕与孙乔澎。另一排则刻着：女乔松都、婿雷平生和外孙雷佑航两排红字。墓碑前面平放着一本用银灰色大理石雕塑的书本，打开的书页左页刻着：龚澎1914—1970，右页刻着：乔冠华1913—1983。杨湾湖沙山华侨公墓建办于1980年，小云台是湖沙山的主峰，2009年乔冠华儿女乔宗淮、乔松都在这里重建了父亲乔冠华和母亲龚澎的新坟。

离小云台一百多米的湖沙山俗称难舍山，山上有一堵形如妇人的巨石，传说古时有一少妇在山上望出湖经商的丈夫归来，天长日久，泣血成石。半山坡青松翠柏下掩映着一座占地仅十多平方米的西洋式小墓，墓穴中央一块前高后低的黑色大理石上，镌刻着"乔冠华同志之墓"七个3寸见方的楷书，下方刻着一行取自南宋爱国诗人文天祥的名句："人生自古谁无死，留取丹心照汗青。"因其墓规模太小，又极为普通，虽离墓区大道不远，却少有人光顾，只有乔冠华的亲属赶来这里扫墓。每年清明前后，夫人章含之总要千里迢迢从京辗转赶到难舍山，向独眠黄土陇中的老乔献上一束山花。二十八年过去了，如今墓后当年栽种的两棵雪松已长成了围抱大树，大理石的墓碑经过岁月的洗礼，字迹显得更加清晰，只是在墓的前方新竖立了一块小石碑，上书：此墓穴已迁至本墓园停车场旁（2009.5.15）。

其墓说来话长。这是乔冠华葬在东山的第一个墓，夫人章含之费了很大的周折，其中也包含了章含之对故乡的眷恋。章含之是章士钊的女儿，而章士钊的原配夫人石氏即为东山古坞里人，因这一层关系，章士钊对东山有种特殊的感情。20世纪三四十年代，东山一个在沪的郑姓女子与刚出生的女儿被丈夫抛弃，出于正义感，大律师章士钊出面替郑氏打官司。后来官司打赢了，郑氏母女得到了一笔赔偿，出于感恩，郑氏把女儿送给了章律师，成了章士钊的女儿，取名章含之。

1983年9月22日10点03分，乔冠华在北京医院病逝。这年中秋节是乔冠华留在人间的最后一个夜晚，他从昏迷中醒来，用无力的手抚摸着一直陪在床沿旁章含之的头说，他见过马克思后要睡在一个安静的地方。第二年新春一过，章含之匆匆南下，她先来到乔冠华的故乡盐城市。有关部门接待了她，招待十分热情，可当章含之说明来意后，接待人员说要请示上级后答复，章含之明白了，这也难怪。事隔半月后，章含之又满怀希望再次来到盐城，接待人员面露难色，说话言辞也发生了一些变化，章含之明白了，只得知趣地离开了盐城。

无奈之下章含之想起了在苏州医学院胸外科工作的熟人医生李灏。苏州山清水秀，民风淳朴，定有丈夫的葬身之地。当谈到老乔的墓葬问题，李医生说自己一介郎中，上无片瓦，下无寸地，苏州城郊一带的人际关系又不熟，最后向章含之介绍了在木渎医院工作的友人施医生，也许他有办法。章含之又抱着一线希望赶到木渎医院。施医生看过朋友的介绍信，双手一摊，表示也是心有余而力不足。接着，他向章含之推荐了吴县防爆电器厂的朱厂长，而朱厂长又找到了在东山经联会工作的朋友杨其林主任。

离清明越来越近了,章含之怀着试试看的心情来到东山。吴县县委、县政府的领导很重视,接待的地方安排在东山雕花大楼。章含之开门见山说明来意,东山镇负责接待工作的杨其林同志略一思索后,真诚地说:"章司长(章时任外交部司长),我们是普通党员,政治舞台上的事知道得不多,乔部长为国家的外交事业作出过很大贡献,安葬到我们东山来,我们老百姓很欢迎,今后还可以为我们华侨公墓增加知名度。"章含之激动得一下立起身来,眼中含着泪花,握住杨其林的手说:"老杨,谢谢你,感谢东山人民。"当老杨问起乔部长的骨灰安葬,上面可有什么说法时,章含之感慨地说,冠华十年台上,十年台下,只要找个安静的地方长眠就可以了。

东山华侨公墓难舍山上的原乔冠华墓,占地16平方米,按当时的地价和石料人工费用,造价需1万多元。乔冠华部长是我国外交战线上的功臣,公墓领导班子经过商量,决定免费安葬乔冠华同志。章含之过意不去,坚持从冠华的稿费中拿出2000多元钱付了人工与材料费。乔冠华骨灰安葬那天,章含之穿着一身黑色衣裙,携着丈夫的骨灰盒从北京赶到东山,又冒着濛濛细雨攀上难舍山麓来到乔冠华的墓穴旁。当老乔的骨灰盒落穴后,章含之从怀中摸出一张她同冠华的合影照片,轻轻地放在乔冠华的骨灰盒上一起入土。

2013年2月4日《姑苏晚报》

这里的蛙声能卖钱

王伟健

"稻花香里说丰年,听取蛙声一片。"江苏省苏州市吴中区太湖边的杨湾村,紧靠东山环山公路、长圻、旅游码头,枕山面水,南望三山岛,西眺西山风景区,北邻陆巷古村,夜里"聒噪"的蛙声,成了当地农民增收的来源。

太湖的生态环境一直为沿岸百姓所关心。为了爱护这里的山山水水,严格的环保措施让吴中区不敢越雷池一步。"每年起码有10—15个项目被否决。"吴中区东山镇党委书记吴金凤说。以碧螺春茶闻名天下的东山镇,是一个延伸到太湖中的半岛,环保标准极其严苛。几年前,东山镇花大力气谈下来一个生物制药项目,最后却被卡在了环保线上。

吴金凤的苦恼,也是吴中区环太湖各个乡"当家人"的共同苦恼。吴中区拥有太湖约60%的水域面积和长达180余公里的太湖岸线,沿湖5公里属于一级保护区。吴中区委书记俞杏楠说,这些年,吴中区每年将15%左右的财力用于太湖治理,沿太湖乡镇陆续关闭了全部采矿、建材、化工企业,并全面复绿。

"要像呵护自己的眼睛一样爱护太湖。"俞杏楠说,"但保护环境并不意味着守穷。"东山镇杨湾村党总支书记陆雄文尝试答好保护发展这一"考题"。前年,台湾生态保育专家林正雄对杨湾村进行生态调研时发现,经过多年环境保护,杨湾村的野生动植资源日益丰富,青蛙尤其多,足足有61种,特别是在台湾属于一级保护动物的金线蛙,在杨湾村却遍地都是。这让陆雄文看到了商机。

以往在农村,蛙声被认为是吵人的噪音,很多农民没有保护青蛙的意识。村民徐吉经常在夏夜里打个灯、拿个鱼叉到湿地捕青蛙来卖。但对城里人来说,青蛙多意味着生态环境好。"在银色的月光下,听着蛙声,喝着碧螺春,这肯定是城里人想要的。"陆雄文决定建个"青蛙村",让青蛙给村里"代言"。

听说要建"青蛙村",有的村民不理解。"一斤蛙声能卖多少钱?"徐吉问陆雄文。陆雄文笑着说:"肯定比卖青蛙贵。"陆雄文给他算了一笔账:由合作社出面,将闲置民居租下来,以农房资产折价入股加入合作社,实行按股分红。"假如一套房子400平方米,前三年每年能获得近5万元分红。三年过后,视经营情况,还会有每年不低于5%的二次分红。"

2014年,村里成立了苏州市首家农房农业专业合作社,并与专业公司合作,为民房找出合适的文化创意点——青蛙村是第一创意。沿着一条流向太湖的小河往村里走,处处可见青蛙的身影,青蛙雕塑、青蛙涂鸦,连公交站牌和下水管道口都精心设计成青蛙造型。在村口,利用空闲民房投入运行的"西巷栖居"首期主题民宿已经开张,蛙形玩偶和厨具等随处可见,每间客房的门牌和楼梯扶手都是用废旧的船橹制成,院子里的大花盆则是用一条废弃的小渔船改造而成。

清明假期,不少南京、上海的游客来到"青蛙村"参观休闲。陆先生一家专门从上海过来度假,虽然一间民宿一晚的价格近千元,但他觉得很值。"这里生态环境好,清新空气和田园风光在大都市是享受不到的。"他说。

徐吉现在也不觉得蛙声吵了。"村里已经成立护蛙队,以后谁来捕青蛙,我第一个不答应。"他说。

2015年4月10日《人民日报》

第三节 诗 选

望洞庭

[唐] 刘禹锡

湖光秋月两相和,潭面无风镜未磨。遥望洞庭山水翠,白银盘里一青螺。

宿湖中

[唐] 白居易

水天向晚碧沉沉，树影霞光重叠深。浸月冷波千顷练，饱霜新橘万株金。
幸无案牍何妨醉，纵有笙歌不废吟。十只画船何处宿？洞庭山脚太湖心。

题太湖

[明] 施 槃

木乔山秀草惟天，西距姑苏百里遥。水泛具区留禹绩，地连南越见胥潮。
霜林橘熟黄金颗，石洞人吹碧玉箫。叠巘层崖堪历览，白云飞处是夫椒。

归省过太湖

[明] 王 鏊

十年尘土面，一洗向清流。山与人相见，天将水共浮。
落霞渔浦晚，斜日橘林秋。信美仍吾土，如何不少留？

泛太湖

[明] 唐 寅

具区浩荡波无极，万顷湖光净凝碧。青山点点望中微，寒空倒浸连天白。
鸱夷一去经千年，至今高韵人犹传。吴越兴亡付流水，空留月照洞庭船。

太 湖

[明] 吴 桥

青山船头来，渐觉家乡近。况兹清夜风，正满帆中听。
酌酒坐中流，高天月如镜。此际不放歌，何处复乘兴？

洞庭红橘

[唐] 韦应物

怜君卧病思新桔，始摘犹酸亦未黄。书后欲题三百颗，洞庭须待满林霜。

咏枇杷

[明] 高 启

落叶空林忽有香，疏花吹雪过东墙。居僧记取南风后，留个金丸待我尝。

杨梅诗

[明] 徐 阶

拆来鹤顶红犹湿,剜破龙睛血未干。若使太真知此味,荔枝焉得到长安?

碧螺春

[清] 梁同书

此茶自昔知者稀,精气不关火焙足。蛾眉十五采摘时,一抹酥胸蒸绿玉。
纤褂不惜春雨干,满盏真成乳花馥。

太湖采莼

[清] 邹斯盛

一

春暖冰芽苗,秋深味更精。有花开水底,是叶贴湖平。
野客分云种,山厨带露烹。橘黄霜白后,赢得晚盘清。

二

风静绿生烟,烟中荡小船。香丝萦手滑,清供得秋鲜。
荇叶分圆缺,鲈鱼相后先。谁云是千里,采采自今年。

采 菱

[清] 尢 侗

采莲歌未歇,又唱采菱歌。头角峥嵘甚,肌肤冰雪多。
紫衣以映坐,罗袜解凌波。我欲搴花芯,妆台照翠蛾。

银 鱼

[明] 王叔承

冰尽溪痕绿,银鱼上急湍。萦波回旭日,溜藻破春寒。
色动青丝网,鲜浮白玉盘。未须探丙穴,江女棹轻兰。

灵源寺

[元] 叶 颙

散花丈室静焚香,小小云龛稳胜床。须信定中还有定,莫言方外还有方。
青莲满眼非真色,白日流金只慧光。今日相逢陪软语,尘纷俗虑一时忘。

宿灵源寺

[明]文徵明

夜随钟梵入灵源,一笑虚堂解带眠。旋接僧谈多旧识,偶依禅榻岂前缘?高高松桧摇山月,兀兀楼台宿暝烟。尘句何年传到此,篝灯试读已茫然。

游灵源寺

[明]徐祯卿

家城岁晚欲回舟,山寺携衾作夜游。爱月不妨寒步影,举冠微觉露濡头。蒲团对语僧围烛,菊宴分题客咏秋。怪是思清还废寝,钟声为破小堂幽。

罗汉松

[明]姚 钰

佛性分形化梵林,参天秀色自森森。龙宫掩映凌霜古,鹫岭扶疏阅岁深。照月似呈孤立相,翻风如散广长音。闲云野鹤时栖止,更许高僧坐翠阴。

游弥勒寺

[明]贺 泰

暮春犹是踏青期,古寺重来满目诗。山水有名从禹贡,庵僚重建纪梁时。黄金地上侵花雨,白鸟天边妒鬓丝。箫鼓相将归已晚,舞雩高咏未应疑。

游能仁、弥勒寺

[明]文徵明

郁然台殿锁芙蓉,见客山僧自打钟。小槛浮空秋水阁,虚庭随影夕阳松。泗州名在池无塔,饭石师归寺有峰。欲扫南墙留半偈,白云回首愧尘踪。

能仁寺

[明]王 鏊

长圻东转路回盘,宫殿凭虚岌未安。日月自开银世界,星河光动玉阑干。双林花雨青春暖,万壑松风白昼寒。我欲飘然凌绝顶,五湖烟水纵奇观。

雪中过弥勒寺

[明] 吴鼎芳

雪中寻寺远，先得一僧逢。无数梅花里，亭亭出古松。
湿烟穿破壁，野水寂寒春。不待前山去，风林报晚钟。

春日能仁寺

[明] 金 燔

古寺一山尽，隔溆生孤岛。人烟杂深树，云帆落飞鸟。
去年曾此宿，风光自然好。古人读书处，花落无人扫。

轩辕宫咏胥王

[宋] 杨 备

出境鞭尸报父仇，吴兵勇锐越兵忧。忠魂怨气江云在，日见炉香烟上浮。

伍相庙

[宋] 胡 宿

胥也应无憾，至哉忠孝门。生能酬楚怨，死可报吴恩。
直气海涛在，片心江月存。悠悠当日者，千载只惭魂。

胥王庙

[清] 吴伟业

伍胥丹青像，须眉见老臣。三边筹楚越，一剑答君亲。
云壑埋忠愤，凡涛诉苦辛。平生家国恨，偏遇故乡人。

灵顺宫

[清] 王芑孙

灵宫不见见孤松，烟外时闻一杵钟。楼阁翻从湖面出，波涛直过树头春。
挂龙莫辨天耶水，啼鸟曾无夏与冬。乘月来看知更好，白银盘里碧芙蓉。

杨湾庙远眺

[明] 叶 杰

千门花气上莲莱，八极风从望目来。山外夕阳孤鸟下，云边秋水片帆开。

南当越绝争衡国，北顾吴王歌舞台。讵意草生麋鹿走，蛾眉还弃子胥才。

杨湾庙

[明] 蔡 昇

朱牖玲珑碧砌幽，青山西面水东头。杨湾风月三千顷，总是门前一段秋。

净云庵

[清] 王芑孙

人到荷花国，天开祇园春。直将香作界，直觉水为邻。僧贺蚕成市，农祈橘返魂。此中无六月，热客莫临门。

壑舟图咏

[明] 沈 周

山合水乃汇，云木交繁阴。爱处自得地，斋居乐幽深。雅构仅类舟，非寓藏壑心。岂为力者免，安栖人莫寻。白日自弦诵，窗户触鸣禽。斯时良有会，上若尧舜临。

壑舟图咏

[明] 唐 寅

一丘谅自足，陆处仍无家。古昔曾有云，此道久可嗟。洞庭有奇士，构室栖云霞。窗榻类画舫，山水清且嘉。移者固为愚，负者焉足夸？智力措身外，讽咏日增加。眷彼动静心，为乐安有涯。

壑舟图咏

[明] 祝允明

高志近庄生，轩居是强名。扣舷林屋小，濯足太湖清。未恐中流失，从渠野渡横。只疑张博望，时与入蓬瀛。

石桥壑舟园八咏

[明] 王金增

缥缈晴岚

本是虚无最上峰，分明巨浸插芙蓉。云旗不掩丹梯路，日观同肩玉检封。

槛外远延青一带，窗间平泯翠千重。清秋欲豁登临日，免得芒鞋策短筇。

碧螺拥翠
结庐只合傍林邱，树色岚光望裹妆。谷口云生滋薜荔，峰头日落翳松楸。
茗芽三月初经雨，橘柚千行未到秋。坐久浑忘明月上，忽惊螺黛镜中浮。

石公晚照
晚霞片片杂归鸿，指点孤峰一抹红。休道夜光然栗石，须知暮景属山翁。
龙门剩耀虚明锦，鳌背横拖断续虹。飞阁何当临海上，蓬莱日出破溟濛。

三山远帆
也愿乘槎到日边，壮心空逐片帆悬。孤岑远混依依影，弊席遥筛漠漠烟。
泛宅波心范蠡楫，登仙天阰李膺船。傢家壑里藏舟惯，肯趁风涛上下颠。

石桥渔艇
小阁滨湖望转赊，纷纷渔舟自横斜。锦鳞伏藻频敲榜，莘尾吹沤疾挺叉。
青花浪高枕罟罥，绿波风急傍蒹葭。缘知每岁鲈肥日，多少羁人正忆家。

豸岭归樵
坐听丁丁伐木音，归樵逐队出疏林。穿云讵怯苍苔滑，踏月方惊落叶深。
学步猱升缘薜荔，甘心鹿走历崎嵌。晚风吹下歌嘈切，野调山腔信口吟。

双墩出月
山腰双声碧云堆，罅里清辉入阁来。镜嵌锦头螺拥髻，珠擎仙掌蚌离胎。
当窗咫尺银潢接，隔座依希玉宇开。自是天工位置巧，漫夸胜地似瑶坛。

弁山积雪
浪说琼楼与玉京，凭栏举目最分明。吴门练影兼天净，庾岭梅花共月清。
披鳖惭无仙侣望，泛舟空抱故人情。好恁酒力冲寒阵，倒尽金垒更凶觥。

缥缈楼

[清] 吴 庄

缥缈尘封三十年，一朝许我与周旋。居仙今古无双地，有美湖山第一天。
妙得云烟供耳目，底须歌舞唤婵娟。钱吴好句谁能和，吟尽斜阳意悯然。

寄缥缈楼主人

[明] 朱碧云

一

春寒恻恻掩重门，窗外禽多杜宇魂。敲断玉钗红烛冷，一帘疏雨滴黄昏。

二

闲愁闲恨日偏长，懒艺金炉百和香。自是离人魂易断，不堪端坐细思量。

三

落花流水两无情,送尽东风过楚城。云鬟半偏新睡觉,一场春梦不分明。

四

熟梅天气半晴阴,风折鸾离恨转深。惟有关山今夜月,只应偏照两人心。

五

柳色参差掩画楼,依依残月下帘钩。泪痕不与君思断,忍到黄昏枕上流。

六

斜倚薰笼坐到明,碧天如洗夜云轻。自惭不及鸳鸯侣,双宿双飞过一生。

七

八月霜飞柳遍黄,独眠人起合欢床。相逢空有刀钗约,风月应知暗断肠。

八

芙蓉帐小云屏暗,架上尘生翡翠裙。鬓向此时应有雪,梦来何处更为云。

九

相见时难别亦难,楼前独自倚栏干。远书珍重何由达,青鸟殷勤为探看。

碧螺书屋

[清]王世锦

书屋傍碧峰,谁有耽书癖?春茗发年年,空映缥缃碧。

碧螺峰

[明]王 鏊

俨双峰兮亭亭,忽雾绕兮云横。冈峦纷兮离合,洞壑黯兮峥嵘。望夫人兮不远,路杳杳兮难征。

经灵源寺登碧螺峰

[清]周 彩

已入招提境,来登万仞峰。雪消初见路,僧午始闻钟。云气数山雨,涛声半岭松。隔湖遥指处,缥缈白云封。

碧螺峰看秋色

[明]吴时德

寻秋上山椒,步止失翠微。盘石独趺跏,默审百物机。衰容既如此,化工多是非。消我平生心,漫随黄叶飞。

饭石峰

[明] 葛一龙

山僧咒食峰头坐,山下众生皆不饿。酒饭诸空雨为石,至今粒粒犹可数。峰头高并雪山看,试问山僧已涅槃。饭颗先生老无恙,相逢此地说加餐。

览胜石探梅

[明] 葛御夏

荡桨芦峰雪巇登,东风软处漾层冰。鲛人入谷珠林缀,龙友栖岩宝雾升。竹浪半空翻玉岛,松篁一带奏霜棚。兹游不负当年约,泼酒何妨直若渑?

白豸岭

[明] 叶齐芳

山间吟白雪,湖上望青凫。一水渺何许,相思定不孤。
泉香分潼碧,火嫩煮云腴。世味消磨尽,高谈清夜徂。

小云台晚眺

[清] 席 玕

缓循梯磴上层峦,一展湖山眼界宽。怪石倚岩惊兽立,老配欹壑讶蛟幡。烟屯平楚千村晚,月浸澄波万顷寒。值得云台振衣客,丹青并入画图看。

碧云洞

[元] 许 谦

周回万水入,远近数州环。南极疑无地,西浮直际山。
三江归海表,一径界河间。白浪秋风疾,渔舟意尚闲。

长圻嘴

[清] 吴 庄

演武墩边拥彩旄,敢因清晏废戎韬。炮声远过长圻嘴,知是舟师训水操。

长圻探梅

[清] 张士枋

一白千山失晓青,冰魂雪魄自冥冥。微风小艇清晨出,泛得寒香满洞庭。

湖 沙

[清]席 玕

径僻兼逢仄,林深又隔湾。寻幽忘地远,访古远心闲。
落木风号野,流泉雨过山。松脂粘履滑,枫叶染衣斑。
持钵僧朝出,携琴客暮还。名流遗片石,佳句落尘寰。
兴尽何堪驻,峰高尚可攀。披茸穿木末,拾级出云间。
野水茭蒲乱,平沙雁鹜环。回看吟啸处,丹翠锁屏颜。

过湖沙岭

[清]叶张绥

云生履底步珊珊,七十烟鬟顾盼间。踏遍秋林将日暮,因君更过一重山。

白浮门

[民国]玄 丁

一棹长圻水几湾,白浮门外见西山。予怀渺渺孤帆远。回首峰峦隐约见。

第十六章 志余

第一节 掌故杂记

赵构赐名显灵庙

《震泽编》载:"杨湾庙,一名显灵庙,祀伍子胥及刘猛将,栋宇甚壮,不知始于何时。元时有王烂钞者重建,内殿尤坚,其妻建也。内有花光楼,元末长兴耿元帅撤去为府。"按《通志》称:其庙创自唐贞观二年(628)。相传宋高宗南渡,扈跸官军分道,经湖风涛不可航,祷神立应,加封为王,遣官葺治。

《莫厘游志》

朱元璋放叶颙归山

明太祖放故元和靖书院山长叶颙还山,敕曰:"孔孟之道,尔幼学壮行,虽在元,君不尔用。惜哉!空怀抱而未舒也。及朕继大统,物求方正,惟尔颙名播远迩,特遣使召至京师,以资启沃,奈何年已七十。尔数表求归,然观其终,是年高不能自强,朕不忍任之以周旋,容尔归老。呜呼!孔孟之道,尔能体而导之,名彰今日,亦此道力焉,既行,当祥审调理,释结自由,惟智人为之吉哉。"

当叶颙奉召辞归山,太祖密谕长兴侯敕书云:"谕长兴侯,卿所举到人才,内有前元山长叶颙,未见敷陈,数表求归,其志终不肯仕朕。朕欲诛之,彼何生焉?奈此人已老病。当闻人鸟将终,善言哀鸣。听其归日,密遣亲信往察此人动静,若多结交,即便发遣来京;若弃人事,山中自在,听其自由勿拘。"按,此则颙之诗酒佯狂死于长兴而不敢他适者,安知非长兴侯默谕以意,为故人免祸计耶?他书言颙在长兴时,与吴兴著姓某某等结纳订盟,恐无其事。

《太湖备考》

杨湾九星矶

湖中有石可坐者曰矶。杨湾有九石,曰九星矶。菱渎之外近姑苏山,曰姑苏矶;茅圻之外,曰吴梁矶。民居凑集有路焉谓之巷,东洞庭者十:王巷、陆巷、严巷、张巷、南巷、北巷、施巷、叶巷、翁巷、吴巷。

《震泽编》

碧螺峰山崖题刻

东山碧螺峰山崖产野茶数株,山人朱元正采制,其香异常,名"吓煞人香"。宋商邱抚吴始进上,题曰"碧螺春"。自是督抚提镇,岁来采办,售者往往以赝乱真。元正殁,制法不传,即真碧螺春亦不及朱矣。

《太湖备考》

第十六章 志余

杨湾庙始祀刘猛将

杨湾庙在东山杨湾,《震泽编》一名显灵庙,祀刘猛将,栋宇壮丽,不知始于何时,明崇祯间僧大全募建前殿,改为胥王庙,祭祀吴国大臣伍子胥。

《具区志》

张本科考失第

张本少试有司,名在高等,而吏误书"张木",适有张木者冒其名,本弗与竞。后试辄不利,遂弃去不试。其先世姓沈,曾祖惠,幼育于张,遂仍其姓。隆庆初,郡守延本为乡饮宾,乃呈请复姓,中一联云:"幸际明时,敢效投秦之范叔;隐居乐地,肯为僭叶之诸梁?"极为工切。

《太湖备考》

汤老爷庙对联

杨湾汤斌庙,又名城隍庙,俗称汤老爷庙,是百姓们为纪念清代康熙年间的江苏抚巡汤斌建的。过云每当夏秋干旱无雨,杨湾村人常抬着汤老爷的神像出来求雨,有时还很灵验。故旧时东山有句俗语"汤老爷出门——有雨",凡有人出门毫无准备的情况下碰到天下雨,就说是汤老爷出门哉。不过汤文正公庙内的对联更为有趣,上联:进来摸摸心头,不妨悔过;下联:出去行行好事,何必烧香?庙后轩辕宫柱联更为发噱,上联:百善孝为先,论心不论事,论事贫家无孝子;下联:万恶淫为首,论事不论心,论心今古无完人。

《莫厘游志》

周祖礼精医术

周祖礼,字人仪,清杨湾遂祖堂人。少读书,母病瘘,遂精于医术。江督高公晋得奇疾,诸医皆不效,祖礼治之而愈。名遂大噪。生平善行多可纪,以医掩其行谊也。

《太湖备考续编》

三十六砚主

"三十六砚主"乃清代东山杨湾朱书麟(字诗舲)之自号。书麟生平最喜收集古今各地各式之砚。虽索昂价,亦所不惜,必得之而后遂心。久之,橱、架、几、案尽满,后竟至盈室。日常观摩玩弄,乐此不倦。于众砚中选精品,得佳砚三十六,因取之以为号。

书麟年轻时曾中秀才,以后屡试不售,郁郁不得志。后夤缘得一小官,未能舒展其才,不久便弃去。书麟居家时,以书法名噪一时。人来求书,接踵于门。

书麟所作多擘窠大字，笔力雄伟遒劲。旧时山中很多大姓巨族之堂额和碑题，多出其手。惜几经变乱，今存者已不复多见。

《太湖备考续编》

百岁翁姚珏

东山古代出过3个百岁寿星，二男一女。男为明代寿翁姚珏、施中，女为清代寿母朱氏。姚钰，字佩卿，杨湾大浜人，生活在明代嘉靖年间，善酒善诗。清吴庄《七十二峰足徵集》卷八录其诗多首，其《敬公房看红叶》曰："枫林秋正晚，杖策到僧家。爱此九秋叶，翻如一径花。高冈承返照，远墅眺明霞。坐久不能去，前村噪晚鸦。"

姜森玉见五代

杨湾人姜森玉，年九十五岁，有五代孙三人。西山蔡来信，年八十八岁，见五代孙；来信子汝震，年八十九岁，亦见五代孙。

《太湖备考》

下杨湾等塔

东山有二塔，一在金塔村，相传村故有塔，忽一夕风雨飞去，诞妄不足信。顺治十六年，以形家言，重建于村之东，累石而成，高二丈余，陆燕喆记。一在下杨湾，高得金塔之半。武山有三塔，在下塔村者一，在吴巷者二，一圮。

《太湖备考》

叶痴丐

东山（杨湾）有叶氏，产业为父荡尽，流为丐。行于途，自言自笑，人问之，掉首不答，状若痴，故名之曰痴。其祖墓多乔木，或讽痴伐以给用，痴曰："我孑然一身，乞余苟活足矣，不忍夺祖宗之荫以自肥也。"卒守之。呜呼！丐犹如此，彼不至于为丐而公然伐木毁坟，戕其父祖以供饮博者，独何心欤？

《太湖备考》

杨湾筑碉堡

民国32年（1943），因杨湾港小火轮出港常遭湖匪抢劫，在湖港口筑碉堡一座。杨湾镇属大嘴港，是苏山航轮必经要道，历年所遭劫案，均在该地发生，是年杨湾民众自卫队鉴于此况，除每日派员于上下午两次来往随轮护航外，特在大嘴山顶由第一二两保，按国民劳动服役法造碉堡一座，日夜派员驻守警戒，杨湾港匪患绝迹，村人安全。

《莫厘风》1948年第五期

王人美两住杨湾叶家老宅

王人美（1914—1987），原名王庶熙，湖南浏阳人，中国电影表现艺术家。她所主演的《渔光曲》于1935年在苏联第一届国际电影节上获荣誉奖。《渔光曲》的故事发生在东海，剧组一开始选择的拍摄地在浙江象山一带，但因为剧组里好几位演员吃不惯海货，所以剧组临时决定凡带海的戏全部在象山拍，不带海的戏换一个地方拍。片中饰演小猴的韩兰根是江苏吴县人，据说他的外婆就在苏州东山，建议摄制组到东山拍戏。导演蔡楚生到东山一看，发现这里的景色优美，无论哪个角度都非常适合拍摄，后山太湖边的杨湾小镇更理想些。王人美随剧组乘船来到杨湾，就住在明代叶氏安庆堂里，并同主人叶先生交了朋友。

1937年上海沦陷后，日本人对上海的文艺事业进行了报复性的打击，爱国进步的文艺界人士纷纷出走。王人美也不愿为日本人拍片，她想起了当年拍摄《渔光曲》时，曾居住过的东山杨湾叶氏老宅。她先写了一封信给叶先生，信中说想到你那里来住些时间，叶先生回信表示非常欢迎。几天之后，叶先生在码头接到了这位名噪一时的大明星。王人美在杨湾叶氏安庆堂里一住就是半年，直到日本人寻找她的风声过后才回到上海。

《影视东山》

杨湾发现挖眼党

挖眼党之流言，一度在上海颇为恐怖，据传东山之后山有多人被挖眼党殴去眼球，尤其是杨湾传言甚广。乡镇空气骤然紧张起来，每夜于杨湾港口悬挂汽油灯，港内张撒鱼网，风声所传，草木皆兵，并有船夫小关金曰：看见一黑色人形怪物，跃入水中，惟问之事实则并无确证，妖耶，怪耶，或许山人自忧乎。

《莫厘风》1947年十一期

药树道人

叶锦，字若城，一字杏村，号药树道人，别署杏村主人。清康熙、乾隆间东山杨湾人。擅文章翰墨，尤精医理，上自岐黄，中及孙（思邈）、葛（洪），下逮张（景岳）、喻（嘉言）诸书，备加研究。寓居湘城行医。湘城乃吴县、常熟、昆山三邑交界处，闻其名而求其治者，不绝于道。经其诊治，起死回生者，不可指数。其中遇有险重之症而独有会心者，必回去详志其病之源委，用药之先后，取效之迟速，立为"医案"，俾作日后参考。数十年中，阅症几遍，而"医案"积累亦盈箱满箧。东山叶氏明清之际多业医者，可称家学渊源。叶锦一生治病之外，著书不辍，主要为医学著作，有《类经摘要》《伤寒合论》《古今方案汇编》。《古今方案汇编》为叶锦晚年著作，真是"萤窗雪案，寒暑无间"。原书共24卷，现仅存1至6卷。

《莫厘王氏家谱》

铜便壶

杨湾大浜有铜作坊,铸制铜便壶。铜匠用黄铜打成,口上面上均有一盖,盖有细铜链连牢,以免遗失。面上有盖者洗之易净也。虽溺便器至秽之物,而遐迩闻名,因此瓷者、泥沙者耐久也。该作坊可年产铜便壶四十七把。

《洞庭东山物产考》

李根源杨湾访古

按:李根源于民国18年己巳五月十九日(农历六月二十五日)至五月二十八日(农历七月四日)访东山,二十九日赴西山。在东山访古九日,下摘录访杨湾五日。

十九日,出胥门至泰让桥,搭东山轮渡,同舟有杨湾居颂武君承烈……入杨湾,登陆乘车,过油车河张港至石桥,古名震泽底定桥,见朱济盛碑记。宿乡镇局梨村所设具。晚间严敬如、周卓生、居颂武暨子廷杨诸君招待宴,款洽备至。

二十日,游敬德里王氏宗祠,华堂雅室,曲廊小桥,老木青葱,绿柳依垂,名宅也。旧为朱必抡缥缈楼,即《梅村集》中朱氏画楼。乾隆二十七年,鏊舟裔孙奕经、金增、奕组购获,改宗祠,且建鏊舟于其中。物已易主,而朱氏故楼之名犹不烟灭,王氏子孙可谓贤矣。经朱巷,观叶氏祠,奉叶石林栗主。过大河头,有翁氏祠……

二十四日,参观燕石、碧螺两学校及登善医院。游胥王庙,乡老告余,古名杨湾庙,奉吴相伍大夫,又称胥王庙。魏忠贤盛时,某巡检司改为忠贤生祠。忠贤败,某司惧,复旧名。胥王故有须,乃栽须忠贤像上,今之胥王,即忠贤生须也云云。走碧螺峰麓,访明叶颙墓及其归休斋故址,不获。惟见大石百十奔集石桥,秀灵之气盎溢于中,心赏不置。入灵源寺,罗汉松一本,大可数抱。又杞木一株,蟠崛扶疏,殿庭荫满。小坐可月堂,煎灵泉,试碧螺春,别饶风味。碧螺之美洋溢海内,其名岂浪得者哉!登碧螺峰次,上演武墩,再上桯公墩,终至嵩峰顶。循白豸岭而下,观中奉大夫叶桯墓,梦得次子,字叔轸。又至严巷山,观宋护驾将军严庆源墓。两墓,叶、严二氏迁山祖也。大雨骤至,返石桥寓所。

二十五日,自杨湾赴湖沙村,过澄湾黄家站(埕),有古树一株,大四围,寄生石岩一本,石岩上又寄生银杏一株,银杏大几合抱,亦奇观也。望白浮山,过东巷、西巷、长圻嘴、湾里,折走东岭,至能仁寺,寺废。泗州池水色白味甘,足与天平乳泉比美。登雄磺矶,至黄飞龙墓。明科给事中黄训墓在其中否,不可知矣。乡人云:"清末殿撰黄思永即是墓,后裔思永大魁后曾亲来致祭云。"仍出南望,过北望、王舍(望武山),抵饭石峰弥勒寺,寺尚不废,有碑无字,望三山(分碑壁、桥头、东泊三峰,居民约百五十户,及泽山居民约三四十户,厥山居民约五六十户)相距不过数里。归途至湖沙山后,谒居氏南渡迁山始祖墓,返石桥寓所。

二十七日，至杨湾访颂武父子，登古香室。居氏嗜古好宾客，所藏古铜瓷瓷砖瓦多精品。廷扬捧出龙骨一具，乃民国八年十月渔人于太湖中网得者，广尺余，口鼻耳角咸俱，与余昔在江户所见略同，惟稍小耳。从知震泽幽深，灵怪尚多也。

《吴郡西山访古记》

抗战中蒋吟秋护书日记
（东山部分）

按：蒋吟秋（1896—1981），字镜寰，苏州人。著名书法家、金石学家、图书馆学家、诗词学家。抗战时任苏州图书馆馆长，苏城沦陷后，侵华日寇费尽心机妄想抢夺图书馆中的珍贵文籍，1937年图书馆把这批国宝级书籍密藏在东山杨湾朱家祠堂（明善堂）和西山包山寺中。八年中历尽艰辛，抗战胜利后，这批书籍完璧归赵，运回苏州图书馆。现把蒋吟秋藏书日记中，有关东山杨湾部分摘录于下。

1937年

7月12日，时局严重，即嘱馆中员工赶速准备，即日雇定船舶只，将装好之八大箱图书装船待发，指在汽馆工住房宿船上，明日清晨起程洞庭东山。

13日，清晨由徐主任湛秋、馆员夏文光押送首批图书八大箱至东山后山鉴塘小学，并由馆员薛保之、何东白同住，留山保管。

15日，徐湛秋、夏文光自东山回苏，报告安抵后山经过详情，并留薛、何二人，负责保管。下午为苏人员安全计，即往城南圆通寺向住持绍三和尚借大楼下房屋，暂作临时办公处及住馆职员移宿之所。

19日，城内居民，十室九空，商店停布，形势紧张。率馆中员工，将编目部、推广部重要簿册记录箱，密储地下安全库，商定妥人保管。当晚，由夏文光觅雇船舶只，准备暂移东山分处办公。

23日，重至东山办事处，并添置无线电收音机，收取新闻，以通消息。每日由办事处随时收听记录后，送交鉴塘小学揭布通衢，使山民得知战地新讯。

9月3日，致函金伟铮区长，并分函东山诸同人，请徐湛秋、何东白留东山，保管东山部分。薛保之、陶为潞、蔡寿庚及夏文光移西山，保管西山部分。大家认为能为公家保存一部文献，即是尽了一分责任。

14日，视察藏书处，并指导驻山人员，审慎保护。

15日，偕严会计自东后山乘船渡太湖至西山视察包山藏书外，并指导驻山人员工作。访区长金伟铮、显庆寺住持闻达和尚，托为随时照料，协助保护，即乘小舟回东山。

22日，乘轮自东山回苏，途中迭见飞机，登岸躲避。午后一时抵苏，晚陈主任子彝，谈馆中近事。

11月10日,晨出胥门,警报频传,乘飞龙快航船冒险开驶,时适轰炸电气厂,火药气充塞船舱,经久不散。船经横泾,飞机声始稀,到东山已近黄昏。

1938年

2月20日,王主任佩诤、陈主任子清离山。其他同人,亦纷纷回籍。决定东山部分图书由徐湛秋负责保管,加派陈啸秋协助照顾料。

3月25日,因有敌侵驻山上,原来寄藏图书之朱家祠堂发生问题,遂与徐湛秋、周知莘等商议,决定将集中改为分散,一号、四号、五号、二号四箱,请周负责调度;三号、七号两箱,托李姓代为保存;六号一箱,归徐湛秋保护;八号一箱,由笔者保管。尽一日之功,努力为之。将书籍从木箱中取出,改装运送鲜果之箩筐,移送以上四处,以避目标。

6月7日,将原李姓存之七号籍内各件,连同原笔者保管之八号箱内各件,一并移至徐湛湛秋处与六七两号各件合并保藏,计共四十八包。顾若波画册《东斋酬唱图》两件及《文选》第二册,《博古图》首册,暂行另藏,容后汇集,以求妥善。

9月24日,为便于与后方取得联系起见,乘车到上海,暂寓国华中学,驻沪照料。徐湛秋仍留苏州,任上海与东西山两山之联系人,使彼此之间经常互通消息,藏书如有问题,可以共谋对策。

1945年

8月14日,日本天皇发表"和平大诏",宣示接受中、美、英、苏四国"共同宣言"。

15日,日寇投降,战事结束,河山再造,日月重光,烽火消除,举国同庆。

11月1日,因关心洞庭东西山藏书,先与周知莘、闻达联系,商议运回计划,均以目前城市秩序虽已初复,而四乡治安及太湖中交通尚未回复正常,为妥善计,不如推迟进行。报主管机关同意,于明春运回。

1946年

3月11日,派生总务主任徐湛秋。典藏主任陈啸秋,干事陶为潞等,同意至东山东运回善本图书。

15日,陈主任、陶干事自东山押运善本图书归,督同工人扛运起岸,安置特藏库下,计八大箱。

5月1日,会同馆员启封开箱,查点善本图书。除移藏西山部分全部完好无损外,东山部分因藏几处居民家中,且有藏入壁橱长期掩藏,未经透风,发现少数着潮过久,以致霉烂不可收拾,其中十余种,仅剩残破纸块。当时徐湛秋、周知莘等共同检点运回,据实相告。再经根据运出时原始清单,详为核对,受损者有六十一种,虽绝大多数得完璧归赵,而有此缺陷,不免遗憾。

3日,致函东山鉴塘小学校长周知莘、西山包山寺住持闻达和尚,告以运回船只,安全无恙,并对战乱期间苦心协助,百计维持,使国家文物,免遭浩劫,致以衷心之感谢。

10日,将运回图书作精密统计,凡四十八箱,一千五百五十八种,一万九千八百七十四册,即行上报。

八年感受

1. 自抗战初期将图书馆特藏图书移往洞庭两山,至胜利后运回馆中,时历八载。在此漫长岁月中,经历不少困难,感受最深,难于忘怀者,约有数端。

2. 在苏城沦陷之后,日寇屡次入山,挨户搜查,所谓"扫荡"。而东西两山广大群体都要能坚守秘密,绝不吐露,同以保全祖国文物为天职,不愿为敌所得。

3. 于日寇即将到山时,周校长建议用化整为零办法,从朱家祠堂中拆箱分储,得免劫夺。闻达和尚当机立断,在包山寺满月阁砌复壁,保障安全。

4. 在苏城"自治会"成立后,四乡避兵者均已回城,而山中时有偷盗,不可久居。在山员工亦因经费告竭,无法维除,各自回籍。而东山周校长、西山闻达和尚,均以当地人身份,想尽办法,勇于负责,长期协助,直至全部运回,成全始终,毫不松懈。

《苏州文史资料》1963年第三期

第二节　传说轶闻

胥王庙为啥叫轩辕宫

东山杨湾太湖边上,有座宽敞的古庙,叫轩辕宫。因古庙面对太湖,四周群山环抱,橘林似海,所以历史上就是著名古刹和游览胜地,唐朝白居易、明代唐寅、文徵明都到这里吟过诗、作过画。听老一辈说,轩辕宫原来叫胥王庙,这里还有一段吴越春秋的传说。

在两千多年前的春秋时期,楚国有个叫伍子胥的大臣,因要报杀父之仇,一个人逃到了当时的吴国。不久,阖闾当了吴王,重用伍子胥为谋士。这个伍子胥很有学问,他辅助吴王训练军队,治理国家,使吴国很快强盛起来,打败了越国,并把越王抓来关了起来。可后来吴国换了一个叫夫差的皇帝,这夫差听了奸臣的话,把伍子胥逼杀了,还把他的头割下来装进一只皮袋抛到了太湖里。那只皮袋随水漂啊漂啊,漂到了东山杨湾的太湖边。湖边上刚好有几只渔船在捕鱼,看到一只圆鼓鼓的皮袋漂来,大家十分好奇,捞起来拆开皮袋一看,竟是吴相国的头。伍子胥虽是异国人,却是吴国百姓爱戴的忠臣,见他被奸臣与昏王害死,大家都很悲伤,于是全镇百姓凑了点钱,在杨湾附近的小山头上安葬了吴相国的头,还在坟旁造了一只小庙,叫胥王庙。

又过了几年,越国出兵把吴国灭掉了,越国兵将冲进苏州城,把好多房子都烧了,连雄伟的姑苏台也烧毁了。消息传到东山杨湾,大伙商量,伍相国在世时,为了吴国强盛,做了很多得罪越国的事,要是越王知道了这里有吴相国的庙,这座小庙肯定保不住,还要加罪全镇百姓,得想个办法来保住这座相国庙。再说越王到了姑苏城,派人四处打听伍子胥死后的情况。那个原来害死伍子胥的奸臣,又摇身一变,变成了越国的大官,他连忙向新主子拍马屁,说东山杨湾有刁民为伍子胥造的庙宇,大王何不派人去毁掉它,于是越王勾践马上下令派了兵将来烧胥王庙,可那群兵将到杨湾一看,哪里有什么"胥王庙",只见庙前用金字写着"轩辕宫"三个大字,而轩辕氏是当时大家都尊敬的,所以便回城说明原委,交差了事,此地因此免去了一场灾祸。

这是古代杨湾的百姓,运用集体的智慧,想出了这条锦囊妙计,保住了这座古庙,而"轩辕宫"的叫法,也因此一直流传到了现在。

明善堂对联的由来

杨湾明善堂大厅柱子上有副发人深思的对联,上联是:积金积玉不如积书教子,下联为:宽天宽地莫若宽厚待人。这副游客看了都点头称妙的对联,传说是清末的醇亲王写的。

明善堂的最后一代主人叫朱鉴塘。这朱鉴塘是东山杨湾人,小时候家境很穷,只在家乡读了两年私塾,十四岁时就到上海绸庄学生意,因他办事精明,又肯吃苦,绸庄老板对他十分信任。不久,即派他去杨树浦开设绸庄分店。但朱鉴塘斗大的字不识几个,连张合同书也订不像样,这碗分庄老板的厚饭,眼睁睁看着被别人抢去了。

一次,朱鉴塘到大马路上送绸布,路过"福寿全"鸦片馆,望见一群人围在烟馆门前的马路上看热闹。朱鉴塘十分好奇,挤进人群一看,只见地上坐着一个六十多岁烟客。这人定是烟瘾还未过足,正一把眼泪一把鼻涕地坐在路上。而一旁烟馆老板正在大骂。朱鉴塘见这老人被老板骂得狗血淋头,怪可怜的,顿生恻隐之心。他一摸口袋,身上刚好有些钱,就上前代烟客付了烟钱。烟馆老板认钱不认人,见有人代为出钱,乐得顺水推舟,放其回了家。

过了几天,朱鉴塘做事的绸缎店前,来了一大队清兵,中间还护着一顶八人抬的大轿。从轿里走出来了那位前日他代付过烟钱的人。原来那位烟客竟是微服私访江南的醇亲王,那天在大马路上一时烟瘾发作,又忘带零钱,于是一个人跑进烟馆吃起"白食"来。因朱鉴塘在急难中帮了他的大忙,醇亲王送给了他一大笔银子,还提笔写了"积金积玉不如积书教子,宽天宽地莫若宽厚待人"的对联,送给朱鉴塘作留念。

后来,朱鉴塘靠这笔银子在沪自立门户,开设了"成府"绸庄。接着生意越做越大,又与英、美、法、德等国商人做生意,出口经营丝绸、茶叶、皮毛和药材等货物，当上了上海出口商会会长。朱鉴塘事业有成后，想起自己少年时没有读书的苦处，花重金买下了杨湾"明善堂"古宅，开办了私立鉴塘小学，并在大厅上写下了这副当年醇亲王送给他的对联。

康熙与太湖莼菜

东山四周太湖边的浅水里，长着不少太湖莼菜。这莼菜名气响得呱呱叫，甚至还出口国外。

太湖莼菜原是长在水里的一种草，因形状有点像菜叶，当地人又叫它太湖水菜，从来没有人尝过。到了清朝辰光，在东山东太湖边，住着周姓母子俩人，因家里穷，终年靠捉鱼虾过日脚。后来，周母得了肺病，吐血不止。儿子为了照看好娘的痨病，没有空去捉鱼虾卖，日脚过得更加苦哉。儿子呒钱买米买药，就日日采了湖里的莼菜当饭吃，过了半年，周母的病竟奇迹般地好了起来，儿子蛮高兴。

有一年清明辰光，康熙皇帝巡幸太湖，到东山来白相哉。皇帝一到，马上弄得东山地方上鸡飞狗跳，地方官要紧拍马屁，紧急传令来，要每个村备一样贡品，共七七四十九样好货，进贡给皇帝尝鲜。

官令传到了太湖边，老百姓都急得六神无主，常年连粥饭也吃不饱，啥地方有好东西贡给皇帝吃呢？周母给儿子出了个主意，她从水中捞起一把莼菜说："儿啊，这太湖水菜不是蛮好的宝贝么，你采一桶去交交差，也好救了乡亲们的急。"

儿子听了母亲的话，马上采了一大桶莼菜送到了康熙行宫。哈巴狗一样的地方官一看光火哉："这种水草也能吃？要是吃坏了万岁爷的龙体，灭你九族。""好吃好吃，我娘的肺病就是这种水菜吃好的。"儿子老实巴交地回答说。地方官半信半疑，心想，这几日听说万岁龙体欠佳，有点咳嗽，要是这水菜真吃好了皇帝老子的毛病，说不定迎驾有功，能连升三级呢。于是就叫人把水菜送到了灶间去，康熙是个吃客，每日的菜和汤都要翻花头，此日正好汤里呒啥放，厨师就抓了一勺莼菜放到汤里，满锅顿时碧绿，满屋全是一股清香，康熙一吃真是味道好极了。

皇帝一开心，马上开了金口："传供水菜的人进来。"母子俩吓势势走进来，跪在地上头也弗敢抬。康熙却十分高兴，还给儿子封了官。大家知道了都叫他"莼菜官"。

阴亭的来历

轩辕宫汤老爷庙里，有一座高3.58米，四周刻着门窗、花纹的青石亭子，叫阴亭。这口用青石雕刻成的大棺材，正面刻着小字，记载了一个催人泪下的爱情悲剧。

相传明朝正德元年，朱厚照登基做了皇帝，他别的政事不问，首先派了一批差官，到全国各地去挑选美女入宫。派到苏州府吴县的差官名叫龚全宝，到了县署说起选美，县太爷乐得心花怒放，想这是升官发财的好机会。当他领着差官来到东山杨湾村周水根家里，龚全宝看到水根的独生女儿周香妹，生得眉清目秀，唇红齿白，身材苗条，婀娜多姿，一时惊为天仙下凡。于是就把周水根一家三口带进了县衙住下，雇了名厨师每天烧了上等饭菜好生款待。一面请丹青妙手画了香妹的像，准备送给皇帝过目。

这芝麻官怎会晓得偏僻的杨湾山村里有周香妹这个标致姑娘？说来话长，东山是个出产各种水果的地方，周水根家种的橘子品种特别好，叫金钱蜜橘，为上等贡品。每年橘子成熟时，县官们衙门里事体再大再忙也不管，急着到橘子产地去监收金钱蜜橘，好去拍皇帝的马屁。这县官到水根家拿橘子已五六年了。初见香妹时小姑娘才十一二岁，已出落得亭亭玉立，逗人喜爱。如今香妹已是年方二八的少女，更长得像一枝出水荷花，人见人爱。水根深知县太爷是为人阴险的笑面虎，不达到目的不肯罢休。这次被请进县衙里，心里感到有点凶多吉少，但表面上还装得很平静，心想也许女儿不会被选中到那种阴曹地府一样的皇宫里过一生。谁知全国各地几百幅美女画像，送到皇帝手里后，皇帝偏偏选中了周香妹。

香妹刚满十六岁，本来去年冬里就要与本村青年叶时敬结婚，因叶的父母在去年冬相继病故，才推迟了婚期。万万没有想到，香妹竟被选上妃子，真如一个晴天霹雳，惊得叶时敬目瞪口呆，一下病倒了。周水根为了不负亲家的生前重托，借口要回家去看看橘园，赶回东山，把老伴留在城里陪伴女儿。

自从周香妹被选中妃子之后，龚差官和县太爷就把她当娘娘看待了。真是横拍马屁竖讨好，只想今后有甜果子吃。香妹晓得自己在劫难逃，又得知自己心爱的未婚夫叶时敬病得不轻，心似刀绞。但是回过头来一想，有得哭哭啼啼，倒不如摆摆架子难难这些瘟官。因此，当龚差官问她要带多少衣裳进宫时，她说要九九八十一套；问她要多少袜子，回答也是九九八十一双。香妹待这些东西到手里后，就站在沿街的小楼上，看见衣裳破旧、和自己差不多的女人从楼下经过，她就把衣裳鞋袜抛下去。就这样，不满三天，她就把龚差官前后忙了个把月才做成的衣裳鞋袜全部送光。气得龚差官三天没吃饭，五天没喝酒，还把个县太爷骂了一顿，怪他派去监视周香妹的丫头是个饭桶。县太爷气没处出，把那个丫头打了一顿。这一打不要紧，惹得周香妹来了火气，提出要县太爷的三小姐代替那个丫头服侍她。三小姐是县太爷的掌上明珠，他怎么能答应呢，刚一摇头，周香妹就要撞墙毁容，吓得他面孔转色，慌忙点头答应。县太爷硬着头皮到三小姐楼上，好说歹说，三小姐还是不肯答应。县太爷只好拿出最后一招，跪在女儿面前，三小姐再也没话说了。

三小姐手脚笨得要死，周香妹可不管这些，一会叫她揩凳，一会儿又叫她扫地，做得不到家，不是动手打，就是开口骂。县太爷看在眼里，痛在心里，又有啥办法呢？最后只好跪在周香妹面前为三小姐求情。龚差官和县太爷都觉得这个农村姑娘不好对付，巴望早一点送走了事。从初一等到月半，又从月半等到初一，一等等了两个月，终于等到了一道圣旨，限令龚差官和县太爷在四月三十日将周香妹护送到皇宫。

再说香妹的未婚夫叶时敬在周水根的精心照料下，身体渐渐好转起来。一天，他解开岳父从城里带来的一包茶叶，发现里面有香妹写的一张便条，条子上歪歪扭扭写着十个字："活是叶家人，死是叶家鬼。"他知道要出大事了，便顾不得病弱的身体，连忙叫船和岳父一起赶往苏州。待赶到香妹住处，才知香妹已在将要进京的前一天自尽身亡了。叶时敬叫天天不灵，呼地地不应，欲哭泪已干，只好买了一口棺材把死去的香妹搁在自己房里。然后他变卖所有家产，请人做坟，地面上做石人石马，地下就做了那只通体雕花的阴亭。三年以后的清明节，叶时敬才将香妹的尸骨放到阴亭里埋葬。从此，他不念书、不种田，也不成家立业，靠着讨饭过日脚，没几年便离开了人间。香妹娘经不起女儿惨死的打击，得了疯病，跳井死了。周水根家破人亡，一脚踏进庙门做了个烧饭和尚。只有那只雕刻精致的阴亭，永远留在了人间。

饭石峰的由来

相传唐代乾符年间时，有个叫德润禅师的和尚，化缘得来的米饭吃不完，就晒干后装在一只布袋中，以备荒年。不久，东山果然遇到了大荒年，饥民们吃光了草根、树皮，只得外出四处逃荒。那和尚把晒干的食粮倒出来，在一块大石头下搭锅煮粥，施舍饥民。德润和尚法力无边，锅里煮的粥永远盛不完。老百姓有了吃饭的地方，再也不想干活，田地渐渐荒芜了。那和尚一怒之下，又施展法术，使锅里的粥变成了白色细沙。因德润禅师唐时在石上施过饭，这座山头故名饭石峰。后来，饭石峰下还建了一座弥勒寺。如今雨后，饭石峰下还常出现白色如米饭的细沙。现饭石峰为东山一处古地名。

湖沙里龙穴的传说

湖沙里是杨湾村的一个自然村，传说朱元璋刚坐天下时，听到江南传言，说太湖洞庭东山上有三处龙穴，分别在虾蟥岭、龙头山与湖沙里，要是蛟龙下太湖，再出长江口入海，东山要出三个大人物，其中有一个要来争夺他的朱明天下。朱元璋令军师刘伯温到江南太湖一带私行察访，一定要查出这三个龙穴，尽快灭掉。于是刘伯温乔装改扮，在洞庭山上转了一圈，果然被他发现了这三个地方，不过蛟龙还未成形，不会腾空驾云。刘伯温先到铁匠铺里打了廿四只金钉，把虾蟥岭上的小龙活活钉死了，变成了廿四个弯斗。接着又在龙头山上造了一座寺庙，压住了蛟龙的七寸，也破了龙穴，变成了一个石龙头。最后，刘伯温又打了十只金钉攀上湖沙山，想破东山第三只龙穴。不料金钉钉下去，那条雏龙直朝沙土里钻，金钉就是钉不到龙的要害。据说那龙从湖沙钻到旺沙，后来又逃到白沙，在太湖边的"三沙"钻来钻去。刘伯温花了九牛二虎之力,追来追去就是没法灭掉湖沙里的龙穴。湖沙里也由此出了名,而且名人辈出,从明代开始出了上百个赫赫有名的大商人。

铜鼓山的由来

在杨湾村附近的太湖边有一座小山,要是人在小山上蹦跳,地上会发出"咚咚"的声响,所以称作铜鼓山。传说春秋时期,有一次,吴国的一批新兵在东山的一座小山头上操练。听到战鼓声声,兵士们勇猛扑向敌阵。谁知鼓声响个不停,将士们冲了一次又一次,早累得精疲力尽,一个个瘫倒在地上。有个士兵回头一看,擂鼓的早停了,怎么鼓声还在响,再仔细一听,那鼓声竟响在自己脚底下。原来,这座小山因结构奇特,脚踩上去会发出"咚咚"的响声。时间久了,东山人就把这座小岛叫作铜鼓山。这座小山原来荒无人烟,现在变成了一个自然村落。

览胜石的由来

乾隆皇帝下江南,来到洞庭东山,游玩了紫金庵、轩辕宫、碧云洞等东山有名的古迹,心中十分高兴。一天,乾隆又把东山大大小小的官员、乡绅召集到行宫,打听东山还有没有更好玩的地方。一个驻在杨湾的小官,察言观色,连忙说:"有,在杨湾长圻嘴太湖边上,有一座飞马似的山崖,面对太湖、背靠青山,可以望到西山、厥山和泽山三座大山和小岛,好玩极了。"从东山镇到长圻嘴要翻过许多山峰和山坞,皇帝哪里吃得消?为了拍皇帝老子的马屁,这群家伙叽叽咕咕一商量,立即借皇帝的牌子,要全东山的百姓七天内开好一条从东山直通杨湾的大港,好让乾隆到那飞马似的山崖上去游玩。这可苦了当地的老百姓,当时正值春耕大忙,大家只得丢下农活,被迫去给皇帝开港。一星期后,一条长十里、宽百米的大港挖成了,从太湖边直通飞马崖下。

乾隆坐上龙船,一帆风顺驶到了长圻嘴,登上飞马崖,远眺,是碧波荡漾的太湖,白帆点点的渔舟;近看,又是漫山碧绿的果树、一望无际的松柏;前面,太湖三山似三艘绿色的巨轮;右侧,风景秀丽的石公山遥遥在望。乾隆高兴极了,脱口而出:"此览胜石也!"意思是观览胜迹之石。后来,人们就把当年开挖的这条河道,称为大水港,即现在东山水路交通要道,并在飞马崖上刻了"览胜石"三个大字。

寺前村的传说

传说南北朝时,有个从天台山来东山化缘的和尚,走到长圻时觉得十分口渴,翻过山岭寻找水喝。他发现山崖下有个深潭,水中显出一座倒悬的塔影。他越看越奇,就把化缘来的钱在山麓造了一座庙,取名能仁寺。还在山潭旁模仿水中塔影,造了一座宝塔,取名泗州塔。到了南宋初年,岳飞到太湖洞庭山上招安杨虎义军，能仁寺里的恶和尚私通番帮，想设计擒获岳飞。留下了岳飞大战能仁寺的千古传奇故事。后杨虎军中有一部分义军不愿远离家乡，就在能仁寺旁定居下来，渐渐繁衍成一座村庄，取名寺前村。

灵源泉的典故

相传梁朝天监年间，住在石桥村一带的山民，大多患上了一种奇怪的红眼病，痛得人日夜淌眼泪。一次，人们偶然发现碧螺峰下的泉水清得出奇，用潭里的水一擦眼睛，双眼马上不红也不痛了。大家都说这泉水颇通灵性，故把这口古泉称为灵源泉。还在山潭旁种了一株罗汉松。过了几年，有位大财主发财后还愿，在灵源泉前出资造了一座寺庙，取名灵源寺。到了清朝，据说乾隆下江南，到东山石桥头游览碧螺峰时，寺里的方丈还用灵源泉的水泡碧螺春，招待过这位风流皇帝。如今，当年造庙时栽种的那株古罗汉松还在，据说已有1400年树龄。现灵源泉为东山一著名古迹。

棋盘桥的传说

棋盘桥又名月溪桥，是一座宋代古桥，就在灵源寺西侧山溪上。灵源寺建于南北朝的梁代天监元年，距今已有1400多年历史了。古庙头山门里有四大金刚神像，是守护庙宇的。一天月夜，四大金刚在寺里闲得发慌，魔礼青和魔礼红相约出庙去走走，看看夜景。两人一路赏月，走到庙前的一座小青桥上，魔礼青提出下副棋，魔礼红马上在石桥上画了张棋盘，两人就在月光下对弈起来。连下了三盘，魔礼青一直输棋，面孔上无光，一生气用力一跺脚，把桥面踩断了。眼看青断桥面要掉进溪涧中，魔礼红一看不好，他嘴正嚼着一颗橄榄，立即把橄榄核朝涧中一扔，说也奇怪，那橄榄核马上变成一根石径柱，撑住了断桥。一千多年过去了，棋盘桥还是老样子，山溪中一根石柱顶住了断桥面，所以村里人把桥又称作"橄榄核填桥脚"。至今断桥面上还留有棋盘石刻呢。

编纂始末

2013年8月,杨湾村入选第二批中国传统村落;同年10月,又入选第七批中国历史文化名村,杨湾古村的保护工作提上了新的议事日程。随着村内各项工作的展开,特别是杨湾西巷、寺前旅游业的兴起,编纂一部全面反映杨湾村历史文化、政治经济、新村建设及人民生活的《杨湾村志》很有必要。

2016年元旦过后,在中共东山镇杨湾村总支委员会、杨湾村村民委员会领导下,成立了《杨湾村志》编纂委员会和办公室,并组建了由杨维忠、秦荣芳、朱瑛等工作人员组成的编写组,东山镇历史文化研究会副会长杨维忠同志为主编,着手进行编纂工作。

村志编写组工作人员不辞辛苦,多次赴苏、沪图书馆和档案馆查阅抄录资料、采访乡村"三老",绘制自然村草图。2017年元旦过后,经过工作人员一年多的努力,《杨湾村志》完成了35万字的初稿,在吴中区方志办的指导下,又对初稿认真去粗取精,去伪存真,去繁从简,按志书的要求不厌其烦地进行修改、增补,数易其稿,最终形成送审稿。2月15日,市区方志专家齐聚杨湾村,召开《杨湾村志》评审会。会后,认真梳理了专家意见,对志稿精雕细琢,期间修改300多处。终在5月初形成验收稿,并于5月4日通过吴中区志办验收,形成了现在的《杨湾村志》,共分16章,前设大事记,计68节。《杨湾村志》能在较短时间内完成编纂工作并出版,主要是杨湾村领导对这项工作的重视,各方面给予编纂组的大力支持以及市、区方志办领导专家们的关心指导。

《杨湾村志》的编纂工作,是东山历史文化研究会在长期收集整理、积累了大量第一手历史资料的基础上,又考查了许多史料，包括明王鏊《震泽编》、清翁澍《具区志》、吴庄《七十峰足徵集》、金友理《太湖备考》及当代《吴县志》《吴中区志》《东山镇志》《吴县年鉴》《吴中年鉴》等，取其精华，为本志所用。本志能成功出版，得到了苏州市地方志编纂委员会办公室和吴中区方志办的大力支持，得到了东山镇党委办公室及宣传办的大力支持，得到了东山镇各有关单位的大力支持，同时还得到了许多在外地工作的东山籍人士提供的帮助，尤其得到了苏州市方志办副主任陈其弟、处长傅强及吴中区档案局副局长翁建明，科长喻其水、陈萍的辛勤审稿，提出宝贵修改意见。在此，我们谨向为本志做出贡献的各级领导、各界人士，以及一切关心支持《杨湾村志》编纂工作的人们一并表示衷心的感谢。

编志工作是一门科学，永无止境。对我们编纂人员来说是一次良好的学习机会，但由于我们水平有限，学识浅陋，虽极尽良苦用心，仍不免有谬误疏漏之处，恳请大家不吝指教。

《杨湾村志》编纂委员会办公室
2017 年 5 月 10 日

提供资料单位

吴中区档案馆　　　　东山镇档案室

东山镇党委宣传办　　东山镇统计办

东山镇民政办　　　　东山镇计生服务所

东山镇派出所　　　　东山华侨公墓

杨湾村档案室

提供资料人员

（以姓氏笔画为序）

马荣富	马群良	王寿良	石仁芳	叶建青
叶春喜	叶桂宝	叶新其	朱孝根	朱　芳
朱奎荣	朱新巧	汤桔芳	许国珍	许越林
孙天曾	孙培兴	李红芳	杨松雪	吴建荣
宋再英	张巧根	张远康	张茂兴	陆祖发
金　萍	周志文	周根生	周雪凤	周照熙
周曙明	宣根大	费凤生	费菊生	倪三男
徐仁忠	徐　吉	徐树荣	殷灵峰	黄官宝
葛建国	韩文雄